國家社科基金重大項目《荆楚全書》編纂成果

荊楚文庫

中華民國省區全志
湖北省志

白眉初　著
張陽　周月峰　焦亞妮　整理

荊楚文庫編纂出版委員會
華中師範大學出版社

荆楚文庫

中華民國省區全志·湖北省志

ZHONGHUA MINGUO SHENGQU QUAN ZHI · HUBEISHENG ZHI

圖書在版編目 (CIP) 數據

中華民國省區全志·湖北省志 / 白眉初著；張陽，周月峰，焦亞妮整理．
武漢：華中師範大學出版社，2024.12
（荆楚文庫）
ISBN 978-7-5769-0770-4
Ⅰ．K296.3
中國國家版本館 CIP 數據核字第 2024B1424P 號

責任編輯：張懷東
整體設計：范漢成　曾顯惠　思　蒙
責任校對：張建英
責任印製：劉　敏
出版發行：華中師範大學出版社（湖北·武漢）
地址：湖北省武漢市洪山區珞喻路 152 號
電話：027-67863426（發行部）　郵政編碼：430079
録排：桂子工藝
印刷：湖北新華印務有限公司
開本：720mm × 1000mm　1/16
印張：23
字數：312 千字
版次：2025 年 4 月第 1 版　2025 年 4 月第 1 次印刷
定價：118.00 圓

ISBN 978-7-5769-0770-4
9 787576 907704 >

出版説明

湖北乃九省通衢，北學南學交會融通之地，文明昌盛，歷代文獻豐厚。守望傳統，編纂荆楚文獻，湖北淵源有自。清同治年間設立官書局，以整理鄉邦文獻爲旨趣。光緒年間張之洞督鄂後，以崇文書局推進典籍集成，湖北鄉賢身體力行之，編纂《湖北文徵》，集元明清三代湖北先哲遺作，收兩千七百餘作者文八千餘篇，洋洋六百萬言。盧氏兄弟輯録湖北先賢之作而成《湖北先正遺書》。至當代，武漢多所大學、圖書館在鄉邦典籍整理方面亦多所用力。爲傳承和弘揚優秀傳統文化，湖北省委、省政府决定編纂大型歷史文獻叢書《荆楚文庫》。

《荆楚文庫》以“搶救、保護、整理、出版”湖北文獻爲宗旨，分三編集藏。

甲、文獻編。收録歷代鄂籍人士著述，長期寓居湖北人士著述，省外人士探究湖北著述。包括傳世文獻、出土文獻和民間文獻。

乙、方志編。收録歷代省志、府縣志等。

丙、研究編。收録今人研究評述荆楚人物、史地、風物的學術著作和工具書及圖册。

文獻編、方志編録籍以 1949 年爲下限。

研究編簡體横排，文獻編繁體横排，方志編影印或點校出版。

《荆楚文庫》編纂出版委員會

2015 年 11 月

白眉初（1876—1940）

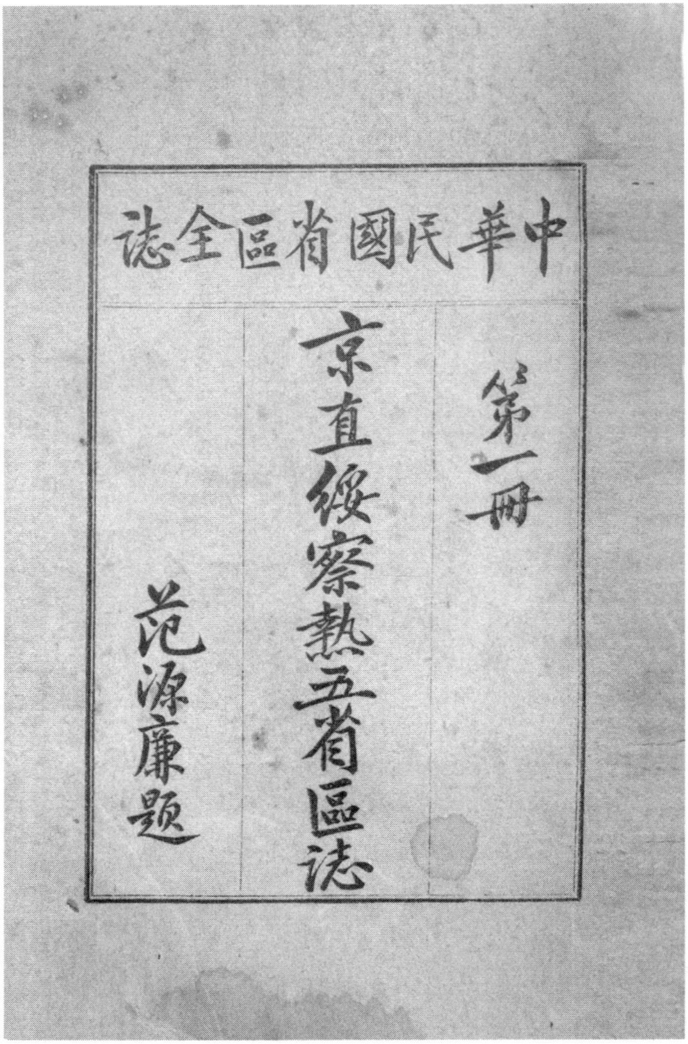

《京直綏察熱五省區志》封面

《满洲三省志》封面

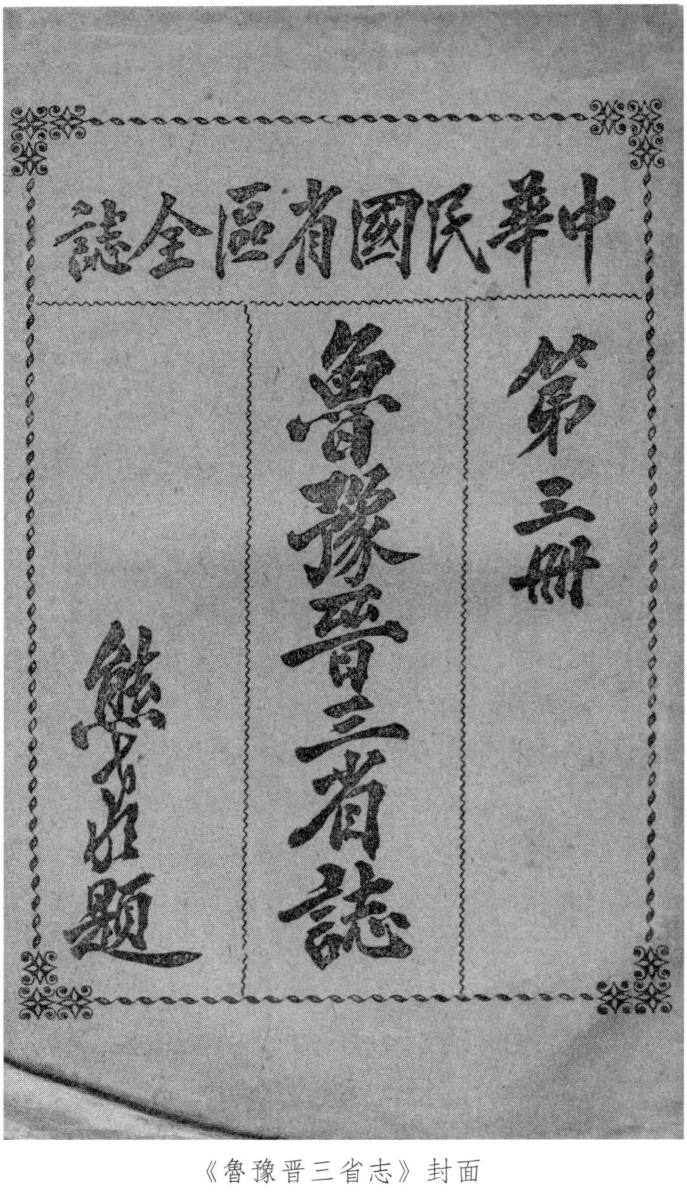

《魯豫晋三省志》封面

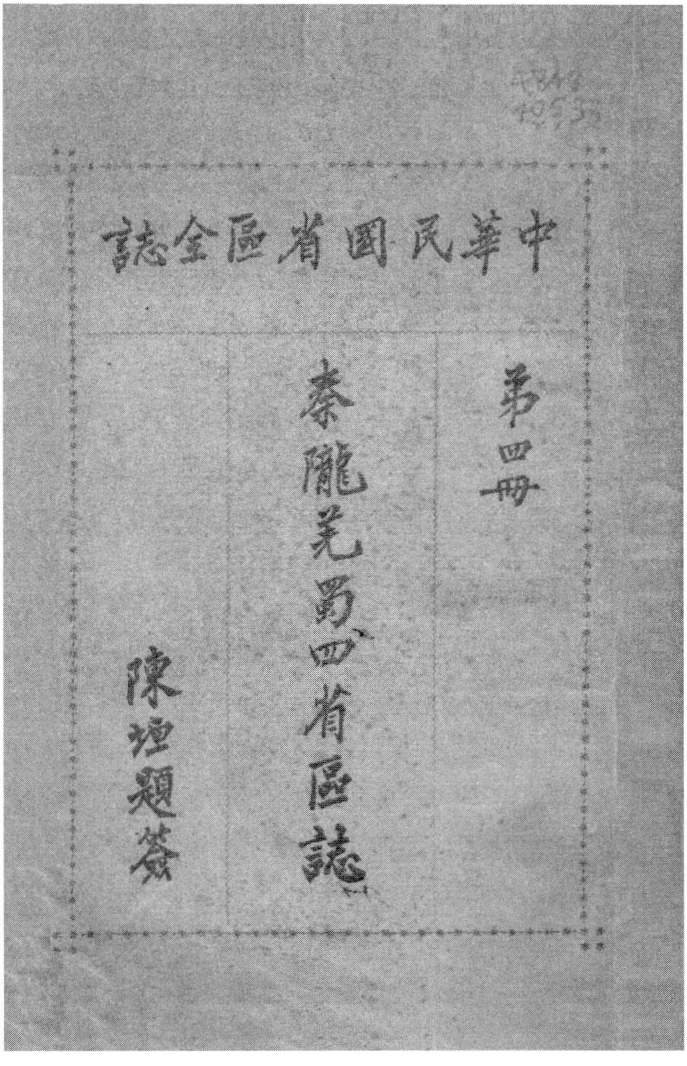

《秦隴羌蜀四省區志》封面

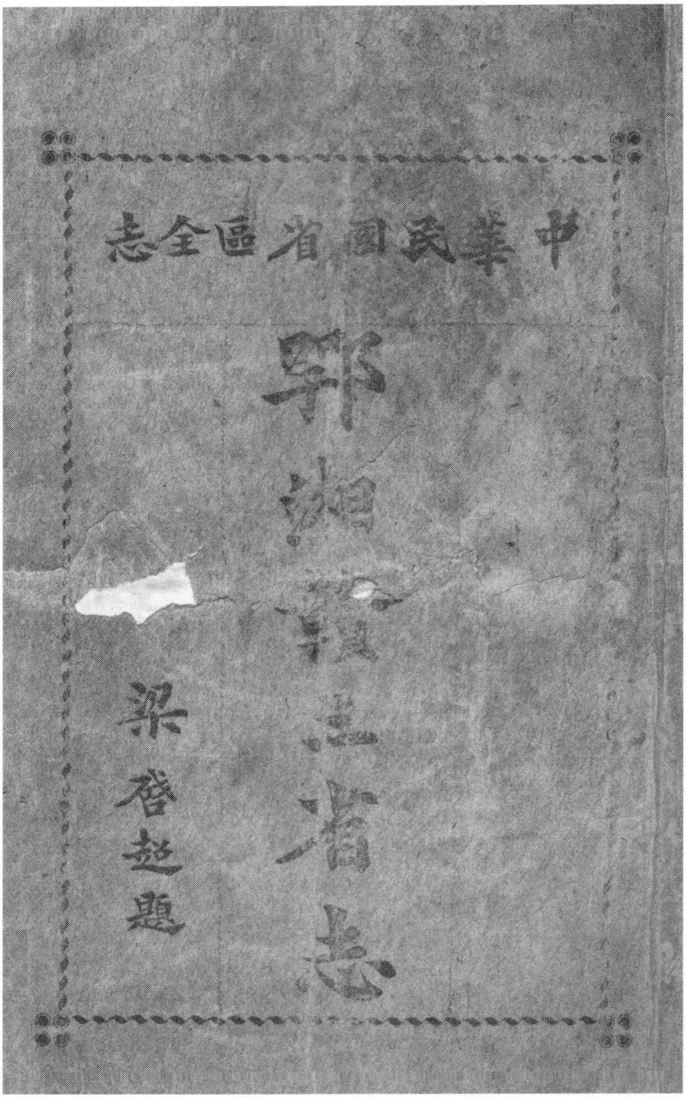

《鄂湘赣三省志》封面

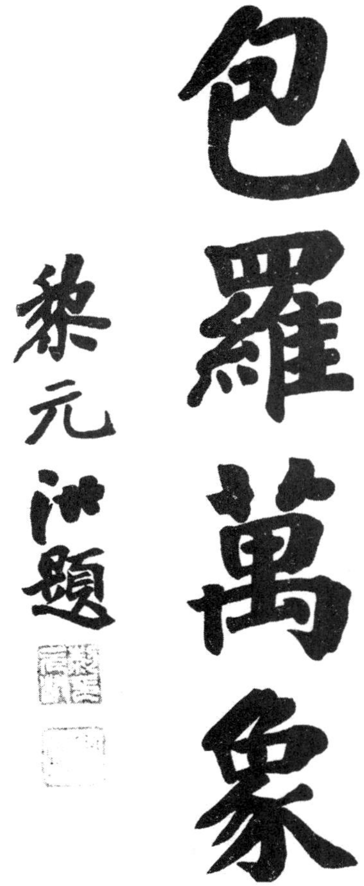

黎元洪爲《鄂湘贛三省志》所題文字

前　言

一

晚清以來，誕生於西方的近代地理學逐漸傳入中國，不僅改變了中國傳統的地理觀念與知識體系，同時也引發了近代志書編纂方法與理念的革新。據統計，民國時期學者曾撰寫千余種志書。其中，一批地理學家積極投身於地理志書的編寫，他們在近代西方學科體系的影響下，將地勢、地質、氣候、物産調查等地理學知識融入其中，編纂出具有現代學術意義的地理志。民國著名地理學家白眉初所著《中華民國省區全志》就是其中一部代表性的地理總志。

白眉初（1876—1940），名月恒，字眉初，河北盧龍人。他幼年接受私塾教育，1891 年考取秀才後进入永平府敬勝書院。在此期間，他開始關注地理學，研習了大量傳統地理學名著，並擔任書院的歷史地理教習。1905 年，白眉初考入北洋師範學堂史地專修科，師從近代地理學先驅張相文（1867—1933）。1909 年，他參與創立中國第一個地學研究組織中國地學會，並曾擔任會刊《地學雜志》的編輯。白眉初一生主要致力於人文地理、區域地理的研究與教育事業，1913 年起先後任教於直隸女子師範學校、北京高等師範學校、京師女子師範學校、清華大學等，是“我國從古代地理常識向新時代的科學地理學過渡階段，大力傳播地理學知識，承前啓後的啓蒙者之一”①。其主要代表著作有《民國地志總論》

① 馬麗、方修琦：《從〈地理哲學〉看白眉初的地理觀》，《自然科學史研究》2010 年第 2 期，第 177 頁。

《中華民國省區全志》《中國人文地理》《地理哲學》《最新物質建設精解》等。

中國近代地理學誕生於晚清内憂外患的政治時局中，是中國傳統地理學與西方近代地理學相互融合的産物。1903 年，張之洞等修訂《奏定學堂章程》，規定文學科内設中外地理專業，並開設包括地理學研究法、中國今地理、外國今地理、政治地理、商業地理、歷史地理、地文學等十餘門地理相關課程。推廣近代地理學教育成爲晚清教育體制改革中一項重要内容。

在内憂外患的時代風氣與新學制的影響下，張相文、白眉初等一批早期地理學家受"民命托於天地，國力憑於領土"的感召，更加注重人地關係以及地理對國計民生的影響。1908 年，張相文在《新撰地文學》中寫道：

> 各種族之盛衰興廢，常視其分布地之氣候、物産以爲進退，因之生活程度之高低，亦若天實限之，而不能强同者。寒、熱帶之人，爲天然力所束縛，或昏怠弛緩，或猥瑣困陋，皆不免長爲野蠻。亞熱帶則生物以時，得天頗優，常爲開化之行先導。亞寒帶則生物鮮少，人尚武健，在中古時常足以戰勝他族，然發達競争，要以温帶之地爲高尚人種之鍛錬場，故今富强文明諸國，莫非温帶之民族所創建也。①

白眉初在 1912 年發表的《地學會第三週年紀念祝詞》中亦云：

> 水陸氣界著於外，金石礦産鬱於中，瑩瑩晶晶，五光十色，析其元素，利其妙用。於斯時也，地球更露其質而彰其文。不惟是也，若政治，若宗教，若物産，若風俗，若者利於軍事，若者適於農事，

① 張相文：《新撰地文學》，上海：文明書局，1913 年，第 194—195 頁。

若者宜於商業，若者便於牧畜，莫非地球之所賜。①

地理環境決定論是近代最早爲中國學者廣泛接受的人地關係理論，深刻影響着張相文、白眉初等時人的思維方式。然而，他們除承認自然地理環境爲國家興盛提供了重要的發展要素以外，同樣重視主觀意識的積極作用，認爲各民族勢力的消長與地理知識優劣不齊有着重大關聯。他們指出：

人生緣大地以爲食息，聚國族以謀生存。而天演劇烈，勢不能各守封疆，無相侵奪。則每每員輿，實與民族爲消長；日辟百里，日蹙百里，固隨其人之自取。然溯厥由來，亦惟地理上之知識優劣不齊，其影響遂被於國家，其禍端並延於種族，此亦物競天擇之公例矣。近世以來，持帝國主義者，類能浮海闢新地，以蕃殖其種族。而我國地大物博，坐資强敵；外交失敗，邊事日亟，雖欲劃疆自守，聊固吾圉，而猶不可得。

在面對西方列强船堅炮利的節節挫敗中，他們並未歸咎於中國之地理環境，而是反省爲“惰農荒畝，鄰犁侵耕；老漁醉眠，竊人割網”②，着眼點仍在人的教育。正所謂“大業貴治，鴻圖貴展，唯治與展造端於知。士遊於途，師教於校，皆期知國境全狀，以備利用”③。

在白眉初看來，我國雖然擁有“據温帶，履大陸，臨重洋，孕長江，擁豐産，合五族”等優越的地理環境，但却因爲“於諸學母、萬事根之

① 白月恒：《地學會第三周年紀念祝詞》，《地學雜志》第三年第七八號，1912 年 8 月，第 1 頁。

② 《中國地學會啟》，《地學雜志》第一年第一號，宣統二年（1910 年）正月，第 1 頁。

③ 白眉初：《〈中華民國省區全志〉自序》，《京直綏察熱五省區志》，北京：北京師範大學史地系，1924 年，第 1 頁。

地學迄未研究”，所以“地球之真相有於世界列强，尚未有於中國之人心也”。① 面對西方列强的不斷入侵，中國屢屢受挫，正是由於地理知識的不足使得中國無法像西方列强一樣充分開發利用自然資源以推動國家富强，從而導致了國家積貧積弱、内憂外困的政治局面。

基於這種充滿民族憂患的現實關懷，白眉初認爲用科學的眼光準確揭示中國三十省區、一千八百餘縣的山川、都邑、地勢、氣候、政教、民俗、交通、實業等狀況，“縮全國今形於一部地方志之中”，作爲地理常識向國民普及以達到教育功效，一方面可以“供一國人把卷流連，而興其聞鷄起舞，匹夫有責之决心”，另一方面可以作爲國家“致富之所憑，圖强之所資”。②

二

1916 年，白眉初就職北京高等師範學校擔任地理講習後便潛心於近代地志編纂的理論研究中，並於 1921 年出版了《民國地志總論・地文之部》。之後經過多年的調查整理，1924 年至 1927 年他陸續編寫出版了《中華民國省區全志》（以下簡稱《全志》）五册，分别爲《京直綏察熱五省區志》《滿洲三省志》《魯豫晋三省志》《秦隴羌蜀四省區志》《鄂湘贛三省志》（見表 1），由中央地學社編輯，北京師範大學史地系總發行。按照白眉初最初的編纂計劃，《全志》共分八册，第五册應爲《鄂湘贛皖志》，後三册爲《蘇浙閩志》《兩廣雲貴志》《川邊藏新外蒙志》，八册完整涵蓋當時的三十省區。但後來由於種種原因，皖志與後三册最終並未編寫完成。

① 白月恒：《地學會第三周年紀念祝詞》，《地學雜志》第三年第七八號，1912 年 8 月，第 1 頁。

② 白眉初：《〈中華民國省區全志〉自序》，《京直綏察熱五省區志》，北京：北京師範大學史地系，1924 年，第 1—2 頁。

表 1　《中華民國省區全志》出版信息①

<table>
<tr><th>册數</th><th>書名</th><th>出版時間</th><th>書名題寫者</th><th>序文作者</th></tr>
<tr><td rowspan="2">第一册</td><td rowspan="2">京直綏察熱五省區志</td><td rowspan="2">1924 年 6 月</td><td rowspan="2">范源濂</td><td>黄膺白</td></tr>
<tr><td>白眉初</td></tr>
<tr><td rowspan="2">第二册</td><td rowspan="2">滿洲三省志</td><td rowspan="2">1924 年 8 月</td><td rowspan="2">李煜瀛</td><td>李佳白</td></tr>
<tr><td>白眉初</td></tr>
<tr><td rowspan="3">第三册</td><td rowspan="3">魯豫晋三省志</td><td rowspan="3">1925 年 4 月</td><td rowspan="3">熊秉三</td><td>熊秉三</td></tr>
<tr><td>鄧萃英</td></tr>
<tr><td>高魯</td></tr>
<tr><td rowspan="2">第四册</td><td rowspan="2">秦隴羌蜀四省區志</td><td rowspan="2">1926 年 5 月</td><td rowspan="2">陳垣</td><td>翁文灝</td></tr>
<tr><td>陳垣</td></tr>
<tr><td rowspan="2">第五册</td><td rowspan="2">鄂湘贛三省志</td><td rowspan="2">1927 年 6 月</td><td rowspan="2">梁啟超</td><td>梁啟超</td></tr>
<tr><td>陳奠球</td></tr>
</table>

《全志》在區域劃分方面，没有採用傳統地志黄河、大江、珠江三流域及關東、西域、外藩三部的分部法。因爲白眉初認爲古今變遷，行政區劃已經發生了很大變革，昔日的分部法已不能適用於今。所以他提出應以山脉作爲分隔綫：

> 蓋地上自然分隔綫以山脉爲最明顯，兩山脉間，必成流域；一流域中，其物産風俗必相髣髴。故合全國觀之，其物産不等，風俗不齊，實釐然以數條山脉爲分劃綫，以此分編，斯全國省區之排列，纍纍一貫。②

① 本表參考朱麗暉：《民國學人的“維護”與“憂慮”——以白眉初所著〈中華民國省區全志〉爲中心》，《近代中國》第三十二輯，上海：上海社會科學院出版社，2020 年，第 214—215 頁。

② 白眉初：《〈中華民國省區全志〉緒論二》，《京直綏察熱五省區志》，北京：北京師範大學史地系，1924 年，第 24 頁。

《全志》采用山脉分部法將全國三十省區分成陰山拱衛部、陰山部、長白山部、陰山北嶺部、北嶺南嶺部、嶺南部、南嶺部、横斷山脉部、昆侖山部、天山部、阿爾泰山部共十一卷二十九編（見表 2）。

表 2 《中華民國省區全志》分部大綱

卷數	山脈分部	省份
第一卷	陰山拱衛部	第一編：京兆特別區域
		第二編：直隸省
第二卷	陰山部	第一編：綏遠特別區域
		第二編：察哈爾特別區域
		第三編：熱河特別區域
第三卷	長白山部	第一編：奉天省
		第二編：吉林省
		第三編：黑龍江省
		第四編：山東省
第四卷	陰山北嶺部	第一編：河南省
		第二編：山西省
		第三編：陝西省
		第四編：甘肅省
		第五編：甘肅省附屬之部二西套蒙古及青海
第五卷	北嶺南嶺部	第一編：四川省
		第二編：湖北省
		第三編：湖南省
		第四編：江西省
		第五編：安徽省
		第六編：江蘇省
		第七編：浙江省

續表

卷數	山脈分部	省份
第六卷	嶺南部	第一編：福建省
		第二編：廣東省
		第三編：廣西省
第七卷	南嶺部	第一編：貴州省
第八卷	橫斷山脈部	第一編：雲南省
第九卷	崑崙山部	第一編：西藏
第十卷	天山部	第一編：新疆省
第十一卷	阿爾泰山部	第一編：外蒙古

在體例安排上，每一省按照總説、商埠、都會、道縣彙志、山水志略、政教民俗、實業七個章節詳細展開叙述（見表3）。

表3　《中華民國省區全志》章節體例

章節	内容
第一章：總説	内分沿革、疆域、地勢、氣候，尤詳述與外國之關係
第二章：商埠	詳志各省主要商埠之沿革、地勢、交通、氣候、物産及其繁盛之原因、街市之概況，使實業家得袖珍之藏，調查家感卧遊之樂
第三章：都會	詳志各省會之沿革、地勢、氣候、交通，闤闠之結構，商業之概況，古蹟名勝之新奇，置五都於掌中，寫名城於眼底
第四章：道縣彙志	分置各省各道之縣邑村鎮，詳記其沿革、城市、物産、商業、風俗、人種、古蹟名勝，極之一村一市，不拘僻壤遐陬，凡有可取者，莫不窮搜博採
第五章：山水志略	詳志山脈之條分及名山之勝概、水道之綱要、湖泊之水量風光、海岸港灣之形勢構造，務使自然地理活現於几席之上
第六章：政教民俗	志各省政治組織、教育狀況及各種宗教之沿革概況、民族之分佈及其特異之風俗，莫不詳志其略

續表

章節	内容
第七章：實業	（1）交通：分志水上交通，詳志各鐵路之現狀沿革及外債之内幕 （2）礦業：述各礦區之地質、儲量、公司組織及與外人之關係 （3）農工商業：爲本志最注意之點，蓋本志以提倡實業爲主眼，所以對於各省之主要實業必盡量披露其内容

《全志》在類目設置上既有地勢、氣候、山水、物産等有關自然地理的科學性描述，又有着較强的人文地理傾向。首先，相較於自然地理，作者在篇幅上更加側重對每省的政治、經濟、教育、交通、民俗、實業等社會狀况進行記録介紹。其次，根據各省的形勢特點，叙述重點有所不同。如京兆地區更注重其作爲國都的政治與外交狀况，滿洲等邊疆地區多詳細介紹因對外關係與經濟侵略帶來的國防民生問題，山西省則根據最新的地質調查報告詳述礦産的分布與開發近况。

三

晚清以來的地理學是在近代國家領土喪失、經濟遭受掠夺等民族危機不断加深的時代背景下發展起來。中華民國成立後，地理學家面對建設獨立民族國家的迫切渴望與列强不斷鯨吞國土的焦灼憂慮，愈發認識到對國土進行文化認識、文化認同、文化保護的必要性。因而，白眉初選擇通過編纂《全志》的方式向民衆普及國家歷史與現實知識，培養民衆的國家認同，唤醒民衆的愛國熱情。正如梁啟超在《鄂湘贛三省志》序文中所言：

（此三省）以農産言之，則兩湖浮水之田足以食全國而有餘，宜思如何以改良而耕植之。大冶之鐵、萍株之煤、鄖襄之金，宜思如何以採發而鍜鍊之。以民族言之，則辰沅之蠻，宜思如何以匡柔而勞來之；三危之峒，宜思如何以教育而馴擾之。以形勢言之，則九疑百脤，何法以平其途；巫嶂叢複，何道以通其驛。今之人，當如何努力以竟其業。以人文言之，則鹿洞、鵝湖，我先賢晦翁、東萊、象山、陽明之所俯仰飲酢，從容講貫之地也；衡山、湘水，我先賢屈平、濂溪、船山、湘鄉之所吟嘯歌笑，策勛著書之所也。後之人當如何努力以繼其踪。則白君此編，又豈獨僅有補於地理學者而已哉？①

《全志》在編纂宗旨與體例安排上都體現出其“用補常識，注重民生”② 的特點，作者開宗明義便説：“本志宗旨注重經濟，爰取各省區物産之主要者，揭於簡首，褒之曰物産之華表。係欲引閱者視綫，集於經濟之叢林，故特别標其徽幟，以鬥興味。”③ 每省正文之前首列該省主要物産代表，如京兆之玉米、直隸之棉、山東之草帽、河南之麥、山西之煤、陝西之石油、湖北之鐵工廠等。整體篇幅中，也更側重經濟民生。以湖北爲例，漢口租界與其他通商口岸作爲帝國主義入侵中國的産物，一方面危害了中國主權，另一方面又推動了武漢乃至湖北近代工商業的發展。因此，作者在書中以大量篇幅介紹漢口、沙市、宜昌三個通商口岸，以及漢冶萍公司、招商輪船公司、揚子機器公司鐵廠、楚興公司四大公司。

從物産中獲取經濟效益，從民族歷史中獲取經驗教訓，研究地勢以建設交通，學習先賢以文化救國。在民族危亡的時代，地理志不僅僅是地理學著作，更是面向廣大民衆的愛國讀物；地理學不僅僅是一門科學的學問，同時也是一門國家性、民族性的學問。

---

① 梁啟超：《梁任公先生序文》，白眉初：《鄂湘贛三省志》，北京：北京師範大學史地系，1927 年，第 1—2 頁。

② 白眉初：《〈中華民國省區全志〉自序》，《京直綏察熱五省區志》，北京：北京師範大學史地系，1924 年，第 2 頁。

③ 白眉初：《京直綏察熱五省區志》，北京：北京師範大學史地系，1924 年，第 27 頁。

以本書爲例，白眉初在編寫過程中十分注重突出湖北作爲中華民國政治與經濟核心地區的特點。首先，在政治上，他專門增設“武昌起義與民國成立”一節書寫武漢作爲中國史上國體變更開幕地的重要歷史事件，希望“讀地志者，一言武昌輒憶及革命起義，若相連屬焉。推至數百千年後，凡思及民國之起源者，必低徊往復而有深念於武昌也”。他通過加强民衆對武昌作爲中華民國建構的地理起點的認知，激發民衆的國家認同感。其次，他注重揭露現實危機，希望提升國人對侵略者的警惕性與鬥争力。在“與外國之關係”一節中重點關注了辛亥革命後各國列强對中國經濟政治的滲透，如德、法、英、美四國强行借款給中國政府建設湖廣鐵路，日本與漢冶萍公司之間複雜的資本借貸關係等經濟糾葛，以及漢口租界的變化與允許外國輪船在内地航行的約文等國家主權危機。第一次世界大戰後，中國政府開始通過抗議、談判、鬥争等手段努力收回漢口租界。1926年，正當《鄂湘贛三省志》印刷过程中有漢口、九江收回英租界事迹發生，所以白眉初在正文前臨時增添“與外國之關係一則”詳細介紹漢口、九江收回英租界的始末。白眉初希望通過及時向民衆傳遞國家在對外交涉中的勝利，激發國人的愛國熱情與自信心。

白眉初在爲推銷《全志》所做的廣告中特别總結了此書的十大特色：

（一）參考鴻博：（1）盡搜古籍；（2）徧考中外新著；（3）廣采雜志；（4）日剪報紙；（5）調查函牘達千餘件，滿載兩笥；（6）躬親遊覽；（7）周諮博訪。

（二）積心結撰：舉上列七類材料化綴成書，費七載之鑽研，數易稿而成帙。

（三）節目詳盡：内分沿革、疆域、地勢、氣候及與外國關係，尤詳述商埠、都會、主要縣邑村鎮並山水湖海海岸、政治、教育、民族、風俗，若車船、郵電、礦農工商業、海關之輸出入額，尤克詳盡。

（四）取材新穎：民國革新，凡百變易，幅幀萬里，曷勝殫述，本志一一掇集，組織成錦，出色當行。

（五）體積宏壯：全書三千六百頁，都二百萬言，裝釘八册：(1) 京直綏察熱；(2) 满洲；(3) 魯豫晋秦；(4) 甘套青蜀；(5) 鄂湘贛皖；(6) 蘇浙閩；(7) 兩廣雲貴；(8) 川邊藏新外蒙。三十省區俱備。

（六）附圖悦目：本書附入種種小圖，足生閱者興趣，增助明瞭。

（七）用途寬廣：此書爲地理教員參考書要品，若軍政、實業、新聞各界，科學、文學、政治經濟學、社會學及旅行諸家，凡留心祖國者皆宜購閲。

（八）檢查便利：本書印用四號字，頂批提要，最利檢查。

（九）印刷精美：不惜工本，印刷清朗，披覽之下，增人快感。

（十）目鏡簡便：三千五百萬方里之内容收於一覽之下。①

由上可以看出，《全志》的參考資料既有傳統古籍，又有中外新著，既有實地考察、訪問調研，又有報章雜志、調查報告，從而保證了取材的豐富性與資料的時效性。費時七載，數次易稿，也可以看出白眉初對《全志》的編寫整理付出了巨大心力，並且取得了自我比較認可的成果。《全志》可以看作白眉初在中國傳統地理學與西方近代人文地理學思想融合下對傳統方志變革的新型地志成果。同時，白眉初曾自述其撰寫是"自具體調查始"，就此而言，《全志》又不僅僅是地理志，也不僅能揭示致富、圖强之時風，更是一部詳細完備的各省調查報告。

整理者

2024 年 10 月

① 白眉初：《本書十大特色》，《京直綏察熱五省區志》，北京：北京師範大學史地系，1924 年，廣告頁。

梁任公先生序文

今人之學，有長征遠邁，突超乎古人之上者，地理之學其最也。宋之時，如傅寅、程大昌之詁《禹貢》，王應麟、胡三省之箋《通鑑》，在其時已號稱精覈淵博，古無其倫。而元明朱思本、羅洪先之流，已駕其上矣。迨勝國之初，顧炎武之《肇域志》、顧祖禹之《讀史方輿紀要》出，而迴視元明，又精密焉。德清胡氏作《禹貢錐指》，其攷蜀中江、涀、大沱、雅礱、金沙諸水，當時號爲絶學，幾無人敢與之抗。而於今日視之，則弁髦之士、初卒業於中小學者皆能詳言之矣。此其故，非古時大儒宿學之聰明材力不能逮今日髫齡之童也，亦非今人之堅苦劬勞有遠勝於昔之宿學大師也，蓋亦視乎治學之方法而已矣。故得其法則半功而倍獲，不得其法則事倍而功半，則不得不歸功今世之治地理學者之持術善而用力勞也。白君眉初，治此學之一人也。其視天下，舉凡不足以易其所好。教授南北各大學垂十餘年，孜孜矻矻，專以撰《中國省别全志》爲己任。不間寒暑，每隔年則成一編，至於今而編已盈五矣。其有裨當世之治地理學者，厥功可以知也。今年秋，出其江西、湖北、湖南一編示余，且索余序。余惟白君之專精淵懿，尚復何言。然竊有感者，此三省者處全國之中，郵驛四達，扼大江之腹，厥壤饜飫。以農産言之，則兩湖浮水之田足以食全國而有餘，宜思如何以改良而耕植之。大冶之鐵、萍株之煤、鄖襄之金，宜思如何以採發而鍛鍊之。以民族言之，則辰沅之蠻，宜思如何以匡柔而勞來之；三危之峒，宜思如何以教育而馴擾之。以形勢言之，則九疑百脈，何法以平其途；巫嶂叢複，何道以通其驛。今之人，當如何努力以竟其業。以人文言之，則鹿洞、鵝湖，我先賢晦翁、東萊、象山、陽明之所俯仰飲酢，從容講貫之地也；衡山、湘水，我先賢屈平、濂溪、船山、湘鄉之所吟嘯歌笑，策勳著書之所也。

後之人當如何努力以繼其踪。則白君此編，又豈獨僅有補於地理學者而已哉？故復不辭而爲之序云。

中華民國十六年一月十日　新會梁啟超序

陳鵠人先生序文

古者地理隸于史科，唯良史才而後可與言地志學。陋則搜羅不富，才弱則紀述不精，識淺則資料之選擇不當，三者不可闕一，而識爲尤要，此近世地志之所以尠完書也。眉初先生主師範大學史地講席十餘年，海內承學之士受其薰陶者衆矣。近編《中華省區全志》第五册曰鄂湘贛既成，以示奠球，而屬爲之敘。奠球譾陋，奚足敘先生之書？顧念志關鄉土，又屬同道之末，不敢以不文辭。曩者嘗病近人編輯地志，往往于一省區中分若干部，甲部曰某主山、某主水，乙部曰某主山、某主水，推而至于丙丁部皆然，推而至于物産、都會亦莫不然。江河與行潦同列，泰華與邱垤齊觀，志乎表乎，渾莫辨矣。昔邱明作《傳》，于五大戰洋洋數百言，而小戰略焉。子長修《史記》，紀、傳、世家詳略互見，未聞其求齊一也。今之纂地志者，何其識之大相逕庭邪？夫湖北大冶之鐵、江西景德鎮之瓷、湖南新化諸縣之銻，所謂“黄禍之源”也，瓷業創造地也，全世界産額之半也。若以較其他物産，價值之高下、地位之輕重，當有不可以道里計者。政治革新，權輿于武漢，湘贛無與焉，若必整齊而排比之，其勢膠固而不可行。先生蓋三致意于斯，豈淺識之士所敢望其項背哉？奠球不自揆，近方從事中國文學史之編纂，其人之能左右時代者連篇累牘而不惜，次焉者附之，下焉者采其姓名而已，若數十百年而無其人，寧付闕如，亦不求其齊同也。時賢所作，愧未盡同。今讀先生之書，搜羅之富，前此未聞；紀述之精，人所共覩。而其選擇材料之法，差幸與鄙見相脗合，私心亦用以自慰矣。往歲曾編中學地理，苦乏參考資料，迄未付梓。今是書出，不禁爲教授地理者幸，更爲同道編教本者幸。至書之已成者十六七，未成者十三四，唯願先生講授之餘，剋日以完此宏著。更展其長才，編訂世界各國全志，成地學界未有之盛事，則直與左、馬争烈，豈但與前世所謂一統志者媲美哉？

中華民國十六年五月　黃岡陳奠球鵠人父謹敘

目　録

湖北省物産之華表：鐵工廠贊

發揚國運，非金銀銅。乃文乃武，端賴鐵工。
迢迢長軌，六洲交通。烈烈槍礮，上國雄風。
傷哉華夏，病處亞東。未彰文治，奚論武功。
唯漢陽廠，尚堪欽崇。昔張與盛，矢志公忠。
冶鐵前勁，萍煤後隆。漢陽鑪峙，烟突凌空。
其聲沸沸，其光熊熊。鋼鐵之質，萬國稱雄。
儻揚文化，用奮兵戎。憑此利器，萬邦來同。

補志與外國之關係一則

漢口、九江收回英租界顛末彙志①

一、漢口收回英租界

1. 肇事之原因

自十五年冬黨軍佔據武漢，同時發生反英運動，演説遊行，無日無之。十六年一月三日下午二時，某部宣傳隊在漢口英界一碼頭江岸演講，人民趨集，英民干涉，宣傳隊因退入華界。乃英當局以華人運動有礙租界治安，竟令英水兵登陸，使用刺刀刺傷華人多名，刺死一人。當晚各團體召集聯席會議決取報復手段，藉此機會實行收回英界，通電全世界，宣佈英人慘傷無辜之罪狀。四日下午二時，羣衆復行聚集江岸，即英警廳附近，勢將用武，英界附近土袋、隄防均被群衆按段拆去。英當局見形勢嚴重，始將水兵撤退，並與黨軍當局協商，允由黨軍派兵維持秩序。至五日下午九點三十分，英國水陸軍隊全行撤退英義勇隊之總部。翌晨，由華軍看管。英僑以租界毫無抵抗，竟被中國接收，皆不勝驚愕。所有在英國商行服務之中國人均行召出，參與六日上午十一時所開之反英大會。

又按漢口六日電："四日以后，形勢漸歸鎮静。自民衆與英陸戰隊衝突後，英人方面自動將陸戰隊警察隊撤去，租界之治安由中國官憲方面

① 原註：本《鄂湘贛志》印至中途始有漢口、九江收回英租界事迹發生，故拉雜補志於此。

維持。自四日午後二時起，中國警察隊三百名、武裝兵二百名開入租界。次由中國軍警與陸戰隊交代，擔任維持租界秩序，同時要求解散英人義勇隊。英人方面容納此項要求，將所有武器悉運至英國礮艦。於是英租界之治安歸中國維持，武裝華兵駐紮英警察署，即以該署本爲部。”

國民黨中央執行委員會、國民政府委員臨時聯席會議之結果，決定自五日起組織英租界臨時管理委員會，將工部局警察署之匾額撤去，而代以國民黨中央聯席會議代表事務所之匾額，懸挂青天白日旗。自五日起，英租界上不見英人隻影，海關官衙及各商店皆閉門，行人絶迹。八日國民政府外交部長陳友仁發表：“國民政府對於軍隊與警察，已命其保護英界之英僑及其他外僑之生命財産。”按英租界管理委員會係由外、財、交三部部長組織之，並決定以外交部長陳友仁爲管理委員長，陳友仁遂於七日就職。陳友仁旋電告英使館，聲明接管英租界之原因。其文如左：

> 國民政府之所以伸展其管理權於漢口英租界者，完全係欲予該租界英僑及其他各國僑民之生命財産以堅固之保障。因該租界如仍在英方管理之下，則國民政府對該租界外僑無保護之義務。現該租界既已係“未贖回之中國”之領土，則我國民政府自必以有效之法保護英僑及其他各國之僑民，而認爲責無旁貸也。

2. 中英交涉情形

國民政府外交部長陳友仁與英使署參贊現充武漢代表之歐邁萊關於收回英界正式磋議，實始於一月十二日，迨二月一日，磋議停止。由外交部長聲稱，英國軍隊集中上海之舉動，“倫敦二月二十六日電，英國擬於五十日内調遣英兵兩萬人在上海集中”。苟一日不終止，漢案交涉即一日不能結束簽字，於協定亦不可能也，並代表國民政府發表正式宣言，説明停止磋議之理由。二月十二日，英國代表以英國外交部長張伯倫於二月十日在下議院演説之要旨轉達外交部長。二月十四日，外交部長以下列宣言對於英國代表誦讀一過：

二月十日，英國外交部長張伯倫君在下院之演説辭，國民政府業已知悉。張伯倫君所述關於英國武力在上海集中之原定計畫之改變，國民政府視爲一種讓步，足使漢口英租界區域之協定有趨於結束與簽訂之可能。但英國軍隊在上海之登陸，雖然此項軍隊之人數業已縮減，其目的亦已嚴格限定，有如英國外交部長所述。實無法律之根據，國民政府對於此種英國軍隊在上海公共之登陸與駐紮，應提出抗議。

二月十九日，英國代表告外交部長稱，業奉本國調令結束漢案談判事宜。下列協定遂由英國代表歐邁萊及外交部長陳友仁正式簽定。

3. 漢案協定原文

漢案協定於二月十九日晚七時簽字，其内容如下：

英國當局將按土地章程召集納税人年會，於三月十五日開會。届時英國市政機關即行解散，"即是日廢止英界工部局"。而租界區域内之行政事宜將由華人之新市政機關接收辦理，"即移交於新設之華人工部局"。在華人之新市政機關於三月一日接收前，租界警察、工務及衛生事宜由主管之中國當局辦理。

英國工部局一經解散，國民政府即當依據現有特别區市政辦法組織一特别中國市政機關，"即準照特别行政區從新設立華人工部局"，按照章程管理租界區域。此項章程將由國民政府外交部長通知英國公使，在漢口五租界合併爲一區域之辦法。未經磋商決定以前，此項章程繼續有效。國民政府外交部長陳友仁簽名。英國駐華公使代表歐邁萊簽名。一九二七年二月十九日。

［註］此次漢、潯潯即九江，其收回英界詳下。英界收回後，由中英两方各派代表三人，組織委員會協商界内治安事宜，以中國代表爲該會主席。

界内司法、行政權全由中國處理，英人不得過問。

4. 武漢、九江收回領事裁判權

二月九日，國民政府交涉署照會各國領事，稱刻准政務廳訓令："凡訴訟案件，其被告爲外國人者不再在會審公廨審理。所有外國訴訟將來均歸華界法庭當局審理，所有領事館員以陪審員資格出庭一律不准云云。"九江亦同此協定，詳下。

二、九江收回英界

1. 肇事之原因

十六年一月六日，九江商埠英界與華街間之鐵條網前有民衆蜂擁而至，與英兵步哨因細故發生衝突，苦力一名負重傷。至午後四時二十分，有某處狼烟爲號，是時英艦向民衆施放空砲二發，民衆倉皇四散。租界商店各門一時關閉，外人婦孺一律逃赴租界以外避難。中國方面遣兵赴租界嚴重警備。七日，英界遂完全委諸中國警察管理。上海路透電報告九江一月七日消息云：該地局勢已不堪言狀，搶掠之事時有所聞，大多爲軍人所爲。當局全無維持現狀之力，九江英租界僑民亦已撤退，所有英僑均登砲艦，安全無恙。

2. 九江租界及裁判權之收回

漢案談判結束後，國民政府外交部曾要求九江租界亦併入漢案辦理。英使署參贊武漢代表歐邁萊請示英政府，旋得英政府訓令，允許併入漢案，一律照辦。遂於三月二日晚七時，通過潯案協定，正式簽字。揭其概略如下：（1）收回廬山牯牛嶺外僑居留地之行政管理權。（2）九江商埠租界亦仿漢口辦法，警察權完全交還中國。租界管理權由中英組織委員會，内置主席一員，由國民政府委任，委員中英各六人。並自三月十五日起，九江英界即劃爲特別區，協定内容亦自三月十五日有效。（3）租界内司法權亦由中國組織法院，凡英人訴訟與中國人同等處理，領事無陪審出席之權。（4）此次九江英人因潯案所受直接損失，國民政府允賠償四萬元，由英人負責清理賠償，但須受國民政府之嚴密審查。

三、附全國租界調查 專管及公共兩種

自漢口、九江英租界收回以來，天津、上海均有援例實行之概。外人方面對於此事態度亦似默認，爲必不可避者。究竟中國共有租界若干，其承租國度及其年分各若何，頗爲留心外交者所注意。玆特調查如左：

表 0-1

地名	開放年分	設定年分	承租國
天津	一八六一	一八九八	日本
天津	一八六一	一八六一	英國
天津	一八六一	一八六一	法國
天津	一八八一	一八九五	德國
天津	一八六一	一八九八	俄國
天津	一八六一	一九〇一	比國
天津	一八六一	一九〇二	美國
天津	一八六一	一九〇二	奥國
鎮江	一八六一	一八六一	英國
蕪湖	一八七九	一九〇四	英國
上海	一八四三	一八四九	法國
漢口	一八六二	一八六二	英國
漢口	一八六二	一八九六	俄國
漢口	一八六二	一八九六	法國
漢口	一八六二	一八九五	德國
漢口	一八六二	一八九八	日本
蘇州	一八九六	一八九六	日本
蘇州	一八九六	一八九六	英國
杭州	一八九六	一八九六	日本
杭州	一八九六	一八九六	英國

續表

地名	開放年分	設定年分	承租國
沙市	一八九六	一八九六	日本
福州	一八六一	一八八九	日本
厦門	一八六一	一八六二	日本
厦門	一八六一	一八六二	英國
厦門	一八九九	一八九九	美國
廣東	一八五九	一八六一	英國
廣東	一八五九		法國
重慶	一八九一		日本
營口	一八六一		日本
安東	一九〇三		日本
烏魯木齊	一八九一		俄國
塔爾巴哈台	一八九一		俄國
固爾札			英國

以上係專管租界，但德、俄、奥三國所設者，自歐戰後已由中國收回。

表 0-2

地名	開放年分	設定年分	承租國
濟南	一九一六	一九一六	公共
濰縣	光緒三十		公共
周村	光緒三十		公共
鼓浪嶼	一九二〇		公共
上海	一八九六		公共
長沙	一九〇四	一九〇四	公共

以上係公共租界。

［附鎮江收還收回英租界］

十六年三月二十四日，英領事將租界交還中國，由中國警察完全接管。按鎮江有英國專管租界，亦係由《江寧條約》所讓與者，面積不大，無甚可注目之設備。

第一章　總説

第一節　道縣綱目

湖北省農産稻、麥、棉、麻、菸、茶、絲、漆，鑛産煤、鐵、鉛、銅、金、錳、石膏。若云工商，試遊武漢三鎮，見夫萬帆漾日，百貨屯雲，工廠千聲，噌吰鞺鞳。其足述者，亦良多矣，何爲獨舉鐵工廠爲標幟哉？初不知人類進化，必假於物，百工萬業，交通戰鬬，無文無武，皆必有待於鐵工也。昔張文襄公費幾許經營，始有鐵工廠湧現於漢陽大别山麓。其鐵質之良，震驚一世，足爲邦家之光矣。安可不表而出之，以引起國人之注意哉！湖北居本部之中，地形四達，與河南相類。然獨據長江之要害，扼京漢、粤漢、川漢之中樞，實全國之腹心。省境析爲四道，領縣六十九。

一、江漢道　居全省中東部，道尹駐武昌，轄縣二十九

武昌縣原武昌府附郭江夏縣。　鄂城縣原名武昌縣。　嘉魚縣　蒲圻縣　咸寧縣　崇陽縣　通山縣　通城縣　大冶縣　陽新縣原名興國州。　漢陽縣　夏口縣原夏口廳。　漢川縣　黄陂縣　孝感縣　沔陽縣原沔陽州。　黄岡縣原黄州府。　黄安縣　黄梅縣　蘄春縣原名蘄州。　蘄水縣　麻城縣　羅田縣　廣濟縣　安陸縣原德安府。　隨縣原名隨州。　雲夢縣　應山縣　應城縣

二、襄陽道　居省西北部，道尹駐襄陽，領縣二十

鍾祥縣原安陸府。　京山縣　潛江縣　天門縣　荆門縣原荆門直隸州。

當陽縣　遠安縣　襄陽縣原襄陽府。　宜城縣　南漳縣　棗陽縣　穀城縣　光化縣　均縣原名均州。　鄖縣原鄖州府。　房縣　竹谿縣　竹山縣　保康縣　鄖西縣

三、荆宜道　居省中南部，道尹駐宜昌縣，領縣十三

江陵縣原荆州府。　公安縣　石首縣　監利縣　松滋縣　枝江縣　宜都縣　宜昌縣原宜昌府東湖縣。　長陽縣　興山縣　巴東縣　五峰縣原名長樂縣。　秭歸縣原名歸州。

四、施鶴道　居省西南部，挾於湘、川二省之間，道境係由原荆宜道析置，道尹駐恩施縣，領縣七

恩施縣原恩施府。　宣恩縣　建始縣　利川縣　來鳳縣　咸豐縣　鶴峰縣原鶴峰廳。

第二節　沿革

湖北省古爲《禹貢》荆州之域，春秋時爲楚國及諸小國地，戰國屬楚。漢高帝分置江夏、南郡二郡，武帝元封五年置十三部刺史，此爲荆州北境。後漢因之。三國分屬吴、魏。晉平吴，並荆州爲一。南北朝宋亦爲荆州，增置郢州，齊並因之。梁亦爲荆州、郢州，復增置數州，而漢東之地尋入西魏，寖及荆襄，旋爲周有，亦置荆襄諸州。陳承梁緒，僅有郢州，别置荆州。隋仍周舊，置荆州都督府。開皇九年並有陳地，大業初改爲南郡、夷陵、竟陵、沔陽、清江、襄陽、漢東、安陸、永安、義陽、江夏等郡，俱屬荆州。唐武德初復改諸郡爲州，五年置荆州大總管府。貞觀初諸州分爲淮南及江南道，開元二十一年又分屬江南西及淮南、山南東、黔中道，至德二年置山南東道及荆南節度使。五代時爲楊行密、高季興所分據。宋置湖北及京西路。元豐中改荆湖北路，分置京西南路、淮南西路、夔州路。元置湖廣等處行中書省，亦分屬河南行省。

明洪武初仍設湖廣行省，九年改置湖廣等處承宣布政使司。清稱湖北省。

第三節　疆域

面積人口

面積五八九一一六方里。人口據宣統三年中國民政部發表爲二一二六〇〇〇〇人，每方里爲三十四人强。又據民國十年郵政局調查爲二七一六七二四四人，則每方里爲四十六人强。

廣　袤

東西最廣二千四百四十里，南北最長六百八十里。北界河南，東界安徽，東南界江西，南界湖南，西界四川，西北界陝西。

第四節　地勢

西南山地爲武陵山脈，自西南貴州高原囷輪磅礴而來，叢集於川、鄂之交，横隔宜昌及四川萬縣之間。以水路計約五百里，若陸行，須繞恩施、渡山嶺，則歷千八十四里，實爲一最寬廣之絶壁。最高地達五千餘尺，大部份在三四千尺，而施恩低谷則降至千尺以下。若夫横亘於清江之南之一帶峻嶺，則達於五千尺至六千尺之高度。

西北山地在江、漢間爲巴山脈所盤紆，漢北則秦嶺餘脈由商入鄖，莫不陡峭嵯峨。其高度自三千尺以上至六千尺、八千尺不等，然漢水之谷有降至八百尺或千二百尺者。

北部及東北部山地爲大别山脈所擁抱，西部最高，愈東漸低，平均在二三千尺之間。武勝關附近山脈逾千尺者甚少，且或爲樹木翳蔽之岡陵而已。

東南山地爲幕阜山脈所蜿蜒，在通山之南，高至五千餘尺。山勢峻極，登臨者必緣急坂而上。

居此四面山坂之中，却陷凹爲盜地。此盜地爲三角狀，以襄陽、宜昌、黄梅三縣爲三角之尖點，而武漢適踞其中略偏東之處，所以爲衆水之匯。茲録其高度如左：

襄陽，一八〇尺。

鍾祥，一六三尺。

夏口，一三八尺。

武昌，一四四尺。

蘄春，稍東。一五〇尺。

第五節　氣候

地當北緯三十二度以南，且屬盜地，故甚温暖。雖四圍多山，而西北高聳，東南低落，適足以阻北寒而引南熱。惟夏季往往達於華氏百度以上，兼之無風，晝夜温度不變，令人不快。且以多江河湖沼，空氣濕潤。陽曆三、四、五、六月間往往霖雨兼旬，是曰“黄梅雨”。

第六節　與外國之關係

一、與四國銀行團之關係　即湖廣鐵路五釐金磅借欵

宣統三年至民國二年之間，中國政府因建設粤漢、川漢鐵路，向德國德華銀行、法國東方匯理銀行、英國匯豐銀行、美國資本團借債六百萬磅，年利五釐，自民國十年償起，至民國四十年償完。詳後“交通”。

二、漢冶萍公司與日本之關係

1. 日本預購鐵砂之借欵合同　凡甲、乙合同二種，訂於民國二年十二月

(1) 甲合同債額日金九百萬元。抵押品：漢冶萍一切財産。利息：

年利六釐。償還：售以鑛石、生鐵，以其價值陸續抵還，四十年爲止。限制：公司如欲由中國以外資本家商借欵項時，必須儘先向正金銀行商借。

（2）乙合同債額日金六百萬元，其餘均與甲合同同。

（3）定購礦石、生鐵合同。自甲、乙兩合同發生效力之日起四十年内，公司售與日本製鐵所下開數目以内之鑛石及生鐵：頭等鐵礦石一千五百萬噸，生鐵八百萬噸。其價值以製鐵所通告時製鐵所購入價值爲標準，與製鐵所商酌議定。

2. 與日本合辦鋼鐵廠之合同

自民國六年夏，美國禁止鋼鐵出口之令公布以後，日本大起恐慌，蓋日本每年所需鋼鐵大半仰給於美國。美國之供給既一時中斷，不能不轉謀之我，亦勢也。況漢冶萍早已爲之供給，今再進一步，甚易事耳。此本年該公司與該國合辦鋼廠之情形也。茲述其大略如下：廠設日本，名曰九州製鋼公司，資金二千萬元，中日各半。以日本之半爲設置一切之用，漢冶萍公司一半，則以每月供給五千噸生鐵之價值作抵。

3. 民國四年日本提五項要求之换文

（甲）民國四年一月十八日，日本提五項要求，其第三項關於漢冶萍公司者：（1）兩締約國合意於機會到時，將漢冶萍公司作爲兩國公共相關之事業，故中國應許不將該公司權利財産任意充公，並亦不使該公司將其權利財産自由處分。（2）中國政府允諾於未得漢冶萍公司允可之先，凡漢冶萍公司附近礦地不准公司以外之人開採。

（乙）同年五月二十五日，中國對於日本關於漢冶萍事項之换文照會。如下：

爲照會事，中國政府因日本國資本家與漢冶萍公司有密接之關係，如將來該公司與日本國資本家商定合辦時，可即允准。又不將該公司充公。又無日本國資本家之同意，不將該公司歸爲國有。又不使該公司借用日本國以外之外國資本。相應照會，即希查照。

三、漢口租界

漢口外國租界，除德、俄人已經退還外，尚有英、法、日三國租界。英租界始自千八百六十一年，面積二十四萬七千方碼。法租界始自千八百九十六年六月，面積約十三萬七千方哩。日租界起於一千八百九十八年，面積五萬坪。與下節“漢口”參看。

［附志外國輪船航駛内地之約文］

按外國輪船航駛國内江河，當然自咸豐八年《天津條約》始，何則？道光二十二年《南京條約》所開粤、閩、厦、甬、滬五口，皆係沿海口岸，外船無駛入内地之機緣也。至《天津條約》所開八口，中有長江三口，即鎮江、九江、漢口。外國商品源源運入，當然運之以輪舶，是爲外船航駛内地之開端。兹撿出關於内港行輪之約文二則於下：

（一）節録咸豐八年《中英續約》第十欵：長江一帶各口，英商船隻俱可通商。中略。議准長江三埠爲英船出進貨物通商之區。按此條爲内港行輪見於約文之始，但不限於英國，如美、法、德、義、奥、瑞、丹、比、西班牙、巴西各國俱有此類約文。

（二）節録光緒二十四年《内港章程》：此係一種公司約章，訂於前清總理衙門及總税務司赫德，共九款。其第一款云：准註册之華洋各輪任便内港貿易。其餘八款皆係報關税厘章程。有此章程，則外船可以公然航駛内地矣。以上爲吾國“門户開放”事項之一。

第七節　武昌起義與民國成立

武昌爲省會所在，扼全國水陸中樞，實爲中國史上國體變更之開幕地。讀地志者，一言武昌輙憶及革命起義，若相連屬焉；推至數百千年後，凡思及民國之起源者，必低徊往復而有深念於武昌也。念及武昌，則當日如何起義，民國如何成立，必懸諸思索，而欲知其詳。爰述其概。

一、武昌起義之略歷

清宣統三年陰曆三月二十九日，革命黨在廣州舉事不成，於是變計從長江流域入手。清廷亦知皖、江、鄂等省均有黨人潛伏，密令鄂督瑞澂加意防範。自四月初旬以後，鄂省之防範革命黨者至爲周密。八月初九日，瑞澂接到外務部密電，謂："革黨黄興聯絡黨人，約期十五、十六兩日聚鄂起事，並有三十標步兵，同時策應。"於是軍警查防益加嚴密，商店居民大起恐慌。及期無恙，咸謂事機洩漏，不足爲患。不料至十八日之夜，革黨形迹發現多處。荆襄巡防隊統領陳得龍在漢口英租界拿獲革黨劉汝夔、邱和商二人，洋務公所吴愷元在俄租界寶善里内拿獲革黨秦禮明、龔霞初二人，並起獲炸彈、手鎗、旗幟、印信、鈔票、匯票甚多。統制張彪在小朝街九十二號拿獲革黨八人，在八十二號、八十五號拿獲二十七人，内有女黨員龍韻蘭及陸軍憲兵什長彭楚藩。同時又在雄楚樓北橋洋房内拿獲印刷告示、繕寫册籍之革命黨五人，而黄土坡千家街地方有黨員楊宏勝亦因自試炸彈轟動而被獲。督署之内又發現炸藥一箱，有教練隊兵二人形迹可疑，訊明希圖炸署不諱，即在署前刑誅。翌晨，復將捕獲黨人審決多名。是時鄂督瑞澂以爲其謀已破，可無大患，唯仍疑新軍皆爲革命黨，欲嚴行查緝，如有形迹可疑之兵士，即以軍法從事。嘗問張彪曰："爾軍中有多少革命黨？"張彪曰："大約有十之三。"瑞澂曰："然則以十之七拿十之三，事便可了。"一時新軍聞之，人人自危。武昌向有新軍萬六千人，合組爲步隊、馬隊、礮隊三種，悉歸張彪統轄。軍隊平時咸懷怨望，本極危險。自端方入川抽調外，所餘各營殆皆全體聯合，反對長官。經革黨暗中運動，久已躍躍欲試，而瑞澂復嚴行搜捕，各營遂變。

八月十九日即陽曆雙十節。下午九時，工程第八營左隊營中忽有炸彈聲、喧噪聲同時猝起，以同心協力爲暗號，掣下肩章，左右各繫白巾。督隊官阮榮發等出阻，即被槍斃。步隊三十九、三十兩標殺斃管帶二人、排長二人、隊官一人。九時半，趨火藥庫刼取子彈。而十五協兵士已於同時齊集大操場與工兵聯合，悉運子彈至蛇山下之官馬廠諮議局旁，即大呼趨督署，與防護馬隊互擊。五十分鐘，馬隊不支，亦與工兵聯合，旋即分兵三處，一駐鳳凰山，一駐蛇山，一駐楚望臺，各架礮轟擊督署。二十日，總督瑞澂、藩司連甲、統制張彪均棄城逃。

革軍既起，尚未得一首領，衆議以第二十一混成協統黎元洪當之。黎元洪者，係天津水師學堂畢業，從事於中東之役，經驗宏富，屈居張彪之下而無怨言，素爲軍心所歸附者也。衆遂趨黎寓所，迫令出爲代表。黎允諾，遂改諮議局爲軍政府，黎元洪爲鄂軍都督，前諮議局議長湯化龍爲民政總長。初發難時，革命軍頗有殺戮滿人者。黎都督既就任，傳令不得在城内放礮，不得妄殺滿人。一面派兵守藩庫、官錢局、儲蓄銀行、度支公所、財政處，於是武昌省垣全爲革命軍所佔領。

革軍既佔武昌，即遣軍渡江，先至兵工廠，聲稱張彪派來保護之兵。廠中信之，遂由革命軍監守，仍令照常工作，以供軍用。總辦王壽昌遁匿上海。與兵工廠毗連者爲鐵工廠，亦爲革命軍所佔領。以其爲商辦也，不加改革，拘留其總辦李維格，照常辦事。是時漢陽官吏逃匿無蹤，於是漢陽府城又爲革命軍所佔領。

二十一日，有土匪在漢口華界乘機縱火，意圖擄刼。軍政府立遣數百人馳至，一面救火，一面擒匪，並竭力保護外人之生命財產。夏口廳王國鐸孑身遠颺，遂推前《大江報》主筆詹大悲任漢口軍政分府，於是漢口又爲革命軍所佔領。

當革命之初起也，外人疑其有排外性質，以爲庚子“拳匪”之禍將復見於武昌，及見革軍舉動之文明，極爲贊歎。二十二日，軍政府照會各國領事團，以保護租界自任，要求其嚴守中立，並聲明清政府前借之外債賠款俱照約履行，但以後如有借款，則不能承認。領事團會商擬宣告中立，於兩方戰事毫不干涉，迨電詢各政府，均得贊成。

武漢居本部之中樞，扼長江之上游，革軍得此，有高屋建瓴之勢，而各地黨人又皆以事有可爲，宜乘此時機互相響應。故武漢起事未及旬日，如本省之黄州府、武昌縣、沔陽州、宜昌府、襄陽府及沙市、新隄等處，即次第爲革命軍所佔領。各省之響應者若湖南、陝西、江西、山西、雲南、貴州、安徽、江蘇、浙江、廣西、福建、廣東、奉天、四川、新疆，或獨立，或舉兵。此外各省因電信不通，未知其現狀，蓋隸屬於清政府之下者已無幾矣。

八月二十二日午後一時，武昌警報達北京，有旨，瑞澂著即革職，仍暫署鄂督，責成迅將省城克復。一面令陸軍大臣蔭昌統帶近畿兵兩鎮，速即赴鄂勦辦。又令薩鎮冰率海軍、程允和率長江水師，即日赴援。二十三日，蔭昌之前哨軍隊馳抵距漢口二十餘里之劉家廟駐紮。是日有旨，湖廣總督著袁世凱補授，並督辦剿撫事宜。二十六日，蔭昌行抵信陽州，軍隊陸續到漢。海軍提督薩鎮冰乘楚有兵船亦至，所統建安、建威、江元、楚豫、楚泰、楚謙各礮船，湖隼、湖鷹、湖鶚及辰宿各雷艇，咸開駛漢口江心下碇，準備助戰。二十七日，北來豫軍及陳得龍、張彪之殘兵共約一鎮，革命軍亦約一鎮。天明開戰，革軍頗奮勇，北軍避入火車，飛駛而退。革軍追之，北軍就車中還擊，革軍頗受夷傷。午後四時又開戰，北軍添以礮隊，薩軍兵艦又開礮相應，革軍還礮中艦上，兵船即駛退下游，陸上兩軍互擊。歷二時，北軍又敗退三十餘里。二十八日，革軍黎元洪親自督戰，派敢死隊一千五百人於早晨渡江，逕至劉家廟。至十一時，聯合軍隊槍礮齊開，北軍隨戰隨退。

是日江心所泊之兵艦始亦開礮助戰，未幾即駛退下游。二十九日，艦隊復上駛，北軍與革軍在七里河開戰。兵隊向前助戰，施放數礮之後，因受武昌、漢口兩面之礮擊，即下駛。兵艦既退，陸軍勢孤，亦爲革軍所敗。三十日，兩軍復在三道橋一帶交戰，革軍敢死隊伏一隄下，彈擊北軍，每發皆中。北軍踞山上，礮彈向下轟擊，多落隄後水中。北軍敗退，至灄口以北。

九月初三日，兩軍在朱家河開戰，互有損傷，不分勝負。初四日，交戰於七里河，亦互有損傷。初五日，北軍進攻江岸車站，前哨已抵一道橋，爲革軍所擊退。初六日晨，灄口駐屯之北軍向前進發，抵二道橋，與革軍相遇。革軍退，北軍遂進。至一道橋，與革軍開戰，礮隊發彈多命中，革軍又退。北軍進佔江岸及戴家山一帶，以礮轟車站，時泊於陽邏之兵艦亦開礮助攻。革軍發礮多不中，遂沿鐵路線退至大智門。午後七時，又開戰。經三小時，北軍用野礮向大智門開發，於鐵路線上排列機關礮。革軍分爲兩路，一出跑馬場，一出日本租界。後兩軍大戰，頗爲劇烈。有頃，革軍不支，北軍遂奪得大智門。是戰也，兩軍死者各近千人。是日有旨，湖廣總督袁世凱授爲欽差大臣，海陸各軍均歸節制，撤陸軍大臣蔭昌回京，將第一軍交馮國璋統率，令段祺瑞統率第二軍。初七日，北軍由大智門進攻，革軍據歆生街之附近爲根據地，交戰數次，各相持不下。初八日，北軍有援軍至，遂併力擊退革軍。是時北軍已有鐵路全線，遂進駐劉家廟大智門，馮國璋亦馳抵漢口。當晚北軍進攻，用大礮先毁民房，於是由跑馬場附近一帶至街市前部盡爲北軍所得，唯市街内則仍爲革軍所據。初九日，北軍縱火焚燒華界民房。初十日，北軍之步兵分布於鐵路兩面，礮隊列陣於玉帶門、大智門車站附近，與華界革軍交戰，十分猛烈。北軍共死三千五百餘人。十一日，北軍仍在華界縱火，被焚民房不下千數百間，居民紛紛逃避，革軍盡退入武昌漢陽。是日有旨，以袁世凱爲内閣總理大臣，督師如故。十二日，漢口火未熄，華界成爲一片焦土。十三日，革軍黄興受總司令官之印。十四日，漢口兩軍又交戰，薩鎮冰之軍艦亦在武昌下游開礮助戰，革軍發青山上之礮數下，北軍不支，退出火車站。是日清廷有旨，令袁世凱所統各軍停止進攻。十五日又交戰，革軍由鳳凰山開礮攻大智門，北軍死者甚衆，降者四百餘人。北軍復設大礮於跑馬場，爲攻擊漢陽之用。十六日，袁世凱奉到清廷停止進攻之諭，囑劉承恩致書黎元洪議和，書中述清廷之德意，分爲四大綱：一、下罪己之詔；二、實行立憲；三、赦開黨禁；四、皇族不問國政。末則以富貴利達歆動黎元洪，黎拒之。十八日，兩軍又交戰，漢陽、武昌、漢口三處均用大礮，彼此轟擊。北軍漸退，捨大智門車站而去。十九日，北軍千餘人攜大礮數尊，由馬路至橋口。革軍自龜山發礮數次，擊散其步隊，北軍亦燃礮回擊。其後武昌、漢口兩處時以礮擊漢口之北軍，遂將北軍所據之礮台，悉數毁壞。二十日，北軍圍攻漢陽，礮聲大作，革軍礮台四面還擊，傍晚始止。此匝月以來，清政府與革軍交戰之大略也。

兵事以外，清政府之對付革軍之變，亦可得而言焉。八月二十九日有旨，著蔭昌、袁世凱、岑春煊、端方仰體朝廷德意，沿途宣布，妥爲撫輯。脅被兵民，准予自新，不咎既往。搜獲名册，立即銷燬，毋得株連。九月初一日懿旨，得由孝欽皇太后遺帑内撥銀十萬兩交袁世凱賑濟湖北災民。初五日懿旨，賞内帑銀三萬兩充慈善救濟會拯濟之資。十四日有旨，各省統兵大員務當申明紀律，嚴禁騷擾。十九日有旨，准吕海寰奏，推廣慈善救濟會，按照紅十字會章程辦理。清政府以爲禍亂之源，由於郵傳大臣之違法斂怨也。故初五日有旨，盛宣懷着革職，永不敘用。而鄂變之起，亦影響於川事之操切也，故同日有旨，分别懲處四川地方官趙爾豐、田徵葵、周善培等，而被拘之蒲殿俊、羅倫、鄧孝可等則即行釋放。又疑四海怨望起於慶内閣之不負責任也，故十一日有旨，准内閣諸臣之辭職。知事變已急，非有切實之讓步，未易挽救也，故初九日特下罪己之詔。又有允將憲法交資政院協贊，允内閣不任懿親，允速開黨禁等論旨。十三日又允將憲法重大信件十九條宣誓太廟，且十二日諭旨，對於第二十鎮統制張紹曾等之要求，則嘉其愛國之誠。十五日諭旨准革命黨人改組政憲，亦足見清政府之退讓矣。

二、民國成立之略歷

1. 停戰

南京據長江天塹之險，扼鄂皖與蘇滬之交通，民軍所必争，亦清軍所必守者也。自武漢發難而後，總督張人駿即陸續調集江防營分紮要隘，又以各省新軍多附革命，遂疑及駐寧第九鎮之新軍，既拒該軍統制徐紹楨給發子彈之請，且繳令移駐秣陵關，而以扼守南京之權授之江防統領張勳。新軍本多贊同革命者，既遭嫌疑，人心愈憤，遂於九月十八、九兩日進攻雨花臺，因子彈缺乏，未能獲勝，退駐鎮江。適蘇、浙、滬所派會攻南京之兵先後至鎮，徐軍子彈亦由上海置配完備，遂公舉徐爲聯軍總司令。二十六日，由鎮江出發進攻南京，皖、粵、桂三省亦派兵來會。初四日，聯軍與張軍戰於孝陵衛，占烏龍山礮台。初五日，佔幕阜山礮台。初六日，復與張軍戰。張軍大敗，遂進偪神策門，攻襲獅子山。初七日，佔孝陵衛、獅子山，分三路進攻。初十夜，佔領天保城。十二日，佔領雨花臺，攻入南門太平門，南京全城遂爲民軍所領。其隔江之浦口爲張勳大本營駐紮地，民軍亦乘勝攻佔之，分兵屯駐，以禦南下之清軍。

武漢自九月二十後仍繼續攻戰。二十一日，民軍以清軍在招商局躉船上鎗擊行人，特開礮向躉船轟擊，清軍死傷甚衆。是夜，民軍游擊隊及漢陽黑山與龜山之礮台均開礮轟擊清軍。二十二日晚，漢口清軍礮擊武昌。二十三日，又向漢陽攻擊，民軍還礮擊之，燬其一礮。武昌鳳凰山與漢口龍王廟北軍之礮台亦互相發礮，兩軍俱未大傷。二十四日，民軍礮擊清軍，復偵知北軍內鬨，乘勢分三路渡江攻擊。清軍大敗，退紮歆生路。二十六日又戰，民軍佔橋口。二十七日，民軍分兩隊攻漢口，一隊由黑山潛渡漢水，一隊由孝感包圍。清軍不支，退駐大智門。其大營之在劉家廟者出大隊抵抗民軍，仍回漢陽。是役也，兩軍死傷甚衆。二十八日，民軍分三路進攻，互相攻戰，無大損傷。二十九日午後，兩軍交戰頗劇，海軍軍艦開礮助攻，清軍大創。三十日，兩軍開礮，互相遥擊。十月初一日，清軍礮攻漢陽兵工廠，爲民軍還礮擊退。初二日，民軍佔梅子山。初三日，清軍持白旗僞作民軍裝束，佔雨淋美娘山，民軍迎擊，各死千餘人。初四日，清軍一鎮盡赴雨淋山，將以全力争漢陽，雨淋山遂爲清軍所佔，旋又爲民軍奪回。初五日，兩軍接戰甚烈。初六日，清軍佔黑山、龜山、梅山，民軍退守武昌。初七日，清軍復佔漢陽府，蓋自起義以來未有如此次之挫失者。嗣後武漢略有小戰。至十三日，則停戰之約成，兩軍遂各據佔領之地而不復交綏矣。

2. 議和

袁世凱未到京之先，曾派蔡廷幹、劉承恩至鄂與黎元洪議和。黎以所開條件仍主張君主立憲，拒不納。十月中旬，駐漢英領事出爲介紹，日本、德、美、俄、法各領事亦極意贊成，遂邀集兩軍代表會議於英領署，議定雙方停戰，討論和局。於是清政府乃派唐紹儀爲内閣總理代表，其參贊隨員爲楊士琦等二十餘人，民軍亦公舉伍廷芳爲民國代表，並舉温宗堯、王寵惠、汪兆銘、鈕永建爲之參贊。

十月二十八日，兩代表會議於上海英租界之民政廳，與於會場者，除代表所帶參贊外，復有英、日、德、美、俄、法各國領事及發起調停之西商李德立等數人，惟於會議事件，絶不干涉。至十一月初一日，復爲第二次會議。兩次所議，伍代表始終堅執改設共和政體，要求清帝退位，並聲言如清廷不承認共和，即無可開議。唐代表知難磋商，即據以電達内閣。内閣以退位問題關係重大，乃開内閣會議，一面據情奏聞，一面全體辭職。清太后即於初九日先後招集親貴暨内閣大臣商議辦法，決定頒召集臨時國會議決政體之旨。唐代表既奉此旨，復與伍代表於初十、十一、十二、三日繼續開會，將召集國會辦法，議定四條：（一）國民會議由各處代表組織，每一省爲一處，内外蒙古爲一處，前後藏爲一處。（二）每處各派代表三人，每人一票。若有某處到會代表不及三人者，仍有投三票之權。（三）開會之日，如各處到會之數有四分之三，即可開議。（四）各處代表，江蘇、安徽、江西、湖北、湖南、山西、陝西、浙江、福建、廣東、四川、雲南、貴州，由中華民國臨時政府發電召集；直隸、山東、河南、東三省、甘肅、新疆，由清政府發電召集，並由民國政府電知該省諮議局；内外蒙古、西藏，由兩政府分電召集。以上四條已簽定矣，惟餘會議地點及日期未經議定。詎十四日陽曆正月初二日。得袁來電，謂："唐代表權限所在，祇以切實討論爲範圍，其所議各條，未與本大臣商明，遽行簽定。本大臣以其中有必須聲明及確難實行各節，電請唐代表轉致。嗣據唐代表一再辭職，即經允准。自後應商各事，由本大臣與貴代表直接電商，冀可和平解決云云。"於是議和之局爲之一變。

伍代表既得此電，即覆以唐使來滬攜有全權代表文憑，五次會議所訂各條一經簽字即生遵守之效力，來電所云不能承認。又以應商各事非電報所能盡悉，電請袁來滬面商。嗣是伍、袁來往電文均於代表權限及國會選舉方法與夫地點日期反覆駁難，並以商議需時，復將停戰期續展限十四日。

再述民軍方面。自民軍佔領上海之後，遂於十月初九日設滬軍政府，由各省軍政府公舉伍廷芳爲外交總長，復公舉鄂軍政府爲中央軍政府。各省代表會議，臨時政府未成立以前，公推鄂省都督爲中央軍政府大都督。十一月初十日，十七省代表在南京投票，選舉孫文爲臨時大總統。十三日即陽曆一月一日，孫總統由滬莅寧就任，是爲民國政府成立之第一日。此停戰期中，適清帝有退位之説，遂由伍代表以清帝退位後優待條件及優待滿、蒙、回、藏人條件，正式通告内閣。惟因清廷有少數親貴把持反抗，而禁衛軍亦反對甚力，清内閣遂不能作正式之答商。至陽曆二月五日始得袁氏電告，謂現已有權討論此事。適清統將段祺瑞聯合統兵大員四十二人先日電請清廷，早布共和，以定大局，於是障礙悉去。優待條款既得正式磋商，且復易於就範。至十二日，而清帝退位之詔下矣。和議告成，民國統一。

［附］

黎元洪小傳

黎公元洪，字宋卿，湖北黄陂縣人。少年肄業於天津北洋水師學堂，嘗歎曰：“人得微禄資生足矣，富貴奚爲哉?”畢業後服務海軍者七載，躬與中日甲午之戰。既敗，公深痛國力之虧，遂幡然以興學育才爲己任。乃應南洋大臣張之洞之召，監修金陵礮台。未幾，張移督湖廣，公隨之至鄂，教練湖北新軍，三赴日本考察軍政。初任湖北護軍馬隊隊長，前鋒四營統帶，繼任第二鎮協統兼鎮統。越二年，改爲第二十一混成協統，歷充武中學堂監督、陸軍學堂會辦。公爲人沈毅寬厚，深得人心。居常言論，每欽慕華盛頓之爲人，其馭勒部下，時以大義相勗勉，且部下尤多讀書之士，故民軍起義後，唯公部下人材稱盛。

民國紀元前一年十月十日，武昌義旗既舉，衆議推公爲首領，遂擁爲鄂軍政府大都督。公傳令不准城内放礮致傷平民，亦不准妄殺滿人，有傷人道，自此秩序益整。是年十一月十五日，十七省代表集於南京，選公爲臨時副總統，並領湖北都督。迨民國二年十月，由國會正式選舉袁世凱爲大總統，公爲副總統，遂入都就職。時大局粗定，公方謂政貴統一，忌出多門，雅欲與袁項城共贊民治，不意諸多抑鬱，唯以隱忍無言者，深自韜諱。未幾，帝制議起，公乃堅辭武義親王之僞封，所領職務悉謝去之。迨袁氏病歿，公乃於五年六月七日繼任爲民國大總統。是時當洪憲帝政之餘波，財政大紊亂，公乃鋭意整理之。復欲罷免各省督軍，以期中國統一。乃督軍團請求解散國會，復因段祺瑞之免職，紛紛與中央脱離關係，繼而有張勳復辟之亂作。公知不可爲，乃於六年七月宣告去職，以副總統馮國璋代行職權，任段祺瑞爲國務總理。於十四日，遷回東廠胡同邸第。民國十一年六月，舊國會議員集津門，主張恢復法統，力請公入都復職。公辭不獲已，乃再入白宮，仍孜孜以裁督廢兵爲務，所施政治純以民意爲依歸，乃值政局多變，終不能自由行使職權。卒於十二年秋，更毅然去大總統職，移居津邸，以樂餘年。

第二章　通商場

第一節　漢口　夏口縣

沿　革

春秋屬楚，秦屬南郡，漢屬江漢郡沙羨縣地，三國屬吴，隋大業初始置漢陽縣，自元迄清末皆屬漢陽府。明於此設巡司，初在漢水南岸，後移北岸。按漢口在明洪武時尚屬葦洲，永樂時始建塞口寺，即今廻龍寺也。天順時盧舍大啟，人烟漸盛。成化時漢水穿排沙口，逕郭師口，直冲入江，漢皋漢口之别名。船舶匯集，已成鬧市。清初添設仁義、禮智兩巡司，嗣移漢陽府之同知駐此。在乾隆之世，因九省衝衢，居民填溢，商賈輻輳，已稱爲楚中第一繁盛地，爲中國四大鎮漢口、景德、朱仙、佛山。之一。清道光間已有外人足迹。咸豐十年《天津條約》開爲商埠，於是十里洋場，五國租界，重瀛輪舶，密集江干。至光緒間商況益繁，遂析置漢口廳，轄漢口全鎮。民國以來稱夏口縣。

據武漢三鎮之北部，與武昌、漢陽隔江、漢相望。北距北京二千四百二十里，東距上海一千八百里，即六百英里。西距宜昌一千二百里，南距番禺廣州。約二千里，即七百二十英里。

［註］漢口亦曰夏口、沔口、魯口。《左傳・昭公四年》：“吴伐楚。楚沈尹戍奔命於夏汭。”杜預註：“漢水曲入江處，今夏口也。”蓋因古時夏水會沔水即漢水。由此入江，今西南境猶有長夏河之名，此即夏口、沔口之所由名也。其謂之魯口者，以魯山即大别山。得名。

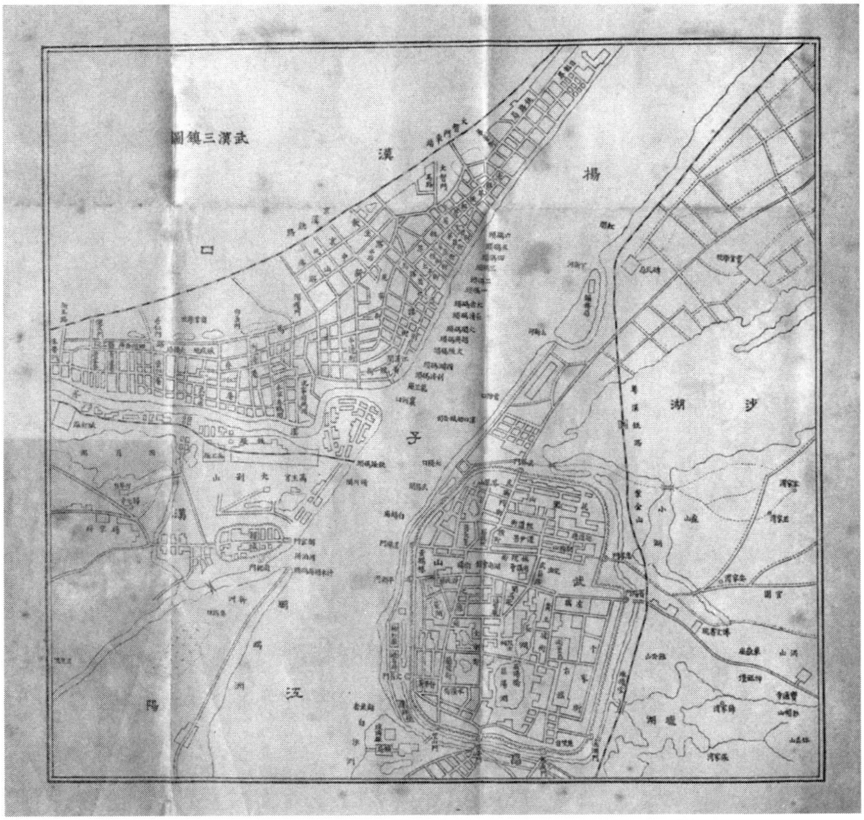

圖 2-1　武漢三鎮圖

地　　勢

係挾於荆山、爲江、漢間之分水嶺。桐柏山、爲漢、淯間之分水嶺。幕阜山由江西省西北端走入省境之山脈。三脈間之溢底地，附近東西二百英里、南北百英里間爲冲積平原，無陵谷起伏。勢既低窪，復浸以多數之湖泊，若黄蓋、斧頭、梁子、武湖、曹湖、洪湖等，不勝枚舉。夏期因江、漢盛漲，灌入低地，一望漠漠，皆爲澤國，雖害農作，亦以爲常。就附近形勢觀之，東襟江、西抱湖、北枕淪、南帶漢，常則因水利以便交通，變亦可阻水勢以設防守。

隔江而南有蛇山，隔漢而南有龜山，瀕江相望。然漢口附近則漫無一山。柏泉山在西北四十里。相傳大别山禹祠古柏，其根直達於此。語云“柏泉無曲通，八十里寒泉”是也。山有古井，井底雙魚動躍，泉枯則柏根并現。山南有白鶴山，東有齊相公山，西有睡虎山，上有仙女洞，又有萬人窖。相傳明末避難者被賊屠於此，每當積雨時尚流赤水。

大江洩洞庭之水，其北流繞新隄，其西側遂連絡洪湖與漢水。更越寶塔洲，過嘉魚縣城西至金口，納斧頭諸湖之水，更於沌口納連絡漢水之夏、沌諸水，更東南流至樊口，納梁子湖等九十九湖之水，逾黄石港而東南，又納漳源等湖之水。

漢水自西北來，至仙桃鎮附近洩出三四分支，與大江本流相連絡。至漢川並匯曹湖及涓水，漢水復轉而東流過蔡甸，合西湖、官湖之水，至漢口注大江。

由仙桃至漢口間，漢水之長約百餘英里。

溣河即澴水下流也。自孝感縣東南竹子港分流，經漢川縣境與涓水合，横流於夏口之北境，而東注於灄口。

氣　候

1. 氣温

因附近爲最大溢地，故冬期寒氣不烈，而夏期則酷熱難堪。一晝夜間，絶少最高、最低之差，所謂涼夕之樂，殆不可得。春期烟雲靉靆，氣候雖好，而雨量甚多。但秋季頗長，金風颯爽，爲一年最佳之季節。

一年間，以自陽曆十二月下旬至三月上旬爲寒期，以自十一月至三月，凡五個月間爲結霜期。以自五月中旬至九月下旬爲暑期。

最熱之時在陽曆七月，達攝氏三十七度六。最冷之時在陽曆一、二月之交，達攝氏冰點以下六度九。

2. 曇天

以自十二月至翌年四、五月，凡五六個月間，曇天時爲最多。蓋每月曇天時常在二十日以上，甚或通全月而皆屬曇天之時。而八、九、十、十一月之四個月間，比較的曇天爲少耳。其快晴之日以夏、秋爲最多。總之，漢口地方一年之間曇天之日數恒多，快晴之日數恒少。

3. 雨及雪

歷來夏冬兩期常乾燥，春秋兩期常溼潤，以三、四、五、六之四個月爲降雨多量之時期，全年所得雨量約千粍左右。

每年以十二月上旬至二月下旬約三個月間爲降雪期，但地上雪深及尺之時甚少。雖天氣最寒，於三四日間輒消融無存。

4. 風

（1）風力極弱，謂爲無風之地可也。按南北緯線三十度附近，當反對貿易風沈降之下，是爲南北廻歸無風帶。尤以七、八、九之三個月間爲風力極弱之時。且全年間雖有暴風，於一秒間能達二十米之速度者甚尠。按稍疾之風，其速度於一秒間亦須達六十米至百米之間。

（2）風向。全年以東風、東北風及北風爲多，以西南風爲最少。若六、七月間東南風雖多，然至八月則轉而爲東北風，直至翌年五月，迄無變化。

（3）黄砂。風送黄砂，自春及夏。由北方吹來微細砂土，滿天作黄灰色，或連續至一二日間不止。然則此黄砂果奚自而來？來自瀚海沙漠之灰塵及豫鄂兩省附近乾燥之沙土，因風飛揚，遂伴上層之氣流而送至鄂中，中途融結溼氣而加重量，不能留於上層，遂落於下層之氣流，故呈如此之現象也。玆録前清光緒三十一年份之漢口氣象表：

表 2-1　漢口氣象表　光緒三十一年

	雨量 密米合計	濕度 攝氏平均	最高温度 平均	最低温度 平均	最高温度	同上日時	最低温度	同上日時	風速平均	風向最多 風向	暴風日數	地震回數	同上日時	霜回數	濃霧日數	降水日數	快晴日數	曇天日數	雷電日數
一月	七二·八〇	五·五六			一四·四	四	九三·一	二七			—	—	—			一一	—	—	—

續表

	雨量 密米合計	濕度 攝氏平均	最高溫度 平均	最低溫度 平均	最高溫度	同上日時	最低溫度	同上日時	風速平均	風向最多 風向	暴風日數	地震回數	同上日時	霜回數	濃霧日數	降水日數	快晴日數	曇天日數	雷電日數
二月	四三・八〇	二・八〇	五・二二	〇・五〇	八・九	一七	九五・三	三	一・〇一	NNE	—	—	—	五	一	七	—	二八	—
三月	一三三・七八	七・五一	九・九六	五・三七	一八・三	二九	一・五	一六	一・九九	NNE	一	—	—	—	—	一九	三	二八	二
四月	九八・五三	一三・七三	一七・四一	一〇・五九	二六・五	一八	二・一	三	一・九六	NNE	一	—	—	—	—	一六	三	二四	七
五月	一八六・一二	一九・九〇	二四・〇八	一六・五六	三一・一	三一	九・五	三	二・四〇	NNE	—	—	—	—	—	一三	五	二二	四
六月	七二・〇三	二七・二九	三一・四五	二四・〇一	三五・六	二六	二〇・七	九	一・五五	SE	三	—	—	—	—	六	四	一九	五
七月	九六・三六	二八・五五	三二・一九	二五・九七	二六・六	一五	二一・二	二	二・二八	SSE	一	—	—	—	—	九	五	二〇	三
八月	一一一・一六	二六・八七	三〇・二二	二四・三五	三五・三	一	一九・四	二一	一・五三	NNE	—	一	—	—	—	一一	六	一八	五

續表

	雨量　密米合計	濕度　攝氏平均	最高溫度　平均	最低溫度　平均	最高溫度	同上日時	最低溫度	同上日時	風速平均	風向最多　風向	暴風日數	地震回數	同上日時	霜回數	濃霧日數	降水日數	快晴日數	曇天日數	雷電日數
九月	九三·二一	二二·四四	二五·八一	二〇·〇二	三三·〇	一	一三·三	二九	一·八〇	NNE	—	—	一三	—	—	一一	五	一九	—
十月	六二·三〇	一七·二九	二一·〇二	二四·三六	二七·五	一〇	八·六	二一	一·七三	NNE	一	—	—	—	—	一三	五	一九	—
十一月	三一·七五	一二·〇一	一六·四六	八·三二	二三·九	一二	四·二	五	一·五九	NNE	—	—	—	一	一	九	一二	一一	—
十二月	八一·九三	一五·八九	八·二〇	三·九一	一七·一	二	九九·六	二三	一·七八	NE	—	—	—	七	一	一三	一	二五	—

市街概況

市街全部分布於江、漢會口之北三角洲上，橫長如帶，較隔岸武昌、漢陽二城所佔面積遥廣。其瀕漢水者約十五里許，瀕江岸者約二里許，京漢鐵軌橫行包繞於其外。按漢口附近，古有郤月、馬騎、蕭公等城，代遠年湮，了無遺迹。清太平之役，官文督鄂，始於同治初奏築城堡，上起橋口，下訖沙包，長十一里許。沙包對岸即江南之大新洲，洲在省垣東北數里。橋口對岸爲漢水南岸之龍燈堤，堤在漢陽城西北十餘里。爲門七，自東北江濱向西南計之，曰通濟，曰大智，曰循禮，曰由義，曰居仁，曰便民，曰玉帶。又於循禮、大智間置水門，鎸“郤月城”三字於閘口。光緒中，京漢鐵路既通，土檔一帶悉填平成市。時湖廣總督張之洞奏拆後城，開馬路，於是向之女牆睥睨悉夷爲馬龍車水之場。

市街分中國市街及租界兩部以述之。

［註］郤月城在漢陽縣東北。《水經注》：“沔左有却月城，亦曰偃月壘，戴監軍築，故曲陵縣也。東晉於此置石陽縣，劉宋改名曲陵。昔黄祖守此，吴遣董襲、凌統攻而擒之，禰衡亦遇害於此。”《元和志》：“郤月故城在漢陽縣北三里。”《寰宇記》：却月城與魯城相對，以形似名。馬騎城在漢陽縣北却月城西二里，周五里。長棚岡即其故址，今湮。蕭公城在漢陽縣西北五里。《輿地紀勝》：相傳爲梁武帝屯兵處。

1. 中國市街

以正街爲最長，貫通全埠。以中間之前、後花樓街至黄陂街爲最繁盛。又平行於正街東部之南者曰河街。此外如新街、半邊街、白布街及接連英租界之太平街、大夾街皆屬繁華之地，人烟稠密，廛肆殷闐。接漢口市街之設置未有計劃，只隨其運輸之便，貨物起卸之利，特設倉庫於漢水沿岸，遂形成爲自然市場。而特定之貨物市場亦有數處，即棉花市場、油市場、薪炭市場、米市場、雜糧市場等。米由湖南，雜糧由漢水上流，棉花由湖北一帶之地，油由四川、湖南等省，皆以民船裝載而來。今略舉各市場之位置如下：

（甲）油市場。在漢水合於長江之處爲打扣巷、河街，每日常椗泊船數約百五十隻。

（乙）薪炭市場。在打扣巷之西曰接駕嘴，由此渡漢水，南通漢陽城東北之市街。薪炭船每日椗泊者約百餘隻。

（丙）棉花市場。與打扣巷相接近，凡棉花行之大者皆在此街。由季節開市，於其期間内，每日有民船數百艘集合於此。

（丁）米市場。在接駕嘴之西曰沈家嘴，附近爲新街，有二十餘家之米行營業於此。依於季節，常有百隻或二三百隻之米船往來此地與湖南間。

（戊）雜糧市場。在漢水上流之楊家河南直漢南之西月湖梅子山。有二十餘家之雜糧行營業於此，與漢水上流各地來往之民船常有二三百隻。

2. 租界

自前清咸豐八年《天津條約》開長江三口鎮江、九江、漢口。後，英、俄、法、德、日先後來漢租地通商，謂之租界。其餘比、西、瑞、荷、意無租界各國亦各駐有領事。遇有地方民刑訴訟關於交涉者，各國領事得與中國之駐紮租界洋務委員在領事府或洋務公所會審，其他行政事項均屬外國人之勢力範圍。茲將各租界略歷、面積揭述於後。

（1）英租界。咸豐十一年，由中國鄂藩司唐、英湖北領事巴立永租地基約，定准漢口鎮市以外街尾地方，自江邊花樓巷往東八丈起至甘露寺江邊卡東角止，共長二百五十丈，寬一百一十丈，合地基四百五十八畝八十弓，用石塊上刻“大英國地基”字樣。地丁銀五十三兩六錢二分五厘，漕米折銀三十九兩零四分七厘，每年四月内由英國領事將地丁、漕米價銀清交漢陽縣如數查收。此地房屋、田地，英人交款中國政府，按時價收買，不准民人再在租界内蓋造畊種，英國領事亦不能越花樓巷之西一帶再租。光緒二十四年，英國新增租界，由中國漢關監督瞿、英國漢領事霍訂約，定准英租界後至城垣，留出官地五丈，南至一馬路向城垣直線起，北至俄界止，合地三百三十七畝五厘。地丁銀三十九兩四錢三分，漕米銀二十八兩一分七厘，每年四月由英領事官送交漢陽縣查收。但於一定規則之下，許中國人之雜居。又中國開拓鐵路需用地基時仍應讓還。新舊公路及大智門内官街城垣一帶，華洋人任便行走，餘均照老界條約。界内以洞庭、鄱陽、湖南、永城等街爲最繁盛，蓋跨漢陽江岸之熱鬧市場也。

（2）俄租界。光緒二十二年，由中國漢關監督瞿、俄天津領事德、漢口領事羅立永租地基約，定准英租界以下沿江至通濟門止，深長二百八十八丈，以三分之二，由英租界至法租界爲止，計長一百九十二丈。由大路至江岸南首，寬一百零六丈，北首寬三十七丈，其大路之内，南至北抵法界爲止，計前長九十四丈，後長一百十六丈。由大路至城垣官路爲止，合地基四百十四畝六分五厘，豎立界石。地丁銀四十八兩五錢一分四厘，漕米三十五兩三錢二分八厘，每年四月由俄領事官送交漢陽縣查收。光緒二十三年，由中國漢關監督瞿、俄國漢口領事王訂立江岸四段永租約，計三千七百零四方有奇。除船關基地一千兩外，由俄國照每方十兩價交中國政府收清，轉給業户。内有俄人經營之三大甎茶製造所，四時常見黑烟冲天。内有一甎茶製造所在英界。邇來根據《中俄協定》，拋棄在中國境内之一切租界之文，則已收回爲特別區域。

（3）法租界。光緒二十二年訂約，由英租界以下沿江至通濟門止，共佔地百八十七畝，豎立界石。地丁銀二十一兩八錢七分九厘，漕米銀十五兩九錢三分二厘，每年四月由法國領事送交漢陽縣查收，餘均照英租界條約。光緒二十八年，因京漢鐵路，由中國漢關監督岑、法漢口領事瑪訂立展拓租界約，定准自官地西距鐵路六十丈止，北一面與德界毗連之線直引至距鐵路六十丈官地止，南由俄、法之界直引一線至垣牆之外，距鐵路六十丈官地止，漕米、地丁照數推算。

（4）德租界。光緒二十一年，由中國漢關監督惲、德上海領事施訂立永租約，定准英租界以下自通濟門城外沿江官地界外起，至李家墩前面止，共寬三百丈，深一百二十丈，合地基六百畝。地丁七十兩零二錢，漕米銀五十一兩一錢二分二厘，每年四月送交漢陽縣查收。大戰之後，已將租界收回，改爲特別區域。

（5）日租界。光緒二十四年訂永租，其界劃南接德國租界，東沿江，長一百丈，西至鐵路地界爲止，北界自江口直至鐵路地界止，豎立界石。其地丁、漕米條約未經詳載，照數科算，以每年四月交漢陽縣查收，餘如各界條約。光緒三十二年，由中國漢關監督桑、日本漢口領事水野訂立展拓永租約，定准從原定界址起向北接展一百五十丈，東西界線照原界劃齊。所有燮昌公司、美孚油棧由日本保護。因居租界之最東，商況極爲蕭條。除領事舘、居留民團外，有三菱、燮昌火柴廠、日信油廠、高昌公司、美孚煤油棧等，即日本大商人亦多居於其他租界。

（6）附比人私購民地收回。漢口日界以下爲華業公司地界，迤下直至劉家廟、京漢鐵路碼頭、火車棧廠，皆爲中國地界。比國在該處私購民地三萬六千餘方。光緒二十四年，向總署索訂租約，僅就濱江一邊，劃地一萬六千餘方，擬作比租界。該使咨請通融加寬，遂議價收回，計銀八十一萬八千餘兩，留作擴充華商貿易之用。

上列之各國租界，除去俄、德租界已經收回外，尚餘三國租界，實爲各國人雜居之地。要以英租界爲最盛，蓋其地勢之獨良也，有各國商店公司百餘户營業於其間。

右述爲漢口城市之概況。有江漢關監督署、鄂岸権運局、洋務交涉處、夏口地方審檢兩廳、漢口警察廳、鎮守使署、夏口縣署、商務總會、招商局、京漢鐵路南局暨日、英、比、美四國總領事署，法、丹、意、墨、荷、挪、瑞、西、奥各領事署，又有明德大學、博學書院、省立第二中學校及教會所立各中學校等。全埠人口八十萬。

總之，漢口市埠瀕漢水長江北岸，西自礄口，東至洋火廠，皆屬焉。爲一長方形，商埠長約五六十里。其商務之情形，可分四區。（一）自新街上至礄口，商業多土貨，是因山西、陝西出産，順漢水下駛，至此卸載。（二）自新街下至前、後花樓，商務多熟貨，居民極多，爲本埠商業之中樞。（三）自花樓下至洋火廠，爲英、俄、法、德、日五國租界地，營業多外商，華洋雜處。現德、俄租界收歸國有，號稱特别區，然接收未久而道路崎嶇，不復昔日清潔之舊觀也。（四）漢口商場自後城馬路，北抵鐵路，東至劉園，西迄礄口間之隙地，皆屬之。民國十二年，本省當局特設漢口商場督辦公署，委湯薌銘爲商場督辦，專開墾荒地、原先此地概係水澤，現由鐵路外搬運土渣至此填塞。建築馬路事宜。現各幹路業已告成，房屋建築概仿西式。想漢口商業之中心，不久將移於斯地矣。

漢口之娱樂場，有新市場，位於後城馬路之南。門券每張銅元四十枚，内有京劇、漢調、新戲、雜耍、大鼓、蘇灘、電影等項。其規模之宏大、布置之周密、價值之低微、交通之便利，較之北京遊藝園超過遠矣。此外尚有歆生路之老圃，後馬路之西園、萬松園等，亦相與比美。現吴佩孚辦公署在焉。戲園有滿春、樂園之漢戲，法界第一舞台之京調，其他尚有花鼓戲園、電影院等。

物　　産

物産米、麥、豆、絲、牛乳、猪鬃。江湖産魚，風味甚美，如黄鶴樓下鯉魚大七八尺至丈餘。頗擅美譽。鰣魚在四、五月間亦屬佳品。鰉魚出江中，鉅者數百千斤，味肥鮮。其次鯖魚、鱖魚、鮎魚、鯿魚、鯽魚，皆甚繁多，尤以鮰魚爲最佳。又有荷葉魚，形如荷葉，尾有毒刺，去而烹之，亦佐餐之妙品也。菜有鮎魚鬚，三、四月間出水濱蘆草中，與後湖莧菜並稱佳餚。

交　　通

1. 京漢鐵路

自北京南走二千三百九十六里，至諶家磯車站，猶屬黄陂縣境，初無此站，後因清度支部在此設造紙廠，始增設。又十二里至漢口江岸車站，地居漢鎮北端，俗名劉家廟，爲本段南路最要之站，與北段之長辛店站相埒。凡南段之存車廠、材料廠、機廠工廠皆在此站之東，延至江干。有本路自築之碼頭，直接便於上下客貨。附近地勢宏敞，一望無垠，將來漢鎮發達，市街必推廣至此。

2. 航路

大江上之航行，漢口至上海間相距六百零二英里，約一千八百里之航線，冬季減水，可航噸數二三千、吃水八尺之汽船，夏季可航吃水二十七八尺之大汽船。漢口、宜昌間相距三百七十二英里，約一千二百里之航線，終年可航吃水六呎、千五百噸之汽船。至由宜昌上三峽，抵重慶，凡四百英里，可通航淺水輪船。

漢口航行

由漢口溯二百六十里至仙桃鎮，再溯一千二百四十里至老河口。夏期增水可航行小汽輪，若形長二百米突之大型民船得溯航至鄖陽，更溯千餘里至南鄭，可通行民船。湖南航路由岳州經洞庭湖以通湘江、沅江。冬季洞庭湖上僅民船可往來而已，夏季水盛，小汽輪得溯至常德、湘潭。

而各輪船之碼頭皆在租界江干一帶之地。茲揭録航程表如下：

表 2-2　上海漢口間之航程表　表内所載里程悉按英里

上海	七三	八九	一〇九	一二五	一六五	一七九	二一二	二六四	三二三	三七〇	四五八	四八五	五二八	五五〇	六〇二
	通州	一六	三二	五二	九二	一〇六	一三九	一九一	二五〇	二九七	三八五	四一二	四五五	四七七	五二九
		張黃港	一六	三六	七六	九〇	一二三	一七五	二三四	二八一	三六九	三九六	四三九	四六一	五一三
			江陰	二〇	六〇	七四	一〇七	一五九	二一八	二六五	三五三	三八〇	四二三	四四五	四九七
				泰興	四〇	五四	八七	一三九	一九八	二四五	三三三	三六〇	四〇三	四二五	四七七
					鎮江	一四	四七	九九	一五八	二〇五	二九三	三二〇	三六三	三八五	四三七
						儀徵	三三	八五	一四四	一九一	二七九	三〇六	三四九	三七一	四二三
							南京	五二	一一一	一五八	二四六	二七三	三一六	三三八	三九〇
								蕪湖	五九	一〇六	一九四	二二一	二六四	二八六	三三八
									大通	四七	一三五	一六〇	二〇五	二二七	二七九
										安慶	八八	一一五	一五八	一八〇	二三二
											九江	二七	七〇	九二	一四四
												武穴	四三	六五	一一七
													黃石港	二二	七四
														黃州	五二
															漢口

右表各地内之開港地爲鎮江、南京、蕪湖、九江四所。各汽船公司，雖有一二時間停泊，其他之地依據條約僅許乘客上下而已。所謂寄泊地，而非開港場，其停泊不過數分間，蓋汽船僅暫停其進行，絶不投錨。

民船停泊

民船停泊由漢水兩岸至大江之濱凡十五里，皆泊船所也。其地點由大智門之漢岸而東，如小磈口、楊家河、至公巷、武聖廟、泉隆巷、邱家壋、新碼頭、小新碼頭、老官廟、五彩、沈家廟、寶慶碼頭、流通巷、接駕嘴、大碼頭、中碼頭、打扣巷、龍王廟、四官殿、米廠、馬王廟等處，迤邐啣接。凡由湖北、湖南、江西三省所來之民船皆集於此處，只來自四川之民船集於南岸漢陽。其總數常達二萬四五千隻之譜，所謂“帆檣林立”一語，尚不足以形容此盛況也。

志漢水航路

漢水水面之寬雖遜於大江，而河底則較爲深厚，故增水之期，載重五六百噸之汽船得往來於襄陽間。兩岸富饒，冠於全省，産黄豆、豆餅、芝麻、油類、棉花、漆、牛皮、木耳、煙草等爲多，統以漢水爲運搬之路，且爲來自晉、豫各省之多額農産品輸出於漢口之唯一徑路也。又棉紗、棉布、砂糖、雜貨由此水路以運輸於上游各地者亦爲不少。

商行及商帮

漢口爲内地貨物一大集散市場。各種貨物雖莫不有，然主要項目有“八大行”之稱，即鹽行、茶行、藥行、廣東福州雜貨行、油行、糧食行、棉花行、皮行是也。此等貨物由各地運來，其由四川運來者有藥材、桐油、漆油、橘子、木耳、生絲、麻、白蠟、黄絲等；由雲貴運來者有木耳、生絲、桐油、漆油、麻油、白蠟、材木等；由陝西運來者有牛皮、牛油、羊毛等；由河南運來者有雜糧、棉花、牛羊皮、藥材、桐油、牛油、皮油、麻油、黄絲。其他如湖南之米、茶，江西、福建之藥材、磁器、麻線、麻布、茶、果實及上海、鎮江之洋貨，閩廣雜貨、棉絲、棉布，又如汕頭之砂糖、洋廣雜貨等項，不勝枚舉。

商人團體有所謂帮者，皆係同鄉團結，而冠以本省之名。如在漢口最著者有四川帮、雲貴帮、陝西帮、山西帮、河南帮、漢帮、湖北帮、湖南帮、江西福建帮，是等商帮之集會地點即所謂會館及公所是也。茲列舉各帮交易主要商品如下：

表 2-3

帮名	交易要貨
四川帮	藥材、桐油、生漆、絲麻、白蠟、黄絲等
雲貴帮	木耳、生漆、桐油、白蠟、材木等
陝西帮	牛羊皮、羊毛、牛油、生漆
湖南幫	茶一〇、四〇〇、〇〇〇兩，米及雜糧一〇、〇〇〇、〇〇〇兩，其他五、〇〇〇、〇〇〇兩，合計二五、四〇〇、〇〇〇兩
河南幫	黄豆、芝麻、小麥等之農物，牛羊皮、藥材、胡桃等
潮幫、廣幫及香港幫	海産物、黄白生絲、廣貨、桂皮肉、葉扇、夏布、荔枝、絹織物、象牙細工、銀細工、砂糖、屑絲繭等
江西福建幫	米三、〇〇〇、〇〇〇，其他七、〇〇〇、〇〇〇
江南及寧波幫	棉花、海産物、米、帽子、綢縐
湖北幫	茶

商　　品

1. 茶

商品以茶爲第一。集於漢口之茶，紅茶爲重，又有小量之甎茶。其主産地爲湖南、湖北、江西、安徽四省，其面積約亘二萬方里。以湖南安化、湖北羊樓峒、蒲圻。安徽祁門、江西修水等處産額最多，品質亦佳。其中修水、祁門茶可稱爲最上品，安化茶次之，湖北産爲最下品。

又産於湖南、湖北、江西、安徽四省之茶，大别爲紅茶、緑茶、粉茶、甎茶四種。就中粉茶出於製紅茶、緑茶之餘，大概爲供製甎茶之原料。而甎茶以俄人所經營之三工場爲最鉅，輸出於其本國及西伯利亞。

又漢口之茶，由俄迭薩、俄國四大市之一。上海、天津、海參崴等路輸出外國，約計全年輸出總額爲八十餘萬擔，價值一千六七百萬兩。

2. 豆

產於漢口地方之豆類，其主要者爲黄豆、绿豆、黑豆三種。沿江漢之平野，皆此豆類之產地。其產額最大，即以每年輸出之豆類而論，實不下三百萬擔，價值約七百萬兩。以黄豆之輸出爲最多，隨之豆餅，產額約五十萬擔，價值約五十萬兩。

3. 米

湖北爲產米之地。江漢沿岸到處皆有水田，若黄陂、孝感等縣特稱豐沃，此外若襄陽、安陸、荆州、黄州等府之境皆以產米著稱。又武昌縣東境青山地方產米頗佳，然產額不多。計每年由漢口輸出之米約九十餘萬石，約值六百餘萬兩。

4. 麻

產於四川、陝西、湖南、湖北等省，每年由漢口輸出額達十五六萬擔，約值百萬兩。

5. 煙

產於湖南、湖北、河南，而江西所產者甚少。每年由漢口輸出者約十萬擔以上，值六十萬及百萬兩。

6. 絲

湖北省中若當陽、宜昌、漢川、沔陽、蒲圻及黄州等縣皆盛產絲，有黄、白兩種，年產數千擔，約值百萬兩以上。而屑、絲、繭殼輸出約一萬擔，價值亦值二十七八萬兩也。

7. 漆

漆產於陝西、四川、湖南、湖北各地，每年由漢口輸出之平均額不出一萬五千擔，約值百萬兩之譜。

8. 小麥

小麥產於湖北平野，除本地需用外，集於漢口而輸出滬上各地者，每年平均在十七八萬擔之譜。輸出量之大，僅次於豆類及芝麻。

9. 芝麻

芝麻爲湖北重要輸出品之一，漢水兩岸爲其重要之產地。每年自漢口以輸出於海外者達五十萬擔以上，價值在一二百萬兩之間。

10. 各種油類

（一）豆油，產於黄州及漢水沿岸。（二）落花生油。以上二種油每年輸出額各約萬餘擔，每萬擔皆值七八萬兩。（三）芝麻油，湖北雖產之，要以河南爲芝麻油之大產地，品質佳良，實難及也。每年由漢口輸出約四萬擔，值三十餘萬兩。（四）茶油，分二種，一由茶實榨取，一由山茶花榨取。產自湖南，可供燃燈及烹調之用。每年由漢口輸出者二十餘萬擔，約值八十萬兩。（五）桐油，產於四川、貴州、湖南、湖北等省，每年由漢口輸出者約四十萬擔，值三百餘萬海關兩。（六）皮油、木油、梓油。皮油係榨取柏樹種子外部之脂肪，分成白色乾質之結晶體，爲蠟燭、洋鹼之原料。木油係取柏樹之果肉及種子所製造者，帶淡黄色，成不乾質柔軟之凝結體，亦爲蠟燭之原料。梓油係榨柏樹之種子而製成者，爲暗黄透明之不乾質流動油也，多用以燃燈。每年由漢口輸出者二十萬擔，值百五十餘萬海關兩。（七）樹脂，漆油。由漆樹及其果實製造，爲固質淡緑色之樹脂而成者也，爲蠟燭及洋鹼之原料，較皮油、木油爲勝。

11. 白蠟

爲塗飾器皿及製燭原料，其主要產地爲四川，然貴州、廣西、湖南、湖北亦產之。由漢口輸出者年約三千餘擔，值十六萬餘兩，每擔價值三十五兩至五十兩。

論漢口商業繁盛之原因

1. 略歷

漢口自清初設仁義、禮智兩巡司，嗣復移漢陽之同知駐此。至乾隆年間，遂稱楚中第一繁盛之地，然殷闐之度仍去今遠甚也。迨西曆一千八百四十二年清道光二十二年。有上海之開港，至一千八百六十一年咸豐十一年。始行開放長江三口，而漢口居其一。餘爲九江、鎮江，其形勢之樞要，俱不足以比擬漢口。於是富冠一世之長江門户洞開，外國商船馳騁上下，漢口遂得乘時遘會，崛起爲中國第二巨埠。極①至甲午戰罷，重慶開埸，庚子亂後長沙、岳陽闢埠，外國商船更得以航駛於三湘三峽之間，而漢口發展乃益不可遏。

2. 商業範圍

漢口既據水陸要會，爲渝、滬間及湘、沅、漢、贛各江水間舟航之大鍾會地，又爲粵漢、京漢兩路及將來之川漢、沙興、武南、南杭、南潮等路之中心点，則運輸之所集，將來必益進於大觀。試一搜考其商業範圍之廣，近跨漢水平原，北括豫、秦、隴省。凡黄河以南之地帶與國外爲商業上之交换者，必以漢口爲門户，推及西及西南、東南，爲四川之寶庫，爲滇、黔之無盡藏，爲湘、贛之陸海。其物産光怪洋溢，莫不由長江沅、資、湘、贛各水以交匯於漢口，更由漢口播散國内外。各種貨品以分途供給於此廣大商業範圍以内之地域，且此廣大商業範圍以内之地域，其待啓之富源尚不勝枚舉，一旦充其量而開發之，則爲長江全域精華總匯之漢口之商業前途，誠不能以今兹爲限也。

3. 人口稠密

以上所述商業範圍以内之人口，河南在二千五百萬以上，陝甘在一千八百萬以上，四川在七千萬之數，雲貴在二千萬之數，兩湖在五千五百萬以上，江西在二千六百萬以上，合併爲二萬一千四百萬，實佔全國人數之過半。且沿江、漢、湘、贛一帶之人民生活程度已屬提高，則其所需者日宏，此亦漢口商業澎漲之一絶大潛力也。

論漢口爲將來之大工業地

工業之勃起，必恃乎原料、勞力、燃料三者有充分之供給焉。漢口對於三端，莫不物豐而價廉。工業之興起，必在乎交通機關之中心地點。

---

① 極，疑應爲“及”。

漢口則水陸樞紐，蔚然爲“東方之芝加哥”。匪特此也，離漢口而言他埠，若上海，若廣州，其土産物之來集，非直接取之於原産地，係輾轉於商人之手而始來集，是土産已一變而爲商品，則其價又昂。若漢口則異乎此，各種土産每由生産者送集焉，尚爲土産，而非商品，其物價僅較生産原價微高。若然，是漢口者爲坐購原價之大宗土貨之唯一之中樞場所也。故就實質上觀察之，漢口非僅爲全國商業中心地，亦全國工業之中心地也。茲揭主要土貨年産額一覽表於左：

表 2-4

品名	單位	輸出額	年産標準	産地	摘要
獸脂		二五、○○○	五○、○○○兩	湖南、湖北、河南等	製蠟、製鹼原料
皮油		一五○、○○○	二五○、○○○	四川、湖南、陝西、湖北	製蠟、製鹼原料
漆油		一○○、○○○	二○○、○○○	陝西、四川	製蠟、製鹼原料
芝麻		四五○、○○○	六五○、○○○	湖南、湖北	製油原料
菜種子		三○、○○○	未詳	湖南、湖北、河南	製油原料
黄豆	擔	八三三、四七九	一、五○○、○○○	湖南、湖北	製油原料
小麥	同	一五○、○○○	三○○、○○○	湖北	製粉原料
菉豆	同	八五、○○○	三○○、○○○	湖南、湖北	豆粉條原料
落花生	同	二五、○○○	五○、○○○	湖北、江西	製鹼、製油原料
棉實子	同	八三、九二二	一○○、○○○	湖北	製油燃料、飼料
胡桃	同	一五、○○○	三○、○○○	河南、山東	製油原料
茶	同	四五○、○○○	七○○、○○○	湖南、湖北、江西、安徽	
棉花	同	二○○、○○○	三○○、○○○	湖北及湖南一部	紡紗織布適宜

續表

品名	單位	輸出額	年產標準	產地	摘要
大麻苧麻	同	二〇〇、〇〇〇	三五〇、〇〇〇	四川、山西、湖南、湖北	製麻布、製綱原料
猪毛	同	一三、五〇〇	一五、〇〇〇	陝西、河南、四川	天鵝絨原料
卵	個	一八、七三一、五〇〇	二〇、〇〇〇、〇〇〇	湖北、湖南	
鳥毛	鴨毛：擔 飾毛：片	五、六六六、二八六	七、〇〇〇、三〇〇	湖北、湖南	織物原料
石膏	擔	三三七、二〇〇	未詳	湖北	陶器塗料、塑像原料
牛皮	同	一六九、七〇〇	二〇〇、〇〇〇	湖北、湖南、河南、山西	革帶靴原料
牛皮屑	同	三七九	二〇	漢口	牛皮膠原料
鉛鑛	同	四〇、〇〇〇	未詳	湖南、貴州、雲南	
安質母尼鑛	同	五五、〇〇〇	未詳	湖南、湖北	
生山羊皮	枚	一、〇二四、八〇〇	一、二〇〇、〇〇〇	陝西、四川、山西等	柔皮原料
綿羊皮	同	二〇〇、〇〇〇	二五〇、〇〇〇	湖南、陝西、山西	毛皮原料
各種毛皮	同	一四九、〇〇〇	二〇〇、〇〇〇	兩湖、四川、陝西	毛皮原料
白蠟	擔	一一、三九四	二〇、〇〇〇	四川、貴州、湖南	製臘、藥材
黃蠟	同	一、三〇〇	一、五〇〇	未詳	製蠟、製藥原料
錫鑛	同	二六六	未詳	湖南、雲南	
桐油	同	二八〇、三五二	三〇〇、〇〇〇	湖南	爲塗料

漢口爲全國中心市場，附近動植鑛産之豐富甲於全國。航路扼江漢朝宗之匯，鐵軌據全國脊脈之樞，人密而工廉，産豐而運便。舉凡工業地之要件，罔弗備焉。若紅茶、芝麻、水銀、猪鬃、藥材、雜豆、雜糧、樟腦、石膏、油脂、木材、皮毛、木耳各重要生産品，大半由漢口輸出。他如甎茶、桐油、木油、牛油、柏油、雞卵黄白、凍肉、豆餅、銻砂、牛皮、羊皮、繅絲，舉凡工業之原料，漢口實爲第一之輸出市鎮也。考武漢三鎮毗連區域所設工廠，實未美備。除漢陽鐵廠已隱失自主權力之外，其燦然可觀者爲徐榮庭承辦之紗布兩局、即楚興公司，詳下武昌及後實業篇。王光經營之揚子江機器公司。在諶家磯。於是有接踵而興之紗廠曰第一紗廠公司、曰裕華紗廠、曰振寰紗廠，並在武昌。如火如荼，相繼而起。然此尚未足以發揚漢口大原料場之精英也。其故在中國人工業智識不完，集資不易，無堅忍心，而又趨避太熟。見利則趨，聞害則避。視彼西人之始終貫澈，失敗不悔，沈毅精密，務底於成者，良有間也。兹列武漢三鎮工廠表於後：

表 2-5

揚子機器廠	製造船舶、機械、鐵器	漢口諶家磯	
燮昌火柴廠	製造船舶、機械、鐵器	漢口日本租界	
燧華火柴廠	同上	漢口橋口鐵道外	
興商磚茶廠	製茶	漢口橋口	
玉成蛋廠	蛋黄白	漢口大智門	每日需蛋五十擔
金龍麪粉廠	製麪粉	漢口法租界	每日製粉四萬五千磅
裕龍麪粉廠	同上	漢口羅家墩	每日製粉五萬磅
元豐榨油廠	豆油餅	漢口特别區	每日製豆餅三千六百枚
天勝榨油廠	同上	漢口襄河邊	每日製餅二千枚
寶勝碾米廠	精米	漢口華景街	每日精米一百擔
裕泰碾米廠	同上	同新碼頭	同上
同昌碾米廠	同上	同張美之巷	同上

續表

盈豐玉碾米廠	同上	同後街	每日二百擔
寶善碾米廠	同上	同山頭	每日五百擔
寶順碾米廠	同上	漢口西灣	每日一百擔
裕潤碾米廠	同上	武昌	每日二百五十擔
元盛碾米廠	同上	武昌	每日二百擔
財政部造紙廠	製紙	漢口諶家磯	一日出紙四百擔
維益織布廠	織布	漢口本街	每日織布百五十疋，每疋五丈
中亞織布廠	同上	同上	每日七十疋
精美織布廠	同上	同上	每日八十疋
包全生織布廠	同上	同上	每日六十疋
謝榮茂皂燭廠	製造肥皂、洋燭	漢口大智門	每日肥皂二十箱，洋燭六十箱
漢陽皂燭廠	同上	漢口橋口外	每日皂燭一百二十箱
漢冶萍鐵廠	製鐵	漢口龜山	每年產生鐵十五萬噸
鈕和昌機器鐵廠	各種鐵工	同法租界	無定額
冠昌機器鐵廠	同上	同大智門	無定額
謙順製罩廠	製造洋燈罩	同三新街	每日製燈罩二百打
順記製罩廠	同上	同萬年街	每日一百二十打
熊記腸廠	製造臘腸	同三新街	每日製腸五百副，每副十三米達二分之一
華記腸廠	同上	漢口車站後	每日七百副
砲藥廠	製造彈藥	漢陽黑山	未詳
兵工廠	製造槍砲	同上	未詳
鐵釘廠	製鋮①釘	漢口森林	每日製釘二百桶
永昌元榨油廠	製豆油餅	襄河邊	每日產豆餅一千六百塊
順豐榨油廠	同上	同上	每日二千四塊

① 鋮，疑應爲“鐵”。

續表

興盛榨油廠	同上	同上	每日一千四百塊
福和榨油廠	同上	同上	每日一千塊
劉詳興軋花廠	別棉花之實	漢口雙街	每日軋二十六擔
順記軋花廠	同上	同上	每日軋二十二擔
馨記軋花廠	同上	同上	每日十八擔
蕭義興軋花廠	同上	同上	每日十八擔
楊正昌軋花廠	同上	同上	每日十八擔
泰昌軋花廠	同上	同上	每日十四擔
源成軋花廠	同上	同上	每日十擔
福生昌軋花廠	同上	同上	每日十八擔
泰豐軋花廠	同上	同上	每日十三擔
周恒順鐵工廠	各種鐵工	同上	
周鴻順鐵工廠	同上	同上	
鄧義興鐵工廠	同上	同上	
廣益公司鐵工廠	同上	漢口山頭	
貧民工廠	織布雜品作	漢口惠民亭	
楚興公司紗廠	紡紗	武昌	
楚興公司布廠	織布	同上	
楚興公司絲廠	繅絲	同上	
楚興公司麻廠	製麻	同上	
第一紡織公司	紡紗織布	同上	
模範大工廠	製造雜品	武昌	
白沙洲造紙廠	紙類	白沙洲	晝夜製紙百二十張
財政部造幣廠	銅元、銀元	武昌城内	
湖北氈呢廠	製造絨毯大呢	下新河	每日織量六百碼
實業第一廠	愛國布	武昌後補街	每日織布百六十疋
歲記工廠	愛國布毯類	武昌	每日織布二十疋
湖北製皮廠	皮革製造	南湖	每日製皮二十餘張
利華製革公司	同上	同上	
陸軍製革廠	皮革製造	南湖	

表 2-6　武漢三鎮外國工廠表

工廠名	工之類別	所在地	國籍	製造量數
義華澄油廠	木油、牛脂精	法租界	義大利	每年木油二萬擔、牛油一萬擔
新泰磚茶廠	茶磚	俄租界	俄	
阜昌磚茶廠	茶磚	英租界	俄	
順豐磚茶廠	茶磚	俄租界	俄	
怡和澄油廠	桐油、其他脂油	英租界	英	每年桐油五萬擔、木油四萬擔、牛油二萬擔
華昌澄油廠	桐油、其他脂油	英租界	英	每年桐油五萬擔、木油二萬擔、牛油二萬擔
和利製冰廠	製冰	法租界	英	每日製冰二萬磅
平和棉包工廠	壓包棉花	英租界	英	一晝夜棉花鐵卷能力一千俵
隆茂棉包工廠	同上	同上	英	同一千二百俵
英美紙煙廠	製煙捲	特別區	英美合資	每日製煙捲六百萬、支葉捲六萬磅
和記宰牛廠	製牛、豚、鷄、鴨、卵凍	同上	英	每年宰牛、豚等值二百萬兩
泰和煉銻廠	煉銻	橋口	同上	每日煉銻四噸
其來油廠	精製桐油	法租界	美	每年製桐油二十萬擔
德泰浄皮廠	精浄牛羊皮	英租界	美	無定額
福泰浄皮廠	同上	同上	法	同上
永興浄皮廠	同上	大智門	同上	同上
公興蛋廠	製蛋黄白	法租界	同上	一日用蛋一百擔
公興澄池廠	桐油、木油、牛油	大智門	同上	每年桐油五萬擔、木油二萬擔、牛油一萬擔
康成酒廠	釀酒	橋口	中法合辦	每日製酒八十擔
瑞興蛋廠	製蛋	下關	比	一日用蛋一百擔
萬興浄皮廠	浄牛羊皮	法租界外	比	無定額

古蹟名勝

瀟湘湖，即後湖，爲襄河故道。明太祖討陳理時，曾勒馬賦詩於此。昔爲遊覽品評之勝地，自張文襄築隄而湖漸湮塞，今將闢爲市廛，而上游菜圃麥畦，彌望皆是。

天一閣，在大智門西南，巍樓三層，俯視一切。相傳係苦回禄，取天一生水之義，以事厭勝也。惟樓梯封鎖，蝙蝠叢集，梁木傾頽，遊人罕至。

惟敘亭，在漢鎮堡垣内，係同治二年郡守鍾謙鈞建。亭中刊《江漢朝宗圖》，堡垣街巷，一目瞭然。

中國跑馬場，在循禮門北，地極平坦寬闊。場間建有洋式樓房，爲賽馬時招待之所。初漢口大智門左近本有西人創設之跑馬場，嗣以華人欲入場並賽，西人拒而不納，遂別營此處，故曰中國跑馬場，以示區別。

花園有二，俱在循禮門車站旁。一爲劉園，以林木勝；一爲愛國花園，以寬敞勝，遊人頗盛。

［附志自來水塔］

塔高十六丈，結構精巧，如天造地設。塔内梯狀如螺旋，級二百。緣梯登至第二層，有水表，覩之即知全鎮用水幾何，又置木製全鎮電桿圖樣。至第五層爲水樞之底，始聞水聲。有水管三，其二爲上水管，其一爲下水管。至第六層則爲貯水池，吸筒吞吐，聲若雷動。第七層設有警鐘，附列火警章程。其報告信號，日間則挂紅旗，夜間則揚紅電燈。

商　務

漢口居江、漢合流處，上通四川，下連上海。漢口距揚子江口六百英里，夏期漲水時可行吃水二十二呎之輪船，冬令水淺，亦可行十二呎之輪船。由漢口至宜昌四百英里，漲水時可行吃水十六七呎之輪船，水淺時可行五六呎之輪船。由宜昌至萬縣二百英里，水路極險，可行小輪船。由萬縣至敘州五百英里，水淺時仍可行吃水三呎六寸之小輪。敘州以上水狹流急，輪船難行，民船可上溯一百里。溯漢水而上，可達秦、豫二省，湘、贛、皖、蘇又皆有輪船聯絡。京漢鐵路以此爲起點，横越海蘭鐵路直達北京，與京奉、京綏兩路聯絡。將來粵漢鐵路告成，直接與廣州、香港交通，則漢口一埠實占全國交通之中心，正不僅如古所謂九省通衢也。現在貿易區域包括湖北、湖南、河南、山西、陝西、甘肅、四川、雲南、貴州、江西，地位次於上海，而爲内地最大商埠，貿易額之鉅爲長江各埠所不及。雖自滇越鐵路告成以後，與雲南斷絶貿易。而自京漢鐵路開通以來，與河南貿易日見繁盛，農産物出口加多，芝麻一項，尤爲顯著。光緒二十九年僅五十一萬擔，民國元年乃達一百九十一萬擔。民國八年，漢口逕行往來洋貿易貨價，進口三千七百四十六萬兩，出口一千四百四十九萬兩，合計五千一百九十五萬兩。較光緒二十九年之進口七百七十六萬兩，出口四百七十六萬兩，則進口增加四倍，出口增加三倍。出口貨茶、芝麻爲大宗，皮革、棉花、桐油、豆、豆餅、煙草、柏油、苧麻、絲、藥材、漆、生鐵、煙葉、猪鬃、麪粉次之。進口貨布疋、棉紗、雜貨爲大宗，糖、煤油、五色染料、五金、銅最多。火柴、銅及火柴盡係日本貨。茶末、爲製造磚茶之用。麻袋等次之。兹將輸出入總額表録於左：

表 2-7

	民國十年	民國九年	民國八年	民國七年	民國六年	民國五年
洋貨進口淨數	六三、四八四、七六六	五八、七四〇、一六三	五二、九八六、〇二〇	四三、四一七、九六〇	四七、三一〇、五六〇	四九、一五九、三七三
土貨出口總數	八六、六二八、八三四	八八、二〇八、二三九	一二四、九二〇、六五〇	一〇二、八二五、三二八	一〇一、六二三、二九〇	一〇六、一〇八、七九二
合計	一五〇、一一三、六〇〇	一四六、九四八、四〇二	一七七、九〇六、六七〇	一四六、二四三、二八八	一四八、九三三、八五〇	一五五、二六八、一六五

第二節　沙市

位於漢口、宜昌間，與宜昌俱爲四川貿易樞要地。此地夙稱沙頭，又曰荆沙，在江陵縣南十五里。光緒二十年，《馬關條約》開爲商埠。南憑長江，北以便河河名。通行荆州之漢水流域諸地方。湖北西部平野各地物産如魚、布、米、棉、表心紙聚集於此，遂向四川、漢口運出。又漢口、湖南、江西、安徽之貨物，四川之藥材、果品必往沙市，然後運銷其他各地，所以商務特盛，成宜昌以上漢口以下之大市場。人口三萬。有三府街、廣貨牌街等繁盛街市。

市街東西七里，南北三里。江岸有萬城堤，一名古月隄。向北斜傾，有日本領事館在焉。

馬關訂約時，於下流江岸闢日本人居留地，每年漢水氾濫時輒成爲災民聚集之所。有税關及沙市稽查局、沙市警察局等。附近土地肥沃，人口繁衍，氣候温和，物産甚富，又兼水道四通八達，轉運便利，故貿易頗盛。出口貨棉花、絲、柏油、豆、芝麻、菜子餅、牛皮、羊皮、藥材、漆油、白蠟爲大宗，進口貨棉紗、棉布、糖、靛、五色染料、煤油爲大宗。兹將海關出入總額揭録於左：

表 2-8

	民國十年	民國九年	民國八年	民國七年	民國六年	民國五年
洋貨進口淨數	四、〇三四、八七五	三、〇九三、五〇六	二、五八〇、六四七	三、一三四、八〇九	二、四〇四、六五六	二、三六〇、四〇八
土貨出口總數	一、八八七、一四九	一、四三四、八二二	一、五四五、三九〇	二、一六九、九七一	一、五四一、四〇八	一、七五三、八四九
合計	五、九二二、〇二四	四、五二八、三二八	四、一二六、〇三七	五、三〇四、七八〇	三、九四六、〇六四	四、一一四、二五七

第三節　宜昌

宜昌爲光緒二年中英雲南交涉締結《烟台條約》開放五口之一，其餘四口爲重慶、蕪湖、温州、北海。踞長江輪船之終點，四川進出口貨物或用淺水輪船，或用民船，皆以此爲交换裝載之地。

出口貨棉花、牛皮、羊皮、麥、漆油、生漆、五倍子、煙葉、藥材、絲爲大宗，進口貨棉紗、棉布、五色染料、煤油、白糖、紙煙爲大宗。兹將歷年海關出入總額表録於左：

表 2-9

	民國十年	民國九年	民國八年	民國七年	民國六年	民國五年
洋貨進口淨數	三九三、九四六	三、三三六、〇七一	二、四六五、八九〇	六八二、九四八	二、一五七、三五九	一、四二九、八九七
土貨出口總數	一、三八七、七六九	一、〇〇一、七二六	一、四五〇、五三五	二、一四二、五九六	二、一五〇、二五七	三、五一四、〇六二
合計	一、七八一、七一五	四、三三七、七九七	三、九一六、四二五	二、八二五、五四四	四、三〇七、六一六	四、九四三、九五九

第三章　省垣之概況

武昌縣　故武昌府江夏縣治

沿　革

夏禹時爲荆州之域，周屬楚。周懿王時，楚子雄渠甚得江漢民心，乃封其中子紅爲鄂王，鄂之名自此始。漢高祖六年置江夏郡，治沙羨縣。三國吴孫權曾自公安徙都於此，一云孫權所都係樊口之武昌，即今之鄂城縣。遂於東境分置武昌郡。隋開皇初廢郡改縣，曰江夏，爲鄂州治。元爲武昌路治，明與清爲武昌府治，民國二年改稱縣。總之，自漢及晉爲沙羨縣，自隋及清爲江夏縣，民國去府名縣曰武昌。

［註］按江夏郡治，漢時在今雲夢縣。吴孫權則築城於魯山，即今漢陽之龜山也。魏之江夏郡治則在黄陂縣，後復徙於德安府界。晉既平吴，仍魏之郡，治於安陸。至劉宋之季，始移江夏郡治於江南之夏口城，自後無復移易。

幅�及地勢

縣境挾於漢陽、夏口、黄岡、咸寧、嘉魚數縣之間，東西約八十里，南北約二百里。大江包繞其西、北兩界，全境踞江漢平原之中，沃野青疇，群湖糾紛。有幕阜山脈自江西邊界北走，貫咸寧而入境，直至城東爲洪山，西走貫全城如長蛇奮躍而西瞰江，其首隆然，是曰蛇山。地勢拔海一四四尺，比南京、北京均高。南京五〇，北京一一六。

1. 山

（1）黄鶴山，在縣城西隅，一名黄鵠山，西北二里有黄鵠磯。《方輿紀要》："黄鵠山，一名黄鶴山，起城東而達於西南隅，山形蜿蜒，俗名蛇山。"楚會勝概悉鍾於此，即黄鵠磯。當頭陀寺後懸崖曲坳處，盛暑冷風沁骨，故絶蚊蚋，俗乃謂仙塵拂去也。山舊名紫竹嶺，故頭陀寺亦稱竹林寺。又此脈在城東隅，名高觀山，即蛇山。中峰因宜遠眺，故名。又稱高冠山，以肖狀也。附近有鳳凰窩，烏龍池，清風、明月二井諸勝。明初改築省垣，包入城内。

（2）洪山，在城東十里，舊名東山，遂沿呼洪山云。岩壑秀異。宋趙淳嘗即山勝處架木爲閣，榜曰東岩，狀其石曰雲根、雲扃，凡數十峰。山巔爲黄鵠亭，又有怪石爲窣尊狀。宋末荆湖制置使孟洪嘗遷隨州大洪山寺額於此，遂沿呼洪山云。

（3）鳳凰山，在城西北隅。三國吴黄龍元年鳳凰來集，故名。舊貢院、縣學、縣署皆在其陽。前有孟母塚，今在貢院墻内。唐岑參詩"路指鳳凰山外雲，衣沾鸚鵡洲邊雨"，即謂此也。

（4）八分山，在城南六十里，望如列屏，有水分流如八字，故名。頂爲八分寺，即慈雲寺。山半有飛錫泉，旱不涸，霖不盈。白雲洞、白龍泉在其麓。子午石在八分山巔，石方頂圓，群石環之。清嘉慶十二年，總督汪志伊於其正面鐫"八分山之神"，旁鐫"子午谷"八字，後遇旱禱雨，皆在石前。

2. 水

（1）湖

斧頭湖，在城南一百二十里，匯嘉魚、咸寧諸縣之水，至金口注江。魯湖，在城西南八十五里，南通斧頭湖。清寧湖，在城西南十五里，東北通黄家湖，又東南通湯孫湖，又東通賽湖。賽湖匯諸湖之水，折而西北流，俗呼爲裏河，由鲇魚口注江。藩湖，在城内藩署後，舊撫署前，一名都撫湖，爲縣學外之泮湖。夏則渠荷的皪，幽芬襲人。東梁子湖，在城東南九十里。山脈自興國桃花尖來，數百折至賀勝橋，界水分焉。

西爲西梁子，東爲東梁子，通興國、大冶、武昌、江夏四縣，凡汊九十有九。湖中山九十有奇，其最勝者曰青山、梁子山、三山、石壁山、同山、月山、南蓮山、黄陵山，非舟莫渡，水深魚美，林巒隱蔚其中，蟹簖漁榔，菱歌藕唱，鷗波澄碧，螺髻浮青，爲境内東南絶勝之境。西梁子湖，在城南八十里，通蒲圻、嘉魚、咸寧，中有山曰釜山、曰桂山、曰静寶，皆深邃可遊。春漲漁人十倍於東梁子湖。東梁子湖注樊口，西梁子湖注金口，去港各九十里入江。

（2）金口

金口在城南六十里，爲塗水注江之口。按塗水源出咸寧縣東南鐘台山，曰咸河，又名西河，北流至縣南金燈山下，曰金水。又西北入江夏縣界，匯爲斧頭湖。又西北注江曰塗口，又名金口。鲇魚口，在城西南五里，爲裹河入江處。裹河見上清寧湖。

城市概況

沙羨城，舊在黄鵠山上，築於三國吴赤烏中，周二三里，謂之夏口，係移對岸夏口於江南。城小而固，世爲重鎮。劉宋更名郢城。唐牛僧孺帥武昌，始甃以磚，宋皇祐中亦嘗修之，均在山之後方。明洪武四年，楚藩開府，始包有山前地，增築城垣，周二十里有奇。嘉靖十四年，御史顧璘復加修治，環城爲濠，西臨大江，闢門十：東之中曰賓陽，俗名大東門。東之北曰忠孝，俗名小東門。西之南曰文昌，西之中曰平湖，西之北曰漢陽，南之中曰保安，南之東曰中和，南之西曰望山，北唯一門，居北之西，曰武勝，俗呼草湖門。清代因仍，時加修葺；光緒朝於賓陽、中和間增闢一門，曰通湘。民國光復初，改中和爲起義。現有拆城之議。

其商市之沿革

六朝以前，在武昌西南一帶，當時鸚鵡洲亘大江中，尾及黄鵠磯下，江水洄洑，黄軍浦、船官浦、南浦均爲商船艤聚之所。自六朝以迄唐宋，武昌與漢陽商市並盛，江南則漢陽門一帶，江北則南紀門一帶。觀陸游

《入蜀紀》與胡寅《南紀樓》詩，已可概見。元代及有明中葉，商業萃於漢陽南門、東門及鐵門關一帶，讀余闕《登太平寺》詩與顧炎武《天下郡國利病書》可知也。自萬曆間，火烈水横，市廛燼蕩，商務遂北徙於漢口。金沙洲，在南城外，古昔亦爲百貨雲集商賈輻輳之區。

其形勢

有山脈自南嶺之幕阜山來，貫城區而東西緜亘。陸游《入蜀紀》言其形勢蜿蜒如蛇，故俗有“蛇山”之稱。蛇山東部有礮台，設礮多尊，位於山凹之中，俯瞰武漢三鎮。就中東爲高觀山，登高縱目，周窮數百里，實乃壯觀。西爲黄鵠山，大有鵠立江干俯瞰一切之概。城垣環繞山之前後，山後多山阜。其西北之鳳凰山爲軍事重地，鳳凰山上礮台對於漢口，有居高臨下之勢，而不易受他方射擊。辛亥革命據守此山，頗資得力。山前多湖澤，中以紫陽湖最饒風景，外則青山、洪山、八分山以爲壘，沙湖、矖湖、南陽①湖以爲池，規模宏闊，氣象雄渾，以視虎踞龍蟠之南京，殆有過之無不及也。以上雜採《地學雜志》七十八號阮麟運作之《論武漢》。

［註］鸚鵡洲，在城西南二里。《寰宇記》：鸚鵡洲在大江中，與漢陽縣分界。後漢黄祖爲江夏太守，大會賓客，有獻鸚鵡於此洲，而洲以得名。黄軍浦，一名黄金浦。《水經注》：直鸚鵡洲之下尾，江心作溠洄狀。因昔黄蓋曾屯軍於此，故浦以得名。船官浦，亦在城西。《水經注》：“江之右岸有船官浦，歷黄鵠磯西而南。”南浦，在城南三里，一名新開港。其源出景首山，在城東南五十二里，上廣下削。西入江。春冬涸竭，夏秋泛漲，商旅往來皆於浦停船，以其在郭之南，故名。《離騷》“送美人兮南浦”指此。紫陽湖，即墩子湖，在城内山南大朝街之東。沙湖、矖湖、南湖，並在城外。沙湖在城之東北，矖湖在城之東南，南湖又在矖湖之南。

街市因對岸漢口爲大商業地，則本城内皆小賣所萃。以望山門至司

① 陽，疑爲衍文。

門口間之長街最爲繁盛，此街首尾介督軍、省長二署間。望山門爲省城南面最西之門，進門北走爲王府口，爲蘭陵街、勸業場及旅館萃焉。再北爲芝麻嶺，如綢緞、布疋、雜貨店等大商店林立其間。又北抵司門口，東折爲察院坡、爲糧道街，以通忠孝門。西折經黄鶴樓，北出漢陽門，抵江濱。自蘭陵街之直北而東折，爲三佛閣。自芝麻嶺之直北而西折，通玉帶街、人字街，以出平湖門。又進保安門而北走，爲大朝街。又如保安門外之十字街、文昌門外之河街、武勝門外之鯽魚街，亦均屬繁盛之地。今後繁盛趨勢將逐漸移至江岸一帶，如武勝門外之街市及上新河、下新河。出武勝門沿江北走之路。與文昌門、望山門外及鮎魚套一帶昔皆荒闢之區，今皆商況殷繁，十年以後將與漢口並盛矣。

官署、學校

官署有督署兼省署，江漢道尹署，交涉署，縣署，財政、教育、實業三廳，高等地方審檢兩廳，全省警務處，省會警察廳等。

學校有國立武昌大學；私立中華大學，係黄陂陳時字淑澄者所立，分大學、中學、小學三部，學生總數達二千人。更有教會立文華大學，專門有甲農、甲工、甲商、法專、醫專、美術學校等。又有第一男女師範，省立第一、第二中學，女子中學，外國語學校及武昌大學、文華大學兩附屬中學，公立之勺庭、僑立之啟黄中學等。人口十萬。

物産、實業

農産米、麥、雜糧俱備。洪山一帶産一種紫色之苔菜，名紫菜苔。極肥味美而産豐，爲冬季蔬菜佳品，長江一帶頗著令名。司湖四周夏季産紅、白二種莧菜，肥美稱最，惜産量不多，不如紫菜苔之大宗輸出耳。水産亦頗饒。

商品以棉紗爲大宗。前清末年湖廣總督張之洞創辦織布、紡紗、官絲、製麻四局，俱設在文昌門外河邊。民國初元由楚興公司出資金一百三十萬兩包辦以來，成績極佳。織布局所産之官布即棉布，極堅固，行銷長江一帶及西南諸省。更有楚義公司，對於楚興，專任購運煤炭。第一紡紗公司在武勝門外舊商埠，資本總額三百萬元。此外更有裕華、震寰兩紡紗廠。武昌模範大工廠在蘭陵街内，分製胰、織染、製革、縫紉等科。商辦武昌電燈公司在紫陽橋。此外有碾米、造紙、廠在白沙洲。造幣、氈呢、製造絨毯大呢，廠在下新河。織愛國布及愛國布毯、製皮、製革製皮革有三廠，俱在南湖。等廠在工業界稍有起色。又武勝門至漢陽門沿江一帶有製造竹筷之店二三百家，物美而價廉，行銷長江一帶，是爲筷子街。白沙洲一帶有湖南人所設木廠數十百家，來自湘黔，運售長江一帶，俱集薈於此。與漢口節武漢三鎮工廠表參看。

交　通

隔江北岸漢口爲京漢鐵路終點，而粵漢路則起點於大江南岸省城武勝門外新河下徐家棚，是爲粵漢總站，其分站在望山門外鮎魚套。路軌則自北部江干，南走忠孝、賓陽門外，而南入湖南，抵於渌口。

造幣廠輕便鐵路起於武勝門外江干大隄口，繞過忠孝門，進賓陽門直達大朝街造幣廠内，長十五里。武昌與漢口間之交通，賴漢陽門外與漢口英國租界之六碼頭及漢水口龍王廟之輪船擺渡，往來不絕，僅十餘分鐘一次。與漢陽間之交通，賴平湖門外及漢陽朝宗門東門。間之輪渡，但不若至漢口者爲便耳。

古蹟名勝

黄鶴樓，在城内西部漢陽門裏黄鵠山上。《京漢旅行指南》所載，樓之得名，各書所載莫衷一是，要以因山得名者爲近似。（1）《元和郡縣志》："江夏城西南角，因磯爲樓。"《報恩録》："辛氏市酒山頭，有道士數詣飲，辛不索貲。道士臨別，取橘皮畫鶴於壁。踰十年，道士復至，取所佩鐵笛數弄，須臾白雲自空飛來，鶴亦下舞，道士乘鶴去。辛氏即其地建樓。"（2）《南齊書》："仙子王子安曾乘鶴過此。"（3）《太平寰宇記》及唐《圖經》皆謂費文偉登仙駕鶴憩此，故名。唐閻伯瑾《郢記》

以文偉事爲信。（4）梁任昉《述異記》謂荀瓌字叔瑋，潛棲卻粒。嘗東遊，憩江夏黄鶴樓上，西望有物，飄然降自霄漢，乃駕鶴之賓也，羽衣虹裳。賓主歡對，辭去，跨鶴騰空，渺然而滅。後誤爲文偉事也，宋張栻亦辨其非。《南軒集》又謂黄鶴樓以山得名。而李邕《岳麓碑》題江夏黄仙鶴，崔灝詩自註："黄鶴，人名。"今《全唐詩》無此註。（5）陸游《入蜀記》："黄鶴樓號爲天下絶景，故址在石鏡亭、南樓之間，正對鸚鵡洲。"《江夏縣志》："樓於明嘉靖末隆慶五年都御史劉慤重建，汪道昆爲之記。崇禎末又燬於流寇。"《葉慕廬集》："今樓乃故楚勅書樓移建。前清順治中御史上官鉉重建。康熙三年災，總督張長庚、撫臣劉兆麟重建。"汪容浦代畢秋帆撰《黄鶴樓銘序》："乾隆元年，大學士史文靖總督湖廣，乃更其制，自山以上直立十有八丈，其形正方，四望如一，高壯閎麗，稱其山川。歷六十年，堅密如新。其下水師蒙衝在焉。"乾隆四十四年，御書"江漢仙蹤"題額。嘉慶十五年，總督馬慧裕重修。咸豐六年火，總督官文重修。嗣於光緒間，又燬、又修。張文襄公改建警鐘樓於其側，前樓額曰"奥略樓"，有聯云："昔賢整頓乾坤，締造都從江漢起；今日交通文軌，登臨不覺亞歐通。"民國初燬於兵燹，今又重建，爲啜茗游覽之所。長江盤繞其下，與隔岸漢陽龜山相對峙，晴川閣、鸚鵡洲盡在眼底。今闢其下爲首義公園。

楚觀樓，在城西北隅，爲唐牛僧孺奇章台故址。宋知州陳邦光即其地建戲彩堂。後知州汪叔詹夢前身爲奇章公，因名奇章閣。明宏治中重修，改今名。清乾隆五十七年火，總督畢沅重修，仿江寧南樓式，柱包墻内。

南樓，在司門口黄鵠山頂。《世説》："庾亮在武昌，秋夜氣佳景清，使吏殷浩輩乘月登樓吟詠。庾公率左右步來，與諸人詠謔，竟坐甚樂。"《縣志》："又名玩月樓，即今之譙樓。"

卓刀泉，在賓陽門外十餘里。昔關壯繆治兵江陵時曾卓刀於此，故名。四圍古柏老松，枝葉琤琮作響，值微風又如萬馬奔騰，省垣勝地也。泉水冬温夏冽，色淡碧，甘如醴。

孟宗井，在城南。《輿地紀勝》："今安遠樓，其故基也。"舊爲靈竹寺，即孟宗哭竹之所。又孝感祠在城東二里，祀孝子孟宗。祠係紹興間建，明代遷武昌衛堂北，即孟宗故宅。宏治初，知府冒政改建於大東門外白鶴山。戊午，御史王恩以岳武穆王合祀，匾曰"忠孝祠"。此武昌城之小東門所以有忠孝門之名也。

洪山塔，洪山在城東十里，即與城内蛇山相連延之一邱阜也。山麓寶通寺爲名刹，寺後一塔聳立於煙樹之間，七層八角，高凌霄漢。拾級而上，極目千里，武漢三鎮收入眼底。山下有白龍泉，並有清羅澤南死節處。與賓陽門外之長春觀、東嶽廟俱屬遊賞勝地。

梅亭山，在中和門子城上。明太祖征陳友諒嘗駐蹕焉。既降陳理，得使報生皇六子，喜曰："他日以此子王楚。"及封建時，又議王齊，三鑄印信而不成，因悟曰："朕昔駐梅亭有言，其王楚乎?"乃一鑄而印成。後乃建亭於山上，曰封建亭。

抱冰堂，在賓陽門内蛇山之半，係南皮張之洞字香濤，謚文襄。督鄂時之俱樂部，抱冰其别號也。現有祠在焉，地址雖不甚大，然花木樓台頗饒雅趣。以其據山，故能遠覽江表達數十百里外。

第四章　縣邑志略

第一節　江漢道

道境係合舊武昌、漢陽、黄州、德安四府境組織而成，位於本省東部。南北兩大别山脈遥相對抱，東憑幕阜山脈，江、漢交匯於中，開爲廣大平原，交通便利，農産豐饒。兹志其主要縣邑。

一、漢陽縣　舊漢陽府

沿革

漢江夏郡沙羨縣地，後漢末嘗爲沙羨縣治。晉置石陽縣，後改名曲陽，宋又改名曲陵，齊又改置沌陽。隋開皇十七年改置漢津縣，大業初始改名漢陽。唐爲沔州治，元以後爲漢陽府治，民國二年去府存縣。

地勢及形勝

左據江、漢之交，右臨湖澤之會，於此蕩蕩平疇之上，浩浩水國之中，有一線山脈東西横走，聳起爲大别山脈，高約五六百尺。東自江西幕阜山脈，歷洪山、黄鵠山，渡江而西來。龜山與武昌蛇山岩石一致可證。西自荆山脈沿漢水右岸，歷内方山而抵於江、漢之會。《禹貢》所謂“導嶓冢至於荆山，内方至於大别”者是也。古人所謂：“據鳳棲之峻峰，倚大别之巨麓，蜀江西來，漢水東入，山光水色，四環交映。”《圖經》所謂：“漢陽東握江、漢，表以大别之山，臨高阻深，其勢陿而險，其基完而固，與武昌並峙，方七里而近，蓋左右翼蔽爲磐石安者也。”總之，武昌爲全國政治上之一中心，漢口爲全國商業之一中心，漢陽則倚龜山、據鐵廠，儼然爲全國軍事之一中心，亦足見武漢三鎮與全國之關係矣。

（一）山

大別山，在城東北半里，漢水南岸。《左傳·定公四年》“吴人伐楚，楚令尹子常濟而陳，自小別山至於大別山”① 是也。按小別山在漢川縣城東南十里，其形如甑，又名甑山，皆漢南之山也。按大別山又名龜山，又名魯山，又名翼際山。蓋大別山兩形，前爲龜山，後名魯山，名魯山者以有魯肅廟之故也。酈道元《水經注》云：“魯山，古翼際山也。”其南即鳳翼山，縣城跨其上。

大軍山，在城南六十里，高百餘丈。大江西岸每出雲蒸霧，則數十里皆雨。小軍山在其北，二軍皆以吴、魏相持陳軍山間得名。

九真山，在城西九十里，一名五藏山。唐咸通八年賜名仙潛，九峰相向，因名九真。高數百丈，望之凝然。堪輿家謂此山爲全郡祖龍，漢上諸紳從此發蹟者什之七八。

臨嶂山，在城西六十里，漢水之南，一名城頭山，盤踞數十里。《寰宇記》：“臨嶂山南峰謂之烏林峰，亦謂之赤壁。”

（二）水

大江自新灘口北流，逕百人山及大、小軍山之東麓，又北流過沌口，至城東大別山下，合漢水而東轉烟波灣，灣在縣城東北三十里。舊志云：“其水清澈。晴則嵐烟起，風則水波生。”旁有烟波里。唐崔灝詩所云“日暮鄉關何處是，烟波江上使人愁”是也。又東流入黄陂縣界。

漢水自漢川西流入境，至涓口會涓水。又東過蔡店、臨嶂山，又東過黄金口南流，自城北郭師口遂逕大別山後，而東流注江。

沌水沌音撰，亦讀屯。在城西南三十里。漢水別出三汊，滙太白湖，下流入沌水，至於沌口，南入於江。

（三）湖

郎官湖，在城東南隅南紀門内，舊名南湖。唐李白遷夜郎，遇故人尚書郎張謂，觴之湖上，曰：“夫子可爲我標以佳名，傳之不朽。”白舉

① “吴人”句，《左傳》原文爲“吴人伐楚，楚令尹子常濟漢而陳，自小別至於大別”。

酒酹水曰："昔鄭圃有僕射陂，此可名郎官湖。"因改名焉。

月湖有二，一爲東月湖，在縣城北大别山外；一爲西月湖，在城西北梅子山外。二湖延亘五六里，本爲一水，中有月湖堤，遂界分爲東西焉。堤前爲月湖闕，極高爽。

太白湖，在城西百里，九真山之南。舊傳李白泛舟於此，因名。其水西接沔陽，廣二百餘里。潛水自西北來，沱水自南來，附近諸湖港之水並匯焉，而東南洩於沌水注江。山水清麗，古隱者多居焉。

太子湖，在城西十五里。相傳梁昭明太子食采於此，亦名昭明湖。凡鸕鷀、刀環、官湖、南湖諸水俱自城西二十里平塘東流來匯。

官湖，在刀環湖東南，今名天鵝塘，周數十里。刀環湖在城西南三十里，以湖形彎曲如刀環，故名。

城市概況

漢陽古城爲門凡六，周一千七十二丈。《水經注》云翼際山上有吴時江夏太守陸涣所治城，現已無考。今城築於明初，北跨鳳棲山，東南臨大江，周圍七百五十六丈，爲門三：東曰朝宗，南曰南紀，西曰鳳山。先時北有門曰朝天，今塞。鳳凰山，一曰鳳棲山。吴孫權黄龍元年，鳳凰見於夏口，始即帝位，或即此也。山北爲大别山，即龜山。有兵工廠，其西爲無烟火藥局，其東爲鐵廠。再東至漢水入江之處，曰糧米市。由糧米市南至漢陽城東門外，爲六七里長之街市，最繁盛。城内有通東西門之街，長里許，晴川中學校在焉。人口八萬。

物産

縣境爲邱陵性平原，適於耕作，人多務農。西南低地，年年泛濫，蘆葦叢生，魚鴨交集，民業漁樵者多。物産米、麥、棉足用，並産黄豆、芝麻、高粱等，西境産魚鴨頗多。

實業

工業雖似不及武昌、漢口之盛，然而震驚世界、領袖全國之漢陽鐵工廠却於是乎在。工廠創始於張之洞，成功於盛宣懷。位於大别山之東麓，即漢水與龜山所夾之細長區域中。工廠所用之萍鄉煤炭、大冶鐵鑛等，由船搬運至漢水碼頭。碼頭至工廠其距離約七八百米突，有輕便鐵道通焉。其規模之大、成績之優，固足爲中國人吐氣。然被經濟壓迫，漸有牢籠於外人勢力範圍之下之趨向，亦足悲矣。再西北爲兵工廠，製造小銃、大礮、礮彈等。再西爲礮藥廠。

商業以鸚鵡洲之木市爲最盛，其材木來自湖南、貴州，利用沅江出洞庭湖，下大江，以上鸚鵡洲之市場，年額在六百萬兩以上。其種類爲杉、松、柏、梓、栗等，杉、松、柏爲建造樓宇及製船之材料，需要最廣。此外又有所謂萍鄉船板者，即由湘潭載來萍鄉之煤之船舶，自其初即爲拆船賣板之計畫，務存原形，少鑿釘穴，以不至沈陷於水爲度，宛若粗造之箱形。迨煤炭卸畢，則拆毀其船而售之木商，自乘汽船返湖南。次爲棉市，蓋漢口市場棉之集散地皆在乎漢陽，故漢陽棉市甚盛。

古蹟名勝

晴川閣，在城北大别山東麓，取崔灝詩“晴川歷歷漢陽樹”之意以名。登閣可望隔江之黄鶴樓。劉爲楨《晚眺詩》云：“晴川傑閣勢巍然，徙倚危欄覽大千。山色有無微雨後，波光蕩漾夕陽天。隔江誰奏樓頭笛，近岸人呼漢口船。再有詩情描不出，月湖堤畔柳含烟。”

按鸚鵡洲，在城西南大江中，漢禰衡作《鸚鵡賦》於洲上，故名。後衡爲黄祖所殺，即葬於此。按洲没於江者三百年，清乾隆間復淤出水時，武昌民吴秀卿以江東岸白沙洲爲水所没，以新淤補課，遂易其名曰補課洲。邑人士以洲久爲漢陽古蹟，近在南紀門外，不應遠隸武昌，具控上官請履勘，今仍歸隸漢陽，復其名。

禰衡墓，在鸚鵡洲。《水經注》：“江之右岸鸚鵡洲，有禰正平葬處。”陸游《入蜀記》：“洲有茂林如小阜，有禰正平祠。”

魯肅墓，在魯山下，清咸豐間毁於寇。同治六年，邑人汪家政重爲立石。

百人山，在城西南八十里，其東麓即大江流。昔周瑜遣黄蓋，領百人詐降曹公，因其不備而掩之，即此地也。

蔡甸

在城西四十三里，汽船兩小時可達漢口，爲漢口以上第一繁盛碼頭。

有街五條，雖路鋪以石，然污窄不堪。商品以棉花爲鉅，有軋花廠二十餘家。大者有機車百餘乘，少者亦有數十乘或十餘乘不等，向洋行輸貨，每家每次輒以巨萬計。各洋行在此地亦均設有分莊，以便兜買。布行次之，榨行又次之，分莊則長設漢口。此外，雜糧交易亦爲他處所不及。婦女多以織帶子爲生，故蔡甸帶子在漢水流域亦頗著名。市有小汽輪數隻，專開漢口。

住民約分三派：(1) 鋪户，住街前。(2) 苦力，住街後。(3) 大家公館居此者不少。其原因有三：(A) 武漢生活程度過高，居此可以節省經費。(B) 武漢人密，空氣不潔。蔡甸則有麥隴、荷塘供人玩賞，居此者可以講衛生。(C) 武漢嫖賭風盛，易誤青年。蔡甸風清俗美，人民淳樸，居此可以教子弟。因此之故，武漢住民移居者日多。全鎮人口八千。

二、漢川縣

沿革

係漢沙羨、安陸縣地。西魏置江州於此，尋改曰沔州。後周置甑山縣，爲州郡治，隋大業末廢。唐武德四年置汉川縣，宋以後始稱漢川縣。

地勢

縣居夏口縣西，寄於武昌溢地中，大致西南較高，東北較低，極目不見高山峻嶺，唯西南稍有峰巒。漢水自西來，横貫全境。西擁曹湖，數百年前面積之大超越洞庭，諺云："八百里洞庭，九百里曹湖。"今湖面縮小，僅周五百里許。故縣境西北一帶城西北十里許即瀕湖。半爲昔日湖澤，地勢卑下，易遭水患，然土味膏腴，亦屬漢水淤泥之賜。

(一) 山

陽台山，一名仙女山，在城南一里。上有神女祠，宋玉《高唐賦》即指此。昔人所謂巫山神女之夢，自應在夔州巫峽一帶，殊不知楚王都郢，西距夔六百里，東距漢陽四百里，則楚王别宫不當在巫山。且巴蜀夔、庸對於楚爲敵國，彼烏得恣遊巫山十二峰而立朝雲之廟？且《高唐賦》云襄王與宋玉雲遊之台①，《神女賦》則云遊雲夢之浦，而漢川即古雲夢之地也，則斯爲古陽台益信。

姚公山，在城西南二里，俗傳有姚氏居其下，故名。

伏龍山，在縣治西北偏。

小别山，在城東南十里，其形如甑，又名甑山。

内方山，在縣西南五十里。按《禹貢》内方山即章山，在今荆門縣界，此别是一山。或云此山在繫馬口見後。西南十餘里，本名汈山，今云内方山係汈山之誤。

（二）水

馬蹄支河自天門縣東流入境，逕田二河圖作甸二河，誤。而東流至城西約六十里處，南注漢，北注曹湖。

縣河自天門縣東流入境，注曹湖。

溳水沿曹湖東岸外而南流爲縣河，注漢水。其東南流入夏口境者爲淪水，北納澴水，東注灄口。

城市概況

縣城位於漢水之北，城垣築於火猴山與伏龍山之上，外有仙女山、姚公山繞之，形勢頗壯，周七里有奇。古縣城即漢川縣城，在城北三十里劉家隔，瀕溳水，城址猶存。門五，除東、西、南、北四門外，另闢一門，在西門與南門之間，曰歡樂門。其商務爲繫馬口及漢口所奪，故不甚繁盛。街道在城内者有三條，一條通歡樂門，一條通東門、西門，一條通南門、北門，成爲交叉形，其熱鬧地點在十字街。在城外者四條，一爲南門外大街，一爲北門外大街，一爲東門外大街，一爲洋船碼頭街，其最熱鬧者爲東門外大街。街道俱以三角石或馬卵石平鋪，頗不適於步履。商業以花行爲首。有縣署、警察所、勸學所、屠宰局、高等小學、女子小學、陽台寺、仙女廟、天主堂、福音堂、聖公會等。人口六千。

物産、交通

農産以米、麥、棉、豆、落花生爲大宗。五月收豆、麥，八月收米、

① 雲遊之台，疑應爲“遊雲夢之台”。

棉，外人多來此組織公司以收買之。而西北濱湖區域漁業最盛，居民業漁者十之八九。

交通上，漢水小火輪上下暢駛四百餘里。帆船尤盛，一泊東門外，駛行漢水所通之處；一泊於神仙陂，駛行於大、小松湖。大松湖在城北十八里，又北二里爲小松湖，即曹湖。近來開掘烏柏口，使湖河相溝通，斯交通益便。

古蹟名勝

令尹子文墓，在曹湖右岸姚公山上，東距縣城二里許。山爲圓頂，高百餘尺，上爲小城，周百步，城内碑碣林立，元明清三代者尤多。山麓有令尹祠，附近古松蒼鬱，掩映湖波，風景不亞孔林。

市鎮

縣有二巨鎮：第一爲繫馬口，漢川人呼之爲金馬；第二爲田二河，漢川人呼之爲銀河。次述如下。

繫馬口，相傳爲昔日關公繫馬處，現有關帝廟一所在城南，水程三十里，陸行僅十五里。市居漢水南岸，有街道四條，最著者爲正街、横街，交作十字形。其商品，有專營磁業者曰江西幫，在江西景德鎮有街，在本鎮對河有垸，名江西垸。有專營藥材者曰陝西幫，在陝西安康有街，在本鎮集合有會。其運洋貨而上、鴉片而下者曰四川幫。工業以陶器爲最，業此者二十餘家，數百里内之缸、甕、盆皆取給於此，物美價廉，著名本省。有區立高等小學。礮艇數艘，長泊河岸。由鎮西南行十餘里抵汈山，上有觀音泉廟，四周松柏成林。廟有清、濁二泉，濁者大而清者小，泉流汩汩，旱年如常，民間飲料取給焉。再南行八里抵南河渡，地圖作南市。爲昔日繁盛商場，近因河水涸絶，商業遂衰。

田二河，居最西境，緊臨天門縣界，東距縣城九十里，瀕牛蹄支河之北岸。有市街三道，以正街爲最繁盛，條石鋪平，路坦適行。商品專營絲花，極盛之時在民國七年，絲出口達千餘擔，棉花出口達二萬餘包。工業以撚線織綢爲最著，俱出女子之手。物産絲、棉、五穀、藥材、鳧雁、魚、蝦米。有二等郵局。人口五千。

風俗小志

縣民在外營商者不少，販運多山貨，如猪鬃、牛皮、黄絲邊巾、挽手、虎豹狐獺等皮，販自雲、貴、蜀、豫、陝、湘等省，運往漢口，由山貨行轉售外商。本縣在漢業山貨行者三十餘家，與外人經濟來往者每年多至數百萬元，其幫號曰漢幫。本縣教育雖不發達，但負笈北京，肄業專門大學者有八九十人之多，至在本省中學者，人數亦衆。

三、黄陂縣

沿革及位置

漢江夏郡西陵縣地。北齊置南司州，陳曰司州。後周改曰黄州，兼置黄陂縣。後州屢廢置，而縣名如故。南距漢陽一百二十里，南隔長江、淪水與武漢三鎮直對，北界直接河南光山。南北長二百餘里，東西寬百餘里。

地勢

幅幀南北縱長，介居豫界及武漢間，故西北多山地，東南多平原。西北山地屬大悟山脈，接豫鄂間之大别山脈而南下，走入孝感縣，有雙峰尖、白雲塞、黄草山諸峰。更走入縣境，爲鑛山。再南龍山尖、伏馬山綿延起伏，直至城東北二十里而止焉，是爲澴、灄之分水脊。東南多平原，延接長江、武湖。有灄水縱貫全境，至灄口注江。

大悟山，在孝感縣東北一百二十二里。本名大伍山，相近有小伍山，兩山疊嶂，遠望如行伍，俗以爲名。在《漢陽府志》作大悟山，一名上界山，周四十里，上有平壤可畊。

龍王尖，在城西六十里。

鑛山，在城西北七十里，蘊藏銀煤頗多。

木蘭山，在城北六十里，聳立平原中如大碑，登山南望江漢如帶。有花木蘭之墓在焉，因係古今奇女子之鄉里，故以名山。山上寺觀林立，冬春獻香者不絕於途，故山上下市街極形繁盛，爲縣境八景之一，曰木蘭聳翠。

大陂山，在城東北三十里。其下有大陂，溉田百頃。

灄水，又名撈雞河。源出大别山脈中，南逕縣城，有前川河之名，又南至灄口注江。至冬季水輒較他水爲温，故灄水冬温亦爲八景之一。

武湖，在縣東南二十五里，南距江不過二十里，周四十五里，作荷花狀，以産銀魚著名。相傳黄祖曾閲武於此，故名。東通大江，又名黄漢湖。湖中因蒸氣凝結，早晚間雲霧瀰漫，故武湖煙障亦爲縣城八景之一。

城市概況

縣城位於全境南部，灄水之右岸，東南距武湖十餘里，南至漢口四十里。京漢鐵路自城西南十五里之横店車站南走漢口。城垣築自明萬曆癸酉，是年詔天下概城郡縣，始築東西橢圓形之城垣，周五里有奇。初爲七門，即北門及東、西、南三門各二，嗣因風射縣學，北門遂閉。城内市政不修，街道狹窄，房屋卑陋。除由大西門横貫城中之正街略有商廛外，殆無可觀，蓋爲漢口所奪也。縣署在小南門與小西門間之河街，電話直達武漢。有前川中學、木蘭女學、高等小學等。人口五千。

交通

水路以灄水爲主，灄水由長軒嶺在城北五十里。以至江、漢，有舟楫之利，夏期淺水汽船可由灄口溯至城東。武湖舟楫亦通大江。

京漢鐵路，由孝感入境，經横店、諶家磯而入夏口境。汽車馬路由縣城經横店、灄口、諶家磯至漢口一段已竣工。其全路計劃係以縣城爲中心，北通河口，在城北一百二十里。東通黄安縣城，西北達長軒嶺，但尚未興工。

物産

農産以米、麥、棉花、花生爲大宗，樹木以松爲最多。武湖特産銀魚，青眼銀身，味極鮮美，遠近争購。鑛山藴銀、煤，産藥材頗多，鑛結根一品最馳名。工業以諶家磯爲最盛，有造紙廠在淪水之北、諶家磯車站之東，爲股分有限公司，規模宏偉，能造各種紙張，如報紙等項尤其大宗，供武漢之用而有餘。揚子江造船廠、化鐵爐在淪水與長江會合處，亦爲股分有限公司，能造大小蒸汽船，排水力大，進行頗速，頗著名譽。化鐵爐其附屬者也，鐵之原料仰給於大冶。

古蹟名勝

望魯台，在灄水左岸，隔水與縣城相對。爲宋儒二程學道之所，因其崇拜孔聖，故名望魯。今望魯高等小學在焉。

前川，在南門外，即灄水也，因程明道有“傍花隨柳過前川”之句而得名。清初胡名垣曾建亭於川上，題曰“午天輕淡”。

鐵鎖潭，在城内西北部，有鐵柱，鐵網燦然，係俗傳一種繫龍之誕説，不足志也。又柏橋在西門外，係伐石爲橋，橋上有仙人足迹。西寺在城内西部，即木蘭寺也。所謂板橋仙迹、木蘭聳翠、魯台望道、灄水冬温、武湖煙障、釣台夜月、台在城東北五里，有盤石臨河。鐵鎖龍潭、西寺曉鐘爲黄陂八景。

黎元洪舊宅，在梅店附近，南距縣城百四五十里，北距豫界不過二十里。其地民俗善獵好鬬，最稱强悍。

四、孝感縣

沿革及位置

漢安陸縣地。宋孝武帝析置孝昌縣，五代後唐改曰孝感。東南距漢陽百四十里，西南至漢川縣城百二十里。

幅幀及形勢

縣境東西横廣七十里，南北縱長達二百六十里之遥。南界漢川，北界河南羅山。東北境上有大悟山詳見黄陂縣。之餘脈，盤紆點綴，略見崱屴峰巒，餘概爲平原，有澴河斜貫於其中。

（一）山

九峻山，在城東北八十里，一名九宗山。環阜疊嶂，林麓深杳，大溪横前，景物幽勝，不減咸陽之九峻也。

雙峰山，在九峻之北，雙峰並峙，高三千尺，飛瀑懸流，登之可盡江、漢之勝。上有雙峰寺，盛暑披裘。

（二）水

澴水出應山縣雞頭山，南流入境，繞城西南，而東流會董家湖。又東流爲淪河，溝通涓、灄，北注湖而南注江。

董家湖，在城東五里，以孝子董永得名。

蒲湖，在城東四十里，俗名野猪湖。

［註］董永，後漢千乘人。少失母，奉父避兵，流寓汝南，後徙安陸。父亡，無以葬，乃從人貸錢一萬，曰："後無錢，當以身作奴。"葬畢，道遇一婦人，求爲永妻。永與俱詣錢主，令織縑三百匹以償。一月而畢，旋辭去，乃曰："我天之織女，天帝令我助君償債。"言訖，凌空而去。因名其地曰孝感。按董永墓在今孝感縣。孝感在漢時爲安陸縣地。今汝南縣西亦有董永墓。

城市概況

城瀕澴水左岸，東距京漢車站七里，周七里有奇，爲門六。即大東曰朝陽，小東曰復旦，北曰拱宸，西曰迎祥，西南曰文昌，南曰復旦①。城内道寬丈許，路敷以石，尚稱清潔。唯北街及衙門街稍見繁盛，小東門及大西門、北門外亦有市街。有縣署、商會、女子師範、高等小學校。人口一萬五千。

物産、交通

農産以棉爲最豐，概由漢達滬以輸國外。米産亦饒。此外豌豆、蠶絲、緑黄等豆類俱盛産之，概由漢口輸出。

交通上，據京漢鐵路之便，民船日往來於漢口，故出城北及大東門赴鐵路甚便。若西門、文昌門、南門、小東門俱有水運之便，出西門四十里，達雲夢，亦宜航運。

五、沔陽縣

沿革

春秋楚地。漢置雲杜縣，梁置沔陽郡於此，北周置復州。隋改州曰

① 復旦，疑應爲"時薰"。

沔州，縣曰沔陽，以後多稱復州。元爲沔陽府，明降爲沔陽直隸州，嘉靖以後爲散州，民國二年改爲縣。東距漢陽二百四十里，距漢川二百里，南距湖南臨湘縣界二百二十五里。

地勢

縣境介居江、漢之間，爲冲積層，成溢地狀。除北境有龍華山、在仙桃鎮漢水對岸。南境有黄蓬山在新隄東北大沙湖之西南角上。二小邱外，則極目不見一山。徧地皆水，湖泊星羅，夙有澤國之稱。蓋太古界茫無際涯之洞庭湖，幾經江、漢之泥沙淤澱而成平陸，故地味豐腴，成一大農産區域，號稱“魚米之鄉”。然泥沙日積不已，深湖漸淺，涸爲原野，一遇江、漢泛漲，無所容納，輙氾濫爲鉅患，故江水滿則縣境被害，漢水溢則縣境西北罹災。每逢大水，田廬盡没，非葬身魚腹則轉死溝壑，皆江、漢狂濤之所賜也。諺云：“沙湖沔陽州，十年久不收。若有一年收，狗子不吃糯米粥。”氾濫之禍與膏腴之福並可見矣。縣境湖泊棋布，括於江、漢之間，有數多河川縱横聯絡，此等河川尾閭概由沌口、新灘口注江。其面積廣大之湖，在西南境上者有洪湖，在北境者有排湖，在東南境者有大同湖、大沙湖、鄧老湖，在東境上者有鱖魚湖等。在二百年以前湖名尤多，逐漸填平，則前途水害良足慮也。縣境諸河以長夏河爲最大，攜諸水入江之綱要也。

城市概況

縣城瀕冲河北岸，圓形。昔人謂：“環城皆水，因河爲濠，形若螃蟹。”周五里，門四。昔時城壁頗高大，然自連年水溢以來，半歸頽廢，犬豕可越。城内無大商業，街市蕭條，蓋繁盛之地在城北九十里仙桃鎮、城南二百里新隄鎮。城内有縣署、自治籌備所、高等小學校。人口三千。

仙桃鎮

鎮跨漢水兩岸，北岸商務寂寞，南岸則市況繁盛。有街道五條，曰正街，路鋪石板，平坦適行，曰油榨街，多榨油者。曰好喫街，多賣熟食者。曰竹貨街，曰十全街。出口貨以棉花、絹布、蠶絲、蓮實爲大宗，豆、麥、高糧[1]次之。棉花每年出口萬餘包，絲産每年千餘擔，爲沔絲之中堅。而蓮實之出産亦盛，每年至六月以後運輸出口，成爲營業大宗。工業以燈籠、竹器、籐椅著名。各種竹器、燈籠等物多出於女工。交通上，有火輪四五隻每日往還於漢口。有高等小學校、商會。全市商況殷闐，人口一萬五千。

新隄鎮

在縣東南約二百里，踞長江之右岸，西瀕鱖魚湖，東南接洋圻湖，此湖東與大同湖連。上接荊湘，下連武漢，爲湘鄂交通之樞紐。街長一里，景象繁榮，商業發達日盛，爲附近一帶農産之集散地。所産黄豆名猴子毛，運輸漢口，頗負盛名。輸出品以茶葉、黄豆、小麥、蠶豆、花生、魚爲大宗，輸入以木材、布疋、油、麻、糖、竹貨爲大宗。有新隄關監督駐焉。人口四千。

峰口

在城南七十里柴林河畔，與縣城交通甚便。南距新隄百二十里，有小輪相通，可達漢口，唯冬期水瘦不能航輪，故峰口爲縣境交通之一中心。街市分河街、正街二條，商況頗盛。出口貨以小麥、棉花爲大宗，每年運至漢者數以鉅萬。特産一物，似百合而大，狀類錘形，味美而質佳，誠佳蔬也。雞頭果亦爲此地良品。

沙湖鎮

在城東百五十里鄧老湖之附近，世家大族多居於此。榨油業頗盛，油與餅俱輸出外洋。

物産、交通

農産以米、棉爲大宗，麥、高粱、黄豆、芝麻、菜子、花生次之，並産蠶絲。江湖盛産魚類。

交通上，除江、漢通大小輪船外，内部河流亦多能航行小輪。

古蹟名勝

黄蓬山，在城東南二百里，上有石靈峰，爲山之最高頂。其支脈曰

---

① 糧，疑應爲“粱”。

香山，俗曰望鄉山，附近有松林、烏林諸山。其下爲黄蓬湖，北連洋圻湖。元末陳友諒之父漁於其地，及徐壽輝陷沔陽，友諒起兵黄蓬以應之。

沙湖，在城東百四十里，上有奎星閣聳立於三岔河上，亦爲縣境名勝之地。

六、黄岡縣 黄州府

沿革及位置

戰國時楚遷邾國於此，漢置邾及西陵縣，南朝宋省邾縣，後周廢西陵，南朝齊置南安縣於此。隋開皇中爲黄州治，十八年改曰黄岡縣。東北距武昌一百八十里。

地勢

縣境襟帶長江，西與武昌、黄陂接界。東倚邱陵，而西多平原，傍江一帶多湖水，蓋武漢溢地之東緣也。

赤壁山，在城西北十里，屹立江濱，截然如壁，巨石聳峭，其色赤，因名。一作赤鼻山。蘇東坡謫居黄岡遊此，作前後《赤壁賦》。

黄岡山，在縣東，即蘇軾《赤壁賦》所云“黄泥之坂”也。平岡迤邐，南至洗馬池止。其脈來自安徽天柱，土黄色，因以名焉。

城市概況

城瀕大江東岸，南與樊口參差相對，周七里有奇，高二丈七尺，門四。因居漢口、九江兩大商埠之間，附近又有團風、黄石之小港相吸奪，故縣城商況寂寞。街道狹隘，交通不便，陸行乘載，專賴竹轎，亦有坐獨輪手車者，但不多見。近年洪水爲災，沿江居民不勝困苦。人口四千。

市鎮

新洲爲縣境北部著名市鎮，係附近棉花集散之中心地，有電線。其北有宋埠，爲光、黄間山徑南口，夙有“小漢口”之稱。今則新洲已駕乎其上，蓋河南之貨由山徑至宋埠而萃於新洲，然後下舉水以趨長江，故商業特盛。

物產

平原盛產棉花，每歲棉花出口五百萬包，每包二百四十斤。麥次之。新洲以北産稻米，東南沿江一帶産麻及麥。麥植於晚秋暮春間，江水方瘦，可望必穫。麥後植稻，輒值江漲，十年中偶一穫耳。此外略産絲、茶、菸。沿江居民多業漁及製靛青，僅資餬口。

古蹟

快哉亭，在舊府署内，宋清河張夢得建。蘇子瞻扁曰“快哉”，又爲作詞，末句云：“一點浩然氣，千里快哉風。”其弟子由作記。

王禹偁所建竹樓早已傾圮，故址在城西北隅，與月波樓通。月波樓尚存。

峥嶸洲，在赤壁山前，江半崛起，俗名得勝洲，晉劉毅破桓南郡處。

白龜渚，亦在赤壁山下。晉毛寶軍人有買一白龜者，養之漸大，放之江中。後寶以萬人守邾，石虎遣子鑒等帥五萬人來寇。城陷，軍士及寶赴江死者甚衆。養龜人墮水，覺有物負之登東岸，乃所放龜也。明嘉靖間知府郭鳳儀石刻“白龜渚”三大字於此。

風俗小志

俗多禁忌，清晨不言鬼怪、虎豹、龍蛇、獅象、龜、鼠、蜈蚣、蝎子等字，言者爲不祥。讀書者讀至此等字，恒取他字代之，如讀鬼爲“主”之類是也。商人諱言牙，乃謂牙曰“才條”，甚且呼衙門爲“才門”。如此禁忌，真笑話也。

又城北八十里處有一河曰罵娘河，每值陰曆正月十五日，河左右居民必臨河互相叫罵。

七、黄梅縣

沿革及位置

漢置尋陽縣。晉永興初徙尋陽於江南柴桑，遂爲蘄春縣地。南朝分置永興縣。隋開皇初改曰新蔡，十八年又改曰黄梅。爲湖北省最東之縣，縣境東距安徽宿松六十里，南距江西九江百里，西距黄岡三百五十里。

［註］縣以蔡名者，以地濱江有蔡山。在城南五十里。五阜湖俱産大龜，所稱“九江納錫大龜”蓋在於此，而《明一統志》亦稱五阜湖在黄

梅縣西，《禹貢》“納錫之龜”，世傳出此。龜亦名蔡，《論語》：“臧文仲居蔡。”後以山徙湖淤，蔡不復産，而地多梅，城西四十里有黄梅山，又有黄梅水，故遂以黄梅名縣。

地勢

縣境北躡潛、霍之餘脈，南邇諸湖以接大江之濱，故北多邱陵，南盡平原。古所謂：“梅居楚黄末壤，控金陵上游，巡鄂渚而下，直走六百里，大江汪汪，衣帶一水。東峙潛皖，南距潯陽，萬山錯落，諸水縈迴。實爲吴楚交會之區，更屬荆陽咽喉之地。”

（一）山

北邙山，在城北二里，山頂周正，類方屏玉枕。

台望山，在城北七里，自南望之，峰巒聯拱如台星。

（二）水

降斗河二源，一出唐家山，在城東北七十里，接蘄春界。一出鼓角山。並南流，經亭前驛至兩河口合流繞縣城，名縣河，亦名黄梅水。南流經黄蓮嘴注大江。

城市概況

縣城周三里，作不規則之橢圓形，瀕黄梅水之北岸。爲門六，除東、北、西三門外，南門有三，自東向西計之曰小南、曰大南、曰天衢。小南門外有橋架水上，天衢門適當孔廟之前，商業頗呈繁盛之象。著名街路爲南門街及東門街、西門街，並各街相交之地，物阜民殷，房屋櫛比。有縣署、警察署、孔子廟、岳武穆廟、高等小學等。人口一萬，東門外人口二千。

物産、實業

附近平原廣遠，農産豐饒，以菸草、棉花爲大宗，兼産花生、瓜子、米、芝麻、黄牛皮等，運銷九江、漢口，而由九江輸入雜貨，故成附近一商業中心地。

古蹟

鴛鴦亭在縣城内。縣志：世傳徐拭妻齊氏，夫婦相和敬，齊事姑甚孝。所居有塘，畜雙鴛鴦。齊每稱觴，鴛鴦隨之。姑死，鴛鴦飛去。齊思姑不已，竟殞，徐亦隨亡。里人悼之，以“思姑”名其巷，並建亭名鴛鴦云。

八、蘄水縣

沿革及位置

漢蘄春縣治。南北朝宋元嘉中析置浠水左縣。唐武德四年改曰蘭溪，天寶初改曰蘄水。東北至安徽英山縣一百二十里，西北至黄岡縣一百十里，南至蘄春百里，至石灰窰水路九十里，西南至蘭溪溪水入江之口。水路百五十里。

地勢

縣境東毗英山，北接羅山，故全境山勢巃嵸。音聾竦，山峻貌，又雲氣滃鬱貌。然浠水自中流以下，兩岸漸開爲平原，地味肥腴。

玉台山，在城東一里，臨河，遠眺一邑之勝。

鳳棲山，在城東三里，下有陸羽泉。《明一統志》：“唐陸羽《茶經》以爲天下第三泉。”

南門河，在城南，即浠水，源出安徽英山六安境，繞城西流至蘭溪口入江。

蘭溪，在城西二十里。水源出箬竹山，其側多蘭，唐武七年①置蘭溪縣因此。《茶記》：天下第三泉，李季卿謂“蘭溪石下水”即此。

城市概況

城瀕浠水北岸，略作勾股形。周四里有奇，高一丈五尺，爲門七，東泰來、南麗文，及便民西永豐、北拱宸、東南耀龍、西南阜成。路寬二丈，敷以石。著名市街首推南門大街，次衙門街，有縣署、農業學校、夫子廟、關帝廟，廟前三眼義井，有漢壽亭侯淬劍處之碑。人口一萬。

物産、實業、交通

農産棉麻較多。因浠水航運便利，下通大江，故縣城爲附近商業中心，與安徽英山交通亦盛。浠水河幅廣三四十丈，深自三尺至六尺，水

---

① 武七年，應爲“武德四年”。

清澈而流急，民船航行頗便。

古蹟

綠楊橋，在城東，楊色蒼翠，蘇軾醉其上，作綠楊詞，故名。

流光亭，在便民門側，石上有東坡所書“泝流光”三字。

九、麻城縣

沿革及位置

漢西陵縣地，梁置信安縣，陳於此置定州，宇文周改亭州。隋廢州，改信安曰麻城，因係後趙石勒將麻將軍秋所築城。故名麻城。東北與河南光山、商城接界，西南距黄岡一百八十里。

地勢

地勢高坦，蓋東北倚大別山脈係豫鄂之分界嶺，亦即江淮之分水嶺。之南坂，西南跨江湖冲積地層，故東北多山嶽，西南多平原。其毗連黄岡之靈沙河、倉子埠一帶，沃野平疇，彌望不盡，然東、北兩鄉則山多而土稍磽。

（一）山

龜峰山，在城東六十里，爲縣境大山。一名龜頭山，爲舉水所出。春秋吴楚戰於柏舉，即此地也。其東麓十里爲白水坂，自麓達巘二十里。

什子砦山，即在龜峰東十里，宋端平間曾徙縣治於此。

白臯山，一名白額山，在城東南三十里，山多怪石。

五腦山，在附城西北八里。

（二）關

縣北五關：長嶺關，在城東北百里。虎頭關，在城北七十里，並接河南商城縣界。白沙關、黄土關，並在城北九十里，與河南光山縣接界。大城關，在城北九十里，與河南羅山縣接界。今則廢城故壘，猶多遺迹。

城市概況

城瀕白塔河一名小界嶺河，注舉水。之西岸，作勾股形。東面沿河爲股，南面爲勾。周五里有奇，高一丈七尺，門五。市街有北門大街、衙門街、西門大街、東門大街，道路敷石，街廣二丈，其繁盛街市在北門街與大東門街交叉附近至右文門在城東南端，臨河。間。每至冬臘之交，北門正街尤爲擁擠，殆不啻漢口之黄陂街、北京之大栅欄。建築有縣署、文明樓、衙門街。商會、警察署、並北門街。権運局、城隍廟、並南門街。夫子廟。城東南隅。人口二萬。縣北境之黄土岡、東境之閻家河、南境之白臬或作白杲、白果。鋪，均爲繁盛集鎮，而西境之宋埠商況尤繁，係當全縣貨物出入口必經之要道。

氣候、物産、交通

氣候温和，東北近山稍寒，西南甚熱。

農産因地味肥腴，沃野千里，故西、南、北三鄉稻、棉、麻甚豐饒，東鄉蠶絲輸出不少，北鄉之粉條、皮油亦爲輸出大宗，西南境棉花爲大宗。

交通唯東南赴羅田之路，山脈重重，道路險阻。餘則東北通河南之光山、商城，西走黄安，南走黄岡、蘄水，均平坦易行。西南下舉水，經宋埠，達武漢，尤稱便利。邇來由縣南經新洲、團風，將創築長途汽車道路。

古蹟

歧亭鎮，在城西南七十里，有杏花村，即宋陳慥季常。隱居處。至今春日杏花盛開，芳草滿地，青山緑水環抱間，猶彷彿若遇陳季常、蘇子瞻芒鞋葛履，與牧童野叟盤桓於其間也。然鄉村悍婦時復叫囂怒罵，亦宛若河東獅子之流風，餘韻猶存。

十、羅田縣

沿革及位置

漢蘄春縣地。蕭梁置羅田縣，又置義州及義城郡。隋開皇初州郡俱廢。北與河南商城接界，東與安徽六安、英山、霍山接界。東距安徽英山七十里，南距蘄水百十里，西距黄岡陸路一百六十里、水路三百五十里，距武昌陸路三百五十里、水路五百里。

地勢

縣境北界豫，東界皖，故豫皖間之大別山脈與皖西之天柱、灊、霍山脈遥相包繞，故縣境多山。全境山嶽地佔五分之四，唯沿巴河本支各流稍見平坦之地耳。

（一）山

多雲山，一名多雲鑽，在城東北一百五十里。因四時雲氣不絶，故名。

鹽堆山，在多雲山附近，以形似得名。

大霧山，在城北五十里，天欲雨則霧氣滃然。

鳳山，在城北三里，爲縣治主山。因其形展翅如鳳，故名。

塔山，在城東五里，唐時建寺於其上，有塔，故名。元末兵燹，遷寺於城中，仍名塔山寺。

印臺山，在城南一里，爲縣前案，故曰印臺。

總之，縣境山脈自多雲鑽、鹽堆山，歷大霧、鳳凰山在城東三十里。而廻繞於東北境，而鳳、塔、印臺又鼎峙於城外，勢甚鞏固。

（二）水

尤河，在城南，一名官渡河，一名縣前河。源出城東北百里峨嵋山之紫潭冲，會多雲河，南流繞縣城南，又西南至尤河嘴入巴河。

巴河，源出東北境多雲山附近之鹽堆山，西南流貫全境，至黄岡縣東注大江。

城市概況

城作勾股形，東面爲股，南面爲勾。東、南兩面臨尤河，古義川河。西北一帶倚山。周五里，高一丈五尺，門四。明成化十五年土築，嘉靖九年甃以石，係山間一僻地。屢被河水泛濫之害，市況岑寂，以南門街爲比較繁盛，北門街次之。有縣署、警察署、榷運局、義川高等小學校等。本縣民風對耶蘇教徒反感甚烈。人口四千。

物産、交通

縣境山多田少，米、麥甚微。唯林業尚盛，産木材，更産桐油、黄絲、藥材、茯苓，礦産鐵。

交通因山路崎嶇，殊感不便。水路泛巴水出黄岡，走武漢，尚屬順利。

十一、廣濟縣

沿革及位置

漢蘄春、尋陽二縣地。唐武德四年析置永寧縣，天寶元年改曰廣濟。西北距黄岡二百五十里。

地勢

横岡跨其北，大江經其南。然横岡自東而西而北，勢接東衝，西聯層峰、赤寨諸山，連峰峭壁、逶迤騰起者不可勝紀，故全境皆山，平原絶少。南境瀕江有田家鎮及武穴之要地。

横岡山，在城東北二十五里，連岡擁翠，綿亘桀豎，若攢矗碧霄，崖立峭拔。故縣境山嶽雖多，當以横岡山脈爲主。頂有真武殿，旁郡數千里咸來瞻拜。

獨山，在縣東南三里許，衆山環擁，而一峰孤迥若髻。

層峰山，在城北十餘里，峰自横岡綿亘至此，特聳秀出諸峰上，列嶂分脈，爲縣境諸山來脈之祖。

展旗山，在城西北二十里。山自赤寨迤邐數里，如展旗，故名。

城市及要塞

縣舊無城，設四門。梅川貫其中，川水時漲，不可城。明崇禎十二年，常議築城不果。今有土城，商市蕭條，人口二千。今志武穴鎮及田家鎮。

（一）武穴

在南境大江之濱，北距城七十里，中有三十里水路，可通民船，餘四十里爲陸路，道路平坦，通小車轎子。東下八十餘里抵九江，長隄連亘，頗稱險要，爲田家鎮之前茅地。當鄂、皖、贛三省之衝，九江上游之要市也，輪船停泊於此者頗多。《一統志》載“外江内湖，最爲險要”。前清時武黄同知駐此。曹學佺《名勝志》：“武家穴旁臨大江，下抵黄梅之楊家穴，長一百九十里，隄路横亘其中，商賈時集。”鎮北有黄泥湖，東通午山湖，西通廣野湖，周數十里，水質澄清，水産甚富。市街沿江縱横里許，雜貨店、衣服店、首飾店甚多，爲湖北麻之總輸出地，又爲米及雜貨之集散地，商業頗爲殷盛。附近物産米爲第一，棉麻、菸、豆次之。人口一萬。

（二）田家鎮

在縣西南大江之濱，居武穴之上游。爲全省水路之東户。築有砲台三，中曰吴王廟，南曰半壁山，北曰馮家山。半壁山之山壁上鐫有“長江鎖鑰”四字，江流至此頓窄。洪楊之役，洪軍攔以鐵索，湘軍百戰始克之。

［附志］

據《湘軍志》所載，咸豐三年，賊出湖口，上犯湖北，勞光泰率礮船扼守田家鎮。九月，賊踞半壁山，江忠源自江西馳至望賊營，歎曰：“此天險也，軍情、地利兩失之。”謀以次日營羊角山，而賊船乘風上駛，急赴水營拒敵。賊自半壁山以礮下擊，勞光泰所部潮勇潰走，忠源率鶴麗鎮兵搏戰失利。賊水陸大進，陷黄州，遂陷漢陽。

四年十月，羅澤南拒賊半壁山，敗之。半壁山者，孤峰拔起，前瞰大江。賊據山作五壘，引湖溝之。北自田鎮至蕲四十里沿江築城，鐵索纜江，自半壁山屬之田鎮，以遏舟師。乙亥，僞燕王秦日綱率衆自田鎮渡江。澤南營逼半壁山，塔齊布營逼富池口，中隔水，方作浮橋通兩軍。賊出千餘阻谿，我不得橋。時南北兩岸，賊麕集山左右，約二萬衆。澤南兵僅二千六百，士恇懼，李續賓手刃逃勇三人，衆稍定。澤南與續賓分踞高阜，誡諸軍堅忍弗動，别將列江岸以待。賊三進三退，澤南鼓之，斬其大將二，回奔半壁山。澤南麾矯捷者躍而登，賊迫峭壁墮崖死者數千。北岸賊奪舟逃，舟相擠輒覆没。追軍至，賊多投江，操舟者股慄不知所爲，遂奪半壁山。澤南呼壯士縋崖斷鐵鎖六，竹纜四。丙子，賊復自田鎮渡江奪浮橋，澤南擊卻之。賊既失山，因作大筏傍岸，以固鐵纜。江中横大筏三，盡鉤小船，節節相連，斷其一節，明日復合。彭玉麟建議分船爲四隊，以其一守營，而備鑪、鞴、椎、斧、炭、翦於頭隊船，趨鐵纜下。玉麟率二隊繼進，燒二舟。劉國斌椎鎖下鉗，孫昌凱鼓鞴冶鎖，鎖盡斷，筏上賊潰走溺水。楊載福率三隊衝下，至武穴，回船擲火燒而上，玉麟燒而下，賊舟盡。田鎮賊逃，蘄州亦復，水師直達九江。

十二、安陸縣　故德安府治

沿革及位置

春秋時爲鄖子國地，安陸縣置自西漢，晉以爲江夏郡治，南朝宋、齊、梁、陳皆爲安陸郡治，西魏及唐俱爲安州治，宋以後始爲德安府治，民國二年，去府存縣。南至應城八十里，北至應山九十里，西經宋河鎮至京山百六十里，東南至漢口水程三百里。

地勢

縣域跨涢水之域，有山脈南北縱走，北起應山，南極漢川，西爲涢域，東爲澴域，蓋山爲澴、涢二水之分水脊也。考其山脈，出自鄳阨之塞，蜿蜒而南，抬爲高原。平陸漫衍，山溪雨集，時或瀰漫。然涸可立待，故鮮水患。按全境西北兩鄉皆山，東南兩鄉爲平原。

（一）山

山自應山縣之四望山分支而南，稍伏没，至距城東北五十里有蔚然而起者曰槎山，巉岩怪石，彌望青葱。稍折而西，至城西北五十里曰壽山，一曰陪尾山，高千尺許，天半莊嚴，煙嵐環結，古稱一郡之鎮，《禹貢》所云“熊耳、外方、桐柏，至於陪尾”是也。

按横尾山，在城北六十里，古文以爲陪尾山。李吉甫《元和郡縣志》：“陪尾山，一名横山。”

白兆山，在城西三十里，一名碧山，北距隨縣大洪山百里許。上有桃花岩，岩有李白讀書堂。

此外，大鶴山在城東北四十里，小鶴山在城東三十里。

（二）水

涢水，源出隨縣大洪山墨龍池，自城西一里南流，俗稱府河。至黄港與漳水會，入雲夢澤。南有雲夢縣，蓋安陸縣南即古雲夢澤也。

漳水，出大洪山之東南麓，自城西五十里處，東南流入溳水。沈括《夢溪筆談》：清濁相揉爲漳。漳，文也。漳與溳水合，色如蝃蝀，十里方混，故曰漳水。

城市概況

城周六里有奇，高二丈餘，門四，城外東南兩面皆山，北面爲平原。山脈自東城走入，至舊府署前，峭壁陡絶，石色皆紫，有紫金山之名。城西距溳水約半里。城内正街至中心成十字，與四門通。商業區在西門正街，及西門外正街。有縣署、小學校、商會、警察署、郵局。北門内有福音堂，其附屬普濟醫院在東門内，爲洋式建築，有禮拜分堂，在應山縣等處。南門内有天主堂。全城人口一萬五千。

物産

農産以米、麥、棉、豆爲大宗。白兆山石灰甚著名，南鄉出棉布，有名，所謂府河棉布即此。

古蹟名勝

大安山，在城西五十里，按白兆山之西，四面陡峭，頂平衍可四里許，唐許紹家此，即李白婦翁處。宋黄晦叔詩曰："大安婦翁處，來枕石頭眠。"蓋謂此也。

十三、隨縣 隨州

沿革及位置

春秋時隨國，漢置隨縣，南朝宋置隨陽郡於此，齊梁改曰隨郡，隋大業初改隨州曰漢東郡，唐以後多稱隨州，民國二年改州爲縣。東距應山百十里，東南距安陸縣百三十里。

地勢

縣境北界跨大別山脈，而桐柏山脈則自北而南而西，盤紆連亘，爲與棗陽、鍾祥、京山等縣之分界線，故縣之南、北兩部山邱起伏，爲溳域諸水發源地。在西南境上起頂爲大洪山，因之地勢南部特高，而中、東、西三部地勢較低，斯平原啟焉。

（一）山

大洪山，在城西南一百二十里，接京山縣界。《水經注》：大洪山盤基所跨廣遠，周百餘里，峰曰懸劍，爲諸峰之秀。下有石門岩，入石門得鐘乳穴，時人以涢水所導，故亦謂之涢山。

厲山，在城北四十里，一名烈山，亦名重山。《禮記注》："厲山氏，炎帝也，起於厲山。"《西漢志》："隨，故厲國。"《荆州記》："山有三穴，云是神農所生，即此地。爲神農社，年常祀之。今其地有厲山鎮在焉。"

七尖峰，在城北百七十里，七尖並聳。

（二）水

縣境主流曰涢水，其所納之支流曰均、浪、溠、㵐、漂、漻六水。

涢水，源於大洪山黑龍池，北流經環潭鎮，而東流逕城南，而東南流入安陸縣境。

均水，亦源出大洪山，北流至均川村注涢。

溠水，出北鄉栲栳山，南流至均川村之上游注涢。

浪水，出城南四十五里之大狐山，北流至沙窩注涢。

㵐水，出七尖峰，南流經厲山而逕縣城西南注涢。

漂、漻，並出東鄉石包山，漂水南流經高城而會漻水，至淅河鎮注涢。

（三）平原　分畈田、冲田、山田三種

畈田位於東、中二部，内分沙田、泥田。沙田土鬆，宜種花生、芝麻、高粱、棉、豆等。泥田土肥，宜稻、麥、粟及各種雜糧。

冲田位於南北鄉，土堅而瘠，但不缺水，宜種五穀雜糧。

山田亦在南北鄉，宜種芝麻、豆類、棉花，兼有半季種麥栽稻者。

城市概況

城瀕涢、㵐會口之東北。内城周七里，門五，即東、西、北、小南、大南大南在東。門。外城係土壁，抱内城之南，其形勢與北京之内外城相似，蓋因洪秀全之亂所修築，爲門八。兩城外皆繞以濠，寬約數丈。街道污穢不平，臭氣逼人。民居多係甎築。商市則均在青城，即内城。外分東關、西關、南關三部。最繁盛者爲西關，即在内城之小南門外有小十字街。若各邑貨物集中地則又在東關，在大南門外有大十字街。商品大半購自漢口，輸出以棉花、棉布、米、麥、皮油爲大宗。其餘城内外之空地皆闢爲菜園菸隴。人口二萬。官署、學校有縣署、州署所改。勸業所、城守尉署所改。警察所、電報局、郵政局，學校有輔仁中學，係教會所辦，縣立高等小學、女子高初兩等，土城外有乙種農業專門學校附農林試驗場。此外有圖書館、通俗講演所。最强人意者爲互助圖書社，以輸入新文化爲宗旨，公開閲書，增進隨縣文化不少。

物産、實業、交通

農産棉、稻、麥、芝麻、大豆、煙葉、藍靛，藥品桔梗，果品桃、杏、棗、栗等。

實業有新村肥皂，貧民工廠之電光布、係花愛國布，維新廠之機器麪，安居鎮之蜜棗，青苔鎮之皮油與四鎮之棉布。

涓水盛時有舟航之利，白布由棗陽、樊城輸入陝西。

古蹟

狗蹟嶺，今作鈎蹟嶺，在城南七十里。相傳洪山祖師經此嶺，偶睡道旁，不知野燒將至，所帶犬入港冒水滅火，狗迹尚存。

十四、雲夢縣

沿革及位置

漢爲安陸縣地，西魏大統十六年置雲夢縣。東北距安陸六十里，東南距孝感、西南距應城俱四十里。

地勢

全境踞平原之中，爲古湖澤之冲積地層，今猶多湖。按舊志云：古雲夢澤在安陸縣南五十里，今縣治去安陸六十里。蓋安陸縣境山勢自鄖阨蔓延至此乃盡，而迤南數郡大澤衍溢實自此始，昔故以此名縣云。《禹貢》及諸家傳紀：雲夢澤方八九百里，跨江南北，江南爲雲，江北爲夢。華容、枝江、江夏、即武昌。安陸皆其地，合言之則爲一，分言之則二澤也。

縣河，即溳河，自安陸縣流入境，繞城西南而東南流爲黄港口，又東南流至距城三十里處匯爲隔蒲潭，潭西屬應城。又東南入漢川界。

鄭家湖，在城北，迤邐而東南，接曲水湖，南達溳水。

碧潭，在城外東南隅，水清，秋月朗映，殊可人。

羅陂，在東南境，春蛙繁聚，聲沸數里。故“碧潭秋月”“羅陂春蛙”爲縣境八景之二。

城市概況

城周三里有奇，門四，瀕縣河即溳水。之左岸。城内市街道寬丈許，無著名之街路，東門亦有一條街路，長不及半里。城内有縣署、商會、高等小學、山西會館、福音堂等，人口八千。

物産、交通

農産以米、棉、靛青爲最盛。

交通上，東赴孝感有水陸二途，又依水路南通漢口，而西經應城、京山亦可至鍾祥出漢水。縣境以多湖澤著稱，每至夏期增水，沼澤相連，輒隔絶陸路交通，然水運上轉增便利。

古蹟

楚王城在雲夢縣東。世傳吴師入郢，楚昭王奔鄖，因築此城以自保，其城址至今猶存。

十五、應山縣

沿革

漢隨縣地，梁大同二年分置永陽縣兼置應州，隋開皇十八年改縣曰應山。

地勢

北據義陽三關，即古鄳阨之塞，與河南信陽南北夾峙焉，實縣之北門也。東部屬澴水流域，西部跨一南北走之山脈，即溳、澴之分水脊也。

故全境邱陵起伏，而平疇亦散布其間。

（一）山

應山，在城東南，亦名應台山，以其方平如台，又名應台，後人復以其似印，更名印台。其左有峰，曰挂鐘。

禮山，在城東北八十里。南梁建應州於此，齊置禮山關。

大龜山，在城東北六十里，一名高貴山，其巔爲平靖關。因其上有石自然若龜形，故名。

雞頭山，在城東北九十里。《寰宇記》：“有山遠相向，如雞頭欲鬬之狀。”

四望山，在城西北百里，山高可週覽四方。

（二）水

澴水，源出九里關之雞頭山，初流一百步繞山環流，故名澴水，本名黃沙河。南流百餘里至花園站納廣水。廣水出北境大孤山，沿京漢軌而南流來會，又南入孝感縣境會溳水。

三里河，亦名東河，源出城西北二里，東南流，繞城東爲壕，逕應台山下更東南流，逕太平鎮在城南偏東四十里。而南注澴水。

（三）關　義陽三關繞縣北境，自西向東計之

（1）平靖關，在城東北七十里，接河南信陽界。古名冥扼，一名黽塞，亦名鄳阨，俗名恨這關。《元和志》：“平靖關，因古平靖縣爲名。後魏大統十六年置，隋大業二年廢。”《地理通釋》：“此關因山爲障，不營濠隍，故名平靖關。”“有大小石門，皆鑿山爲道，以通往來，荆楚守隘之地也。”《吕氏春秋》：“九塞，冥阨其一焉。乃平靖也。”

（2）禮山關，在城東北一百三十里，一名武陽關，今名武勝關。《輿地紀勝》：“武陽關，今名大塞嶺。”《地理通釋》：“《左傳》：大塞，乃武陽也。”

（3）百雁關，一名白雁關，《元和志》“昔有雁息其上”，故名。在城北九十里，西距武勝關百里。一名黃峴關，即九里關也。與“河南信陽”參看。

城市概況

城周三里有奇，門四，瀕三里河東河。之西岸，介居南北縱走二邱陵脈絡之間。城東四十里廣水鎮爲京漢路二等軍站，故交通甚便。城内道路砌以小石，不利於行。商業不振。有縣立初級中學、男女高等小學等校。縣署在南關，教育局在東城，農工學會、商會等皆在中街。人口六千。

廣水鎮，踞四山環繞中之小溢地，西距縣城四十里，南距漢口九十五里。人口二千。有電報局、郵政局。當京漢要衝，爲二等車站。扼武勝關之咽喉，往來客貨多集於此，以米、煙、棉、豆、顏料爲多，貿易之盛爲全縣冠，有“小漢口”之稱。

此外，邑西有馬平港、郝家大店，邑南有平林市、太平鎮，皆邑内有名市鎮也。

物産、交通

農産以稻、麥、棉爲最，故米、棉爲出口大宗。實業品白布爲第一，皆出於縣境婦女之手。如涇陽莊布專運銷於陝西涇陽一帶，或運銷於河南，要以涇陽布銷量爲鉅。此外稍産木油。

交通上，京漢路縱走全境。南北陸路南達德安，東達孝感之三里城，西通隨、棗，可出樊、襄，北走信、鄭，通北京，南下漢鎮。除鐵軌外，俱通車馬。

古蹟

渡蟻橋，在南關外。係本縣趙宋時宋庠、初名郊，字公序。宋祁字子京。之故事，即二宋少時讀書於法興寺，有蟻穴爲暴雨所侵，作竹橋以渡之之處。

十六、鄂城縣

沿革

鄂城係故武昌縣所改，即周夷王八年熊渠封其中子紅爲鄂王之地。章武元年昭烈帝年號。吴孫權自公安徙都之，更鄂曰武昌。按縣南有山曰武昌，蓋權欲以武而昌，故名。

地勢

據湖山之交，山爲幕阜山脈北走之盡處，湖則跨江曲諸湖之東隅。

西山，在城西三里，沿松橋九曲而登，峻拔幽麗。

樊山，在城西五里，一名袁山。《水經注》謂孫權治袁山東，即此。

南岡，在城南湖側。晉王敦收郭璞詣南岡斬之，即此。

保安湖，與大冶共之。梁子湖，與武昌、蒲圻、嘉魚、咸寧共之。樊湖入江之口曰樊口，與西南境之梁子湖通。梁子湖匯九十九湖之水，冬涸春漲，水深魚美，蟹籪魚榔，菱歌藕唱，風景絶佳。

城垣及附近地勢、物產

縣城北瀕樊口，東憑大江，周四里有奇，門四。城内商況不盛。鐵鑛在城西門外大江南岸，地形爲一冲積平原，低窪之區多積水成湖，小邱起伏，高約三百尺。鐵鑛產於西、雷二山之北坡，西山鐵鑛緊靠江邊，雷山距江亦在二三里内。此外境内產鐵之山甚多，如城西南一百二十里靈鄉山實爲最良鐵鑛之一。人口三千。

古蹟

避暑宫，即西山寺，一名圓通閣，吴王避暑於此。

吴王故宫，張文潛賦云："登西山之故墟，弔西門之衰柳，是吴王之故宫兮，昔仲謀之所有。"今不存。

十七、蒲圻縣

沿革及位置

漢沙羨縣地，三國吴赤烏中分武昌爲兩部，自武昌至蒲圻爲右郡，始置蒲圻縣。在省會西南三百六十里。

地勢

縣境居鄂、湘之交，前擁黄蓋湖，後倚幕阜山之餘脈，故東南多山，西北多水，而爲茶之一大產地。

（一）山　分兩大支，南系於金紫，北系於隨陽金紫峰，在縣南三十里，白石團聳入層雲，嵐光如畫，爲蒲邑諸山之冠。其脈横走於南境者數十里，分東、西二支，綿亘於東、西、南三鄉。

隨陽山之主峰峙於東北境，分西、北二支，爲縣境東北、西北鄉衆山之祖。

（二）水

有中、南、北三水，皆注大江。中爲陸水，一名雋水，源出江西修水，至崇陽洪下入境，東北流過石坑渡，經荆港繞縣城東，更西北流至車埠，合大羅水，接里渚湖，出嘉魚陸溪口入大江。西南爲新溪，來自臨湘，經新店入黄蓋湖，出島口入大江。東北爲汀泗河，源出縣東南仙人洞及咸寧之大全山，穿石裡三接橋，北流至雙叉港，瀦於西良湖，出金口入大江。

（三）湖泊

蒲圻湖，在城西北，湖多蒲草。《元和志》：吴大帝立蒲圻縣，因蒲圻湖爲名。

西良湖，在東北境，分屬咸寧縣，北通斧頭湖。

黄蓋湖，在縣南境，分屬蒲圻、嘉魚及湖南臨湘。《縣志》：孫權論赤壁戰功，以此湖賜黄蓋，故名。

此外小湖不下數十。

城市概況

城瀕陸水西南岸，圓形，周三里有奇，爲門六，蓋西、北兩面俱多一門。武長即粵漢。鐵路繞城南而過。城内之西南隅有疊秀山，山東支爲文廟所在，中支爲縣署所在，起雙石如筍，屈曲而西，爲梅隱岡、金台岡、廻龍岡、雲盤岡，跨城而出，循河而止，有縈廻不盡之致，而馬鞍雙峰壁立，西控河流，爲一邑之關鍵。故全城地勢西南較東北爲高。街道皆砌粗大石塊，不甚平坦且狹窄，最寬不過五六尺耳。惟因縣境北走武昌，南走岳陽，有交通之利，故商況頗繁，苧麻之輸出甚盛。有縣議會、縣立中學、高等小學及國民校四。男三女一。人口四千。

市鎮

羊樓峒，在西南境上，東距粵漢路約七八里許，擬築輕便鐵路以達之。爲縣境産茶之中心地，並製磚茶，其出口最盛時，年達六百萬元。有分縣佐公署、警察所，高小、國民女子小學等校。

氣候、物産、交通

氣候温和，入春即暖，首夏漸熱，秋季乾燥，晚秋始涼。

農産以稻爲主，雜糧首推芋薯。礦産除芙蓉鎮礦外，尚有礬石、赭石、石墨諸礦，若石炭則所在皆是。動物水多魚蝦，山多野獸，植物富於竹木果實。要以茶爲出口大宗，四鄉均産茶，尤以南鄉爲最盛。來蒲採購者，内而晉、粵，外而英、美、俄商。次於茶者爲絲、麻、竹，販運漢口。東鄉産竹特多，土人用以製紙，僅荆泉荆泉山在城西南十二里。一處有紙廠三十餘家，歲入以百萬計，惜粗劣僅足作冥楮之用耳。此外多以木工爲業，游藝於四方。近來黄鶴樓之改造者，即本縣工人但德敬也。

交通，河道淺狹，惟民船之小者可以運載貨物，往來武漢、荆、沙各處。其通輪舶者只新店、神山、汀泗三道，新店輪航近且停廢。粵漢鐵軌斜貫於縣境者百四十里，北達武昌僅四五小時耳。

古蹟名勝

西門外三里許有馬鞍山，峙立陸水西岸。巔有石塔，塔旁有觀瀾閣，清明、重九遊人麕集。

十八、大冶縣

沿革及位置

漢爲鄂縣及下雉縣地。三國吴爲陽新縣地。唐爲永興縣地，天祐二年楊吴置大冶青山場院。宋乾德五年，南唐始升爲大冶縣。西北距省垣、西南距通山俱一百五十里。

地勢

縣境跨湖山之交，山則幕阜之脈至咸寧爲潛山，迤邐分佈於南境，支埠盤紆，千峰競翠。湖則屬雲夢之會，沼澤駢羅，交錯於東、西、北三境，與大江相吞吐。古所謂“江湖之表，山川包絡，形氣涵蓄”，元伯顔所謂“襟山帶江，江湖奥區”者也。

（一）山

青龍山，在城東一里，蜿蜒入湖内，水漲時煙波環繞，爲縣之勝。

西塞山，在城東九十里，一名道士洑磯。《水經注》：黄石山，連逕江側，東山偏高，謂之西塞。東對黄公九磯，所謂九圻者也。兩山之間爲闕塞。《名勝志》：西塞山，周三十七里。

鐵山，在城北六十里。唐宋時於此置爐燒煉金鐵，上有金鐵山砦。

磁湖山，在城東北五十里，湖濱多產磁石。

（二）湖

（1）瀦於縣治之南者爲金湖。金湖源出茗山，東流稱下袁湖，過縣治稱南湖，復東流六十里稱漳源湖，由漳源口入江，共長百三十里，爲大冶與陽新之界湖。漳源湖魚利雖屬陽新，而形勝則大冶所有也。

（2）華家湖，一稱北湖，源出白雉山東麓，東流五十里，由黄石港入江。

（3）瀦於本邑之西北者曰保安湖，一稱西湖。凡梅山、金山、鐵山、白雉山西北麓之水皆注之，由保安鎮北流八十里，至鄂城樊口入江。水漲時，有九十九汊。界鄂城者爲下興湖，連武昌者爲月山湖，冬春亦不甚涸。

城市概況

縣城瀕金湖之北，周一百六十丈，爲門六。城内街市之分布，由縣署分爲二大街，即左出爲東街，由東街北上爲北門正街。右出爲西街。西街分數段：（1）由余府正街分支北行爲徐家腦，會東街，可出北門。（2）自余府正街折向西行曰礄正街，分支北行爲黄石獅街。（3）自礄正街西行爲儒家灣街，折向南行爲勘頭正街。街衢概寬廣。邇來商況漸見繁盛，入口貨以米、洋貨、夏布、山貨、海産爲多，出口貨以麻、棉花、棉布爲最。人口二萬。

市鎮

（一）黄石港，在大江右岸，當華家湖入江之口。兩岸石呈黄色，故名。地勢窪下，街衢湫隘，久雨恒苦之。設有水警、警察、商務會、董事會、郵政局、保衛團、緝榷分卡，邑之重鎮也。港深便於泊舟，長江巨舶相率上下，故商務浩繁，貨物麕集。出口貨多棉花、棉布、麻、靛、麥，入口貨多豆餅、糖、米、海産、洋貨。

（二）石灰窰，在黄石港南十里，鐵礦轉運之要衝也。船舶往來不絶，故商務日繁。有日本公使及兵船駐此，有事則調兵保商，無事則博戲馳逐，鬬雞走狗，識者憂焉。日商每以煤炭來易鑛石，誠我國之一大漏卮也。出口貨石灰、貢棗頗著名。

（三）道士洑，在石灰窰東二十里大江之濱，舊有巡檢駐於此，後移至黄石港。商務不盛，出口貨以煤油、水果爲有名。

（四）保安鎮，在縣城西北六十里保安湖南岸，陸岸達通山，水道通樊口、梁子湖。舢艫相接，商況殷闐，設有警察、商務會，亦邑之巨鎮也。出口貨以棉布、黄豆、石灰爲大宗，入口貨以棉花、山貨、海産物爲大宗。

氣候

最熱達華氏表九十度左右，最寒降至二十八九度而止。春秋適中，然春季濕潤，不如秋季清爽，故以九月爲佳期。南鄉有數處山高谷深，避暑適宜。

物産

農産穀類以外，茶葉、棉、麻、竹木、藥材備具，如茗山黄豆，流水里包穀棉花，果城里山薯，黄荆山水果，天台山、汪家岩、吴家嶺之茶葉，均屬名産。鑛産金、銀、銅、鐵、煤、石灰石、大理石、磷石，而鐵山之鐵、銅梓包之煤、石灰窰之石灰、太子灣之水泥爲最著名。漁利尤溥，如雙溪之麥魚、桃花洞下之鱖魚、張家渧之螃蟹、碧石渡之白土，其最著者也。

實業

（一）大冶鐵廠，鄂省鐵鑛甚多，蘊量亦富，尤推大冶爲全國唯一重要之鐵鑛。兹述節略於此，詳見後“實業”章。

大冶鐵鑛在縣之西北境，自鑛地至江濱之石灰窰有鉄路長二十六公里。大江之測[①]多冲積平原，邱陵起伏於其間，高自數十尺至千餘尺，大冶鐵山即此類邱陵之一。

光緒十六年，盛宣懷以獅子山鑛區售諸漢冶萍公司，於是該處遂成爲重要之鑛場。至光緒二十二年，漢陽鋼鐵廠歸盛宣懷氏經理，獅子山鑛區遂復爲盛氏所有，盛氏並購鐵門檻、紗帽翅、龍洞、大石門、野雞坪及金山諸區。省政府所留者僅象鼻山、尖山兒及光山三處，已於民國九年春由湖北官鑛局開採鑛石，皆售與揚子機器公司。

光緒二十五年，盛氏與日人立年給鑛石十萬噸及漢陽生鐵若干噸之約後，至民國二年，漢冶萍公司又與日人重訂合同，借款千五百萬元，於四十年内供給鑛石，計三千萬噸左右。於是日人運鐵之船舳艫相接，喧囂於途，誠恨事也。自是以後，公司乃於石灰窰東袁家湖地方添建化鐵爐二座，日可出鐵八百噸。

（二）水泥廠，在石灰窰西二里太子灣内。宣統三年，閩人陳祖福創辦。製造水泥規範宏敞，機械完備，每日可出水泥五百餘桶，運銷國内各大商埠及東西各國。

（三）下陸火車修造廠，修理火車一切器械，並能製造其應用之簡單器械。

（四）石灰廠，共有三處。石灰窰、勝洋港二處出灰甚佳，運銷於大江沿岸漢口、黄岡、蘄水、蘄春、九江、太湖等處，歲值銀十二萬元以上。黄土坡在保安鎮東北一處，出灰亦佳，運行於鄂城、武昌等處，歲值七八萬元以上。其餘陶冶、竹木諸工亦頗完備云。

商業

分水陸兩途，陸路只與江西通商，以棉花、布等往易其茶、紙、山貨而歸。水路則範圍甚廣。富商大賈每於春季往湘、黔諸省販買竹木，迨夏季水漲，編木爲排，沿江而下，以分銷於蕪湖、鎮江、南京、上海

---

① 測，應爲“側”。

等處，歲可獲利二十餘萬元。又販布至贛皖諸省，歲可獲利五六萬元。

交通

有長江輪船及大冶鐵路，見前。若陸行山嶽間則甚阻塞。

十九、應城縣

沿革及位置

漢安陸縣地。南北朝宋置應城縣。隋及朱梁皆曾改稱應陽，未幾仍復故。北距安陸縣城八十里，東南距漢川縣城一百十里，西南距天門縣城一百三十里，東北至雲夢縣城四十里，西北至京山縣城六十里。

地勢

縣境在雲夢澤冲積地層之上，故彌望平原，多湖澤。

（一）山

高樓山，在城東北二十五里，以峰巒層叠得名。東臨涢水。

崎山，在城北四十里。

（二）水

富水，出大洪山，自京山縣入境，逕城西曰西河，南流匯於湖澤。

湯池港，在城西南六十里。泉出城北六十里京山非京山縣。之麓，池狀如釜，周二十餘丈，氣如硫黃，白烟上冲，寒時尤甚，是爲上池。池南數丈復有沸泉，其形袤長，其熱稍減。二池皆可愈沈痾、寒疾、瘡癬，但熱不可浴。鄉人於下池之南甃石爲坎者二，引水灌入，覆瓦爲屋，分男、女二池入浴。此水南流，尾注湯池港。

城市概況

城瀕西河之左岸，周五里有奇。門六，即四門外有小南、小北二門。城内街路寬丈許，路敷以石。商廛密集於北街，北門外亦有市街長里許，市況不振。有縣署、商會、高等小學、石膏公司、鹽公司等，人口一萬。

物産、交通

農産棉花、雜穀。地質上盛産鹽及石膏，蓋掘地成井，首爲石膏層，再下爲鹽層，汲水煮鹽，行銷各地。縣境居民，家家皆有鹽井數口，或至數十百井之多，故以産鹽著聞。

交通上，川漢鐵路由漢口、漢川經劉家隔、長江埠而抵縣城，更西走天門縣之皂角市，其路基皆已築成，將來如有敷設鐵路之時，則交通益便。

古蹟

蒲騷城，在城北三十里。《左傳》“莫敖狃於蒲騷之役”“鄖人軍於蒲騷”，即此。《楚紀》：宋玉在蒲騷，景差被放至蒲騷，見玉曰“不意重見故人，慰慰[①]去國戀戀之心”，即此也。

第二節　襄陽道

道境係以舊襄陽、鄖陽、安陸三府及荆門一州組織而成，西北部伸入河南、陝西、四川之間，而倚商於及巴山之山地，中部亘以荆山、内方之脈，而貫之以漢水，經流至均縣以東，漸啟平原。兹志其主要縣邑。

一、襄陽縣　附樊城

沿革及位置、形勝

襄陽縣置自西漢，迄無更改。城西五里有襄山，《寰宇記》：“荆楚之地水駕山上者，皆呼爲襄。”西北距鄖陽縣四百七十里，距老河口水路百五十五里，北距河南南陽縣二百二十五里，西南距宜昌五百七十里，東南距安陸三百二十里，距漢口陸路八百十里，水路九百三十里，北距北京二千六百二十里。

古所謂“西控蜀漢，東帶吴楚，右視湖湘，左顧川陝。迴瞰宛洛，襟帶漢水。屏蔽全吴，與江陵勢同唇齒。跨對楚沔，爲鄢郢之北門。居楚蜀之上游，方城爲城，漢水爲池”者也。昔岳武穆論襄陽：“爲荆南巨鎮，江漢上游，右控巴蜀，左聯吴越，南通五嶺，北走上都。寇賊雖平，

① 慰，應爲“此”。

襟帶尤切。”然則襄陽者可謂荆楚之門户，水陸之要衝也。

地勢

漢水由西北來，略取四十五度之角度，斜貫縣境，至城東十五里之張家灣納淯河。淯河匯合唐、白、滚三水而成，漢水在縣境内惟一大支流也。西南境荆山支脈迤邐起伏，有隆中山、西三十里。峴山、南十里。萬山、西十里。虎頭山。西南六里。峴山爲南境要隘。虎頭山嵯峨壁立，俯瞰全城。萬山扼漢水狹處，皆爲兵家必争地。東南六十里濱漢水東岸者有鹿門山，爲桐柏支脈。餘皆平原沃野，極目無垠。漢水自均縣以下，時虞潰決，是亦地方之患。

城市概況

城北濱漢水，周十二里，正方形，《左傳》云：“楚國方城以爲城，漢水以爲池。”即指襄陽而言也。頗堅固。有門六，曰小北門，在北面之中。曰大北門，在小北門東。曰長門，在東北城角。曰東門，曰南門，曰西門。城中央略偏西北。有昭明台，俗名古樓。由古樓至小北門之街曰古樓北街，至南門之街曰古樓南街，北街南段、南街北段商業萃焉。由古樓南數武西折至西門之街曰西街，則糧米聚散場也。有襄鄖鎮守使署、道署、縣署、第二高等審檢分所、警察局、省立第二師範、鹿門中學校、私立鄂北中學、襄陽道女子師範傳習所、縣立兩等小學、女子高等小學等，人口三萬。

市鎮

（1）樊城。樊城即周仲山甫所封之樊國，關羽圍曹仁於樊，即此。西魏曾於此立安養縣，唐改爲臨漢縣。與襄陽隔江對立，北、西、東三面繚以短垣。門五，由東向西計之，曰近旭、曰鹿角、曰定中、曰曹勝、曰火星。營門有東西横走之街二：曰前街，長約五里，市廛櫛比，貨物殷闐，行人往來，肩摩踵接，街之中段劇園在焉；曰後街，約三里，爲磁器商及妓館所萃。蓋襄陽全縣及豫南唐、鄧、新野各縣皆以此爲貿易場也。二十餘年前，襄樊爲南船北馬之交點，西南各省入都者概取道焉，且陝豫各處與漢口之貿易率以樊城爲中心。碼頭上萃集民船，年達萬六千隻，皆往來於漢口、老河口間者。故當時樊城商務極盛，市中業茶行者已不下百家，他可知矣。近則京漢路通，西北八十里之老河口鎮亦因水量深泓、地形便利之故，儼然有日新月異之象，樊城商務遂日漸蕭索矣。有商會、警署、高等小學，耶蘇教會立鴻文書院、中小學校，均得信徒數百人，天主教堂有教友數千人。全市人口四萬。

（2）張家灣，在城東水路十五里，當淯河入漢之口，南陽一帶貨物皆通過此地運至漢口，停泊船隻常數百艘，設有徵收局榷税焉。年約二十萬元。商務尚發達，惟街道不甚整齊。

（3）東津灣，在縣城東陸路十五里，水路三十里，蓋漢水由樊城至此，作一大半環也。昔時商務尚盛，近數十年河伯爲虐，街市大半崩塌。近復於舊街外另築新街，長約一里。

氣候、物産、實業、交通

北面平原，故風多。縣境土味肥沃，以米、麥、豆等爲主要産物，米、豆俱稱良好。花紅較沙果略小。爲本縣特産，每年運至漢口者甚多。醬菜亦馳名。樊城皮箱價廉物美，附近馳名。襄陽城内有道立農林試驗場，面積約百餘畝，所種樹木菜蔬成績尚佳。

交通上，當京漢車未通以前，武昌至信陽間道路有武勝三關爲其梗阻，往來極感困難。惟襄陽則南下荆沙，北至宛洛，平原蕩蕩，車馬無阻，且濱臨漢水，可通航行，故東南武漢與西北關隴各省交通皆取道於此。三國以來，歷代無不視爲重鎮，設險固守，厥有由也。自京漢路通，形勢陡變，從前所視爲兵家必争之地之襄陽，遂退處於無足輕重地位。近則口樊、由河口至樊城。襄沙襄陽、沙市有支路通沙洋。汽車路及襄花襄陽至京漢路花園站。汽車路皆已通車。吴佩孚又有建築襄許、襄洛汽車路之計劃，倘周襄、周家口至襄陽陽。廣樊廣水至樊城。兩鐵路於最近之將來因國内政局稍定得以實現，則襄陽又將成爲四面八方交通之軸，以前所居之地位，將不難再度恢復矣。

古蹟名勝

峴山，高五百步，東臨漢水，有浮圖一，遠望之若筆鋒倒豎，有晉羊祜碑及祠。按祜鎮襄陽，嘗與從事鄒湛登此山，垂淚曰："自有宇宙便有此山，由來賢哲登此遠望者多矣，皆湮没無聞。"湛對曰："公名冠四海，道嗣前哲，令聞令望，當與此山俱傳。"及祜没，襄人感其德，立祠刻碑其上，過者見之，莫不流涕，杜預名其碑爲墮淚碑。

隆中山，在縣西三十里，爲諸葛武侯隱居處。唐人《梁父吟》云："襄陽城西三十里，一片高崗枕流水。"即指此山。北臨漢水，於群山中巍然矗出，故名。隆中有抱膝處、梁父巖、躬耕田、茅廬舊址、三顧堂諸名勝，又有明代住持王甫成遺履、長尺許。遺杖、約一丈。遺缽及武侯征南蠻時所獲銅鼓。當春暖牡丹開時，遊人絡繹不絶。

習家池，在峴山西約四里，爲晉史家習鑿齒故居。附近山水秀麗如畫，近葺有亭臺樓榭多處，爲縣人士游覽之所。

關公水淹七軍處，在樊城北，爲關羽水戰龐德處。

檀溪，在城西三里，劉備馬躍檀溪即此。

昭明臺，約在縣城中央，俗名古樓，昔爲梁昭明太子讀書處。臺上有巍樓一，登樓一望，全城房宇歷歷可數，樓上懸有"唐山南東道樓"匾額。

夫人城故址，在縣城西北隅，爲晉朱序母固守防苻堅處。

萬山，在城西二十里，一名方山。晉杜預好爲後世名，刻石爲二碑，紀其勳績，一沈萬山之下，一立峴山之上。由萬山沿江屈曲南走至伏龍山，在城南二十里。隱隱若龜背起，口西向缺鑿。行者拾級而入，其中草木蒙蔽，白日如晦，即隆中山也。

[附志]

樊城河岸徧植楊柳，河中帆檣如林，南望襄陽城下，沿河長隄純用石條，高而且堅，堤之上段垂楊依依，點綴河岸，風景頗勝。城中貨物雲集，沿河之街，尤稱繁盛，所製皮箱、線毯堅固耐用。此外産麻、油亦夥，油則輸出陝西，餅則輸出漢口，爆竹亦最有名。城之北城樓爲跨鶴樓，中供吕純陽，窗明几净，不染一塵，爲此處之勝地。要之此二鎮，以政治軍事論則在襄陽，以商務論則在樊城，皆有名於歷史，宛然縮小之武昌、漢口也。

二、鍾祥縣　故安陸府治

沿革

漢竟陵縣地。三國爲石城，置牙門戍。《水經注》："漢水南逕石城西城，因山爲固，晉太傅羊祜鎮荆州立，後置竟陵郡治此。"劉宋始於此置長壽縣，以後屢爲郢州治。元爲安陸府治。至明世宗入承大統，改府曰承天，縣名鍾祥。清仍爲安陸府治。民國去府存鍾祥縣。東距京山百五十里，東南距漢口陸路五百五十五里，水路六百零九里，西距荆門九十里，距宜昌二百五十五里。

地勢

縣境跨漢水之域，西有荆山餘脈延入境内，東有大洪山脈南走於本縣與京山、天門兩縣之間，故到處有邱陵點綴焉，然漢水兩岸則開爲平原，而東南境已漸入江漢溢地之緣邊，是本縣境殆據鄂省中部邱陵溢地之交接地域之上者也。

（一）山

橫木山，在城東一里，一名武林山。《左傳》"楚武王卒於樠木之下"，即此山。

章山，在縣西南境，接荆門界，即内方山，一名馬良山。《尚書》云："導嶓冢至於荆山。内方至於大別。"王象之《輿地紀勝》："内方山又名章山。"是山周百里，所屆甚廣。

純德山，在城東北十里，舊名松林山。明嘉靖中，世宗爲其父建築興獻王陵於此，改名。

（二）水

漢水上游，兩岸皆山，至下游則河岸土鬆，衝洗無常，故五季南平高季興有襄隄之築。隄以城外漢神廟即鐵牛關爲其起點，是以鍾祥以上無隄，以下則經内方以迄大别，皆長隄綿亘也。古昔漢水實經縣城西門而南以繞流城下，西門外鎮水之鐵牛及山坡水限、城脚縴痕宛然可考見也。今則漢流距城十里矣。土人相傳興獻王妃蔣氏在粧臺遥望河中舟子盪槳，身軀仰俯，狀不雅觀，惡之，令其測①身右向，禱河遠移。未幾，河果遠徙。事雖附會，聊資談助。

城市概況

城周七里有奇，東北隅依山以築，有地曰方城坡，而西門又瀕漢水，蓋取古方城以爲城，漢水以爲池之意。闢門五，南、北、西三門外，東面南有小東門，北有大東門。街道寬丈餘，尚清潔。市街偏居城外東南，以南門外大街及相交叉之東街爲最繁盛，小東門一帶市廛櫛比，有縣署、商會、蘭臺中學及小學校、附屬圖書館。城内除縣署、學校及少數商家外，大半爲邱阜及田地。城内人口三千，城外一萬。

物産、交通

農産，穀類、棉布、麻、木炭。製造品，油類及高粱酒。舟運上航樊城老河口，下達漢口。來往漢口下航四日，上航十五日。

名勝古蹟

城隍廟，在大東門内，雖不甚大，頗饒風景。花廳之右平臺高聳，一目可盡全城。自臺而下有曲沼，轉後有後花廳，有聯曰“翠翠紅紅，處處鶯鶯燕燕；風風雨雨，年年暮暮朝朝”，額曰“故鄉無此好湖山”，某太守題也。廳前假山玲瓏，高齊簷際，上蓋茶樓，額曰“蓬萊閣”。至樓之上層，推窗遠眺，湖光山色，一覽無遺。轉至樓前，憑欄下望，有迷宫作連續“卍”字格，曲折盡致。

莫愁湖，在大東門外，而城西有莫愁村，蓋古莫愁女係石城人。《舊唐書·音樂志》云：“《莫愁樂》出於《石城樂》。石城有女子名莫愁，善歌謡。故歌云：‘莫愁在何處？莫愁在城西。艇子打兩槳，催送莫愁來。’”唐鄭谷詩：“石城昔爲莫愁鄉，莫愁魂散石城荒。江人依舊棹舴艋，江岸還飛雙鴛鴦。”鍾祥自北周以降原名石城，城爲晉羊祜築。以地僻

① 測，應爲“側”。

之故，使金陵莫愁湖獨擅其名，亦由誤以石頭城爲石城之誤也。至莫愁爲盧家少婦之語，則又以石城莫愁誤作梁武帝歌之洛陽女兒矣，歌曰："河中之水向東流，洛陽女兒名莫愁。十五嫁爲盧家婦，十六生兒名阿侯。"今人既衹知金陵莫愁湖，他日必更有人誤以此莫愁湖爲明世宗尊親意切，曾於嘉靖十八年如承天謁顯陵。遂擬之太祖孝陵，而以金陵之莫愁名此湖者，則真者訛而訛者真矣。

明顯陵，即世宗生父興獻王之陵寢，在城北十里純德山，原名松林山。橋梁、翁仲、牌坊悉以礬石製成，有豐碑題曰"恭睿獻皇帝之陵"。

陵周兩城，前後相續，緣城瞻覽，見萬峰環繞，人語時山鳴谷應。城脚寬平如砥，每數武必有一大方石鋪之，石之一端出城外，各爲一龍頭，周巡數之，其數九十有九，謂與九十九山頭相對也。雖未見山峰如此湊巧，其環拱之勢則洵屬奇勝之境。由莫愁湖至此，沿途湖光、山色瀲灧、空濛，晴雨皆宜。

三、京山縣

沿革及位置

漢竟陵縣地。晉末析置新陽縣。梁普通末於縣置新州。西魏改州曰温州，縣爲角陵。隋大業初州廢改縣，曰京山。南距天門縣九十里，西距鍾祥百五十里，東北距安陸百八十里，西北距棗陽三百三十里，東距應城百四十里。

地勢

縣境介於湖山之間，西北部崇山峻嶺連綿不絶，東南部沼澤瀦蓄，平疇彌望。蓋後擁桐柏之餘脈，由西北界上之大洪山起，蜿蜒向東南行，漸遠漸平，而盡於廣野，故南據漢水之溢地，《禹貢》所謂"過三澨至於大别"之墟也。

（一）山

京山，在城東十里，一名京源山，縣以此得名。

大陽山，在京山縣北九十里，富水出焉。群峰際空，古稱上多猿、鹿。

大洪山，在城西北一百二十里，接隨州界，孤秀爲衆山之傑。

（二）水

漳水，出隨縣西南境之土山，南流入境，復東南入雲夢縣境注涓水。按古漳水本攜富水注涓。自明宏治中涓水直決而會漳，自此漳水不復入富，富水亦不復入涓，而徑達於漢。

富水，二源並出北境大陽山，西源曰大富水，東源曰小富水，合而流行於東境，遂入應城縣境，注三台湖。

溾水，俗名回河，出城西北花石巖谷中，東南流繞城，西南爲縣河。又東南會縣境諸水入天門縣東北境，逕皂市，謂之皂市河，南流注蒿台湖。湖在天門縣東北七十里，一名楊桑湖。

溠水，源出城西南十里之潼泉山仙女洞，名司馬河。南流入天門縣境，名魚薪河，合楊水、巾水繞天門縣城南，亦名縣河，東注曹湖。

城市概況

城瀕溾水北岸，四圍有高四五百尺之山脈圍繞之，周四里有奇，門五。小東、大東、舊南、新南及西門。城内有塔一座，未知起於何代。相傳城爲舟形，而塔似桅檣云。民國初白狼匪起，商務大受影響。今城内北部多田地，唯小東門及西門外商店較多。有縣署、警察署、高等小學、通俗教育講演所等。人口三千。

市鎮

東北沿富水有宋河鎮，西南沿溠水有永隆河鎮。商業以宋河鎮爲最繁盛，永隆河鎮次之，人口之數亦與縣城相頡頏。

物産、交通

北境之絲油、南境之豆、西境之米爲輸出大宗，藥材以百合、柴胡、半夏爲最著名。此外，山樵水漁皆屬天然利藪，山鄉之民利用瀑布推轉水磨水車，能造紙粗糙之紙。及製棉。

交通，漢水通行輪船，富、溠、溾三水夏秋水盛，亦俱有民船航運之利。川漢鐵軌橫逕南境，一旦通車，亦稱便利。

古蹟名勝

楚大夫申包胥墓，在縣城東關外。

新羅泉，在城北六十里芭蕉山，相傳唐時新羅僧人居此思歸，井水頓變新羅之味，故名。

惠亭山，在城南一里。宋王荆公爲邑丞，有惠政，後人爲立亭於此。

觀音巖，在城東二十里，官道泉溢出崖巔，分四派下注，飛瀑如練，溉田數千頃。其下石壁峭立，殊詭百狀，有巖洞數處，皆天然刓刻，略加結架便成屋洞，内一石，厥狀絶肖觀音，喬木叢篁，生石罅中，葱倩可愛。

仙女洞，在城東南四十里，巖谷競秀，泉脈交流，峭壁插天，水紋紆石如篆。洞有三門，中有石牀、石枕、石鏡台，俗傳仙姊所遺。宋時有道者秉燭入遊，數日而出，即隨州也。故“觀音瀑布”“仙女藏雲”爲縣八景之二。

四、天門縣

沿革

漢置竟陵縣。晉末分置宵城縣。梁省竟陵。至北周復改宵城，曰竟陵，後屢爲復州治。五代晉天福初，避諱改縣曰景陵。清雍正四年，以名同聖祖即康熙帝。陵，始改名天門縣。西北距鍾祥二百二十里。

地勢

縣境臨漢水曲部之北，跨武漢盆地之緣邊，即古三澨之地。《禹貢》：“嶓冢導漾，東流爲漢。又東爲滄浪之水，過三澨，至於大別。”除桐柏餘脈自京山縣南走入境，至天門山而止外，全境概爲平原，水澤交錯，錦塍繡野，農産豐饒。

（一）山

天門山，在城西五十里，本名火門山，世傳漢光武兵夜舉火度此，因名。後以俗忌，改今名。《明一統志》：“唐陸羽負書於火門山，從鄒夫子學。”即此。

見龍山，沿東湖之畔，層起環衛，蜿蜒如龍。

（二）水

縣城南瀕漢水。漢水北岸由岳家口西洩出東流，至漢川縣派旺嘴復入漢水者曰牛蹄支河，原爲漢水本身。再北有縣河横流境上，東會溾水。更東入漢川縣境，注曹湖。縣河有西、北兩源，西源發自鍾祥聊屈山，歷京山縣界至天門，水漲時有小輪行縣西漁薪河、觀音湖各市，以達京邑之永隆河市。北源有二，皆出京山，東曰巾，西曰楊，至竟陵故城在今縣城西北。始合，而名曰柘。地在縣西北石家河，《水經》所謂“納巾吐柘”是也，故又名縣河，曰柘水。

城市概況

城瀕於縣河之北岸，四面皆湖，周三里有奇。六百八十五丈。門四，南門曰南薰，舊名荆南；北曰拱北；東曰東陽，舊名八馬；西曰西成，舊名雁叫。街有六條，在城内者有南門塆子街、俗呼低窪處曰塆子。塆音倘。東西大街、南北大街，在城外者有南門河街、儒學照牆街、西門外大街。街道俱以石鋪。其最熱鬧處爲南門河街，房屋有洋式者十餘家，大半爲前清山西巡撫胡聘之之邸第。商業以布行兼售洋紗爲最盛，洋紗自上海運來，每年營業不下數百萬吊。有縣署、警察所、釐金局、硝磺分局、烟酒公賣分棧、勸學所、高等小學校、模範兩等女子小學，設於竟陵書院内。職業學校二所農業、工業。設於儒學内。人口一萬。

物産、實業、交通

物産最著者爲黄豆、菱把、義和蚌、東湖鯽魚、肉肥美。西湖藕、南門包子、蒸食品。北門酒等，以上諸物俱爲投報佳品。

工業有機坊、磨坊兼製糍粑，音慈巴，稻餅也。各十餘家，染坊善染墨青。四十餘家，故天門絹、天門墨青、天門糍粑名傳遐邇。有榨油坊二十餘家，兼製木油，榨烏柏實，可供製燭，漢口商人在此設莊收買。又出刀剪、陰米。前在南洋賽會得獎。

交通上，縣河小輪船上通永隆河，下達漢口，每日往返各一次。

［註］菱把爲菰之果實，長七八寸，其色青葱，其肉潔白，且多漿

粉。與菰菜、菰米不同。義和蚌產於縣河内，形長圓而扁，味嫩肉鮮，以其產於義和軒茶館左近，土人名之如此。南門包子如抽陀螺形，剥而食之，若抽心芭蕉，可以蜕皮數層，暑天歷一星期不壞。北門酒質浄味醇，如汾酒。

古蹟名勝

西門外雁叫關樓上供有唐隱士陸羽先生之木主，其下有雁橋一座，相傳爲陸羽產生之地。過橋而西，泛舟西湖至西塔寺，内有祠，題曰“桑苧廬”，内塑鴻漸遺像。蓋陸羽字鴻漸，號桑苧翁。又陸羽所穿之井，云在寺西北隅者爲僞傳，其真井在北拱門外湘①邊，所謂“文學泉”是也。因鴻漸以文學徵，未就，故以名泉。泉之井口徑數尺，覆以三眼巨石，藤蘿絆於上，蘆荻繞其側，俯而下視，苔蘚密佈，荇藻紛披。北側一碑臥地上，刻文學泉詩五首。井北有祠，壁間刊鴻漸小像。

又有王字過峽，在北拱門外。南有古城隄，隄中建關岳廟，廟後有鍾秀樓，上祀劉、關、張，下祀武鄉侯。北有一堤，較古城隄稍低。峽中又横一小隄，居中大路縱貫之，如“王”字，遥望西北諸山，俯察環城形勢，堪輿家謂邑中人文蔚起由於此也。

龔祠，在東陽門外湖邊，爲龔醇齋名學海。先生之故居。按龔係清仁宗嘉慶帝。之師傅，祠外曾有清高宗乾隆帝。御題“與朕同庚”匾額，今已無存。

乾明寺，矗立東陽門外湖中，每晨寺鐘徹耳，音波相續，故“梵古晨鐘”爲竟陵十景之一。

［附］

陸羽小傳

羽字鴻漸，竟陵人。不知所生，有僧得諸水濱。既長，以《易》自

① 湘，疑應爲“湖”。

筮，得“蹇”之“漸”，曰：“鴻漸於陸，其羽可用爲儀。”乃以陸爲氏，名而字之。幼時其師教以旁行書，答曰：“終鮮兄弟，而絶後嗣，得爲孝乎?”師怒，使執糞除污以苦之，又使牧羊。潛以竹畫牛背爲字。得張衡《兩都賦》，不能讀，歎曰：“歲月往矣，奈何不知書。”嗚咽不自勝。因亡去爲優人，作詼諧數千言。太守李齊物異之，授以書，遂廬火門山。聞人善，若在己；見有過者，規切至忤人。闔門著書。久之，詔拜太子文學，徙太常寺太祝，不就職。嘗隱苕溪，自號桑苧翁，又號竟陵子。真元末卒。羽嗜茶，著《茶經》三篇，經分十章：一之源，二之具，三之造，四之器，五之煑，六之飲，七之事，八之出，九之略，十之圖。

風俗小志

柳樹特産柳毬，大小不一，外圓中空，四時青葱。附城一帶皆産之，以東湖文昌閣後之柳樹上爲多，俗以爲人才輩出之瑞。前明時本城有四十八架牌坊，即如文昌閣，前臨柘水，後倚見龍山，與魁星閣朱衣樓相鼎峙。明清科甲題名之多，幾於無位置處，尤以蔣立鏞、蔣元溥父狀元、子探花爲特色。縣民謂鍾靈毓秀皆得力於柳毬。

岳家口[①]

在城西南四十里，位於牛蹄支河。自漢水北岸出口之下方，有街道五條，一正街，長約四里，與漢水作平行線；以次而北爲金家街、後北街；又陳家巷街與正街作十字形，是處最爲熱鬧；廖品街與陳家巷街作丁字形，街道俱鋪以石，惜高低不平。商業以布莊爲首，有四川莊、陝西莊、漢口莊之分，較之天門布莊專運漢口者尤見發達。工業以製銅鎖著名，曰岳口鎖，有電燈公司。工程上有河沿磯硚，每逢衝流處即有一座，純以磚石壘成，斷續相望，約遠三四里，在上下游數百里中無此工程。有高等小學校、胡三益書鋪。藏木版書甚多，常有雕刊工人十餘名。漢域自仙桃鎮以上、襄樊以下，一切舊日文化俱以此爲發祥地。人口六千。

① 岳家口，此處疑有誤，其上或脱漏上一級標題“市鎮”一類。

彭市河，在岳家口下流二十五里。物産蠶絲，尤以花生爲大宗，廣幫客人來此收買，動輒數萬。又客貨之來此交易者以生薑、蒜爲著。

蔴洋潭，在彭市河下二十五里，是處街道設於隄上，商品以榨坊爲首。全市積油甚多，隨時皆有，可以應買客之急。

五、宜城縣

沿革及位置

春秋楚邔邑。秦置邔縣，漢因之。後漢爲邔侯國。邔音技。《後漢書》："封長子祝爲邔侯。"蕭梁改爲率道縣。唐天寶元年改名宜城。縣境自西漢至劉宋皆曾分置宜城縣。北距襄陽一百二十里，一云陸路九十，水路百零五里。東南距鍾祥水路二百十五里，距漢口水路八百二十四里，陸路七百二十里。

地勢

漢水至此，東與涢水分脊者爲桐柏山之餘脈，西與漳水分脊者爲荆山之脈，是二山脈之幹部併未走入縣境。故縣境據平原之上，綠柳成行，村落不斷，雞犬相聞，有民豐物阜之觀。

蠻水本名鄢水，《水經注》謂之夷水，桓温避父諱始改名蠻水。源出南漳縣西境康郎山，東流入境至破河腦在城西南四十餘里。春秋時楚平王殺伍奢，子員出奔，曰："吾必覆楚。"平王卒，國人因葬於石子湖中，作虚塚於江南岸上。後員以兵入楚，遂破河取平王尸，鞭之八百，故名。分爲二支，一支東北流至潼口注漢水，一支東南流至鍾祥縣注漢水。

城市概况

故城在今城西北三十里，後以山水冲崩，改遷鄢子國，即今縣治也。城周五里有奇，高一丈七尺，門六。四門外有小東、小南二門。西城跨紫蓋山又名西岡。上，東距漢水尚有四五里之遥，沿漢水有隄，有民房。城内市街極狹，幅廣丈許，唯東街商況繁盛。有縣署、高等小學、商會、郵政局。人口一萬。城内六千，城外四千。

物産、交通

穀蔬俱備，以小麥、豆類、芝麻爲多。就集散於城内觀之，蠶豆二千石内外，豌豆千石，小麥一萬六千石，芝麻二千石。

赴漢口下航五日。

古蹟

淳于髡墓，在城北十七里。《輿地紀勝》：在宜城縣北善謔驛中。驛名“善謔”者，《史記》云：淳于髡獻鵠於楚王，至此放鵠。絜空籠見王，曰：“臣不忍鵠之渴，出飲之，俄飛去。吾欲死，恐人議王以鳥獸之故令士自殺；將欲買而代之，是欺王也。”楚王曰：“齊有信臣若此。”厚賜而歸。

宋玉墓，在城南三十里，宋玉宅後有三塚並列，明嘉靖建祠其旁。

黄憲墓，在城西北十五里，俗呼黄連塚。憲，汝南人，來訪王逸，卒葬於此。

浣沙嘴，在城東南六十里。春秋時，有浣紗女於此遇子胥亡命渡漢，疑之，女抱石投江，以明不泄。即此地也。

六、南漳縣

沿革、幅幀及位置

縣爲盧、羅舊壤，據荆、豫二州之間。漢晉爲臨沮、中廬二縣地。西魏改縣曰思安。隋開皇初改名南漳。唐武德二年析置荆山縣，貞觀十八年荆山移治於南漳，仍名南漳。東南至荆門州三百里，西南至宜城四百七十里，東北至襄陽百二十里，西北至保康二百里。縣境周八百里。

［註］盧，春秋爲盧戎國，秦爲伊盧。羅，古謂羅國，在宜城縣西南。《左傳・桓公十二年》：“楚師分涉於彭，羅人欲伐之。”《注》：“羅，在宜城縣西山中。”

地勢

縣跨江、漢之交，爲古荆、豫兩州之界。荆山主脈橫走境内，自西而東綿亘二百十五里，支阜層出，密若櫛比，遂劃全境爲江、漢二域。蠻水東注漢，漳水南注江。全境多屬山嶽地。

（一）山

荊山，在城西南八十里，漳水所出。《禹貢》云“荊河爲[1]豫州”，又云“荊及衡陽爲[2]荊州”，是荊、豫二州分界於此。《水經注》：“荊山在景山東一百餘里。雖群峰競舉，而荊山獨秀。”

（二）水

漳水，源出西南境荊山下之三景莊，南流會沮水，至江陵注大江。

蠻水，即古鄢水，亦名夷水，因桓温父名夷，遂改名蠻水。自保康縣流入境，據《水經注》所述，即出城西南八十里之康郎山下。

城市概況

縣城居蠻水之北，城周四里，高二丈，厚一丈五尺。門六，東曰通秦，又曰迎恩，南曰對薰，西曰望蜀，北曰北拱，外有小東、小西二門。今閉北門，止五門也。市分城内正街、後街，城外東關、西關、南關、小南關數條。正街東關貿易最盛，南關、西關次之，小南關、後街又次之。有縣署、警察局、勸學所、高等小學校。人口三千。

東安鎮，在東境鄢水之濱，東距漢水百二十里，商業較城内爲盛。

氣候、物產、交通

氣候春温、夏暑、秋涼、冬寒，俱適中。

縣境山陬磽确，原隰塗泥，秔稻、玉蜀黍産額稍豐，麥、豆次之，胡麻又次之，雜物唯木耳、火紙、蠶絲、藥類常鬻於市。

交通，有襄沙汽車路，北近襄陽，經縣境東走宜城，南達荊門、沙市，來往有客車貨車，甚屬便利。此外北走穀城、南赴當陽、西趨安康，皆屬山路崎嶇。

古蹟名勝

刻木谷，在城北六十里，係漢孝子丁蘭之故居。

漢徐庶里，在城東北里許。

---

① 爲，應爲“惟”。

② 同上。

水鏡莊，在城西南里許玉溪山岩下，相傳係漢水鏡先生棲隱處。古置偶像於岩穴中，後人更建祠於溪水之北珍珠泉旁，爲名勝之地。

七、棗陽縣

沿革

漢置棘陽、蔡陽二縣。後漢爲蔡陽侯國，分置襄鄉縣。宇文周改襄鄉爲廣昌縣。隋仁壽元年改棘陽爲棗陽，而廣昌併入蔡陽，至唐廢。西南距襄陽一百四十里，東南距隨縣一百六十里，東北至河南桐柏縣百里。

地勢

縣境北界河南唐縣、新野，而倚桐柏之山脈，跨滚河之流域，故東、北、南三面多邱陵地，由中部而西北爲平原。其拔海東北高而西南低，故水多由東北流入西南，蓋與南陽、襄陽同跨淯水之域者也。

（一）山

武王山，在城東五十里，大阜之南，世傳楚武王常獵於此。後因楚霸僭稱，乃改名曰“霸山”。遠望白石如雪，故“霸山晴雪”爲縣境八景之一。

椒山，在城東北六十里，有梵寺，九層古刹。故“椒山梵宇”亦爲八景之一。

漻源山，在城南七十里，又有大鼓、石鼓、石虎等名。《輿地紀勝》：“漻水源出棗陽縣石鼓山。”《府志》：“漻源山上有二石，名曰東石虎、西石虎。”

（二）水

白水，源出城東六十里大阜山，西南流名滚河，攜昆、瀘二河西流至襄陽縣界注淯水，即由南陽流來之白河也。故“滚水扁舟”爲八景之一。

城市概況

城方形，瀕滚河支流，瀘河之右岸。周四里有奇，內土外甎，尚完整，高二丈二尺。門六，即大東門、寅賓。小東門、阜成。大南門、薰花。

小南門、向明。西門、西成。北門。拱辰。城址窪下而四郊爲高，城外東南岡陵起伏，可瞰城内。商況以大東街、大南街、北街稍稱繁榮。商品布店最多，資本金在一萬吊以上者凡六，以下者百六十，合計百六十六家。隨縣白布皆萃集於此，再運銷山西、陝西、甘肅各省。有縣署、巡警局、高等小學校、福音堂、附屬新華女子學校。耶蘇禮拜堂在小東門内禮拜街，全縣有信徒三百餘人。天主堂設於小北街，全縣有教友一萬四千八百餘人。縣城人口一萬。

物産、交通

主要農産爲稻、麥、棉、豆、芝麻等。民間盛織棉布。

交通上，城瀕滚河，下通滚水，故舟楫可達張家灣泛漢水。貨物運送用驢、馬、小車、牛車。隨縣白布皆由小車運來，再用牛車運至樊城及河南新野。至樊城則溯航入陝，至新野則北走入晉，驢、馬則用以運搬米穀雜糧。

古蹟

漢光武宅在城東南四十里白水村，又名皇村，即舂陵故城附近。《後漢書・光武帝紀》注："光武舊宅在棗陽縣東南，宅南二里有白水。"《水經注》："白水陂，其陽有漢光武故宅，所謂白水鄉。"

八、穀城縣

沿革及位置

古穀伯國。漢置筑陽縣，後漢爲筑陽侯國，南朝宋分置義成縣，隋開皇初省筑入義成，十八年改爲穀城。東南距襄陽一百二十里，西南距保康、東北距河南新野俱二百里，西北距均縣二百三十里。

地勢

武當山勢走入西境，崛起爲薤山，分支盤紆境内，故全境地勢西北高而東南低。有南河斜貫全境，東北流注漢水。

（一）山

穀城山，在城西北十里，一名穀山。有古穀城，即春秋穀伯綏之國。

薤山，在城西南十里。《寰宇記》："諸山雲起，此山無雲，終不降雨。諸山無雲，此山雲起，必降大雨。土人恒以爲驗，因山薤得名。"

（二）水

南河，即筑水，自房縣北境武當山脈之西向南，逕房縣城東而東南流，會自南來之粉水，折東北流至縣城南，而東北注漢水。

城市及物産、交通

城瀕漢水與南河匯口之西，周三里有奇，高一丈八尺，門四。商務奪於老河口、樊城，極爲蕭條，人口四千。城西數十里石花街商況繁盛，在縣境居第一。

物産以火紙及木耳爲大宗，若茨河在東境，瀕漢水南岸，已近襄陽。之米、石花街之葱、仙人洞之紅蘿蔔，爲他縣所羡稱。

交通上，漢水有舟航之利。南河上達保康，雖水淺不適行船而路尚平坦。若更西上，則山路崎嶇，歎行路難。

古蹟

古筑陽廢縣，在城東四里，漢蕭何之子封筑陽侯，即此。

九、光化縣

沿革及位置

春秋爲下陰地，漢置陰縣，西魏改名陰城，唐貞觀八年廢。宋乾德二年置光州軍及乾德縣，熙寧五年廢軍改縣曰光化，後軍與縣俱廢，元復置縣。東南距襄陽一百八十里，距漢口一千零八十四里，西北距均縣一百四十里，距均口四十里。

地勢

商山之脈，至此漸盡，邱陵之外漸啟平原。漢水自均縣而來，東趨襄陽。丹江自龍駒寨而來，至西北境青潭溝之對岸，注漢水，曰均口。

漢水，自均縣沙陀營入縣境，七十里至城西老河口，又東流五十里入穀城縣境。漢水至此，由石河而變爲砂河，流緩水深，可以暢行巨舟，故老河口商務驟興，地理之賜也。

丹水，自陝西龍駒寨經豫省淅川而南流入均縣境，曰均水，又南流入縣界，至均口注漢，有“小江河”之名。

城北五里有麒麟山，一名牛頭山。城東南五里有馬窟山，本名馬頭山，唐天寶六年勅改今名。

城市概況

舊城在今城西十五里西集街，創築於明洪武間，周五里。正德間甃以甎，後圮於水。隆慶六年改建新城於阜城衛，係因陰城鎮故址，周四里有奇，高一丈八尺，門四，即今城也。商市萃於城西老河口。

老河口發達之原因及其市況：漢水至老河口江面寬一英里，又由石河而變爲砂河，流緩水深，可以暢行大民船。夏季水漲，漢口小輪可以抵此。加之上流四十里有丹江運輸之便，故帆檣林立，商賈如雲。蓋其他[①]位西通陝甘、北通河南、西南通蜀，當交通之要衝，爲南方諸省貨物仲繼之所。故古時爲一小市鎮，近數十年來逐漸發達，遂成人口五萬之大商市。

市街，在光化縣城西，依附漢水，江岸上碼頭相連，自上流向下計之曰大碼頭、曰均安、曰太平、曰公議、曰新開、曰下大、曰新碼頭，共碼頭七。市街沿漢水有城壁圍繞，闢門九，南部臨漢二門曰臨江、曰安瀾，南面曰南門、曰玉皇閣門、日紅城門，東面曰大東、小東，北面曰思湛、曰挹漢。挹漢門閉鎖。道路敷石，凸凹不平，街幅寬者三丈，狹者丈許，尚稱清潔。以南街爲最繁盛，三福街、仁義街、上仁義街、大街、丁字街次之。有警察署、商會、烟酒公賣局、貧民教養所，郵政、電報、戒煙、釐金等局，秦、晉、湘、鄂、蜀、閩、贛、江、浙、豫等省會館，高等小學及福音、天主等堂。

實業、交通

實業有芝麻油業、精靛業。附近藍靛栽培甚盛。織棉布甚盛，運銷陝西。龍鬚草繩製造甚盛，一梱四丈，價三百文，凡三十梱爲一結束。其質堅韌，

① 他，應爲“地”。

可敵麻，漢水一帶船纜用之，又可製草鞋。

商品，陝西、河南棉花，一部由京漢線運輸漢口，一部分由漢水運送漢口，後者亦達巨額，年運出五十萬擔。生漆運出年額一萬五十擔，由本地運出漆油來自陝西商南附近山地。年額一萬擔，木耳年額大包、百八十至二百斤。小包六七十斤。合計一萬包，桐油十三萬簍。每簍百六七十斤。輸入以洋紗、土布、洋布爲大宗，石油、燐寸次之。

交通上，自上河土人於老河口以上呼爲上河，此下呼爲下河。所來之船或旅客出漢口者，往往於此换舟。蓋上流因地理上之關係，水流甚急，下河則水平而流緩，舟之進行也，自非賴風送不可，故上河舟子之常識在測河底之有無石，下河舟子之常識在測天氣之有無風也。然上河舟子尚可以直至漢口，因石河變爲砂河之故，則舟行不似以上之險，苟能候帮而行，亦不致遭危險也。至下河舟子，若非熟諳上河水性者，則斷不敢冒然上行。

古蹟

秦置酇縣，漢封蕭何於此。《府志》："酇城故址惟存二墩，在舊縣前，今傾入漢水。"

十、均縣

沿革

戰國時謂之均陵，屬楚地。漢置武當縣，迄於元代未改名。隋唐以來置均州。至明洪武初，省武當縣入均州，屬襄陽府。民國二年改縣。東南距老河口百八十里，距漢口水路千二百六十九里。

地勢

漢水横流，分縣境爲兩半。北半有商山餘脈走入，起頂爲龍門、烏頭等山；南半有巴山尾脈，自三峽抱渚水流域之東南而北上，起頂爲武當山，故全境以多山著稱。

（一）山

龍門山，在城北五十里。

烏頭山，在城東三十里。

武當山，在縣南一百二十里，一名太和山，亦曰参上山。自山麓至山頂七十里，山勢嵯峨秀麗。元時即於山巔建有祖師廟。明成祖時踵事增華，於山巔及附近各處大興土木，祖師廟及祖師像全以古銅鑄造，即太和宫也。此外尚有清微、南岩、紫霄、五龍、玉虚、遇真、迎恩、浄樂，共九宫。古稱嵩高之儲副、五嶽之流輩，週廻八百餘里，有七十二峰、三十六岩，其中勝迹不可勝紀。明永樂間改名太嶽。後山水紀略章紀述甚詳，可並閲之。

（二）漢水東流入境，有“滄浪水”之名，即《禹貢》所謂“滄浪之水”，係楚屈原遇漁父歌滄浪之處。在城北六十里有亂石灘，過城而東有石門灘，舟人有“過了石門灘，代工把心安”土人呼舟子曰代工。之諺，蓋言石門灘以下即無如此之險灘也。故均縣不啻爲漢流山地平原分界之地。

城市概況

城瀕漢水右岸，爲正方形，周七里有奇，爲門六，北、西、南各一，東面三。繁盛市街首推南關，長約三里，商賈麕集，爲全縣精華所萃。次爲南門内大街，廣潔平直，全以青石版甃砌而成，鄂境諸城市中蓋罕見其疇匹焉。入南門半里許，有静樂宫，俗稱永樂行宫，宫殿宏鬱，雕文刻鏤，代遠年湮，頹毁幾盡。詳見下古蹟。人口七千。

特産

有煙草、木耳、桐油、木油、太和茶、萬壽籐、羚羊、野豬之屬。煙草爲縣境經濟上一大來源，質良味馥，遐邇馳名，每年産額約達二十萬擔，每擔百斤。價低時每擔不過售錢六七吊，高時可二十餘吊，全縣經濟榮枯，全視煙草之豐歉與其價額以爲轉移。木耳出西南山中，每歲輸出者約三四十萬斤，惟多屬紅耳，白耳殊寥寥焉。桐油榨自桐子，木油榨自烏桕子，亦爲縣境輸出大宗。太和茶葉纖性寒、香味馥郁，可療熱疾、滌煩渴，惟産量太少，土人猶視同珍寶。萬壽籐質堅多節，刻鳩爲杖，可以扶老。明李東陽所詠靈壽杖者，即指此。縣南武當山每年由各省來謁拜者不下十萬人，歸輒購多根以餽戚族里鄙。

交通

縣境道路崎嶇，大率皆踰山越谷，故運輸用騾馬，旅行恃肩輿。若騾車、小車，蓋未之見。縣境輸出煙草、木耳、桐油、木油之類，專運至老河口、漢口銷售者，則由水運而下。

名勝

武當山，在城南百二十里，登其絶頂，則周圍二百里内之山川市鎮，畢呈眼底。元時山巔有祖師廟。明成祖靖難功成，謂得神助，乃藻飾廟宇，由寶殿佛像以至祭器皆用銅鑄。有人估計謂值五百萬吊。殿中並置避風珠一粒，山風狂吹，燭燄弗摇，是曰太和宫。每年九月至次年三月間，各省來此頂禮者肩摩轂擊，晝夜不絶，縣境賴以衣食者數萬人。今則盜賊盛而香客阻，金融頓滯。

静樂宫，在均縣城中偏北，約佔城内面積四分之一。建築之雄麗、雕刻之精細不讓北京皇城，唯規模較小耳。門前有鐵獅二，宫内有龜亭二，每亭置有石贔屭一，長約二丈，高六尺，各負有一高約四五丈之石碑。此外尚有多數小石碑環贔屭而立。宫亦建於明成祖時，俗稱永樂行宫，珠垣碧瓦，氣象雄偉。明季李自成破縣城時縱火三日，追走至北境，廻望覺氣勢仍咄咄逼人，後返而焚之，當年精華遂失大半。至清季復遭回禄，故迄今破瓦頽垣，觸目皆是。

滄浪亭，在城東北五里漢水東岸。漢水上游皆甚淺涸，獨至此渟蓄淵深，澄碧可鑑，即古滄浪水也，故“滄浪緑水”爲縣八景之一。按《禹貢》所云“嶓冢導漾，東流爲漢，又東爲滄浪之水”，《孟子》所謂“滄浪之水清兮，可以濯我纓；滄浪之水濁兮，可以濯我足”，皆謂此也。唯《水經注》謂滄浪水在武當縣西北四十里。考本縣自漢迄元，皆名武當，今城係元時所置。元以前之縣城，據父老傳言，謂在今城南三十餘里之蓮花城，果爾，則即古滄浪之水也。

龍山，在城東南七里漢水南岸，山巔有塔三級。曰文峰塔，登之群山環抱，漢水如帶，宫殿城村，畢現眼底。

社會狀况

農民大半聚族而居，少則數十户，多則數百户，茅屋短垣，凌亂無章，是曰村。各村交易場所有商店、街道及瓦屋者，是曰鎮。貧民褐衣草履，日常食品爲玉蜀黍、荷蘭薯、豆、麥等。富人布衣布舄，若夏葛冬裘殊少見，其食品通常爲米、麥、蔬菜，每逢朔望食肉一次，名曰“牙祭”。縣境盛産糯穀、黏黍、高糧①，故釀酒之風盛行，雖無業苦力亦日飲數杯以取樂。

十一、鄖縣　故鄖陽府治

沿革

西漢爲漢中郡長利縣。晉太康五年置鄖鄉縣。唐以後屬均州。元初廢，旋於至元十四年改曰鄖縣。明成化十二年爲鄖陽府治。民國二年去府存縣。東距均州水路百五十五里，距漢口一千四百二十四里。

地勢

南臨巴山之脈，北倚商於之阪，故全境皆山，絶少平原。漢川横逕其間，流急多灘。形勝上西扼秦蜀、東捍唐鄧、南制荆襄、北連商洛，四塞奥區，三邊重鎮。

（一）山

滄浪山，亘城中，横山似舟。

赤壁山，又名江岩，在城東南一里龍滚灘側。勢高峻，色純赤，日光霞彩朝夕掩映，風光絶勝。

天馬山，在隔江二里，亦名天馬關，崖壁上有“天馬山”三字甚明。

鄖關，在城東二里，《史記·貨殖傳》“西通鄖關”是也。琵琶谷繞其下，爲縣東門户。

（二）水

漢水東流入境，過堵河口。口爲通竹山、竹谿等縣要道，民舟可上溯二百里，故運輸甚便。堵河旁有孤山，蓋因漢水分其一股，奪堵河之路而出，中夾之山，即孤山也。再東行百八十里，又經一孤山。漢水中有

---

① 糧，應爲“粱”。

孤山凡七，此得其二。又由均縣而東三十里有大、小孤山，又得其二。又東流六十里至縣城，爲山所阻，轉向東南，更過龍滚灘、琵琶谷凡九十里至遠河口，入均縣境。

城市概況

縣城瀕漢水之北岸，依山帶河，形勢扼要，鄂省西北之門户。城創築於明成化十二年，嘉靖間因舊址拓築。周六里有奇，爲門七，蓋東面二門，南、北、西各一門，西南又附小門二。自城西迤北折而東，皆枕山，不可爲濠。城中部有山，住民分山前、山後。北部多田地，故南部市街面積頗狹，以福街爲最繁盛。出大西門外里許至漢濱碼頭，漢水兩岸，上下邱陵重叠，獨此成良好碼頭，鄖縣貨物唯一出口地。有縣署、商會、農事試驗所、郵政局、電報局、高等小學校、天主堂。西門外有户百五十，大東門外有户百，人口五千。

物産、交通

物産生羊皮、生漆、生絲、桐油、煙葉。煙葉年産百餘萬梱，每梱百斤。多運輸漢口。

由此向漢口下航須十五日程，水瘦時須二十日。若由漢口上航，須一個月内外。又有路北通河南，南通夔府。

十二、房縣

沿革及位置

春秋時麇國防堵地。漢置防陵縣。後漢改爲房陵。北周改曰光遷縣。唐貞觀十年爲房州治，仍改縣曰房陵。明洪武八年降州爲房縣。東南至保康縣城一百八十里，西北至竹山縣城二百三十里，東北至鄖縣城二百六十里。

地勢及幅幁

縣境介巴山、荆山之臯，據堵河、南河水域間，南抵建鼓，西連九室，縱横千里，山林鞏固，有如房屋，蓋壯縣也。

房山疆域最廣，東西相距三百三十里，南北相距六百三十里。西南與興山及四川巫山、巫溪爲鄰，山大林深，然有一帶最沃之地。自城東三十五里之馬欄關，西歷縣城，而西經房山廟、下店市至陳家鋪、在城西北約七十里許。火扒溝，距界山塘不遠。沿筑河流域，爲長百數十里、廣四五里至十餘里之平原，錦畦繡塍，風景絶佳。堰之大者曰敗解，凡三畈，中下畈以次而受上畈之水，灌稻田近二萬畝。此外仍有古堰十餘，每堰下種百石至數十石不等。城東有大、小湯池，在城東十五里，地名湯池關，灌田亦多。

（一）山

九室山，在城西四十里，即爛柯山。《輿地紀勝》："欄[①]柯山下有九室，唐置九室宫，後爲陳摶修煉之所。"

建鼓山，在城東南百里，與馬鬃山連接，二山冬夏積雪。《華陽國志》云："山水之艱，有馬鬃、建鼓之險。"即此。

景山，在城南二百里，是爲荆山之首，沮水之所自出也。一名雁浮山，雁南行北歸，徧經其上，土人名之曰雁塞山。

房山，在城西南四十里，四面石室如房，縣因得名。

（二）水

筑水，即古彭水，一名高梘河，又名馬欄河。源出城西北百二十里之揚子山，逕城北而東流，入保康縣境。

粉青河，出南境永林山，北會筑水，入保康縣境，爲南河。

城市及物産

城周四里有奇，高二丈，門四。縣地四塞，非商賈之所往來，故無貿易可觀。城内有縣署、警察署、高等小學校。人口三千。

縣境山多土瘠，民業樵採。獨附城東西稻田連亘，號爲肥饒。此外，民食以包穀、雜糧爲主。

要隘

板橋，在城西北百八十里，有捷路出磬口，即堵水東南大木廠爲赴鄖縣要隘。

---

① 欄，疑應爲"爛"。

九道梁，在城西南三百六十里，居萬山中，與四川巫山、巫溪二縣接壤，與冷盤埡、獐落河、大小羅溪、九湖坪各要隘均相毗連，雞鳴口尤爲要隘。

獐落河，在城西一百六十里，西南至陰條嶺一百八十里，通赴四川大道最爲阨要。陰條嶺爲本縣與四川巫溪、巫山連界之要隘，斜坂數十里，古木叢篁，徑路逼窄，地極高寒，苦蕎、燕麥不能成熟，故地要當隘，而荒涼特甚。

洛陽河山，在城西南四百六十里，與四川巫溪接壤。山上十二坪，甚廣。有池名九湖坪，坪中有一峰，名嘯天龍。九湖坪上下老林百餘里，蓊鬱幽邃，羊角險阻。

古蹟

廬陵王城在城西南門外。唐中宗廢爲廬陵王，遷房州居此，創望京台，今廢。

十三、竹谿縣

沿革及位置

漢置武陵縣。南齊廢，置新豐縣。西魏改曰上庸。宋開寶中併入竹山。明成化十二年，復分置竹谿縣，以尹府巡司爲縣治。東北距鄖縣五百九十里，東距竹山縣一百八十里。

幅幀及地勢

縣境居巴山中，係自竹山分出，東西不踰二百里，而西南地勢斜長，包出竹山之外，東與房縣南境接壤，復外連秦蜀，關隘重重。然由東境之線河鋪經水埡達縣城至河口塘，計一百四十里，悉沿竹溪河畔，其中雖有坡陀小阜，而川原平曠、溪流瀠洄、水田迤邐，絶似江鄉。其灌溉之利有官堰、曾公等十餘堰，皆古堰，大者下種二三百石，下者亦數十石。北境近陝西平利、洵陽者亦有水田小壩，唯南境山高水急，農民仍仰給於玉蜀黍、雜糧。

（一）山

誥軸山，在城東百步，自南迤東，橫擁水口。

雞籠山，在縣西北三十里，一名雞峰山。

畫屏山，在城西五里，絕崖峻嶺，奇秀如畫。

五峰山，在城東十五里，五峰並聳。

（二）水

竹谿河，源出雞籠山，遶城南而東流入竹山縣，注堵水。

柿河，源出竹葉關西陝西鎮坪縣城西北山，東流遶縣、南流會竹谿河，東注堵水。

城市及民風

故城係明成化中築，周二里，門四，然俱頹廢。清咸豐洪楊之役，與竹山城同時新築，崇墉鞏固，南帶竹溪，北倚五峰，東詰軸而西畫屏，形勢頗壯。城内商況蕭條，人口二千。

縣境民勤稼穡，山谷平疇，盡成稻隴，米産尚屬不少。民風輕生敢鬭，昔年陝西當鄉兵者多二竹、鄖西之人，頗得其力。

要隘

竹葉關，在城西南一百八十里鄂、陝省界之上，踞光頂山北、曾家壩南，山徑崎嶇，諸路相通，最關要隘。東距撰河塘六十里，西北至陝西平利二百一十里。川楚往來經由平利者，多取道於此。

十四、竹山縣

沿革及位置

古庸國，秦曰上庸，漢置縣，西魏始改曰竹山。東北距鄖縣三百六十里。縣境南北縱長三百三十里。

地勢

縣境東接均、房，西界陝、蜀，踞巴山脈絡之中，跨堵水之流域。全境多山，水田絕少，雖有堵水縱流，谿澗畢匯，然山勢陡窄，罕見膏腴。故堰渠之利不大。縣西之保豐場地稍平衍，有安河、潘口、東月、紅崖、大梵、中壩、郭家、高峰、白沙、謝家等堰數十處，然各堰間下種均不過數石、數十石耳。北近陝西洵陽白河之處，間有水田。縣南鄰近興山及四川巫溪一帶，山高水急，雖砌修水田，漲發輒被沖去，故糧食須仰他境。

鰲山，在城西十里，鰲水所出。

黄竹山，在城東北百里，山上竹色皆黄，故名。後魏因此置竹山縣。

方城山，在城東三十里，山頂平坦，四面險固。昔楚懷二十八年，秦與齊、韓、魏共攻楚方城，秦軍登山以望楚國，故名。

城垣及市鎮

城瀕堵水左岸，周三里，高一丈四尺，門四。初築於明成化間，迨清咸豐間復築。雞公嶺聳於城南九里岡，伏於城北，實爲壯邑。城内商業寂寞，人口二千。

保豐場，一作"寳峰"，在城西八十里，據小平原中，爲川陜要路。

兩河口，在城西南五十里，官渡河及柿河至此相會，山高水急，當通四川要路。

田家壩，在城西南三十里，水陸交通，山中鉅鎮。

官渡堡，在城南百二十里，山高水急，爲南山要口。

白河口，在城南二百四十里，爲重山叠巘中之一小場，東出鐵峪口赴房縣，西走公祖河趨竹谿。

洪坪，在城南三百里，山徑崎嶇，歧路四通，爲縣南要路。

物産、交通

民勤稼穡，山灣溪角盡墾水田，其平原尤錦塍相接，産稻、麥、豆類、五倍子等。

交通除堵水民舟通漢水外，大抵由兩河口、官渡、白河口至洪坪，西南行踰陰條嶺可入川，南行踰相思嶺可達百里荒，周圍老林深箐，周數百里。僅有小徑。

第三節 荆宜道

道境以舊荆州、宜昌二府組織而成，括本省江流之大半，西跨山嶽磅礴之三峽，東控江湖交錯之平原。兹志其主要縣邑。

一、宜昌縣　故宜昌府東湖縣治

沿革及位置

春秋楚國地。秦白起伐楚，拔郢燒夷陵，即此。楚徙都陳。漢置夷陵縣。吴黄武元年改名西陵。晉太康元年復曰夷陵。蕭梁於此置宜州。西魏改曰拓州。北周改曰硤州。隋爲夷陵郡治。元爲硤州路治。明降爲夷陵州。清爲宜昌府，置東湖縣附郭。民國二年裁府存宜昌縣。西距重慶水程一千七百九十一里，東距漢口水程一千一百四十里，陸程一千八十里。

地勢及形勝

縣境介居荆山、武陵兩脈之間，而巴山餘脈更穿插於中，故全境皆山。而長江過此，適當出三峽瀉平原之交，爲交通之要户。西陵峽控於上，西塞山扼於下，而形勝亦絶要矣。古稱楚蜀咽喉，荆襄門户，上游重地也。又云郡倚東山爲屏，吞三峽而綰轂其口，雄當蜀道三千，奇在荆門十二，非虚語也。

（一）山

執笏山，在城南二十里，邊江，高百餘丈。旁立一小山，大小相湊如人執笏狀。又石壁一，白蹟儼若老人峨冠執笏危坐蒲團之上，因名。

黄牛山，在城西北八十里，亦稱黄牛峽，山下江中即黄牛灘。南岸重嶺疊起，最外高岩間有色如人負力牽牛，人黑牛黄，成就分明。因係人迹所不到，故莫能知焉。與後水運參觀。

荆門、虎牙，亦稱西塞，在城東南三十里。荆門山在江南岸，與虎牙山袤迤相對，上合下空，有若門像，一名仙人橋。舟行至此，先避虎牙而南，復避荆門而北，當兩岸横流，須奮楫而上。按十二碚之險，莫險於荆門，而虎牙之險則磯石大小蹲踞隱現，正若虎牙戟列，舟人望而辟易，虎牙之名始此。按十二碚石山連峙江濱，與虎牙山相對。宋王十朋詩："楚國江山六十[1]里，荆門岩岫十二碚。"即荆門山也。如將軍帽山在執笏山東，江之南岸，即十二碚之一。又蝦蟆碚亦十二碚之一，形如蝦蟆。陸遜以蝦蟆石可作硯。上出泉，陸羽品其水味，謂爲天下第四。陸游詩："巴東峽裡最初峽，天下泉中第四泉。"

東山，在城東五里，山勢連接，上有寺曰東山寺。

（二）水

大江自秭歸入境，穿流西陵峽中，至城西北三遊洞而下，始行出峽，瀉入平原，兩岸田疇錯落相望，更穿行荆門、虎牙兩山間而入宜都縣境。

紅石河一名夏家河。出北界羊角山，曹家河一名黄栢河。出北境雲歧山，至縣城北二十里許處相會，西流至城西，注大江。

城市概況

城瀕大江與紅石河會口東北岸，高二丈。爲門八，即東面有大東門，其南爲中水門，此門初閉，民國復開；南面爲大南門，城上有關帝樓，西爲小南門；西面有西門，以次而南爲西上門、文昌門；北面有大北，西爲小北二門。依山阻水，雉堞雲連，號稱險固。市街分新、舊兩部。舊市街在城内，以中央略偏西北之東西行之鼓樓街及十字相交之南北行之二架牌坊街，並大南門及大北街爲最繁盛。新市街在南門外及城外東南一帶沿江之地，長二里餘，路寬兩丈内外。主要建築物有郵政局、川江輪船公司、川路輪船公司、招商局，太古、怡和等洋行，日清汽船會社、宜昌關監督、宜昌榷運局、英國領事館、高等審檢分廳、荆南道尹、宜昌警察廳、省立第三師範學校等。東門外里許有川漢鐵路停車場，巍樓寂存，蓋前清末年議築川漢路時所建也。人口四萬。南城外距江岸不過數丈，倚城之房皆作兩層之弔樓。夏期江水盛漲時，城外水深數尺，恰達弔樓底板之下，水小時仍不至此。冬春江瘦，江灘一帶結蘆棚爲街市，爲來往船隻購貨地，歌灘雜耍，頗稱熱鬧。

商務繁盛之原因

地扼四川與沙市、漢口交通之咽喉。近年小輪船可由此上三峽達重

---

① 十，王十朋《楚塞樓》詩原文爲"千"。

慶，溯岷江以達嘉定，而爲物産豐富之四川出口貨之仲繼地，凡上下川漢至此爲换船之埠，故商務日見繁盛。自光緒二年《芝罘條約》開爲商埠，凡由漢口入川之洋貨直集本埠，再整民船以入夔門。民國十年，洋貨進口淨數達三百九十餘萬兩，土貨出口總數達一百三十八萬兩，可見商況之繁盛也。

交通、物産

川漢鐵道之夔宜線延長三百基米，依美資敷設，其工事豫算費爲千五百萬弗。宜昌停車場在東門外三里許，佔地東西千八百尺，南北三千尺，各種建築俱已完成，係於清宣統二年開始工作。是年十月未，由宜昌西行八英里至小塔溪之鐵軌敷設完竣，仍繼續進工。翌年，鐵路國有問題發生，致四川保路同志會起而反對之。是年陽曆十月，革命軍起，工事遂停。計當日工程，土工已修竣七十餘里，橋梁共百四十座，既成者九十五座；暗渠四十八道，既成者十二道；隧道二十個，延長六千二百尺，尚未完成。

農産棉花、其餘産米三萬石、小麥二萬石、豆類二萬石、芝麻五千石、生絲十萬斤，不足供本地之用。皮油、二萬擔。籽油，一萬檐。其他若桐油、芝麻油、茶油皆屬農家副業，産額不多。縣境産一種“點蒼石”，可作畫屏之用，銷行尚盛。並産藥材。

名勝古蹟

東山寺，在東門外五里許，上有攬勝樓，爲遊人品茗消遣之所。城埠江山如畫，畢在眼中。

三遊洞，在城西北二十里，大江北岸。唐白居易與弟知退及元微之三人遊此，各賦詩。又宋歐陽修、蘇軾、蘇轍俱有三遊洞詩，人以是爲“後三遊”，皆爲今日遊人必至之地。

龍王洞，在城北五十里，洞出絶壁間，離地二丈餘，躡梯而上，再經盤旋，方達於洞。洞中平敞，約二畝餘，及石穴空隙可容萬餘人，而山石更懸出洞外十餘丈，若罩護然。雖盛夏時涼若深秋，其幽勝遠出三遊洞上。

［附宜昌石龍］

此石龍在宜昌川江上游、黄陵峽南岸之神龕山石洞中，以洞内曾有人煑硝，故名硝洞。洞口廣、高各三丈餘，高出水面，冬約六七丈，夏約二三丈。洞内北面多曲折分歧，其深長若干，無人能測其究竟者。寬廣處達數丈，而狹隘處僅曲體伏地後可行。洞底皆碎石，入洞二十丈，石龍露焉。露者凡十數處，長者至百數十尺，有露出石上高二尺餘者，鱗甲宛然。惜鄉人不加愛護，有損壞處。民國五年秋，某領事發現後，政府飭地方官吏保護之。

二、江陵縣 故荆州府治

沿革及位置

《史記》：楚雄渠立其長子康爲句亶王於此。春秋時遂爲楚郢都。漢置江陵縣，爲南郡治。晉兼爲荆州治。梁元帝平建康，定都江陵。尋入西魏，以封後梁主蕭詧爲附庸之國。唐以後爲江陵府治。民國二年去府存縣。

東南至石首縣城一百八十里，西南至松滋縣城九十里，東北至潛江縣城一百六十里，西北至當陽縣城一百五十里。

［註］王應麟《地理通釋》：“梁元帝興，復即位於江陵。以建康彫殘，江陵全盛，從胡僧祐等議，詔王僧辨鎮建康。”

地勢及形勝

縣居荆門之南，無高山，但有陵阜。大江曲折，貫流其間，兩岸藪澤甚多，皆古雲夢遺跡。夏水盛漲，易成災害。江陵以東，江岸平蕪，彌望數百里，惟監利螺山如一髻耳。

《諸葛亮傳》謂“東連吴會，西通巴蜀，南極湘潭，北據漢沔”①，

---

① 該則引文《三國志·蜀書·諸葛亮傳》原文爲“北据漢沔，利盡南海，东連吴會，西通巴蜀”。

陸九淵謂其“居江、漢之間，爲四集之地”。蓋古來爲軍事上之要地，亦昔時文化上之一中心。

（一）山

紀山，在城北四十里，荆之主山也。西北與當陽諸山相接。

八嶺山，亦在城西北四十里，當紀山之南，上有八嶺，蜿蜒如龍。

大暉山，自八嶺山至西城之北，長岡綿亘，上建大暉觀。觀前虬松偃蓋，長橋跨水，踞一郡勝概。

（二）水

城河，北自荆門流來，經城東而南通沙市，大船由縣城南航沙市，約需一小時半。此河有漕河、草市河、沙市河、便河等名。自草市河以北係晉元帝時所開鑿。

城市概況

荆州有城，自楚雄渠長子康國句亶始。《明一統志》以爲漢關羽所築，晉桓温增修。明初依舊址修築，萬曆十年拓築。崇禎末獻逆驅民男女平其城，清順治三年重築。周十八里有奇，堅實勝於武昌。爲門六，即四門外有小東門、在東門南。小北門。在北門西。南門曰南紀，西門曰龍山，大北門曰朝宗，小北門曰古漕，東門曰鎮流，東南門曰公安。中有界城，東爲滿洲將軍駐防地，西爲官署民居。商務爲沙市所奪，故不甚繁盛，商廛佈列之地在南門内外。東門内初亦繁盛，革命後成爲一片荒涼。城中心鐘鼓樓内有岳飛像，足踏金人，係宋代塑像，至今猶存。有縣署、鎮守使署、公立中學二、勸學所，人口五萬。合回民計之。沙市在城南十五里，詳見前。

物産

縣境沃野雲連，農産豐富，以稻、棉、煙爲大宗。工業特産荆莊大布，運銷四川，又産荆緞，與寧綢齊名。魚類萃於沙市。

古蹟

楚莊王墓，在城西大暉觀之側。

龍山，在縣西北十五里。昔孟嘉，九月九日，桓温宴龍山，僚佐畢集，風落嘉帽，温令孫盛作文嘲之，嘉即答之，其文甚美。

西山，在城西，沮、漳二水繞之注江。晉王子猷爲桓車騎參軍，以手版抵頰云："西山朝來，頗有爽氣。"

紀南城，在城北五十里。《史記注》："楚都於郢，今江陵北紀南城是。至平王更城郢，在江陵東北，故郢城是。"按郢城在城東北六里，即楚舊都。《寰宇記》以爲十三里，誤矣。楚文王自丹陽遷此，未有城。後子囊將死，遺言謂子庚必城郢，平王時乃城之。桓譚謂："楚之郢都，車擊轂，民摩肩，市路相交，號爲朝衣新而暮衣敝。今城址巋然，地成阡陌，遺隍剩礎，想見當年。"今江陵城，春秋時渚宫也。漢臨江王榮始建城，關壯繆侯增築之。及侯北圍曹仁，吕蒙襲而據焉。侯曰："此城吾所築，不可攻也。"乃引而退。

息壤，在南紀門西隅。《山海經》云："鯀竊帝之息壤，以湮洪水。"《溟洪録》：江陵府南門有息壤。唐元和中裴宇牧荆，掘地得石，狀與江陵城同，徙棄之，陰雨彌旬不止。有道士歐陽獻云："若作一石室瘞之，雨當止。"宇驚曰："前日棄藩籬下者，是也。"如獻言而霽。蘇軾云，江陵有石，狀若屋宇，陷地中而猶見其脊。旁有石，記云不可犯。畚鍤所及，輒復如故。又頗以致雷雨，歲大旱，屢發有驗。《江陵圖經》引《别録》云，子城南門，地隆起如伏牛馬，去之，一夕如故。在昔傳爲息壤，牛馬騰踐者或死。高從誨經其處，問書記孫光憲，孫對以伯禹治水，自岷至荆，定彼泉源之穴，慮萬世，下或有泛溢，爰以石室鎮之。蓋本裴宇之事也。慶曆甲申，王子融涖渚宫，歲旱請掘取驗，雷雨大至。醫博士張若水者年逾七十，言兒時見臧大諫丙，嘗以久旱，發之數尺，見巨石如屋，百夫莫能動。乃縻以巨索，率衆數百出之，因大雨而止。臧命覆以宇，纍壇以繪風雷之象。陳堯佐易以神龍，有皇祐二年石刻。數百年後，淪迷其處。明萬曆壬午築南城，得元時斷碑，乃識息壤所瘞，立廟志之。崇禎庚辰，大旱，飛蝗蔽天。官司於南門掘發之，失其處而止，後亦小雨。故老以爲掘處尚稍北也。

三、荆門縣　故荆門州治

沿革及位置

漢置編縣。晋安帝分置長寧縣，並長林縣。蕭齊時長林縣廢。隋開皇十八年改“長寧”曰“長林”。唐貞元十七年始分長林置荆門縣，唐末高季興建荆門軍。元至元十四年升爲府，十五年移治古荆門城，降爲直隸州。明洪武初以州治長林省入，遂爲散州。民國改稱縣。東北距鍾祥九十里，西南至當陽縣治一百二十里，距宜昌二百二十五里，南至江陵一百八十五里。

［註］古荆州城即長林，在今縣城北。晋置武寧郡，隋省入武寧。《舊唐書·地理志》：長林縣，晉分編縣置，以其有櫟林、長坂故也。《寰宇記》：晉隆安五年，刺史桓玄立武寧郡於編縣故城，其屬有長林縣，與郡俱立。昔時武寧至樂鄉在今荆門縣北九十里。數十里中，拱木修竹，隱天蔽日，長林之名取此。

地勢及形勝

荆山山脈縱貫中境，爲漢水與沮、漳二水之分水嶺。故西北境重岡起伏，綿亘百里，東南沮洳藪澤，古人謂坡陀不能限馬足，灘瀨不能濡軌轍，四戰之地也。《禹貢》“導嶓冢至於荆山”，“内方山至於大别”。荆山、内方山即縱走於縣境之内。古記所謂楚國山水之富在大江之南，而江北翠巘清流，表裡城郭，莫如荆門軍。記所謂“西控巴峽，扼其咽喉，東連鄢郢，爲之襟帶”者也。

荆山，本在南漳縣西八十里，其脈首起景山，在房縣南境。南走經遠安而入荆門縣境。

内方山，即章山，跨荆門縣及鍾祥縣境。

荆門山，在城南三里，上合下開，其狀如門。

虎牙山，在城西南三里。《名勝志》：荆門山在城南，虎牙山在城西，相去五里，其山亂石巉岩，上合下開，有如虎牙重門之狀。

龍泉山，在北門外山下，龍泉寺在焉。

象山，一名蒙山，一名硤石山，一名泉子山，在城西一里。兩峰對起如蛾眉，又如象形。山下有二泉，北曰蒙，南曰惠，二水滋味各别，冬時蒙泉寒、惠泉温。楊繪詩曰："源有雌雄分碧白。"白謂雄，碧謂雌。晝夜兩潮水，溢數寸。唐沈師傳詩："京路馬騣騣，塵勞日向深。蒙泉聊息駕，可以洗君心。"宋知州彭乘爲三沼延其流至竹陂河，入漢江，民引以灌田。蘇軾詩："楚人少井飲，地氣常不洩。蓄之爲惠泉，貧者有所藉。"

城市及物産

城瀕竹陂河之源，作東西長方形，周四里有奇，爲門五，即四門外更有小南門。在大南門東。宋嘉熙中陸九淵築，明初曾改築石城。市街有東大街、西大街、南門街、衙門街等，要以衙門街及南門街爲最繁盛。多錢莊、米行、銀號。有縣署、警察局、商會、勸學所、龍泉中學、縣立師範學校、高等小學等，人口三萬，士民優雅，人情忠厚。農産穀蔬俱備，但無輸出。工業無足觀。

市鎮

沙洋鎮，在城東一百四十里漢水西岸，沿岸有沙洋隄，亦名緑麻隄，因附近有緑麻山，在縣城東南百三十里，俗呼爲桃李山。相傳古代曾於此設緑麻縣，故名。與潛江縣之高氏隄相接，前清時有水利同知駐此。通漢水，有運河及湖沼等，南通沙市。因當交通要衝，故商況殷盛。附近産稻、麥、黄豆、胡麻、蠶豆、豌豆等。

古蹟

講經台，在象山，係宋陸九淵知荆門州講習之地，後於此建象山書院，故陸九淵又稱象山先生。

城西蒙、惠兩泉，上有浮香、漱玉諸亭，爲遊人休息之所。

四、當陽縣

沿革及位置

漢置當陽縣。元至元十四年曾爲荆州府治，十五年府移治長林。南距江陵一百五十里，西南距宜都一百八十里，距宜昌百四十里，東北距荆門一百二十里，距鍾祥二百十里，西北距遠安七十里。

地勢

三峽山坂自西而東漸漸低落，故縣境地勢西高東下，若建瓴然。荆山脈遥抱於東北，其南則啟爲平原，漳、沮二水流行其間，故縣曰當陽，以其在荆山之陽也。其前平原廣野，群峰廻合，兩川縈環，煙樹芳林，錯繡掩映，誠偉觀也。

（一）山

青谿山，在城西北三十里，爲邑西障。本名青山，有水曰青谿，遂稱青谿山。山脈發自房陵之景山，東支爲荆山，西支爲青谿諸山。盛弘之云：風泉傳響於青林之下，岩猿流聲於白雲之上，遊者目不周玩，情不給賞。泉側多結道士精廬。谿水曲折里許，東注於沮。每秋冬之際，沮流青碧異常，蓋緣潢污不入，吐納皆石泉也。

玉陽山，在城西北，又名仲宣台，縣之主山也。青谿之山入境分爲二支，西爲玉泉山，東支之盡爲玉陽山。玉泉山在城西三十里，發自青谿，高九百丈，尊特竦秀。

九子山，在城北十里。九峰嵂崒，以擬九華。

緑林山，在城東北一百二十里，即王莽末年緑林兵起處。

長坂坡，在城東北二十里。今圖在城西南，恐非是。其西即張飛山，即張飛斷橋拒曹處。《三國・蜀志・張飛傳》：先主奔江南，曹公追之。及於當陽之長坂，先主棄妻子走，使飛將二十騎拒後。飛拒水斷橋，瞋目横矛，敵無敢近者。

（二）水

沮水，出房縣景山，即荆山之首，亦曰阿山。東南流逕遠安縣，青谿水注之。逕縣城北，南逕麥城西，昭王墓東，又南入天津湖，與漳水合。

漳水，出南漳縣荆山，東南流出沙倒灣，右會沮水，尾注江陵。

城市概況

城瀕沮水西岸，作南北向之長方形，周三里有奇，門四。西門銷閉。街路以通南北門者爲幹路，更有東西走之支路數條。主要街路爲南大街、北大街、衙門街及北門外街，凡四條，爲繁盛街市，尤以衙門街、多綢緞、雜貨、錢鋪、米莊。北門内外街多菜場及小商店。爲最繁盛。南大街多官署、學校。有女子小學、高等小學。自沙市盛大，而龍泉鋪在宜昌之東。亦復發達，故縣城商業日衰。人口一萬。

交通

沮河水量豐富，舟航南達沙市。若東北赴荆門，西南趨宜昌，須經山脈，陸行困難，運輸多賴馬背。

古蹟

長坂，後漢昭烈走長坂，趙雲大戰曹兵，獲一劍，乃曹洪劍也。切鐵如泥，手刃曹兵數百人，血濺草上，至今草生猶有血點。謠云："當陽草，點點斑斑如血掃。借問明公何事因，子龍一戰旌旗倒。"見《圖書集成》。

麥城[①]、驢城在城東南五十餘里，夾沮、漳二水間。麥城在城東南五十里，驢城之西。亦夾沮、漳二水間，相傳楚昭王所築。關羽爲吕蒙所襲，自知孤窮，乃走麥城即此。磨城在城東四十里，與驢城對。《荆州記》：麥城東有驢城，沮水西有磨城。伍子胥造此二城，以攻麥城。諺云："東驢西磨麥自破。"

《登樓賦》。王粲，字仲宣，年十七，漢獻帝詔除黄門侍郎，不就。乃之荆州依劉表。善屬文，舉筆立就，無所更改。登當陽縣城樓作賦。建安二[②]年卒。其誄文有曰："遠放荆州，在漳之湄。"蓋謂其寓居當陽也。

風俗小志

從古相沿，民俗每多秘密結會，如白蓮教、哥老會等，加入甚盛。人民概崇尚武術，自漢代緑林兵起於此，可想當時好勇之俗，迄今猶存。

五、石首縣

沿革及位置

漢華容縣地。晉析置石首縣。在江陵東南一百八十里。

---

① 麥城，疑爲衍文。
② 二，應爲"十二"。

地勢

縣境平衍百里，突出數峰，大江曲折於其間，澤國沮洳，地味磽确。

（一）山

石首山，在城北江中，有石峙立，爲諸山之首，因名。

繡林山，在城西南二里。原名岐陽山，因漢昭烈娶孫夫人於此，結綿繡如林，故名。舊有繡林亭。

楚望山，在城西，高五十餘丈，一名望夫山。《三國紀略》：孫權以妹妻漢昭烈。未幾，昭烈入蜀，孫夫人鑿石爲台，每晨夕登而望之，因名。

（二）口

藕池，在城西五里，濱江。明嘉靖四十五年，江決於此，是爲藕池口。

宋穴口，在城東三十里。

調弦口，在城東六十里，水溢則洩入監利縣界。

城垣及其附近

城周七里有奇，爲門五，即四門外有東北門。人烟寂寞，商況蕭條，係一寒城。位於長江南岸藕池口南十五里之地，城北有馬蹄形大湖，一端通長江，小民船往來上下，而椗泊於城西二里許之黄公隄。此等民船椗泊地附近一帶，沼澤棋布，河川縱横，而產物稀少。

古蹟

繫馬台，在城西八十里，相傳宋岳飛討楊么時於此台繫馬，因名。

調弦亭，在城東六十里，相傳伯牙鼓琴於此，因名。

六、松滋縣

沿革

漢置高成縣。後漢省爲孱陵縣地。晉始置松滋縣，曾僑立南河東郡治於此。東北距江陵一百二十里。

地勢

東北境延展，江北概爲平原，彌望數百里。西南境倚武陵山脈，脈東走入公安縣界，脈南則爲湖南澧縣地，故西南界上地勢崇高，濱江地窪，俗名湖鄉。沿江築隄以防水患，若夏期水漲，仍有潰決之虞。農業上，居民沿隄鑿溝，引江水以資灌溉。南北兩鄉小溪縱錯，湖沼池塘棋布其間，獨擅灌溉之利。

月嶺山，在城西四十里。又二十里曰石瓦山，山形鱗次似瓦。又十里曰明月山，山嶺亭亭如月。又西二十五里曰九岡山，《寰宇記》謂之九包山，昔人題詩"山帶九岡青"是也。

文公山，在城南九十里，相傳朱子嘗講學於此。山上洗墨池，視之則黑，掬之則清，亦奇觀也。

城市概況

城周五里，門四。明正德中土築，崇禎時甃磚，旋燬，清初重修。瀕大江南岸，頗有舟楫之利，爲本縣之主要出納港口。然入沙洲南，江淺不便航輪，故商業弗由發達。城内居民稠密，街道狹仄而清潔。東西城有湖各一，西曰荷葉池，夏日遊人萃焉。有縣署、警署，高等小學二所，一在城内，一在西市。人口一萬，全境人口四十萬。

江口，一稱新江口，又稱划市，在大江北岸，隔江與縣城遥望，長江之支流通焉。入夏江水暴漲，舟楫互通，商業頗極一時之盛。入冬水涸，則外商星散，頓形蕭條。輸出棉花、小麥、蠶豆爲大宗。

物産、交通

農産以棉花爲大宗，稻、麥次之。森林以松爲最。

縣境中江流雖長，然沙擁江心。羊角洲亦名百里洲。洲南水淺，衹通民船，唯沙北輪舟可行城外。東南一帶磨盤洲附近，長江支流縱貫其間，夏季可通航小船。

古蹟

文公山，見前。係考亭先生守潭時過松滋講學於此，後遂因其舊址建祠，額曰"文公講學處"，至今呼爲文公山。

七、公安縣

沿革及位置

漢高祖十二年，置孱陵縣。建安十四年，孫權表劉備領荆州牧，分南郡南岸地以給備。備立營油口，改曰公安。時備爲左將軍，稱左公，故曰公安。三國屬漢，析置公安縣。晉太康元年改縣曰江安，郡曰南平，孱陵仍屬焉。南齊移郡治孱陵，江安爲屬縣。陳復爲公安。北距江陵一百四十里，東南至湖南華容百八十里，至石首百二十里，西南至湖南澧縣百四十里，西北至松滋百五十里，至武昌八百二十里。

地勢

據古大江南入洞庭故道之上，故全境地勢平衍，北帶大江，湖泊紛羅，唯東南境上有黄山一峰高矗耳。所謂“江湖數片白，黄山一點清”，蓋紀實也。

（一）山

黄山，在城東南七十里，跨於公安、石首、安鄉三縣界上，土石皆黄。一名謝山，又名金華山，亦五峰山餘支。中峰高矗，雲覆輒雨，俗稱“黄山戴帽”，又曰“玉女披衣”。

太歲山，在城東六十里，延亘里許。其中峰最高，名太歲碑。

（二）水

虎渡河，自大江之太平口分出，南流至城東北黄金口，分爲東、西二支。東支曰東河，繞黄山之麓而南注洞庭。西支曰西河，一名沱水，逕城東而南流，東匯淤泥湖，西匯牛浪湖，可達湖南之津市。

淤泥湖，横亘南境東、西兩河之間，有九十九大港，小者不計焉。

城市概況

縣境地勢低窪，自清道光十二年以後屢遭水患。舊城本在今城西北之祝家岡。同治十一年夏六月，松滋隄決，城浸於水，乃徙治於唐家岡，即今城也。岡廣袤二十餘里，據一邑之脊，帶沱水而屏黄山，爲荆湖鎖鑰，常澧咽喉。但無城壁，僅有四門，繞以城河。城内商況不盛，而風俗奢華。有縣署、縣議會、教育局、實業局、兩等小學等。人口一千。城東北黄金口商業尚盛。

物產、交通

氣候温暖，物產豐富，農產以米、棉、豆、麥爲大宗。居民業農者半，營商求學者半。

東、西兩河夏期通行火輪，北起沙市，南達湖南，即西河通津市，東河通常德。冬春水淺，不適舟航。近有開築汽車路之提議。

古蹟名勝

先主營，在城東北四十餘里，此指祝家岡舊縣而言。即孱陵之地。三國蜀漢置縣，晉改名江安，陳復曰公安，移荆州治此。《府志》："油河口在太平口之西南。板橋一帶，溪流宛轉，即其遺址。地多美箭嘉樹，爲郊遊最盛處。"

㪷湖隄，在東北境大江南岸太平口之極東。

杜息亭在焉，一名公安山館，一名少陵草堂，蓋因杜甫曾憩於此得名。柳浪湖，在㪷隄西南湖中，故"斗湖釣雪""柳浪含煙"皆爲縣境八景之一。

八、宜都縣

沿革及位置

漢置夷道縣。建安十三年曹操置臨江郡，十五年先主改曰宜都郡。陳析置宜都縣。隋開皇十一年曾改宜都曰宜昌。唐武德二年復改宜昌曰宜都。東南距江陵一百八十里，西北至宜昌九十里。

地勢

西南接長陽、五峰之武陵餘脈，崇山峻嶺頗多。最高者爲梁山，聳峙於縣西南七十里，孤峰插天，上建梁山廟，登臨者引領四顧，目極千里，荆沙江渚，望中收矣。東北與當陽、宜昌毗連，多丘陵地帶，係荆山山脈之支阜，最大者僅石寶山、鳳凰山而已。至東南與枝江接壤一帶及大江兩岸與城郭附近，平原茫茫，杳無涯際，且地質肥沃，水量豐富，桑麻田疇一望瀰漫。故宜都實爲鄂西最富庶之區。

（一）山

以大梁爲最高，山爲五峰分支，古名筐山，在城西南七十里，漢洋河北，爲邑中諸山冠。自山麓聶家河至山頂計行二十五里，山形奇絶，所謂如筆寫天者也。

以宋山爲最大，山在城西北三十里，始名嵩山。相傳趙宋時有宋氏女仙化於此，荆藩賀妃慕之，手寫《華嚴經》藏於山寺。山勢雄秀，其最高巔曰孤峰頂，下視城市隱約，兩江如帶。

以羊腸山爲最長，山在城南七十里，由武陵山脈蜿蜒而來。若公安、松滋、枝江及縣境西南諸山皆其北脈，而湖南澧縣、安鄉一帶亦皆其支脈所盤紆。《荆山記》所謂“自巴陵左右數百里，皆見此山”。

以石羊山爲最險，山在城西三十里。首枕清江，尾蟠石門，山腰多石穴，深不可測，投以石，聲鏗然，良久乃已。

以荆門、虎牙爲門户，山在城西北五十里，夾江對峙，爲楚西塞。

以石寶山爲屏蔽，山在城東北三十里，聳出衆山之上，松滋、枝江、當陽、遠安群峰皆朝拱之。蓋上接荆門、虎牙，下迄沙市，實以此山爲大。故三藩之變，蔡毓榮、鄂爾泰守此，而滇軍不能飛渡。

（二）水

大江自宜昌仙人橋在荆門上數十里生成石橋。入界，折東南，經虎腦背市、或作古老背，即古猇亭，陸遜破劉先主處。紅花套至縣城北而會清江，東經白洋至白水港入枝江縣。

清江，發源利川，經恩施、建始、長陽入境，折而南經灣市，過茶店會漢洋河，入大江。長六百餘里，水清澈。

漢洋，源出五峰，經百年、漁洋二關流百三十里入境，更流百餘里至城西南入清江。流急，多凶灘，而清澈如之。

商況

宜都位於長江南岸，當清江、漢洋河、長江交會之衝，交通便利。就鄂西商埠而論，除宜昌、沙市外，宜都實首屈一指。蓋清江、漢洋河各貫通數百里，而尾閭於是。且當沙、宜二埠之中心，貨物之集散、輪舶之往來、舟楫之出入，雷砰電射，故其商務發達，城市擴張，幾有一日千里之勢。

城市概況

城瀕大江與清江會口之南，初係三國吴陸遜所築。先是陸遜拒蜀，屯戍宜都，見滄茫溪産異石，紅如瑪瑙，緑如玻璃，見而喜曰："此地兩路文章。"遂築於此，號曰陸城。迨明成化間因舊基築土城，周三里有奇，門五，東曰朝天，南曰迎薰，西曰太平，北曰臨川，東北曰合江，明末燬於賊。清初移寓白洋，康熙元年重築今城。唯近來已失商業重心，頗呈暮氣。至西門外沿清江南岸一帶，市廛殷闐，百物萃集。每當日中交易之時，商旅往來，磨背接踵。漢沙留此之大商家，屋宇宏大，裝潢新奇。此種大街自臨川門到上街頭以迄皂果樹，計延長五里許。所恨市政未修，街道窄狹，致交通時擁擠喧闐，殊不文明。有縣立中學一、高等小學二。人口約在八萬左右，近年僑遷於此者日多。

交通及市鎮

交通極稱便利，溯清江西上，入長陽、經資坵而間接於興山、秭歸、建始、施南。溯漢洋河而西南上，入漁洋關、五峰而間接於鶴峰、石門。北渡江，遵大道入當陽、遠安，南遵大道入枝江、松滋以至湖南之常、澧，實可稱此地爲鄂西水旱交通之中心。雖宜昌、沙市亦無此種適用之河流以會通之也。最稱便者，沙宜小汽船。亨記、貞記兩公司共有小輪十餘隻，每日有船，先後兩班到此停泊。故施鶴一帶及荆宜道所管之西南數縣無數學生旅客皆須由此出入，實可謂鄂西一小咽喉也。

距城百里以内之四圍因生産富饒、交通便利之故，幾於隨處有小市，如北部之古老背、大江北岸。紅花套、大江南岸，與北古老背相對。鄢家沱，縣境清江中游北岸。南部之聶家河、縣境漢洋河中游西岸。蕭家隘縣南境。及附近四十里内之白洋、大江北岸西，與縣城遥對。過路灘、茶店子、魏家河、羅家河等。其村落之大，商務之盛，殆比鄂西各小縣治數倍繁華云。

物産

農産具備，米尤爲其大宗，並産柑橘、冬筍、竹類、女貞、即蠟樹。

丁公籐、厚朴、魚類。

九、長陽縣

沿革及位置

漢置佷山縣。晉太康元年改曰興山，尋復曰很①山。隋開皇八年改置長陽縣。東北距宜昌、東距宜都均七十五里。

地勢

縣西境甚長，遥接巴東、鶴峰之界。跨武陵山脈，故爲山岳高地區，山下邱陵起伏，雜以平原。除峻嶺不毛、略産森林外，其餘岡嶺土阜均宜墾殖，以故可耕之地仍佔全境二分之一以上。有清江横流境内。

（一）山

佷山，在城西百餘里，清江南岸，隔江與資坵鎮相直，古來曾以此名縣。

株栗山、東。黄柏山，西。又在佷山之南，爲縣境之高峰。

城東一里有紗帽山。又東爲石橋山，爲蓮子山。又六里爲挂榜岩，石色青白相間，彷彿字畫。傍有文筆九峰繞城東北一帶。城西爲鳳凰山，北城即跨據其上。

將軍山，在城南隔江相望，山勢雄峻，崖石如帶鎧甲狀，上有藺將軍廟。

（二）水

清江，即彝水，源出利川縣西南之涼霧山，東流經恩施、建始、巴東入境。横流二百三十里，逕城南而東入宜都境，至清江觜注於江。納支流二十二，要以在城西之津洋口北岸。所納之後河爲最大，河質清澈，流行青嵐翠嶂之間，爲鄂西風景清麗之境。

---

① 很，疑應爲“佷”。

［附志］

縣境西南在明世猶名百里荒，茂林深箐，熊虎淵藪於其中。蠻僚盤據，每至荒口必聚衆而後入。故有所謂“梅子八关，四临江南，四临江北”。

城市概況

縣城北負九峰，山巒包繞，南瀕清江。始於宋元間築土城，至明末崇禎十六年於瀕江一面甃石，並建東、南、西三門，後山一面累土爲城，覆以瓦。翊年，土官唐鎮邦率蠻兵攻城，燬之。未幾，又壞於闖賊。清康熙三年重築，今僅存東、北、西三半圓形之頹廢土壁。街市共長三里餘，其環繞縣署之後零星散布者爲後街，東、西二門内爲中街。房式略爲壯麗，間有富商數家，亦不過以縣署行政關係，藉以供應。居民千餘户，以胥吏爲業者頗多，其餘則縉紳先生之潭第也。城東三十里有磨市者，跨清江南岸，市鎮雖小，街市僅三里長。商務尚盛。城西六十里之廟陀、都鎮灣二鎮亦瀕清江南岸，商務街市亦與磨市相埒。最西一百二十里爲資坵，瀕清江北岸，乃鄂西近來最著名之藥市與炭市，富商殷闐，街衢寬宏，爲全縣最大商場。近來沙漢大賈，多在該處開設莊號。鄂西施、鶴、歸、巴等處之行商小販亦多麕集於此。蓋此地實綰荆宜西陲之鎖鑰也，以故商業蒸蒸日上，幾有媲美宜都之勢。

主要物産與商品及交通

本縣居萬山之中，天然交通極形阻滯，披山通道極難。幸清江水盛，帆船溯航至資坵凡三百餘里，有運輸之利。而沿後河北之陸路，西北走賀家坪、高家堰、白沙驛等處，爲赴宜昌、入施鶴、抵夔巫之孔道。數年前川鄂戰役皆以此路爲要衝，蓋三峡爲正面，此爲側面，然三峡險巇，故多取此路。西南境上水田子、大堰等地，南控湘西，東出荆宜，爲由湘西入鄂西之間道。

物産則沿江五十里内皆産米，坵陵高原之地産包穀、雜糧爲額亦鉅。到處煤鑛甚多，最著名者爲資坵、廟陀二處之炭。資坵以上各地産山藥，輸出之額甚鉅，故資坵甚繁盛，斯亦主因也。十年以來造紙業極爲發達，蓋縣境遍産竹，尤以江濱水涯、幽谿静谷爲最茂，兼之溪流四布，隨處可藉水力以營紙廠。今已近二百家，每家年可出紙六千餘塊，每塊價目現已漲至一元，以暢銷於荆、沙、武漢等地，是爲最要之大宗商品，資此謀生者常數萬人。

古蹟

廩君土舟，《寰宇記》：彝水自施州開蠻界流入西巴蠻，有巴、樊、譚、相、鄭五姓，未有君長，各乘土舟，約浮者奉以爲君。惟巴務相獨浮，因共立之，是爲廩君。務相乃乘土舟從彝水下及彝城，因立城其旁而居。今以名清江，在長陽縣。

十、雜録

巴東在宜昌西四百二十五里，漢巫縣地，梁置歸鄉縣，後周改縣曰樂鄉。隋開皇末，改曰巴東。縣治南一里有山曰巴山，又名金字山，一峰分三岡而下，形如“金”字，縣治依之。向無城郭，街市荒涼，爲荆楚第一層門户，當夷陵三峽之一。《宜都記》稱黄牛灘東入西陵界一百里，水山紆曲，林木高茂，哀猿三聲，岩谷響應，行人聞之，莫不懷土。秭歸之空舲峽尤絶岸峭立，爲飛鳥所不能棲。此路數百里均皆天險，故自來蠻禍不能過江北，而流匪之患，亦鮮有至江南者。

興山縣，在城北一百二十里，據江山内，崇山峻嶺，接連四川。諸山道路蟠屈，攀躋爲難。由縣境東北有小路通房山，西北有小路通百里荒，古木叢篁，川楚極邊。

巴東縣，在江北，有界嶺之險，與四川巫山縣共之。馬鬃嶺見前房縣。即在巴、巫接界，西至相思嶺五十里。烏雲頂在馬鬃嶺北，爲巴、巫、房三縣交界，東至相思嶺、西至陰條嶺約六十里。相思嶺亦在巴、巫、房三縣交界地，東至馬鬃嶺、西至烏雲頂約六十里，一帶皆屬老林，古木叢篁，徑路逼窄。陰條嶺之斜坂高數十里，老林斷續，不相連屬，地極高寒。流民在此種苦蕎、燕麥，一二年後即不能成熟，地味瘠薄可知，故荒涼特甚。

第四節　施鶴道

道境係以舊施恩府及鶴峰廳境組織而成，在清初爲土司之地，迄今仍屬交通險阻，風氣閉塞之區。蓋據省西南境之山國，伸入四川、貴州、湖南三省之交，扼清江流域之上游。然西南有二水，一爲唐崖河，流至四川龔灘注烏江；一爲酉水，攜川黔之水至湖南沅陵縣注沅江。東南有漊水，至湖南慈利縣注澧江。兹述其主要縣邑。

一、恩施縣 故施南府治

沿革及位置

漢巫縣地。三國吴分置沙渠縣。後周於此置施州。隋開皇五年改置清江縣。唐以後施州治此。元省清江縣入施州。明洪武十四年置施州衛。清雍正六年始改設恩施縣，屬歸州，十三年爲恩施府治，蓋以前猶爲土司所佔，至是改土歸流。民國二年去府存縣。東距省治一千九百八十里，西北至四川萬縣界三百零八里。

地勢

縣城踞武陵山地中之小盆地上，拔海不過千尺，附近爲廣闊谷野，然四境岡巒掩映，山明水秀，突兀崎嶇，夙有“地無三里平”之諺。但城東二十里許之附近有一片平原，俗稱“金子三壩”，謂其産稻最盛，故以“金子”稱之。

（一）山

五峰山，一名連珠山，在城東二里，五峰相連如貫珠，縣之望山也。

客星山，在城西五里，複嶺重嶂，蜿蜒盤薄，南連雪嶺，在城西，冬常積雪，故名雪嶺，又名猿啼山。高出雲霄。

倚子山，在城東十五里。宋開慶初，郡守謝昌元移州治此，以據險要，亦名州基山。

金瓦山，在城東四十里，崖石鱗次，如屋瓦而色黄。又十六里爲天樓山，山勢聳拔，若危樓倚天。

（二）水

清江，自利川流來，繞縣城北、東、南三面而東行至二十里處，河身春夏數變，淤石忽存忽去，蓋夏秋暴漲、冬春涸竭之故。再下九十里，有險灘不能行舟者凡七十里，直至綿羊口始可行大船通長江。

城市概況

城瀕清江右岸，周九里有奇，門四，各有城樓。東門上曰清江樓，西曰西順樓，南曰南陽樓，北曰拱北樓，唯清江樓風景最佳，明洪武十四年築。商廛所萃，以東門内爲適中地，有大、小十字街。又北門内之割肝坡、鼓樓街，商況亦盛，近來西門附近漸趨繁盛。舊有菱溪書院及南郡書院，南郡書院已改爲省立中學。有縣署、勸學所、高等小學、郵局等。人口六千。

物産

縣境東南不乏平原，厥田唯中中，亦有肥土，以金子三壩爲最沃，係縣境産稻最盛之區。縣民富者食稻，貧者食玉蜀黍，最下者食山藥蛋及雜糧。蓋平原兼産高粱、黍、稷、麥，山地産玉蜀黍，此外産漆、麻甚多，並産五倍子、楠木、沙松、陰沈木。此等木材運輸之法，即浮清江以下大江。北京天壇建築之木，昔年皆自此來。鑛産煤、鐵、銅甚富。

交通

城北二十餘里有小龍潭，當赴川大路。

縣境踞武陵山脈之北端，由此入蜀，至爲險阻。蓋自長陽入山，終日西行纔登一嶺。而迎面一嶺更高，深入雲際，歷八九日始得造其巔，乃作階級形遞降。越三日可達恩施縣城。

古蹟

城内有李白問月亭，城北有月台。王象之《輿地紀勝》云："北門外有月台，高三十丈，頂平方，父老傳言李白謫夜郎時嘗玩月於此。"

竹王祠，在縣城東門外，即夜郎侯祠。昔有一女子浣於水濱，有三節大竹流入女子足間，聞竹中有嬰兒啼聲，剖之得一男，收養之。及長，有才武，自稱夜郎王，以竹爲姓。

施王屯，在城南十五里。《方輿紀覽》[①]：東晉末，桓誕竄蠻中，自稱施王，築城臨施水，號施王城，子孫襲王，至後周保定初始平之。以其地置施州，乃施王屯餘址。

二、建始縣

沿革及位置

漢巫縣地。晉置建始縣。西南距恩施縣城一百二十里，北距四川巫山縣界百里。

地勢

縣境雖踞武陵山脈之中，然東、北二鄉多平原，西境則山脈與平原相間，唯南部多山。由宜昌而西南行，漸上山地，多上下於千仞之岡，其間廣谷斜坡，石壁峭立，或則長坂峻急，鳥道羊腸。迨入建始縣境，浦潭溪南注清江。側，有伏流突出地表，爲噴泉飛瀑，奇麗可觀。

銀山，在城東一里，石壁峻峭，白色如銀。

連珠山，在城西十里，五峰相連如貫珠。

城市、民風、物産

城建於明正德初，周三里有奇，門四。城内商況蕭條。按縣境雖在西南偏僻之地，然較之恩施開化特早。宋代曾有狀元詹邈，係縣北鄉人。迄於近時，文風亦居恩施府境諸縣之上。有縣署、勸學所、高等小學。人口四千。物産與恩施、利川略同。

三、利川縣

沿革及位置

本蠻地，元明爲施南司，地名官渡壩，屬施南衛。清雍正十三年始改設利川縣。爲湖北省最西之縣，東距恩施一百七十八里，北距四川雲

① 《方輿紀覽》，應爲“《方輿勝覽》”。

陽縣一百里，距萬縣界百三十里。

地勢及交通

縣境雖在武陵山地之中，具全境皆山之觀，然西南有大平原曰南坪，長約百里，爲附近數縣中之絶大産米平原。諺云：“金子三壩不敵南坪一汊。”由恩施縣城北行三十里，渡河而入利川縣境，山道崎嶇，兩岸絶壁，越山嶺、陟磴道，始至縣城。利川爲山間之小天地，四方山脈連捲擁出高平原。此地居蜀、鄂、湘三省之間，路線四道，與川東交通尤繁。

由利川而西有七嶽山，三省重峰叠嶂，至此一目瞭然，海拔八千餘尺。其西北石門驛爲川鄂界，通揚子江東岸之西界沱口。屬忠縣。由石門而西爲磨刀溪，峽谷遥望，前山林木鬱翠接天，是爲龍駒壩。

前江源出西境七曜山，亦作七嶽山，誤作漆油山。西南流會後江，源出泉口。南流入四川黔江縣界，即利川江。至彭水縣城北，注烏江。

城市概況

城建於清乾隆年間，因非交通樞紐，故商況不盛。有縣署、勸學所、高等小學，人口三千。物産，平原産稻、黍、稷、高粱、麥，山地産玉蜀黍，並産藥材、漆。

四、鶴峰縣　故鶴峰廳治

沿革及位置

古名柘溪，本晉旋州，建始縣地，後爲蠻地。元至正十一年，立衆川容美峒軍民總管府。明清爲容美土司，地屬施州衛。雍正十三年，始改土歸流，本縣在土司時代即操京語，蓋昔有土司田九峰者曾遣人至北京學京話，又曾遣人至曲阜繪孔子像而祀之。今城東七里有九峰橋，即其紀念物。置鶴峰州，屬宜昌府，後爲直隸廳。民國二年改稱縣。北距宜昌四百七十一里，南境一帶概與湖南桑植、石門、慈利等縣接界，南北延袤達三百四十五里。

地勢

縣境爲一片邱陵，隴畝村落互相銜接，而四圍乃爲六千尺以上之高山環繞空際，鶴峰之名洵非溢美。縣境踞漊水流域，漊水兩岸爲極深之峽谷，然溪流湍急之中亦有小舟短棹盪漾於五千尺峽壁之下，前赴慈利，亦奇觀也。縣北爲高平台地，再北當清江之南，則爲峻嶺，自西而東連綿不絶，如長蛇横於空際。

城東南漊水南岸有平原曰水寨，爲産米之地。東境有漁洋關，今歸五峰縣轄。北境有鄔陽關，西境有奇峰關，南境有大崖關。

（一）山

平山，在城東半日程，係昔日土司所築之寨，具一夫當關之勢。上有平地甚廣，爲最佳之避難地。

（二）水

漊水，出縣西北境之虎鶴嶺，東北流繞縣城東，而東南入湖南慈利縣。至縣城北注澧水，以歸洞庭。

城市概況

城築於清乾隆年間，周三里有奇，高丈餘，門四，依山臨水。北城跨紫草山上，城西有茅竹山，風光秀美，正對縣署。城外之東北境上一帶亦嵐光掩映，遥望南境、遠綴天際者曰七架山，東城外瀕澄清之漊水。城内多衙署廟宇，南門外及西門外爲商業地。城東南漊水南岸水寨之地，昔有鶴鳴書院，今改爲高等小學校。人口四千。

物産

産稻有二地：（1）爲漊水南之水寨平原；（2）爲南境大崖關，關南俗稱關外，有沃土甚盛，産稻最多，足供數縣民食。此外，茶爲大宗，紅、緑茶最佳，有“鶴峰茶”之名，前清時爲貢品。年額最盛時達數十萬元，由漢口出俄國。此外並産五倍子、葛仙米、葛粉、藥材等。

［附志］

余讀《小方壺齋輿地叢鈔》第六帙金匱顧彩所著《容美紀遊》篇，宛然一桃源也。洋洋萬數千言，不可悉記，兹掇其略。

宣慰使田舜年，字眉生，號九峰。其父甘霖率先歸清。君其長子也，襲父職。吴三桂倡亂，欲羈縻以伯爵，君拒不受。事平，以功加號驃騎將軍。博洽文史，工詩古文。康熙四十一年十二月，金匱顧君以事過枝江縣，田九峰聞之，於翌年正月二十七日致書相邀，略云："弟舜年荒徼武夫，見聞僻陋，常願得交海内大君子，而惠顧者寥寥。先生華國鳳麟，顧乃不遠千里，崎嶇來賁，辱賜佳作，何以克當。今差員奉迎，幸即慨移玉趾是望。草覆。"顧君乃於二月初四日由枝江啟程，初五日暮抵官渡坪，屬松滋縣，行七十五里。至初九日，又行二百二十里至漁洋關。翌日，行二十五里至宜沙，云屬湖南石門縣。謁田宣慰使，一見意氣孚合。宜沙南環大溪，下通水南渡，按水南渡在湖南石門縣西北境，澧水之西岸。水盛時，舟楫可溯灘而上。溪南列岫如屏，茂林修竹，宛如蘭亭間也。

十七日發宜沙，偕游南府。南府在石門山，相距百五十里。至十九日，凡行百二十八里，至大隘關，當即上述之大崖關。關壁立千仞，爲容陽第一門户。關前石各異狀，而杏花滿山，爛如堆錦。攀援至頂，乃得平地。入關數里，名三路口。二十日，行三十二里，抵南府。

南府署極雄敞，倚山面溪，前有石街，民居櫛比，盡石林山脚，皆闤闠也。地多桃花，與梅、杏、梨相間而發，花事甚盛，爲他處所罕見。三月初二日，將歸中府。中府名芙蓉城，距南府百里。至初三日，共行九十里，住細柳城，徒有城名，實無城也。迤邐而西皆坦道，兩崖山態萬變，烟雲卷舒，如行西湖十景隄間。十五里至中府。當即今鶴峰縣城。

中府爲宣慰司治城，環城皆山。宣慰司署在芙蓉城之南麓，前列八峰，左峰則右倚，右峰則左倚，軒然如鳳凰矖翅朝拱之狀。司署堂後則樓，上多曲房深院，北窗外平步上山矣。樓之中爲戲廳，四面窗皆軒敞，一覽盡八峰之勝。

司治五門，無城有基。南門正臨龍溪江，疑即漊水。閭閻櫛比，甃石爲街。民家多以紡織爲業，當朱明盛時，百貨俱集，綢肆典鋪，無不有之。流寇入擾，民遂離散，今六十年，順治十八年加康熙四十二年共六十年。元氣未復。

宣慰司行署在南門内八峰街，田九峰常移駐於此。其園曰"來青"，閣曰"長松"。

西門面紫草山。北門在山腰外，有古芙蓉州治，今廢。東門有二，其上曰小東門，下曰大東門。紫草山樸茂幽深，全體皆怪石叠成，其上有草廬三五楹。

文廟在芙蓉山西麓，以鐵鑄夫子行教像，規其前爲杏壇，率弟子習禮於此。城隍廟在西門大街土山上。關帝廟在南門内龍脊上，甚壯麗。

住中府，一月無日不雨，況味如深秋，四月初方有霽色。田君乃約往遊平山，山在中府東二十五里，八峰之盡處也。

四月初四日早行路，由細柳城上山，北麓皆奇險。旋下坂，過天心橋，橋在兩崖間，下臨七十仞深澗，兩崖壁如鏡面，步步鑿蹬，僅容足迹。逡巡而上，至橋面而過，緣磴而上者四十仞，半道有石闕，一夫當之，萬夫莫敢仰叩。田君嘗於是設守以禦亂，爲司中之絶險。崖石皆如月白粉箋色，可以書大字，惜無蘇米之筆，亦從無以一字污之者，殆爲山靈全本來面目耳。

宣慰司行署在平山街，其靠山曰上平山，插入霄漢。司署大街巨石鋪砌，可行十馬，西盡水砂坪，東至小崑崙，長六里。居民落落，多樹桃柳。後街長二里許，民居櫛比，俱以作粉爲業，有織紝。

初六日，會於小崑崙。距司東半里，怪石嵌空，高二十仞，宛然筆架也。其中峴岃孤峭，上有佛舍，曲廊蜿蜒四周，乃田君藏書之所。

十八日，約往水砂坪看開硫磺鑛。蓋水砂坪在署西七里，其山上平，如截去峰頂，又如白雲界斷，長八里，此平山所以得名也。山出硫磺，充貢品，故往視之。其硫磺母晃如白銀，閃爍可玩，可爲火石，發火如菊花，第不堅，鎔之即磺也。

二十六日午，發平山，度大仙橋，上紫山，高四十仞，乃小崑崙之對峰也。到此則俯視平山及八峰，俱培塿矣。是日雨甚，彌望白雲，鋪滿世界，亂絮蓬勃如波濤洶湧之狀。群峰點點，露頂如螺，向聞黄山有雲海之觀，想亦如此。略志物産。山中怪鳥形狀不一，夜静時四遠鳴呼，怪慘絶倫。若“行不得哥哥，不如歸去”，鉤輈格磔，乃常禽耳。

地土瘠薄，三寸以下皆石。耕種只可三熟，則又廢而别墾，故民無常業，官不税租。有大麥，無小麥，間有之，麪色如灰，不可食。種蕎與豆則宜，稻米甚香。諸山産茶，利最溥，統名“峒茶”。蕨粉、葛粉荒年尤多，二者相得，乃成土産。藥材有百餘種，内黄連甚佳。峒被如錦，土絲所織，貴者與緞同價，龍鳳金碧，堪爲被褥。金翅蝶大如砂燕，翅純黑，洒金點點，光明耀目，翅邊作粉紅圈十餘，最可玩視。

六月二十五日起程歸，至二十八日，行一百六十五里抵灣潭，在今五峰縣之西境，縣河之上游。與南府僅隔一坡。至七月初二日，又行一百七十里至上反坂、五峰關。未至關時，灣環皆石壁，或玲瓏多竅，或平若截餻，石紋如層虹，最可撫玩。黄楊亭亭如蓋，楠木大二十圍，皆外人所未覩也。五峰關連列五峰，中峰之頂爲關口，容美之北户也。至初五日，行一百三十八里抵漁陽關。初八日，仍返枝江縣。

第五章　山水志略

第一節　志山

一、山脈

湖北省全部地形，成周高中窪之盆狀，即四圍爲山嶽地，中部爲江漢冲積地層是也。其四圍山嶽地之高度亦不一致，蓋西南爲最高，西北爲次高，東北又次之，東南角端漸漸低落，故長江由之流入江西。合兩湖全局觀之，南北嶺遥遥對抱，各有與幹部成直角之山脈條條縱列，俱向中部低落，故中部成一大窪地，即古所謂“雲夢之澤”也。可以想見當年縱横數百里汪洋浩瀚如大海狀之巨泊，江、漢交匯於此，以東洩於洋海，久之泥沙壅積，遂成今日之平陸。嗚嘑！昔日有瀦水之鉅澤而逐漸化澤爲陸，然江、漢之水傾注如故也，將奚以容之耶？此今日水禍之所由來也。兹分述南北嶺之山脈。

1. 北嶺

北嶺幹部係兩脈並行，即正幹爲秦嶺，副幹爲大巴山脈，仍分述之。

（A）北嶺正幹之部

（一）大别山脈，即爲北嶺正幹。此脈上承秦嶺伏牛山脈而走於豫鄂省界，以東入皖省，爲潛、霍之巍峰，而此北嶺正幹又有數支脈走於漢水之北。（1）商雒山脈，即秦嶺之南分支也，走於丹水、漢水之間，而磅礴於鄖、均之地。（2）桐柏山脈，自桐柏山南走於隨、棗之交，而抵於天門之墟，爲涓、漢之分水脊。（3）大悟山脈，縱走於孝感、黄陂之境，爲澴、灄之分水脊。

（B）北嶺副幹之部

（二）巴山脈，即爲北嶺副幹，自川陜界上縱走二竹之西而抵於三峽，復抱堵水之域，跨房縣之境，而結尾爲武當之名峰，是爲鄂域西境江、漢之分水嶺。

（三）荆山脈，此脈起於房縣之景山，南走荆門，聳起爲内方山，即章山。更斷續東走，而盡於漢陽之龜山，亦名大别山脈，是爲鄂省中境江、漢之分水嶺。

2. 南嶺

（A）武陵山脈

蟠亘於省境西南端，可析爲二支，一東走於清江之南，爲清江與澧水之分水脊，而盡於松滋縣之南境；一崛起於清江之上源，爲清江、西水與大江、烏江之分水脊，北抵於三峽，而南走於鄂、川、湘、黔之際。

（B）幕阜山脈

自鄂、贛界蜿蜒北走，縱貫通山、咸寧之境，至武昌爲蛇山，隔江與龜山接。

二、名山

1. 武當山

在均縣城南二百里，一名太和，一名太嶽，一名仙室，一名參嶺。周廻八百餘里，有七十二峰，夙稱“嵩高之儲副，五嶽之流輩”。傳言係玄武帝昇真之處，謂非玄武帝不足以當之，故又名武當。

其金頂天柱峰，一名參嶺，居七十二峰之中，可以俯眺均縣、鄧縣、襄陽、房縣。中笏峰在金頂之北，石如圭瓚，鞠躬朝頂，類進趨之勢。

大蓮、小蓮二峰，在金頂之西，亭亭然如隱晴波，春夏之間，明媚尤絶。

大筆、中筆二峰，相峙於蓮峰之間，千仞石筍，倒倚枯松。按二峰即今蠟燭峰，下臨蠟燭澗。

［神話］磨針澗，在太和山北。玄武帝今稱真武。修煉未成，亟欲出

山。至此澗，忽遇老嫗操鐵杵磨石上，問："磨此何爲?"曰："爲針耳。"曰："不亦難乎?"嫗曰："功至自成。"玄武大悟，卒得道。

《輿地紀勝》：關尹喜，號文始。先生當周之末，大道將隱，預占紫氣西邁，當有道者過之，遂出爲函谷關令尹。未幾，太上度關，喜執弟子禮，迎拜於前。太上授《道》《德》二經，約後會於青羊肆。喜後入蜀，復自蜀歸，棲於武當山三天門石壁之下。今石門石室，喜之所居也，名曰尹喜岩。與前"均縣"參看。

［（一）節録明袁中道《元嶽記》］

萬曆癸丑暮春，由襄陽西行三日，抵山下，山色泉聲已泠泠非人世矣。四月九日，登山經草店，馳道整潔，松杉夾路，菴觀櫛比，朱户隱現。至冲虚庵，流泉溢路。上仙關至玉真宫，有石橋三四處，皆如碧玉妝砌。其上爲元嶽門，如一竇，方圓之泥可封也。過此則煙雲金碧，輝映萬狀矣。過元和觀、廻龍觀，即見天柱諸峰，若刻若鏤。歷老君、關帝廟及太子坡，皆修潔。過平臺、下十八盤，樹陰尤濃。聞流水聲。忽聞流水聲厲甚，即龍泉觀前橋也。至此有三路：（1）爲大道，即走紫霄南岩登天柱者。（2）入溪，即走九渡澗中至玉虚岩、瓊台觀道也。（3）其上爲紅門，即太上八仙、羅公院諸處可抵瓊台者。予乃走第二路，行澗中，兩山夾立，錯繡爛熳，怪石萬種，獻巧呈奇，與潭沼流泉相映帶，不啻畫中游也。凡二十餘里，抵玉虚岩，岩若青玉，下覆樓閣流泉，澗水與怪石相廻旋激蕩，無奇不有。又三十餘里，始與水稍疎，得中瓊台，可望天柱、蠟燭諸峰，千岩叠翠，萬樹浮青。未幾，至上瓊台，日已暮，遂止焉。其後爲瓊台峰，若一髻前指，即所謂"外朝峰"者，陳希夷修道處也。翌曉，辭瓊台，過外朝峰，從天柱後户入，登天柱峰謁帝，廻望七十二峰，皆如屏息拱立。遊侶問山祀元帝何謂也?予曰："黄帝之子昌意娶蜀山之女，生高陽氏，居弱水之鄉，陶七河之濱，是爲元帝也。若夫净樂國王之説，俚甚，無足存者。"是日徙倚山上，神醉烟嵐。蓋天柱峰即參嶺，武當山之絶頂也。謁帝後下天門，捨輿而步。至南岩，沿修廊行以達宫門，殿宇壯麗，殿後依岩爲諸院宇，薜斑朱籐蔓絡，廊外緑峰照見兩瀑，如白龍蜿蜒而行。至聖父母殿前，望天柱氣宇如玉，息於棋亭。步至捨身岩，杉松滿路，皆數十圍。山行倦甚，至曉猶不能興。天昏昏作雨，再至南岩宫後石岩下，看山遂行。過雷洞，至太子岩，石亦奇峭。下行至紫霄宫，其後爲展旗峰，前爲禹迹池，泓然沈碧。仍返至九渡澗，抵平台覓舊路，歸蘭若。

［註］玄武，係北方七宿之名，即斗、牛、女、虛、危、室、壁七宿也。宋真宗祥符間因避聖祖諱，始改玄武爲真武，乃以訛傳訛，竟謂爲静樂王子，且尊之曰元帝，而《本記》[①] 且謂係黄帝之孫高陽氏也。

《宋史・陳摶傳》：摶字圖南，亳州真源人。讀經史百家之言，一見成誦，悉無遺忘，頗以詩名。後唐長興中舉進士不第，遂隱居武當山。今山中有其古蹟。

張三丰，號元元子，又號張邋遢，入蜀轉楚登武當山，相傳山内遇真宫中有張三丰之故居在焉。

［（二）節録民國初迂漚老人《遊武當山記》］

鄂北均縣武當山，又名太和山，一名玄岳，即古天柱峰。經明永樂修葺，遂成名勝。民國五年十月十六日晨八時，出郧陽西門。午後二時，舟抵均縣。十七日晨八時，登肩輿，出南門四十里至迎恩宫，爲武當八宫之一。宫臨路旁，西向僅門樓一座，正殿一楹，餘均鞠爲茂草。南行四五里，經周府菴，門前古柏十餘株，枝幹盤屈，廣蔭數十畝，爲三百年前物。又里許，經晉府菴，不及周府菴之崇麗。下午二時，至草店，爲均南一大市場。房屋千餘，北距均城五十里，在此午尖。

出草店不半里，經自在菴，又南爲玄岳門。門有福國裕民大石坊，坊前有吕祖庵花樹碑一，高約六尺。過玄岳門數里爲玉真宫。又南爲天關，即入山之始，越此盡爲山道。逾小山即元和觀，又南爲廻龍觀，距

① 《本記》，應爲“《本紀》”。

城已六十里。觀南一坡爲好漢坡，只數里。坡盡，行數程即至磨鍼井，井旁豎鐵杵一，出土尚三尺許，周約八寸。相傳爲修道者磨鍊之物，取“磨鐵成鍼”之義。距廻龍觀祗十里，又十里至老君堂。六時，天微雨，遂宿此，距均城已八十里。

十八日，晴無風。八時四十五分起行。五里至太子坡，有復真觀立於懸崖之上，重樓四五層。又五里至澗河，兩面皆崇山，中通一澗，略有市集，石橋一，跨澗兩面。予等稍休息，已十時十分。行十里至財神觀，山徑中忽一廟矗立，中龕供佛像甚夥，疑無路可以前進。入大殿，由龕左右繞至龕後，出門則石跨千級，可循級而上。輿夫云：“前途似此者尚多。”又五里，至紫霄觀，觀右有紅圈門一，上書“紫霄福地”四字。入門沿山麓行五里至兩崖廟，居半山。此石洞穿入，山背有殿臨絶壁，殿中供具均古銅器。内有萬聖樓，四周石壁佛像無數。樓下左旁有石菴，隨石洞布置佛像香案，均就崖石鑿成。石菴前臨懸崖，用石斲一龍頭，寬五六寸，長約六尺。頭設香爐一，俯視黑不見底，心稍悸即下墜。朝山者每以燒此香占心之誠僞，俗名“龍頭”。每年香客必墜死數人。自清康熙以來，官府即懸爲厲禁，愚民猶有時以身嘗試者，迷信之毒，中人已深，社會改良，河清難俟。殿前古井一，久無人汲水，毒不可飲。此間清爽之氣撲人眉宇，俗塵盡滌，猶想見希夷華山高卧時。出廟由南天門折回過烏鴉嶺，烏鴉甚盛。香客往往購饅首拋之空中，即爲群鴉攫食，無漏墜者。過此爲朝天宫，上視金頂，爲日光所射，光耀奪目。過此皆山徑險仄，肩輿不能通過。路旁居民賣木杖者甚多，與杏村各購一枝，扶策徐行。經黄龍洞，洞居山半，距路旁石亭高百餘丈。道士居洞中賣眼藥，以繩一頭繫洞頭，一頭繫石亭之柱，中懸小竹筐一。購藥者以錢置筐，繫而上，道士即以藥置筐，繫而下。過黄龍洞爲一天門、二天門、三天門，相距各約里許。門樓均在山口，入門即如上梯，石磴俱險絶。時已鐘鳴六下，遂宿於天一觀。由黄龍洞到此，已舍肩輿，策杖步行，甚疲倦。

朝天宫居金頂之前。由朝天宫東北過一天門，折向西北，經二、三天門至天一觀，已繞金頂之後。此間有天賜樓、太和觀、天和觀。每觀房屋各數百間，隨山勢結構，爲樓四五層，爲香客寄宿之所。層巒叠嶂，石徑崎嶇，平地高七千餘密達。夜八時，山上爲殘陽返照，猶甚光明。下視平地，已昏無所見，亦奇景也。道士爲予言，有明以來，香火極盛。各宫道士分爲八房，每年輪值掌印，官紳來遊者悉歸其招待，香資所入亦獨厚。洎清中葉各房因香資争執涉訟頻年，遂俱中落。

十九日，晴無風。七時五十分，出天一樓，步行西南至朝房。旁有古銅殿與金頂相似，方丈餘。四周均銅，神像、香案、屏門無非銅鑄。門上有字，鎸“至正四年重修”，不知始於何時。朝房後即爲皇城，城有四門，東、南、北均未啟。予等由西門入，繞出殿前，緣石磴直上至金頂，寬廣各兩丈，地石平滑。殿以銅鑄，中供真武像，神龕香桌，均銅爲之。門内兩旁各置銅櫃一，中貯各銅供器。屏門鏤工精細，無與倫比。殿外壁脚及銅欄杆上鎸字甚夥，明時各大臣入山進香者，類皆記其年月，題名於此。殿前大銅案一、大銅鼎一，殿瓦均銅製成，光艷如金。兩旁各屋三楹，後殿一椽，係新建者。右屋爲印房。道士出印觀之，玉製，色白，方三寸，高寸許，上鏤龜蛇紐，文爲“都天大法之寶”六字。遊畢，下石級，出皇城、穿朝房，由轉殿南下，復東行。仍至朝天宫，乃乘肩輿循原路至紫霄觀，廟甚壯麗，僅山門及大殿後數重，餘俱傾落。道士贈太和茶葉數包。十二時五十分，至澗河午尖。六時十分，抵草店宿。

武當爲中國極大建築，竭東南各省數年之財賦。自玄岳門以南百餘里，山巒重叠，路均石級，寬約三尺。石級每緣山腰，一面倚山，一面下臨絶壑，級旁護以石欄，固亦萬世之業，惜繼起無人。八宫羽士，每年香資所入不下數十萬，徒飽私槖，以供一己之揮霍，而不務修培。迄今石欄存者百之七八，石級亦多崩坍。遊客經此，每增鳥道蠶叢之感。古蹟日就湮没，有司亦不能辭其責。

金頂香火之盛恒在夏曆冬、臘、正、二數月。一入春暮，農事方興，各羽士即紛紛上山家居，以數月之所入填其慾壑，猶以爲未足。至民間迷信，猶有足供一噱者。鄖城距金頂百八十里，鄉民恒以歲除，晨起枵腹出門，窮一日夜之力奔赴金頂，於元旦黎明爭先進香，謂之“燒頭香”。以爲如是，則一歲之順利可卜。歲暮嚴寒，冰凍路滑，往往人多擁擠，稍一不慎，失足傾跌，墜身絶壑，碎骨虀粉。道士故神其説，謂其心有未誠，致被王靈官鞭墜。人咸信以爲真，莫知悔悟。

他處塑真武像均披髮、跣足、仗劍，武當各宫之像咸衣履齊整，頭戴冕旒，如王者。俗傳永樂即真武轉世，故肖永樂之容，着帝王冠服。蓋永樂篡建文，見正學諸君子咸以死拒，至夷十族而不懼，恐南方各省人心摇動致影響大局，遂因人民崇拜真武之心，托爲真武轉世之説，以愚黔首。奸雄作用，匪夷所思，習俗相沿，驚傳神異，亦可見中國社會之錮蔽矣。

2. 樊山

山在鄂城縣西三里，一名西山，下有寒溪，其下臨江處曰樊口。或曰燔山，歲旱燔之，起龍致雨。或曰樊氏居之，不知孰是。

《武昌記》：“孫權嘗獵於樊山下，見一姥，問：‘獵得何物?’答曰：‘只獵得一豹。’曰：‘何不豎其尾?’言訖，忽然不見。權於後立廟祀之。”

3. 赤壁山

按湖北赤壁有五，漢陽、漢川、黄州、嘉魚、江夏皆有之，究以嘉魚縣城西南八十里大江濱北岸烏林、南岸赤壁爲是。蓋其山北臨大江，隔江北岸爲烏林磯，即曹兵敗走處也。又其縣在唐爲蒲圻，有黄蓋湖，湖側爲祭風台，皆歷歷可據。苏东坡赋赤壁，係指黄州之赤璧①而言，非是也。蓋劉備居樊口，進兵逆操，遇於赤壁，則赤壁當在樊口之上。又赤壁初戰，操軍不利，引次江北，則赤壁當在江南，亦不應在江北。宋李壁詩云：“赤壁危磯幾度過，沙洲江上鬱嵯峨。今人誤信黄州是，猶賴《水經》能正訛。”

［節録《赤壁考》］

按周瑜破曹兵於赤壁。赤壁之名，漢陽、漢川、江夏、黄岡、嘉魚

① 璧，應爲“壁”。

五縣皆有之，要以嘉魚之赤壁爲確。其地曰石頭關，踞長江南岸，石山隆起，形如長垣，陡入江濱，有險可憑，上鐫“赤壁”二字，即其地也。或謂當指在黄岡者而言。考其時孫權在柴桑，今江西九江縣。而夏口爲重鎮，曹兵自江陵而下，未破夏口，豈能飛越而達黄岡乎？若嘉魚之赤壁，即昔日之巴邱，下游烏林近在咫尺，即今烏林磯。華容道即在今監利縣東境，爲阿瞞敗走之區，均相脗合。且黄之赤壁在江北岸，嘉之赤壁在江南岸。曹兵在北岸，故東南風可燒。若在南岸，必西北風乃可得利。倘值東南風，則周郎不將引火自焚乎？須知曹兵非在赤壁，乃在赤壁對岸，即北岸也。曹兵在北岸，東南風既作，風急火猛，延燒岸上營落，阿瞞始退而走也。或曰自鏖兵後，其壁始赤，今曰曹兵非駐赤壁，不亦乖乎？曰赤壁，爲天然石質，非火攻始赤也，否則烟焰蔽空，將薰爲烏壁，安得化石質爲赤乎？

4. 荆山

在南漳縣西北八十里，三面險絶，唯西南一隅可通人行。《山海經》：荆門之首曰景山，又云荆山，漳水出焉。《水經》：卞和得璞玉於是山，楚王不理，懷璧哭於其下。後玉人理之，所謂和氏之玉焉。又荆山在景山東一百餘里，雖群峰競舉，而荆山獨秀。

5. 大洪山

在隨縣城南一百八十里，四山陡絶，頂有大湖。穿洞在山北二十里，中通一竅，若有五丁開鑿痕。溳水出山陰之黑龍池，池水極深。

6. 九宫山

在通山縣南八十里，廣八十里。相傳有普安王兄弟九人避難於此，造九宫而居，山遂得名。一云山自下而上，高峰九層，故名。千岩萬壑，崎嶇盤折，奇勝非一。

第二節　志水

大江

大江自四川出夔門，下巫峽，逾萬流而入省境。迨至官渡口而巫峽以盡，更穿流於米倉、牛肝馬肺、崆舲、黄牛等峽而出西陵峽。溯大江自四川宜賓而下至於斯地，凡流行二千六百餘里。初流於巴蜀溢地，拔海千尺至五百尺之傾斜面上，至是乃驟落於拔海二百尺之宜昌平野，遂東南流過荆門、虎牙山峽，至宜都，納清江，抵江陵，納漳、沮水，江遂蟠屈，轉向東南。其南岸由松滋、虎渡、藕池、調弦四口洩出，其水量於洞庭湖最著者爲虎渡河，南下湖南安鄉，有“太平運河”之稱。更曲折東南流至荆河口，右受洞庭湖水，折而東北流，至右岸陸口，納陸水，左岸新灘口，納江、漢間長夏諸河之水。至沌口，納沌水，此部右岸外有黄蓋、斧頭諸湖，左岸外自江陵以東，沔陽南北諸湖皆脈脈相通，與江水吞吐。大江又東北流至武漢之間，與漢水會。

江折而東南流，左岸納灄水、舉水、巴水、浠水、蘄水，右岸在樊口，納梁子九十九湖之水，至湋源口，納湋源湖又名金湖。之水。更東南過田家鎮之南，右納富水。復東流逾武穴之南，南岸已入江西省瑞昌、九江縣境，而北岸猶屬廣濟、黄梅。更逾劉左口，斯北岸亦入安徽省境。按大江由宜昌至武昌凡一千一百四十里，自東湖而下，勢若建瓴，夏秋水漲，頃刻千里，然溯枝江而上，山阜夾岸，勢不能溢。自關洲在宜都縣西北。而下，江面浩闊，流勢洶湧，中間各縣兩岸俱平衍低濕，故水易漫流。經江陵、公安、石首、監利、華容，自西而東而南至岳陽，又自西南而轉向東北，江身極爲迂迴，而淤沙又復日增，故多横決之害。近數十年來，下流壅滯，上流緩漫，水緩沙停，河床因是漸淤。冬日水落灘淺，高出水面者不下百數十洲，横亘江中，有礙水道，亦不下數十處，此江水所以連年潰決爲害也。兹略述長江支流。與後“長江交通”參看。

（一）漢水。漢水自陝西洵陽縣經大、小藍灘而東流，南岸仍屬陝西白河縣境，而北岸已入鄂省。又東流至甲河關，有甲河自北來注漢水。關在漢水北岸，南距白河縣城尚三十里。又東流逾白河縣城五里至木瓜溝，爲陝、鄂分界之處。又東入湖北鄖西縣境，東流五十五里，曰回水溝，前行有灘，舟人謂之曰“狼牙虎口”，頗險。更前有走馬出洞灘，尤險，蓋此段河底純係亂石，航行者最易失敗。過此至堵河口，有堵河，自竹山、竹谿等縣北流來注之。堵河口有孤山，土人或名之曰九里山。又東流四十里至天河口。百四十里至董家河，下復有一孤山。又六十里抵鄖縣，又百六十里抵均縣。再東過亂石、石門等灘，舟子有“過了石門灘，代工把心安”之諺，蓋以下兩岸皆沙，無險灘也。又東三十餘里有大、小孤山各一，小孤山在大孤山下里許，兀立河中，風景絶勝。以美觀論，實可與長江中之小孤山相伯仲，不過此甚小耳，漢水中之孤山實以此爲最也。又七十里至青山港，八十里至老河口，因上流四十里北岸均口受均水即丹江。之灌注之故也。老河口附近面廣二千六百尺，老河口以下河幅忽狹，水落時僅得二百尺。其下流之河道猶之黄河，底高於兩岸之平原，非築堅固之隄以防之，即有氾濫之虞。又東流六十里至葫蘆嘴，穀城河入漢之口也。又百二十里抵襄陽縣。又東流十五里，白河亦名淯水，又有東漢水之名。自北來注之。又南流三百八十里抵鍾祥縣，八十里至石碑，三十里至馬梁，舟人有“過了石碑没有灘，過了馬梁没有山”之諺。七十五里至沙洋，又折而東流二百四十五里而抵仙桃鎮，又三百六十里抵漢口。

漢水在夏秋漲發，最畏跑沙，即潰決之意。沙洋以下江闊水平，始無跑沙之患。自均縣以上，至陝西洋縣之間皆石灘，若洋縣以上均縣以下則沙灘矣。

（二）清江，源出利川縣之涼霧山，東流經恩施、建始、長陽縣境至宜都縣城西，納漢洋河而北注大江。

（三）沮水。沮水源出房縣南境之景山，漳水源出南漳縣西南之荆山，二水南流至當陽縣東南境河溶地方相會，而東南流至江陵縣城南注大江。

（四）陸水，源出通城縣東南之石源山，西流至嘉魚縣之陸口注大江。

（五）涓水，源出大洪山東南，至夏口縣之涓口注大江。

（六）澴水，源出孝感縣北境之九里關南，南流委注灄水。

（七）灄水，兩源並出黄安縣北境，東源出金局關，附近有灄源鄉；

西源出黄陂站北之鷹鷄山，南流至黄陂縣南灄口，攔潰水注大江。

（八）舉水，源出麻城縣北境之黄蘗山，南流經宋埠、新洲，至團風司注大江。

（九）巴水，源出羅田縣東北境之多雲山，西南流至黄岡縣東南，注大江。

（十）浠水，源出安徽英山縣之界嶺，西南流，逕蘄水縣，南至蘭溪口，注大江。

（十一）蘄水，源出安徽英山縣之四流山，西南流，至蘄春縣城西注大江。

第三節　湖泊

湖北爲全國多湖省境之一。全國多湖之省，如湖北、湖南、安徽、江蘇、山東、雲南是。其最大面積之湖水，如洞庭、鄱陽、太湖、滇、洱之類。凡此諸湖，雖未在於湖北，而周數十里之小湖棋布星羅，縱横延亘數百里，求之於他省，亦不可得。此其故安在哉？蓋地居南北嶺遥遥對抱之低谷。逆想數萬年前當作若何低陷之態，盆甌之狀，受南北嶺斜坡之水，年年不斷之傾注，而江、漢亦朝宗於是焉。其淵深宏闊之狀況，當何如也？昔春秋召陵之會，楚責齊曰："君處北海，寡人處南海，風馬牛不相及也。"夫北海者，謂齊依渤海也，南海者何謂也？如謂南海在廣東瓊崖之南，斯與湖北郢都江陵。之楚尚距二千里，在當時應有渺如隔世之感，又焉得謂寡人處南海也。然則南海何謂也？古所謂雲夢澤跨江南北，蓋八九百里者，春秋時方如是也。又可以想見當日大江南北洪濤千里，一望無際之概，謂爲楚處南海，誰曰不宜？然又經江、漢之年年不斷輸送泥沙，斯平陸日增，《禹貢》所謂"雲土夢作乂"已發其端。湖水分裂，大湖縮小，小湖爲田，遂以演成今日之狀。預想數千年後必有不知湖作何解之一日，斯時良田雖多，江水無所排泄，恐洪流滔天之禍，又不知何以消釋之也。今略述諸湖與江、漢吞吐之概況。

一、江、漢以北諸湖

其在天門、應城、漢川之間，湖沼相望，要以三台、中柱、曹湖、沈湖、濫泥等湖，大、小松湖等爲大，與漢水北岸之牛蹄口、車箱河口、天門縣南。仙桃萬福閘、派旺司、沔陽縣北。城隍港、漢川縣西。南汊港、溢港、湏口漢川縣東。相吞吐。

其在孝感、黄陂、黄岡之間，湖沼相望，要以蒲湖、武湖、張渡等湖爲大，與大江北岸之灄口、團風等口相吞吐。

二、江、漢之間諸湖

其在江陵、沔陽、漢陽之間者，湖沼相望，要以瓦湖、長湖、三湖、白鷺、江陵境。鱖魚、鷺鷥、鄧老、大同、大沙、洪、沔陽境。爹湖、塞湖、南湖、官湖漢陽縣境。等湖爲大，皆與大江北岸之郝穴、金果市、江陵東南。温馬口、監利。新隄、沔陽。新難[①]、沌口漢陽。及漢水南岸之大澤口、張穢港、潛江。仙桃東西、沔陽。派旺、漢川。蔡店漢陽。諸口相吞吐。

三、江南諸湖

其在松滋、公安、石首間者，湖沼相望，要以小南海、癸巳、淤泥、牛浪等湖爲大，與大江南岸之松滋、虎渡、藕池、調弦等口及湖南澧水、安鄉諸湖並洞庭湖相吞吐。

其在嘉魚、鄂城、大冶間者，湖沼相望，要以黄蓋、斧頭、梁子、漳源諸湖爲大，與大江之陸口、金口、樊口、漳源等口相吞吐。讀者注意江、漢諸口皆與江、漢水量漲落有密切之關係也。

---

① 難，應爲“灘”。

第六章　政教民俗

第一節　政治組織

表 6-1　湖北全省公署一覽表

<table>
<tr><td rowspan="4">督軍公署</td><td colspan="2">漢黃鎮守使　駐武穴</td></tr>
<tr><td colspan="2">施宜鎮守使　駐宜昌</td></tr>
<tr><td colspan="2">蒲通鎮守使　駐蒲圻</td></tr>
<tr><td colspan="2">襄鄖鎮守使　駐襄陽</td></tr>
<tr><td rowspan="16">省長公署</td><td colspan="2">交涉署—宜昌、沙市交涉公署</td></tr>
<tr><td colspan="2">財政廳</td></tr>
<tr><td colspan="2">教育廳</td></tr>
<tr><td colspan="2">實業廳</td></tr>
<tr><td colspan="2">鄂岸榷運局</td></tr>
<tr><td colspan="2">鄂岸稽核處</td></tr>
<tr><td colspan="2">宜昌榷運局</td></tr>
<tr><td colspan="2">沙市稽查局</td></tr>
<tr><td rowspan="4">監督署</td><td>江漢關</td></tr>
<tr><td>宜昌關</td></tr>
<tr><td>武昌關</td></tr>
<tr><td>新隄關</td></tr>
<tr><td rowspan="4">高等審檢兩廳</td><td>第一高等審檢分廳　駐宜昌</td></tr>
<tr><td>第二高等審檢分廳　駐襄陽</td></tr>
<tr><td>武昌地方審檢廳</td></tr>
<tr><td>夏口地方審檢廳</td></tr>
</table>

續表

<table>
<tr><td rowspan="6">省長公署</td><td rowspan="2">全省警務處</td><td colspan="2">省會、漢口、宜昌、水上四警察廳</td></tr>
<tr><td colspan="2">沙市、武穴、襄陽三警察局</td></tr>
<tr><td colspan="2">江漢道　駐武昌　領縣二十九</td><td rowspan="4">共六十九縣</td></tr>
<tr><td colspan="2">襄陽道　駐襄陽　領縣二十</td></tr>
<tr><td colspan="2">荆宜道　駐宜昌　領縣十三</td></tr>
<tr><td colspan="2">施鶴道　駐恩施　領縣七</td></tr>
</table>

第二節　財政調查

一、全省歲出歲入

表 6-2　湖北省歲出歲入預算表　民國八年製

<table>
<tr><td colspan="4">歲入表</td><td colspan="4">歲出表</td></tr>
<tr><td rowspan="9">經常門</td><td>款別</td><td>項別</td><td>數目</td><td rowspan="9">經常門</td><td>款別</td><td>項別</td><td>經費數目</td></tr>
<tr><td rowspan="5">田賦</td><td>地丁</td><td>一、七四五、三三九</td><td rowspan="8">外交經費</td><td>漢口交涉署經費</td><td>二四、四一六</td></tr>
<tr><td>漕糧</td><td>八六一、三九二</td><td>漢口租界洋務會審所經費</td><td>四、一五七</td></tr>
<tr><td>屯餉</td><td>三七、九六八</td><td rowspan="2">漢口租界洋務拘留所經費</td><td rowspan="2">六、四〇六</td></tr>
<tr><td>租課</td><td>一五、〇五八</td></tr>
<tr><td>合計</td><td>二、六五九、七五七</td><td>宜昌交涉署經費</td><td>三、四五六</td></tr>
<tr><td rowspan="3">貨物</td><td>貨物稅</td><td>三、二二〇、五七〇</td><td>沙市交涉署經費</td><td>三、二四六</td></tr>
<tr><td>包裹稅</td><td>二、六五七</td><td rowspan="2">合計</td><td rowspan="2">一、六五六、一一九①</td></tr>
<tr><td>合計</td><td>三、二二三、二二七</td></tr>
</table>

① 一、六五六、一一九，上面各分欄數據合計應爲“四一、六八一”。

續表

歲入表

門	款別	項別	數目
經常門	正雜各税	契税	四五九、九〇九
		牙當税	二〇、二六二
		糖税	一六四、〇八三
		膏鹽税	六三、二六六
		屠宰税	二五二、七六六
		茶税	一九一、六七四
		紗麻絲布税	六、六六七
		炭山灣煤税	六、一七六
		鑛税	三、五〇〇
		合計	一、一六八、三〇三
	正雜各捐	竹木捐	二三八、〇〇〇
		火車貨捐	一五〇、四一四
		牙當帖捐	五七、一二六
		串票捐	二五二、四二九
		税票捐	八四、一四三
		合計	七八二、一一二
	雜收入	契紙費	三一、二五〇
		武昌高師收入	二、四〇〇
		合計	三三、六五〇
	共計		七、八六七、〇四九
臨時門	田賦雜入	田賦附加税	二三七、五三六
		罰款	三、二一四
		合計	二四〇、七五〇
收入總計			八、一〇七、七九九

歲出表

門	款別	項別	經費數目
經常門	內務經費	省長公署經費	一一二、〇〇〇
		各道尹公署經費	六三、五二〇
		各縣公署經費	四七一、五五二
		各縣縣佐公署經費	三一、六八〇
		警察處及警察廳經費	二三二、六〇二
		漢口警察廳武裝警察經費	二四、七八六
		雞公山警察經費	一、三八七
		水上警察經費	四二二、一五〇
		雞公山工程局經費	七二〇
		武泰隄閘公所經費	一、〇二七
		武豐隄工局經費	八〇六
		武泰隄各磯工程局	四、三四六
		省城各閘經費	三五二
		全省隄工經費	二八〇、一三一
		水利分局及附設	八、〇〇〇
		測量局	
		典禮經費	一、六〇〇
		合計	一、六五六、一一九①
	財政經費	財政廳經費	四八、〇〇〇
		徵收經費	三七〇、五七七
		漢口牙帖委員經費	二、三六〇
		合計	四二〇、九三七
	司法經費	審檢經費	一四八、七八二
		監獄經費	一七一、六九二
		合計	三二〇、四七四
	教育經費	教育廳經費	三二、〇〇〇
		各學校經費	一七三、二一三
		合計	二〇五、二一三
	實業經費	實業廳經費	三三、六〇〇
	共計		二、六七八、〇四二②

① 一、六五六、一一九，上面各分欄數據合計應爲“一、六五六、六五九”。

② 二、六七八、〇四二，上面各分欄數據合計應爲“二、六七八、五六四”。

續表

<table>
<tr><th colspan="4">歲入表</th><th colspan="4">歲出表</th></tr>
<tr><th></th><th>款別</th><th>項別</th><th>數目</th><th></th><th>款別</th><th>項別</th><th>經費數目</th></tr>
<tr><td colspan="4" rowspan="18"></td><td rowspan="4">臨時門</td><td rowspan="4">內務、教育總計</td><td>警察經費</td><td>五一、四〇五</td></tr>
<tr><td>郵賞經費</td><td>一五、一八七</td></tr>
<tr><td>各學校經費</td><td>二八、四〇〇</td></tr>
<tr><td>合計</td><td>九五、九九二①</td></tr>
<tr><td rowspan="8">經費②門</td><td rowspan="13">陸軍經費</td><td>督軍署經費</td><td>二二〇、〇〇〇</td></tr>
<tr><td>漢口鎮守使署經費</td><td>二七、六七七</td></tr>
<tr><td>襄鄖鎮守使署經費</td><td>二三、八二六</td></tr>
<tr><td>陸軍經費</td><td>三、〇一六、六七二</td></tr>
<tr><td>各局所經費</td><td>一、四八八、七〇六</td></tr>
<tr><td>巡查經費</td><td>一五、三六〇</td></tr>
<tr><td>兵差各輪船經費</td><td>八七、六〇〇</td></tr>
<tr><td>共計</td><td>四、八七九、八四一</td></tr>
<tr><td rowspan="5">臨時門</td><td>督軍署經費</td><td>一一九、三四三</td></tr>
<tr><td>陸軍經費</td><td>二一七、三九五</td></tr>
<tr><td>郵賞經費</td><td>三、五五〇</td></tr>
<tr><td>候差津貼</td><td>一一、七六〇</td></tr>
<tr><td>合計</td><td>三五二、〇四八</td></tr>
<tr><td colspan="3">支出總計</td><td>五、二三一、八八九③</td></tr>
</table>

[附志]

湖北省地畝共五十九萬四千四百三十九頃四十四畝有奇。

---

① 九五、九九二，上面各分欄數據合計應爲“九四、九九二”。

② 費，疑應爲“常”。

③ 五、二三一、八八九，上面各分欄數據合計應爲“八、〇〇五、四四五”。

二、中央政府直接收入

1. 海關收入數目表

表 6-3

	民國八年　兩	民國九年　兩	民國十年　兩
江漢關	四、二一九、五九九、六四九	三、六七一、〇〇二、九一九	三、八五八、二七五、〇〇五
宜昌關	五八、〇一一、九六五	五三、七九二、四三四	六七、七五九、五一〇
沙市關	四七、九五一、六二二	五四、一〇三、一六二	五三、九〇一、三八五

2. 附宜昌、沙市兩關兼管五十里內常關收入數目表

表 6-4

	民國八年　兩	民國九年　兩	民國十年　兩
宜昌關	五二、一四七、八八七	三四、四六七、三〇八	三五、九〇二、二六一
沙市關	一二、〇九八、七一六	一七、二四二、八七〇	一八、五六九、五〇八

3. 附五十里外常關收入數目表

表 6-5

宜昌兼荊州	九八、五二九	一七七、六六五	一三一、四九九
武昌	一七〇、一三七	一八五、九八三	一三八、五七二
新隄	三九四、七七一	四八四、五七九	二六八、六二七

［附志海關之現況］

我國依照條約開闢商埠或自開通商口岸，設關稽徵出入國境及輪船

裝卸各口之貨税。昔名新關者，今概稱爲海關，均由税務司經手征收。其已設專任監督者，計有江海、粤海，以上爲一等關。津海、閩海、東海、濱江、膠海，以上爲二等關。宜昌、九江、蕪湖、鎮江、浙江、甌海、厦門、潮海、重慶、安東，以上爲三等關。長沙、金陵、蘇州、梧州、杭州、南寧、蒙自、奉天以上爲四等關。等二十八關。事務税收較簡，其由就近地方官兼任監督者，有龍州、廣西鎮南道尹兼任。思茅、雲南普洱道尹兼任。騰越、雲南騰越道尹兼任。琿春、吉林延吉道尹兼任。瑷琿黑龍江黑河道尹兼任。五關。此外尚有大連，因有特别情形衹有税司，未設監督，以上共專任監督二十八缺，兼任監督五缺，連同未設監督者共計海關三十四處。其專任監督内有閩海關兼管福海關，粤海關兼管三水、江門、九龍、拱北四關，瓊海關兼管北海關，宜昌關兼管沙市關，長沙關兼管岳州關，統計海關正關四十二處，而琿春之延吉分關、安東之大東溝分關、津海之秦皇島分關、東海之龍口分關、重慶之萬縣分關不與焉。

至其課税，均由各關税司經收，報告總税務司，每年除支税司經費關平銀五百七十萬兩，自民國九年起照支此數。各海關監督總費四十二萬四千兩，税務處經費十八萬七千二百兩，外交部經費四十三萬二千兩暨專案准撥各項外，概由總税務司儲還洋賠各欵，有餘方得撥交政府。其距離海關五十里内之常關，亦歸各關税務司兼管，除支一成經費外，均報總税務司與海關洋税，同作洋賠各款之擔保，不由監督收解。至五十里外暨内地邊陸各常關税款於民國七年間由部呈准，訂立簡章，委託總税務司保管，應按月撥交税司。

［附志常關之現況］

常關之制，約分三種：一曰五十里内常關，以《辛丑和約》之故，屬於税務司兼管；一曰五十里外常關，向由監督管理，現仍循舊制，無稍變更；三曰内地常關，現已簡放監督專理其事。兹類别之於左。

（一）五十里内常關

（1）津海關。津海關兼管五十里内常關，有正關一，曰津海常關，即津海鈔關，設於直隸天津縣，所轄分關分卡十九。

（2）山海關。山海常關即牛莊鈔關，設於營口縣商埠。冬令封河，兩月無征，向與海關同設牛莊，現均移營口。

（3）大連關。大連常關設於金縣海灣。

（4）膠海關。膠海關兼管五十里内常關，正關一，即膠海常關，所轄分關六、分卡三。

（5）東海關。東海關兼管五十里内常關，有正關一，曰東海常關，即烟台大關，設於福山縣烟台。有東口稽查分卡一處，距正關三里，不收税額。

（6）江海關。江海關兼管五十里内常關，有正關一，名江海常關，即江海大關，又稱江南大關，設於上海縣南市，所轄分關一，即吴淞分關是也。

（7）蕪湖關。蕪湖關兼管五十里内常關，有正關一，名蕪湖常關，即大江常關，設於蕪湖縣西門外臨江，所轄分關十，分卡二。

（8）九江關。九江關兼管五十里内常關，有正關一，即九江常關，設於九江縣城外，所轄分關一、分卡五。

（9）閩海關。閩海關兼管五十里内常關，有正關一，名閩海常關，即南台總關，設於閩侯縣南台中州，所轄分關九、分卡二。又福海常關所轄分關八，設在霞浦東冲。

（10）厦門關。厦門關兼管五十里内常關，有正關二，一曰厦門常關，設於思明縣厦門島美道頭；一曰石碼常關，設於龍溪縣南，所轄分關三、分卡二。

（11）浙海關。浙海關兼管五十里内常關，有正關二，一爲浙海常關，即寧波大關，又稱江東大關，設於鄞縣江東；一爲鎮海常關，即鎮海大關，設於鎮海縣城外，所轄分關三、分卡二。

（12）甌海關。甌海常關設於永嘉縣東門外，所轄分口五。

（13）宜昌關及沙市關。宜昌及沙市關兼管五十里内常關，有正關一，曰宜昌常關，即荆州常關，設於江陵縣沙市，歸宜昌關監督兼管，派員駐此辦公，所轄分關七、分卡一。

（14）粵海關。粵海關兼管五十里内常關，有正關一，即粵海常關，設於廣州新城素波港，所轄分卡二、税廠一。江門常關在新會縣江門埠，甘竹常關在順德縣甘竹埠，均附於内。

（15）潮海關。潮海關兼管五十里内常關，有正關一，即潮海常關，設於澄海縣汕頭埠，分轄分口、分卡皆六。

（16）瓊海關。瓊海關兼管五十里内常關，有正關一，即瓊海常關，設於瓊海縣海口。所轄分卡一，即瓊州總口，專管挂號、銷號，並不征税，向由監督派員辦公，不歸税務司兼管。又北海常關在合浦縣北海街，附内。

（17）梧州關。梧州關兼管五十里内常關，有正關一，名梧州常關，即梧州府關，設於蒼梧縣河邊，所轄分關一，即旱關是也。

（二）五十里外常關

（1）津海常關，設在天津縣商埠，所轄税局十二、分局二十四、支局一、分卡二。

（2）山海常關，設於營口縣商埠，所輯税局十一、分税局五、分卡四十二。

（3）東海常關，設於福山縣煙台，所轄分卡①十四、分卡四十四。

（4）江海常關，設於上海縣南市，所轄分關八、分口八十四，此外港口甚多。

（5）揚由常關，所轄分關十二、税局一、分卡十二。揚關在江都縣鈔關門，由關在江都三岔河鎮，泰關在泰縣南門外。

（6）蕪湖常關，在蕪湖縣西門外臨江，所轄分關四、分口五。

（7）閩海常關，在閩侯縣南台中州，所轄分關十八、分卡六。

（8）厦門常關，在厦門島美道頭，所轄分局十四、分卡五。

（9）浙海常關，在鄞縣江東，所轄税局十三、分卡十三。

---

① 卡，疑應爲“關”。

（10）甌海常關，在永嘉縣東門外，所轄正口五、旁口三。

（11）荆州常關，所轄分關九、分卡二。

（12）粤海常關，在廣州新城素坡港，所轄總口七、分卡十二、分口二。

（13）潮海常關，在澄海縣汕頭埠，所轄分口十一、分卡十一。

（14）瓊海常關，在瓊海縣海口，所轄分關三、分卡十七。

（三）内地常關

（1）京師税關，分崇文門、左右翼兩局，崇文税局設於北京崇文門，所轄分局十八，左右翼税局。

（2）張虎多税關，張虎多爲舊時張家口、多倫等之税關所合併。張家口税關在萬泉縣張家口，所轄税關六、分卡二。殺虎口税關在右玉縣殺虎口，所轄税局十、分卡十六。多倫税關在熱河多倫縣，所轄分局四、分卡五。

（3）塞北税關，在歸化，所轄分局二十三。

（4）臨清常關，在山東臨清縣，所轄分關三、厘局一、分卡五。

（5）淮安常關，設置於前明成化七年，在江蘇淮安縣，所轄分局四、分口二十一。

（6）鳳陽常關，設置於前清康熙年間，在安徽蚌埠，所轄分關六、分口十一。

（7）贛關常關，設置於前明正德年間，在江西贛縣，所轄分關三。

（8）閩安常關，係由閩海關兼管，並無分關。

（9）武昌常關，設置於前清康熙年間，在湖北武昌縣，所轄分關六、分卡三。

（10）新隄常關，設置於前清咸豐年間，在湖北漢陽縣，轄分關七。

（11）辰州常關，在湖南辰州，所轄分關二。

（12）寶慶常關，在湖南寶慶，所轄分關一。

（13）潼關常關，在陝西潼關，所轄分局二、分卡十。

（14）嘉峪常關，係由甘肅安肅道尹兼管，並無分關。

(15) 夔關常關，在四川夔州，設置於清初，所轄分關二、分卡六。

(16) 成都常關，在四川成都，有永寧、廣元兩關附内，所轄分關五、局五、分卡十九。

(17) 寧遠常關，所轄分關十、分卡七。

(18) 雅安常關，有打箭爐關附内，所轄分關七、分卡六。

(19) 太平常關，在曲江縣，所轄分廠四。

(20) 潯州常關，所轄分局二、分卡一。

［註］以上海關四十二，五十里内常關十七，五十里外常關十四，内地常關二十。

4. 菸酒公賣費實收數目表

表 6-6

民國七年　元	民國八年　元	民國九年　元
三五六、〇八五、二六八	四二五、六七九、四八八	三六二、三八六、一一一

5. 鹽税

湖北省係食淮南、四川兩省之鹽。其淮南之分銷，所謂鄂、湘、西、皖四岸，若湖北則鄂岸是也。其收税，每擔四元五角。四川鹽引行於宜昌、沙市。茲分舉税額如下。

表 6-7

	民國五年	民國六年	民國七年
鄂岸	三、二五〇、八一九	二、九二五、六〇〇	四、〇九五、二九四
宜昌	二、四三六、一四二	二、五九三、五〇〇	一、八〇八、三五八
沙市	一一七、九一三	一一八、七〇六	五七、五二一

［附］

湖北全省徵收局一覽　共二十五局

表 6-8

機關所在地	水陸衝要	稽查大宗貨物	所屬分機關
武穴局，在廣濟縣武穴鎮，距省垣四百五十里	武穴爲鄂省下游第一門户，水陸衝途	磁器、紙張、花麻、菸葉、港布、石膏、藥材	在廣濟、陽新、大冶境内分布九卡
樊口局，在黄岡縣樊口鎮，距省垣百八十里	扼梁子湖出口水道	保布、保麻、砲料、小麥、黄豆、茯苓、皮油、餅粉	所屬有下巴河、蘭溪二分卡
鵝公頸局，在黄岡縣鵝公頸	爲黄岡縣鵝江内河扼要口岸，麻城、羅田、蘄水、黄安等縣出入衝要	皮花邏布、景布、愛國布、小麥、黄絲、皮油、湯粉、茯苓、條子	所屬有團風、羅家溝、陽邏三分卡
武昌局，在城内王府口街		棉麻、黄豆、小白布、包頭、愛國布、電光布、焦煤、灶煤、芝麻、大小麥、黄絲、筷子	所屬有各門外之九分卡
漢口局，在漢口招商局碼頭	爲長江中樞，輪船、火車貨物麕集		所屬有全埠内外三十五分卡
蔡甸局，在漢陽縣蔡甸鎮，距省垣六十里	扼漢水下游出入武漢往來要道	花皮、子花、雜糧、黄豆、黄絲、零星雜物	所屬有胡家渡、島口等四分卡
鸚鵡洲竹木局	居長江中樞，爲木商麕集之地，其行銷地或放流下江，或由火車運往北行，或由内河運至各縣	竹木	所屬有新隄、新灘、簰洲、金口、沌口、武穴等十五分卡

續表

機關所在地	水陸衝要	稽查大宗貨物	所屬分機關
應城膏鹽局，在城內，距省垣二百七十里	扼應城北門河之上游		所屬分卡四
金口局，在武昌縣屬金口鎮，距省垣六十里	禹觀山、汀泗橋	麻、景布、石灰、甎瓦、雜糧、柴火、鮮魚	屬分卡一
府河口局，係漢川縣屬，距省垣一百八十里	由新溝逕駛六十里爲襄河内之横河，東接孝感、雲夢，西連天門、應城，南與黄陂接壤	小麥、黏米、黏穀、棉花、豆餅、黄豆、皮油、高粱、白大布	屬分卡五
黄陵磯局，在漢陽縣黄陵磯鎮	内河出口要隘	黄豆、棉花、雞鴨蛋、蠶絲、米、穀、大小麥、石灰、豆麻、茶餅、芝麻、土靛、豬、魚、蝦	
新灘口局，在沔陽縣屬坪坊，距省垣一百八十里	扼漢沔交界之衝，距荆襄河之上游，直達荆沙，延長六百餘里。西有漢陽溝，汎漲時可通洪湖、沙湖，至鍋底灣分水道爲二，一由沙湖至黄陵磯出沌口入長江，一由坪坊出新灘口	棉花、芝麻	

續表

機關所在地	水陸衝要	稽查大宗貨物	所屬分機關
寶塔洲局，在嘉魚縣屬寶塔洲，距省垣三百里	濱江，扼湘鄂舟隻往來之要道，環洲皆水，内港復可避風，爲天然良好泊船之地。陸路上通新隄，下連陸口。本洲僅有鋪店數家，商務不盛	洪油、桐油、秀油、皮油、木油、梓油、麻油、塊煤、柴煤、折表、放切、小切、秀干、皮子、桂花	
新隄局，沔陽縣屬新隄鎮，距省垣三百六十里			屬分卡七
湖北茶稅局，在蒲圻縣屬羊樓峒		紅茶、東西口甎茶、花香、老茶、各種青茶、引茶、花捲	屬柏墩、楊芳林、島口、金口、樊口、沙坪等十二分卡
宜昌局，在宜昌縣内中書街，距省垣一千三百二十里		桐油、大小表①、藥材、牛皮、生漆、羊皮、漆油、水果、倍子、青麻	屬分卡八
沙市局，在沙市鎮九十埠街，距省垣九百八十里	南達湖南，西通四川，北抵荆襄，東臨武漢，水陸交通往來商貨皆由此經通外江，既港汊紛歧，内港復道路散漫	棉花、疋頭、洋紙、土布、桐油、土油、皮油、紙張、雜糧、藥材、木耳、煤炭、木料、土絲、紅茶	所屬江陵、公安、當陽、遠安、枝江等處二十五分卡

① 表，疑應爲“麥”。

續表

機關所在地	水陸衝要	稽查大宗貨物	所屬分機關
藕池口局，在石首縣屬藕池口北岸，距省垣九百里	藕池毗連湘境，爲湘西一帶商船往來必經之水線。其來自湖南者至口，上通荆宜，下達武漢。由湖北出境者可至常德、長沙		所屬卡二
沙洋局，在荆門縣屬沙洋鎮	據漢水中樞，爲西北通行大道，上通陝豫，下接漢江	黏米、棉花、黄豆、土布、芝麻、花生、黏穀、白豆、小麥、桃仁、緑豆、黑豆、雞蛋、牛皮、雜餅、窰貨、水果、紅棗	屬分卡四
鐘祥船捐局，在縣北門外襄河東岸，距省垣八百二十五里	據襄河中樞，上通陝豫，下達武漢		屬分卡三
張家灣局，在襄陽縣屬張家灣鎮	扼唐、白、滚、襄四河交通之衝		屬分卡六
老河口局，在光化縣屬老河口大街	水當陝鄂之衝，陸當豫鄂之隘	桐油、木耳、姜黄、藥材、生漆	屬分卡十
鄂豫火車局，在漢口大智門車站對面		芝麻、豆、麥、雜糧、棉花、洋貨、疋頭、土布、牛羊皮、雜毛、藥材、磁器、香油、棗兒、瓜子、紙張、雜貨	屬由漢口至鄭縣十二分卡
漢口糖捐局，在漢口河街			屬分卡九
宜昌糖捐局，在城内天官牌坊	水路爲入川要道，陸路爲通施南必由之路	桔糖、白糖	屬分卡四

第三節 教育調查

表 6-9 湖北省學校一覽表

大學十三	(甲)在教育部立案者五 (A)國立者二:武昌大學、前武昌高師改。商科大學前商專改 (B)私立者三:武昌中華大學、法科大學、漢口明德大學 (乙)未在教育部立案者 (A)省立者三:文科大學、前外國語專門學校改。法科大學、前公立法專改。醫科大學 (B)私立者二:法政大學、前私立法專改。鄂州大學 (C)教會立者三:文華大學、博文書院、在武昌。博學書院在漢口
專門四	私立中醫專門、私立美術專門、漢口中法高等、漢陽兵工廠附設兵工學校
師範六	省立男、女初師各一,教會立協和師範學校及聖希尼達女學校,以上四校並在武昌。第二師範在襄陽,第三師範在宜昌
中學三十八	省立者十七:武昌有高級中學,第一、第二中學,第一、第二女子中學,勺庭中學;漢口有第三中學;此外漢陽、晴川。黄岡、鍾祥、蘭台。安陸、漢東。江陵、荆南。襄陽、鹿門。鄖縣、鄖山。宜昌、彝陵。恩施、南郡。荆門龍泉。各一 國立者一:武大附中 私立者十五:武昌有中華大學附中及啟黄、武漢、武昌、成城、共進、楚材、湖北、日新、荆南、旅鄂湖南。女子職業,鄂軍官佐。又鄂北中學在襄陽,卓立中學在應城,縣立者廣濟、蒲圻、大冶、鄂城、蘄水……自新學制頒布後,各縣大率皆已開設初中,若合教會所立中學計之,尤不止此教會學校詳後
實業三十六	武昌有省立高級農業、工業、商業學校,沙市、老河口有甲種商業,此外各縣所立有乙種農工商業三十一校或不止此數
小學	高小一八二,國民小學校六一一八民國四年調查

教會學校

大學有三，即武昌美聖公會之文華大學及循道會之博文書院，俱創設於一八八〇年。清光緒六年。又其一即一八九九年光緒二十五年。倫敦會在漢口創設之博學書院。中學校有十七處，内有女學校五。計在武漢三鎮者八，在宜昌者三，在樊城者二，在江陵、隨縣、黄岡、老河口者各一。師範學校在下列各校均設有師範專科，即漢陽循道會之訓女書院、漢口倫敦會之博學書院、武昌倫敦會之女學校、武昌之協和師範學校、武昌聖美公會之聖希尼達女學校、荆州之學道院、黄岡之師範學校是也。

高等小學在全省有五十八校，學生二千一百八十五人。國民學校二百八十八，學生八千零四十九人。除四川及沿海諸省外，教會所辦小學人數以湖北爲最多。就教會所辦女校而論，四川爲全國之冠，本省則居第二。

第四節　種族宗教

本省各處有回族，施鶴道西南有苗族遺裔，此外皆漢族。且荆南道西南之苗族自改土歸流後，已漸次同化於漢族。

耶穌教

清咸豐十一年，一八六一。倫敦會楊格非博士偕威爾遜牧師入内地至漢口，三年後入武昌。同治六年，一八六七年。有倫敦會夏爾來醫士始設醫院於漢口。斯時有循道會郭修禮、沙修道、李修善三牧師至漢口布道，郭修禮頗與楊博士相得，於是二氏分武漢爲兩部，漢江兩岸歸郭，大江兩岸歸楊。光緒十一年一八八五年。入鄂之第一獨身西女宣教師到省，而女界宣教於焉開始。

湖北省教會之發達，楊博士與李修善牧師與有力焉。自楊博士熱心宣傳，倫敦會乃有今日之善果。李牧師爲人和睦，無所偏倚。諺曰："仁愛天賜，施於無窮"，李氏之謂也。一八七七——一八七九年，即光緒三年至五年。北方洪水爲災，民受李氏之賜者獨多。尤注意瞽人，創辦訓育學校。竟於光緒二十一年水災時因救民而死，至今猶遺愛在人。武昌之創辦博文書院，亦李氏之力也。

美聖公會於同治七年一八六八年。先設教會於武漢，後推廣，西至宜昌，東至蕪湖，全歸上海威廉斯主教節制。一八七一年同治十年。創辦文華大學於武昌。此外，有挪路德會，始於一八九四年，在老河口設第一總堂；蘇福音會於一八七八年設全國惟一之總堂於武昌。

［註］倫敦會，屬公理派，係英教會獨立派之國外佈道會，以英京爲名。循道會，係監理派，係英偉司理美以美會，循偉司理立會之道而無監督制之教會。挪威路德會，屬信義派，即一般基督徒，崇信馬丁路德自身之信仰大綱而成之差會。蘇福音會，屬長老派，係三不同名之宣教會之國外布道者公用此名。此三不同名之會維何，即（1）蘇格蘭國教會，（2）北美正宗教會聯合會，（3）挪威獨立正宗教會。

本省有差會總堂五十八處，分在三十二城内，共分三百五十布道區，有受餐信徒一萬四千七百二十五人。除沿海各省外，在内地十二省中信徒數居第一，要以武漢、樊、襄、老河口爲最多。

天主教之入本省早於耶穌教二百五十年，今有天主教堂五百處，所得教友達十萬三千七百四十八人。

第五節　性俗

1. 重鬼

《漢書·地理志》云："楚信巫鬼，重淫祀。"《隋書·地理志》云："荊州率敬鬼，尤重祠祀之事。"迄於今日，一遊其境，焚香爆竹，朝夕時聞，擊鼓鳴鑼，村落相答。兹摘志一斑。

（1）春儺

楚俗尚鬼，而儺尤甚。春儺時，神架雕鏤金艧，製如椸。刻木爲神首，被以綵繒，頭繫雜色粉帨。或三神，或五、六、七、八神爲一架。黄袍金冠者唐明皇也，赤面塗金者三像曰太尉也，高髻而粉白者金花小娘即社婆也，髯而翁者社公也，白面黄衫跨馬若俠少者馬二郎也。行則一人肩架大旗前導，鼓吹紛嘵，如王公。迎神之家，男女羅拜，蠶桑疾病皆祈問焉。其徒數十，列幛歌舞，非詩非詞，長短成句，一唱衆和，嗚咽哀惋，旋復舞獅，是即春儺時之概況。

（2）有病延巫

楚俗信巫，沔陽足爲之代表，今述沔俗。有疾不延醫，大半必請巫者至家，迎神奉偶像。巫者著紅袍，手執寶劍伏於案上，口中念念有詞。俄而神降其身，名之曰“下馬”。於是摇劍呐喊，鑼鼓齊鳴。神既至，先須食物，或酒或飯，或果餅之屬，爲神所欲。狀似發癲，大聲呼號，如唱歌，如牛鳴，如馬嘶，如狗吠，光怪陸離，不一而足。神喜扳碗，謂之“破煞”。療病之方以符水收魔送鬼爲主，尚有兼開藥方者，亦莫名其妙，此一類也。有一神黑面長鬚，土人呼之曰黑爹爹，相傳係唐時睢陽城中死節之雷萬春。在先人立祠者之意，不過崇拜英雄，乃後世愚民認作妙手回春之醫神，有病則往求符祈籤。甚有抬至其家，接道士，邀親友共出錢若干以備酒席。道士拍令牌遣鬼，弄畢親友群聚大嚼而去，取吃得乾净好得快之神話，謂之“打保福”。空氣瀰漫全境，此又一類也。近聞本縣有十四五歲之女孩亦作女巫，有三仙娘娘、五仙娘娘等怪名。

（3）穿神之俗

沔陽每歲端陽，社會上有穿神之習俗。其式五人，各執鑼一柄，頭頂木面具，紅臉，各色均有，但不常用，祇重紅者。兩旁着長野雞毛，黑鬚，頭後覆以黄包頭，身穿黄袍，手秉黄旗，入民家，就神位旁擊罄取錢以去。亦有留之待食，或餉以鹽蛋、糉子之屬。聞老人云，彼輩所戴之假面，原爲一般强盜之相，因在洞庭湖打刼搶富救貧，如梁山泊英雄之行徑。被逮就戮時，人思而哀之，故作此劇紀念義烈。

2. 大隄游女

昔在姬周之世採風問俗，詩重周南，其喬木之篇云：“漢有游女，不可求思。”然則所謂大隄游女之俗蓋始於三千年以上矣。漢魏以降，大隄游女之風仍復甚盛。如北魏樂府《大隄女》所詠：“寶髻耀明璫，香羅鳴玉佩。大隄諸女兒，一一皆春態”是也。又如梁簡文帝雍州十曲有《大隄》《南湖》《北渚》等曲。盛唐《襄陽曲》，作者尤多，如李端《襄陽曲》：“襄陽隄路長，草碧柳枝黄。誰家女兒臨夜妝，紅羅帳裡有燈光。”兹更擇録唐代名人《大隄曲》二則。

（1）李白《大隄曲》：“漢水臨襄陽，花開大隄暖。佳期大隄下，淚向南雲滿。春風復無情，吹我夢魂斷。不見眼中人，天長音信斷。”

（2）孟浩然《大隄曲》：“大隄行樂處，車馬相馳突。歲歲春草生，踏春二三月。王孫挾珠彈，遊女矜羅襪。攜手今莫同，江花爲誰發。”

讀此具見古來大隄游女之盛，蓋相沿二三千年不絶，今却不聞矣。

3. 溺女之俗

蘇軾《與朱鄂州書》：“岳鄂間田野小人，例只養二男一女，過此則殺之，尤諱養女，以故民間少女，多鰥夫。初生輒以水浸殺，其父母亦不忍，率常閉目背面，以手按之水盆中，咿嚶良久乃死。”

4. 激烈之性

《史記·貨殖傳》：“西楚[①]俗剽輕，易發怒。”《隋書·地理志》：“蘄春人性躁勁，風氣果決，包藏禍害，視死如歸。”《徐氏海隅集》：“鄖陽介雍涼之交，其地多崇岡豐箐。民事慓悍，而憚拘押。雖歲時群楚，往往以財力相雄長，有俠風。四方游民，其瑣尾仳離與挺而走險者多逸其中，久而滋煽，因易爲亂。”

5. 狡滑之性

古稱楚地民性有勁直決烈之風，今已不可見，大部奸柔取巧。常見二人相駡，無論爲勞働者或其他職業界中人，其來勢非不洶湧，若誓不兩立，大有魚死網破之概。始而摩拳擦掌，繼而頓足搥胸，但終不交手。雖無人和解，亦自相支吾以了事。此曰：“緩一刻要汝命。”彼曰：“死在斯，便宜爾矣。”然已徐徐而退，而嚴厲之聲勢仍未嘗少變也。諺云：“天上九頭鳥，地下湖北老。”其以此歟？不得不謂民族性之退化也。以

---

① 西楚，原文爲“其”。

沔陽爲尤甚耳。

竊按鄂省西南端有武陵山脈之排聳峥嶸，西北端有商、雒、巴、荆諸脈之盤旋起伏。其民生於山國，終不改其樸誠贛[①]直之常。唯大江上下蜀楚吴越，商賈貨物之所輻輳，奸民市儈之所走集，斯工於掩飾，習於欺詐，生計艱難，行慧可以致利，則民風日靡，相因而化矣。

① 贛，疑應爲“戆”。

第七章　實業

第一節　交通

一、天然方面之交通

前述四川省大江航路至庫套子而止，按庫套子在巫山縣東四十五里，當巫山十二峰之下。而巫山縣城東距湖北巴東之界爲九十里，至由庫套子而東，大江尚有四十五里，仍在四川省境之中，直至鯿魚溪一名布袋店。而下，江始出蜀入鄂。兹接庫套子敘起。

1. 大江航路

按航行水程，自重慶至宜昌長一千七百九十一里，可航小輪。自宜昌至漢口一千一百四十里，水盛時可航大輪。自漢口至上海一千八百里，詳計水程係二千三百四十六里。通行大輪。

大江在庫套子之上，南岸爲金盔峽，北岸爲銀甲峽。更東航，經霸王杵、三峽水而至巫山十二峰之下，皆所謂庫套子。又東過北岸孔明碑，南岸大磨、小磨，此部風景絶佳。

又東經北岸荷包山、南岸培石而至鯿魚溪即布袋店，遂出四川之界。

按鯿魚溪一作兵魚溪，布袋店一作布袋口。

自金盔銀甲峽至孔明碑之間，巫山十二峰聳於其上，十二峰係由直立層之石灰岩而成。狀貌絶奇，拔江面二千五百尺乃至三千尺。峽壁之狀與十二峰之景互相輝映，各極奇觀。與本志總論之部參看可也。

由布袋口東航，兩岸斷崖矗立，高達六百尺，一若爲利刃所截，是爲鐵棺峽。過北岸金扁担而東趨，萬流。兩岸岩壁漸低。由布袋店至萬流約七里。又東航經南岸清水灘、小潋漘、馬石灘而抵楠木園，約十二里，兩岸爲石灰岩絶壁，固不失爲峽也，特其崖頗低耳。又東航，兩岸皆爲傾斜四十五度之陡壁，是峽爲巫山峽之最下部，經過下作牛、火餤石、門扇峽至官渡口，而巫峽以盡。出官渡口而下，兩岸地貌開展，可見遠山。江中多灘多磧，殆如山間之谿流。經過北岸西瀼溪口、南岸青竹標而至巴東縣城。

計自萬流至巴東一百七十里。

巫峽，起自四川巫縣，至巴東縣西境之官渡口止，凡分三段：第一段自巫山至萬流而漸低，第二段自萬流至楠木園爲巫峽中較低之峽，第三段自楠木園至官渡口。三段合爲巫峽。

下作牛，在楠本園之下，北岸峭壁摩天，下有石嘴如鈍角，勢若西顧。南岸横出石稜作正角形，與北岸石嘴斜對，下流亂石林立，最爲危險。

火餤石，東距巴東縣城四十里。北岸峭壁迤邐南指，南岸火餤石縱横四十丈，亂石踞其頂，横阻江心。再下有山嘴突出攔之，大波怒激，喧豗如雷，聲聞數十里。

青竹標，東距巴東縣城四里。北岸東瀼口溪流砂石積爲大磧，横鋪江心，占江面三分之二，磧尾石盤峭立，扁担石、臉盤石以次當朱家沱緊接東瀼口之下。江岸，横阻江流。南岸溪流亦積爲磧，與東瀼口相對，較北岸水準高約二丈，江面逼窄，水流迅急。青竹標本蛇名，行速而毒重，故以爲名。

由巴東而東航，經北岸雞翅膀、横梁子二石，約七里而抵牛口灘，爲巴東、秭歸二縣分界點。又東經北岸八斗灘、上石門，約三十里許而至洩灘。又東經北岸老虎涎及南岸流來觀之間，而出北岸烏石、虎皮梁之下。水勢洶湧，又名野猪横江，其東爲叱灘口。又東過人鮓甕，即叱灘。而抵秭歸縣城南。

由巴東至秭歸水程九十五里。

《峽江灘險志》：牛口灘，西距巴東三十里。北岸溪流二道，各積爲磧。清嘉庆間蒿子坪山崩，溪流洪大，碎石隨流，遂連爲一大磧，有外蠟方石盤當其腦，牛頭石居江心當其腰，而磧尾獨高。南岸山羊角鋭角横出三脊，直插江底，其下亂石森立，與磧尾犬牙相錯。下游分南、北沱，北岸沙家溪、碎石觜關欄於下。南沱即“苟使君沱”，江流經此，迅激洶湧，泡漩大作，稱爲至危。一名上八斗，以其下有八斗灘，故名。按牛口即下叱也。叱灘有三，水石相激如噴叱聲，在南官漕口爲上叱，雷鳴洞爲中叱，黄牛口爲下叱，舟至此多覆。

《峽江灘險志》：八斗灘，東距秭歸縣五十里。南岸溪流下積大磧，北岸石盤形如覆蚌，横阻江流。至此作連三大漩，危灘殊甚。

《東歸録》：八斗有上八斗、下八斗，蓋水滿則平，半亦平，唯及八分時最險，故名。

《灘險志》：上石門，東距秭歸縣四十里。南岸山稜險峻横出，向北直抵江心。北岸山稜突出，其下掉身廻顧，横截中流，犬牙相錯。江流至此，廻流暴激，兩岸夾出，危險萬狀。

《歸州志》：石門山有石徑，深若重門。漢昭烈爲陸遜所破，走經此門，追者甚急，乃燒鐃鎧斷道，然後得免。其下爲石門灘。

《灘險志》：洩灘，東距秭歸縣二十五里。北岸洩溪經大雨洪流砂石並下，累年積成大磧，江面益窄。巨石當溪口，踞磧之腰曰洩枕。其外石梁起伏，與磧平行曰洩針。洩針外暗礁曰黄淺，其東南潛伏較深曰飯甑老。南岸石崖壁立，迤邐東下，横出鈍角曰蓑衣石，與磧面對峙，共占河幅十分之七八。水流至此，高浪掀翻，危險實甚。士人云：“有洩無新，有新無洩。”蓋言新、洩二灘水漲則洩險，水涸則新險。

《歸州志》：洩灘江心有石曰洩牀，長三十餘丈。又有洩枕爲州境第一險灘。東南流五里爲飯甑老。

《灘險志》：烏石亦曰烏牛石，在秭歸縣城南。虎皮梁亦曰燕窩背，又在上游二里，有石梁九，謂之九龍過江，第一即虎皮梁，横截江心，老虎石踞其首。其西曰紫荆沱，第五梁之下，岸形内曲爲灣。第七曰紅皮梁，關攔益緊，梁之腰曰龍門洞，一曰雷鳴洞，即人鮓甕。叱溪界其下，溪之下曰傲灘，東南與黄石板連接，暗礁起伏，斜貫江心。黄石板之下曰烏磧，烏石即踞其腦，烏磧東南約五十餘丈暗礁爲梗，曰四季蕩，亦曰石磯蕩。其東北約六七十丈曰扁担石，斜長形，東南指。南岸石嘴排列如齒，均陡峻横插入江，與北岸九龍石相應，疑其本連亘，而中潛伏，曰斗篷子，曰鷂鷹三嘴，曰羊家戲，曰山羊角，曰抬盤子，曰小吒角子，第十三即滚子角，總名曰九蓮燈。滚子角與吒溪相對，其下溪流碎石累積，曰荒灘，一曰方灘。再下碎石嘴曰和尚灘。諺云："水淹和尚口，神仙不敢走。"江流至此，急浪紛披，泡漩怒作。其下四季蕩斜衝，扁担石石梁横欄，激而爲蓮花三漩，極大盤渦連圈而下。

《歸州志》：九龍灘在州前，怪石錯出，形狀猙獰，有九石如龍蜿蜒出没。春夏水漲，沸聲如雷。又州西二里曰吒灘，即人鮓甕，亦名黄魔灘。長石截然占江面三分之二，水勢噴薄，聲若雷霆，爲歸峽最險灘。又吒灘分爲三吒，官漕口爲上吒，雷鳴洞爲中吒，黄牛口見前。爲下吒。舟行至此，誤入漩渦，十無一存。又蓮花三漩激水成漩，水大水小無險，水平極險。清道光中漢陽人李本忠捐資鑿開灘石後，購得江南一山，禁開墾，俾沙石不得復流入江心，舟人便之。

《東歸録》：范成大曰，"吒灘，州西二里。黄庭堅詩：'命輕人鮓甕頭船。'吒灘即人鮓甕，亦名黄魔灘。長石截然，據江三分之二，五六月水勢噴薄，聲若雷霆，爲歸峽最險"。將近歸州又有九龍奔珠石，蓋江中九石斜亘，舟行曲折讓之，至下有一圓石，所謂珠也。

由秭歸東航經南岸老歸洲、北岸屈原三沲而至下石門，更東航至北岸香溪口。自官渡口至此，水程約百里許，此百里間是爲江岸低豁之部。更東則入米倉峽，又名寶劍兵書峽，峽盡爲新灘，由秭歸至此四十五里。南岸瀕新灘之西端，曰白狗峽。江岸甫呈低豁之狀，未幾，又入牛肝馬肺峽，亦名崆岭峽，峽盡爲小崆舲。十里至柳林磧，江中三石名三珠。又十里至偏岩子，其上有黑岩子，石刻東湖歸州界，而秭歸之境以終。

由秭歸至與東湖分界點九十里。下石門，西距秭歸縣六里，在屈原沱之下。北岸突出石梁到頭成正三角形，如鷹嘴瞵視南岸。南岸又突出大石盤，較北岸高四十尺，各占江面十分之四，對峙如門。下伏黄淺，黄淺即黄牛灘，金盤磧踞其下，磧由南而北蔽江面十分之八九，僅餘北漕。磧之中低淺可貫細流，又分磧爲南北鋸齒梁，石梁起伏直貫江心，又横截南磧之下，故南磧又别名曰鋸齒磧。石門之上南北均儲水爲沱，舊州河出南沱之上，南沱小而北沱大。水勢自歸州南趨，抵老歸州轉而向北，經北沱外，泡漩交作，曰屈原三漩，亦曰屈原三泡，逼而南指，奔入石門，又急折而北，乃歸北漕，故曰最險。

《歸州志》：下石門灘，兩岸巨石坌入，截江若門，水小至險。又黄牛灘亂石羅列，水大無險，水小險。白居易詩“白狗吠黄牛，灘如竹節稠”，即此。又東一里爲金盤磧，金盤磧大石迎立中溜，水小至險。又鋸齒灘石如鋸齒排立江心，水小至險。屈原三泡水急漩深，水大至險。

《峽江灘險志》：新灘，古名新崩灘，亦名青灘，西距秭歸縣城三十里。自兵書峽以下山高而善崩，漢晉宋明歷有變異。灘中巨石横江，排列如齒，雞心石中亘江流，亂石數十環附之，於是分江流爲南北漕。北漕又分爲四，貼近北岸者曰巴山漕，當漕口曰青石；次曰内漕，次曰通天漕，次曰外漕。以上北漕。南漕較深闊，去岸七八尺，曰黄石嘴，下曰小麻姑石，再下曰麻姑石，踞黄石嘴鷄心石之中。正當中溜曰賴子石，與賴子石相倚潛伏水中曰象鼻石，是曰頭灘，亦曰上灘。下游里許曰天平石，上爲豆子石，大小羅列，當南漕江水之衝，儼然關鎖，則二灘也。再下射紅磧爲三灘。江水出兵書峽，兩岸緊束，河幅逼窄，蓄水如閘。新灘以上縮勢平緩如堰塘水，迨翻落石齒，又如數丈瀑布自高而下，掀舞翻騰、狂奔而出，稱峽中最險之途。

《宜昌府志》：新灘爲楚蜀險隘，冬春水涸，商賈往來必撥運。又新灘南岸曰官漕，上吡。北曰龍門，激湍怪石，舟不可近。官漕差可行，故舟多由南行，稱峽中最險。又天平石，亂石相錯，阻截正流，緊接二灘，水小至險。又射紅磧南岸峭壁，北磧石多，水道逼窄，今報部係屬至險。

《歸州志》：新灘，始平坦無大灘。嘉靖間陰雨彌月，山忽崩壞。兩岸亂石嵯岈，大石横亘江心。洪流薄石，怒濤沸騰，冬春水涸，其險彌甚。又賴子石石出江心，阻截中溜，緊接頭灘，今報部係屬至險。又雞心石大石羅列，舟從新灘中溜而下必經石旁，水道最窄。

《吴船録》：新灘舊名豪三峽。漢晉時山再崩塞，故名新灘。石多水急，瞬息覆溺，舟行欲脱免者必起撥陸行，濟以虚舟。兩岸居民號灘子，以搬灘起撥爲業云。

牛肝馬肺峽，見總論之部，兹不贅。

《灘險志》：崆舲，《水經注》謂之空岭。《通典》《寰宇記》俱作空舲，又作通舲。《遊蜀後記》謂之東陵，亦曰東濡，在秭歸縣東六十里，水道有南、北二漕。石盤長五十餘丈，踞其中流，曰大珠。南漕曰排漕，亦曰石漕，亂石林立，絶斷航路。大珠北面出雞翅膀石，如鈍角，和尚石在大珠東北，潛伏水底。頭珠踞北漕之中，二珠踞其東南，兩珠距離約五丈，三珠直大珠之尾。北岸闞門淺，踞立水中，與頭、二、三珠斜成聯珠勢。水勢由牛肝馬肺峽出廟河折而北趨，大珠當其衝，分流南、北漕，北漕跨和尚石，觸水成駭浪，貫頭珠、二珠、三珠歧流而下，水石衝突，奔暴峻急。

《東歸録》：王刺史燕瓊曰，空舲亦空舟而過之義。諺云："新灘不爲灘，空舲是個鬼門關。"

小崆舲，即空舲灘，西距秭歸縣城六十四里。南岸銅錢堆巨石盤，半圓形，突出江流。上游鴨子石微偏北岸，潛伏江心，與之斜對。小崆岭石梁二，其大者形如琴，小者約五分之一，與大石梁齊尾，位銅錢堆之東北。小石二，形如聯珠，斜綴江心，位大石梁之西北。水勢沿柳林磧北趨，鴉子石當其衝，奔騰東下，小崆岭二小石又爲之梗，觸石暴怒，泡漩奔騰。

偏岩子，爲秭歸、宜昌二縣分界點，斜對南岸曲溪口。又東航，北岸爲美人沱，沱之南，江心有齋公石。又東航，南岸爲上、下羊背灘，爲塔洞，爲鍋籠石，爲虎頭灘，爲上、下鹿角石，而抵南岸黄陵廟。廟東距南沱三十里，距宜昌九十里，西距偏岩子亦九十里。黄陵廟之東南，黄牛山在焉。廟對北岸三珠石。又東爲紅石子，爲救命石，石對南岸渣波子。又東，則北岸爲無義灘。又東抵南沱。自小崆岭至此，兩岸開豁。又由黃陵廟至南沱凡三十里曰黃牛峽，以下又入西陵峽。

由偏岩子入宜昌縣境至南沱，水程一百二十里。

美人沱，兩岸均出石嘴，如設關門。齋公石即在美人沱江心，長方形，約五丈餘。江流觸石，奔騰迅不可遏。

上、下羊背，亦係報部險灘。因乾隆五十三年灘石冲缺，水勢略平。

塔洞，東距宜昌一百四十里。北岸突出大石盤百餘丈，臨江石嘴如蛇伸首四顧。暗礁伏其外，塔洞踞江心，石梁起伏，出水面分爲三，曰頭珠、二珠、三珠，以次而大。下游南岸曰鐵羅背，次即白洞子，又以次而高。鐵羅背鋭角石嘴斜出江面，初本巨石堆，水急力大，衝成亂石，儼然磋磨。白洞子倚岸如巨塚，亂石攢集，暗礁如列星。水勢由美人沱夾石梁而下，貫塔洞、三珠南趨，江形一束，直衝鐵羅背，激成亂流，水力奇猛，再漫及白洞子，勢益緊急。按是處又有“人灘”之名。《東湖縣志》：人灘距縣即宜昌。一百四十里，南岸有青石，嶔嶔綿亘數十步，隱隱有人形，鬚髮悉具，大小不一，夏没冬出，故名。

虎頭灘，西距塔洞二十里。在北岸者曰北虎頭，在南岸者曰南虎頭。南北對峙，截阻水勢，夏秋二季水大最險。

黃陵廟，在南岸上，其北岸下有三石，自西計之，曰頭珠、二珠、三珠。

黃牛山，東距宜昌八十里。《水經注》：“江水又東逕黃牛山下，有灘名曰黃牛灘。南岸重嶺疊起，最外高崖間有色如人負力牽牛，人黑牛黃，成就分明。既人迹所絶，莫能究焉。此岩既高，江流迂廻，雖途經信宿猶望見此物。諺云：‘朝發黃牛，暮宿黃牛。三朝三暮，黃牛如故。’”《范成大集》：“自黃牛峽山直至平喜壩，千峰重疊，靡不奇峭。”

黃牛山係白色險崖絶壁，高聳於花岡岩山地之上，拔江面逾三千尺。其石灰岩壁向東南緩傾，漸次而低。迨至南沱，遂接於江，是爲宜昌峽之上口，即黃牛峽也。

上、下鹿角，亂石崚嶒，兀峙江側，湍險可畏。

紅石子，東距宜昌八十里。北岸羅甸溪口石崖分張兩翼，左翼較高。紅石子倚右翼，突亘大石盤，石質紅白相間，長約七十餘丈，横塞溪口，攔截江流。其下三石鼎立，較高者曰救生石，其巔可容三人。再下游里許，亂石積爲如意堆，如意一名無義。其南岸上游有石盤，長七十餘丈，寬三十餘丈。與紅石子斜對曰渣包，其東鈍角石嘴正對紅石子。再東鈍角山嘴曰狗頭灘，直抵江心，又與紅石子廻應，江面益狹，水勢由黄陵廟直逼南岸作曲弧形，渣包當其衝，乃逼而向北直衝紅石子，急流奔赴，逸不能止。左翼石崖闕攔於救生石之下，轉爲廻流，復冒左翼石崖翻騰而下，經如意堆，大波雜流阻礙江溜，實爲三峽下流最險之灘。

《東歸録》：無義灘南岸有黄牛灘，俗呼大老翁灘、小老翁灘。又有查波灘，前爲官漕一珠。宋寇準謫巴東，舟經此灘，聞水中人語，出視，見一裸體者爲之挽舟。準問之，曰："我黄魔神也。公異日當大用，故爲公挽舟耳，但裸禮不敢見。"以錦袄投之，神即以袄被體而去。亦查波灘上一趣話也。

南沱，水勢洶湧，急流成漩，一發必三，大水至險。

江自南沱而下入宜昌峽，亦名西陵峽，其峽壁往往沿其直立裂罅，被水蝕爲深溪，是以絶高險壁。其山巔各各分離，或爲屏狀岩，或爲柱狀岩，其或併或離之狀，備極天下之奇觀。又東航過北岸天柱峰下，其南岸即爲喜灘，水曲石多，泡大險極。以下過北岸黄纇洞，南岸石排珠，又對偏腦、北岸。神龕子南岸。之間，水勢狂驟，遂達平善壩。舟子至此，欣欣然有喜色矣。又東過北岸三遊洞之下，遂經楠木坑而抵北岸南津關，關在西陵山下。是謂峽門口，而西陵峽以盡。又東抵宜昌縣城南。

由南沱至宜昌水程六十二里。

黄纇洞，一作黄鱔洞，山勢壁立，江水由喜灘逼冲洞口，大水最險。

黄纇洞上游之南岸有"扇子峽"之稱。

石排珠，又在黄纇洞之下流，巨石排立江心，洪流激撞，大水、中水至險。

偏腦，在北岸，神龕子在南岸，南北斜對，江面狹窄，水勢狂奔，大水最險。

甫至偏腦子及神龕子之間，北岸曰北卡，南岸曰平喜壩，亦名平善壩，西距南沱、東距宜昌俱三十里，三峽之險，至此已盡。

三遊洞，在北岸，由南津關上坡沿山走即三遊洞，夏日宜昌人民多來此納涼。由三遊洞而東，過白龍洞、在南岸。楠木坑在北岸。之間，楠木坑亂石疊橫，因白龍洞水勢北趨，激成漩泡，大水至險。

由宜昌東航，經南岸葛道山、執笏山、十二碚而出虎牙灘。灘在荆門、虎牙之間，九十里至宜都，百十里至松滋，江流經百里洲之北。又東過虎渡司，有虎渡河奪江南流，注澧水。又歷百四十里而至江陵沙市。又過郝穴之南而南折，北岸有温馬口奪江東洩爲長夏河。江轉南流，歷一百三十五里至石首縣，西北江心有天心洲、在西。楊發腦在東。二長洲縱列。更曲折東流，經監利縣南，南岸有塔市驛，自此以下江流跨入湖南境，北岸陸地仍屬湖北省。更東北流凡一百九十里，至上、中、下三車灣市，遂南折而逕白螺司之南。又流行一百三十五里，南距城陵磯不遠，江流仍屬湖南岳陽縣境。更東北流，始入湖北沔陽縣境。

由宜昌至沙市水程三百四十里，由沙市至城陵磯四百六十里。

宜昌城外江幅廣一千二百碼，輪船碼頭在大南門外，無躉船，須另僱小船登岸。由宜入川，乘帆船至渝約須三十日，搭輪只三日可到。沙市地勢低窪，築隄障水，市肆悉在隄内。此隄東起白螺磯，西迄董市，在松滋對岸。蜿蜒計長七百餘里。

岳州扼洞庭湖口，汽船、汽車南通長沙。凡長江輪船上下，必繫纜於城北十五里之城陵磯，自此輸出茶、米頗多。

江水深度，在宜昌、岳州間，最高時由三十英尺至五十英尺，最低時衹尺許耳，岳州附近最低時或至九尺。

由城陵磯而北經臨湘縣城西，又北流於新隄、陸口、赤壁山之間。又過嘉魚縣城西，而過新灘口、沌口東即金口西，又北流於武漢三鎮之間而納漢水，遂東南轉而流逕鄂城、黄岡之交。又過黄石港、漳源口之北而抵於武穴。又東流於江西、湖北二省之界，又東流入安徽、江西二省之界。

由城陵磯至漢口，水程三百四十里，由漢口至九江水程五百三十五里。

由漢赴滬乘輪須兩日餘，即晚九時開船，翌晨早十時至九江，又翌晨早七時至蕪湖，晚六時至鎮江，又翌晨早九時抵上海。

黄岡、鄂城南北相望，商務平常。

武漢三鎮江幅寬千六百碼，增水時可航吃水二十英尺之汽輪，减水時足航吃水七英尺之汽輪。

蘄春江西岸漳源口，大冶之鐵由此輸出。

武穴爲江輪上下停舶之所。北岸田家鎮因山爲壘，勢極陡峻。武穴大江南岸有赤土斷崖，高四五十英尺，俗有“火燄山”之稱。以下志長江支流之交通。

2. 漢水航路

漢水源出陝西寧羌縣北之嶓冢山，東流一千五百二十里，始出白河縣而入省境。東流百里之間，河幅廣約七八百尺，多見岩石突出水上，航路險仄，舟夫最苦。由白河航行二百八十里至鄖縣城南，是處增水期深達丈許，减水期僅五六尺耳。由鄖縣而東多淺瀨，夏期增水，河床每生變動，行舟不慎，最易擱淺。行一百五十五里至均縣以下，河幅廣一千二百尺，三分之一爲砂洲，岸外多係不高之石山，且不連續，故石灘亦漸絶迹。計自陝西洋縣黄金大峡以下，至此經過著名險灘一百三十二，以下再過亂石、石門等灘，便入砂質河底。更東流一百八十五里抵老河口，爲漢水全域有名之市埠，民船可上溯南鄭，停舶之船常有千隻，夏期增水時吃水四尺之小汽輪可達於市。由此而下，河幅廣八百尺，極彎曲之致。歷一百八十里達襄樊，水勢浩瀚如大湖，左岸三分之二爲砂洲淺瀨，唯右岸三分之一爲行舟之路。由樊城東航十五里有淯河，即唐、白、湍三水所匯並出伏牛山脈而南流相會者，又有“東漢水”之稱。漢水又東流至東津灣而南折，河幅廣二千尺，然沿右岸多砂原淺瀨。又流四十五里至劉家集，有龍門灘，雖不如上河之險，然亦著名之灘也。又南逾宜城至官莊及雅口，又行七十里。官莊、雅口爲產米之所，每年輸至樊城老河口者甚夥。再南流二百二十里抵鍾祥，河幅又縮爲一千二百尺，增水期深七八尺，減水期三四尺耳。自老河口以下概如是也。六十里抵唐港，有街。二十里抵石碑。三十里抵馬梁。諺云：“過了石碑没有灘，過了馬梁没有山。”三十里至臼口。漢水至此，初向東南流，忽轉而入西北，繞成一大灣曲，川漢鐵路將來由此渡漢水。四十五里至沙洋，爲古馬良口，街市污穢不堪，屬荊門縣，有水南通沙市。又南流約八十里許有夜汊河自西來注漢水，此河昔通大澤口，今改道由太白湖江陵縣東北境。可達沙市，增水期通舟航。漢水由沙洋南流三十里，經多寶灣二十里至大澤口，地屬潛江縣。漢水由此分股東南流，經沔陽縣沙湖，仍由新灘口注大江。

漢水轉而東北流至黑流渡，兩岸皆有街市，但北岸較南岸熱鬧。又東流三十里至岳家口，屬天門縣，所產棉花、棉布、銅鎖著名，商務亦較沙洋爲盛。三十里彭水河，商務與沙洋相埒，蠶業甚盛，故產絲頗多。十里麻洋潭，商業較沙洋爲盛，惟街衢狹小，污穢不堪。四十二里仙桃鎮，屬沔陽縣，在縣東北九十里，商務輻輳，較老河口尤稱繁盛，有電燈、電話，漢口以上之第一巨鎮也。河幅廣僅六百尺，然自此以下河水較深，常年有吃水四尺之小汽輪，日開往漢口一次。由上流乘民船而來者至此改換小輪，一百五十里達繫馬口，屬漢川縣，椗泊民船甚多。繫馬口以下漢水極爲彎曲，三十里抵漢川縣城。六十里至新溝，爲溳水入漢水之口，有小汽輪可達天門。六十里至蔡甸市，在漢水之南，運河縱横，可通沙市，爲漢口以上第一熱鬧碼頭。又六十里抵漢口。

全流自均縣以下兩岸山脈離岸漸遠，變成流沙性之河底，又名“活動河底”。增水之期沿岸城邑田野每受氾濫之害，故自均縣以下漢水兩側皆有隄防擁護之。

拉雜紀述二則：

（1）漢水下游河道有特别性質，曲折甚多，大小長短不一，而曲折之間雜以直流，曲折河道常較直流爲固定而甚狹。曲流深處常近河岸，凹入方面水流速力減少，每沈澱成沙洲，時被急流冲刷，旋復聚集，所謂活動河底也。

（2）自鍾祥至漢口，除沙洋有一段沙地外，大半均爲泥岸，故河流較爲固定。淺水頗循常道，大水則限於隄防。水勢最高之時，隄内低地有在水平下二三十尺者，大水之危險及潰隄之慘狀可想而知矣。孝感、應城、京山、天門、漢川諸邑合爲一大平原，地勢極低，多湖澤，間以小山。此低原天然水道，自安陸縣境即溳水攜富水趨向東南，向新溝見上。進行，鍾祥、新溝之間漢水並無支流以疏洩。此廣闊之低原實則周圍皆隄，以防漢水泛濫，其惟一出口則在新溝之富河，亦即溳河。按此河出口不僅入漢，且經過湖溝之區，至諶家磯出大江。此一帶隄防設有潰決，則此一片大地所受慘禍當甚烈，而漢川縣地勢最低，受禍尤當最甚。

3. 彙志漢口以上之大江支流

（1）清江，自宜都城北之江口溯航可達長陽縣之資坵鎮，有三百餘里水運之路。

（2）沮水，沮、漳二水至河溶附近相會，下航至沙市間約百四十里，民船往來頻繁。由河溶上溯至當陽四十里，適當東荆門西宜昌間北遠安交通之中樞，計由當陽至沙市有百八十里水運之路。

（3）太平運河，自沙市上流三十里，大江南岸之太平口即虎渡口。洩出南流，出公安縣入湖南安鄉縣，經洞庭湖而溯沅江可達常德商埠，水程約三百六十里。順風時四五日可達，無風時須航行八日或至十日。河幅廣五十尺至百尺之間，增水時深達五尺至一丈，平時不過二三尺耳。爲長江濁流洩入洞庭湖通路之一。此外沙市對岸及其下流十五里之江岸皆有口洩江水通太平運河。

（4）藕池運河，藕池口在石首縣西北大江南岸，即在沙市下流一百三十五里之地。在西岸者曰北口，在東岸者曰南口，大江濁流由此溢出，南注湖南華容縣入洞庭湖。溯沅江可達常德商埠，水程四百二十五里，水量較太平運河爲大，四季通舟。全域水路縱横交互，不勝枚舉。

（5）裏河諸水，漢口、沙市間之湖北低地，居江、漢幹流之交，湖沼棋布，水路縱横貫通，多舟航之便。究不能區别其孰爲江之支流，孰爲漢之支流，統稱“裏河”，或呼爲“便河”。兹略述如下：

（A）漕河，亦稱便河。由沙市北逕江陵城，東經草市而東入長湖，自湖東嘴溢出，北流至沙洋，通漢水，水程全長一百七十里。此水亦東通大澤口，曰西荊河。

（B）沌音屯。河，吞吐於漢陽縣南三十里之沌口，其上源曰長夏河，係集漢水南岸洩出諸湖之水而注於大江者也。

由沌口溯沌河而西南進，殆與長江並行，左望小軍山，凡三十里至蕭家灣。更西轉至大軍山之麓，地名蒲潭司。大軍山高三百尺，爲航行者一大目標。更西南進，見運河四通八達穿航湖泊中而達湘口，距漢口百三十里。更西南入沔陽縣境，經鄧老湖及大同湖之北部，隔湖可南望黄蓬山，由此可南達新隄、東通新灘口，而西出洪湖入長夏河。兩岸高築隄防，棉田與稻田相望。更出土子口係右岸一小市。入白鷺湖，達江陵縣境，傍湖人民多營漁業。更西渡半渡湖、瓦湖、長湖而南達沙市，是爲漢口、沙市間之運河。河幅廣二十尺乃至三百尺，深在六尺至九尺之間，全長約六百里，民船航行七日可達。

丫角驛，在長湖之東嘴外，爲北通沙洋、南通沙市、東通長夏之交點，係一小市鎮，有户口，江陵分縣署在焉。

由潛江縣大澤口而航便河，可西達沙市，東達新隄、新灘、沌口諸地。

4. 彙志漢口以下之大江支流

以下四水並有航行之利：

（1）灄水，自黄陂縣北境之長軒嶺以下至灄口達江、漢。

（2）舉水，自麻城以下經宋埠、歧亭至團風司注大江。

（3）巴水，自羅田縣城之尤河西南航入巴河，至巴河口注大江。

（4）浠水，自蕲水縣城南至蘭溪口注大江。

（5）廣濟縣，武穴之上，有三十里水路，可通民船，下達大江。

5. 漢水在湖北省之支流

（1）堵水，溯航而上，有二百里民船之路。

（2）丹水，下流曰均水，其注漢江之口在光化縣西北四十里之均口，亦名小江口。屬均縣境。自此上溯逐漸淺狹，只容百石之船，歷水程二百六十五里而至河南淅川縣之荆紫關。又溯航三百三十五里而至陝西龍駒寨，是湖北入長安惟一之通路。

（3）白河，與唐河相會於樊城上流五十五里之地，至樊城東十五里之處注漢水，有“東漢水”之稱，運輸之利甚鉅。由河口溯白河而上，民船航行三百里可達南陽。由河口溯唐河而上，民船航行五百十里可達賒旗鎮。

（4）溳水，源出大洪山，東南流入安陸縣境會漳水。又南流至應城縣境，西通天門縣河，東通澴河，南流至新溝口注漢水，至黄陂之諶家磯並通灄口，俱注大江。西由京山永隆河以下，中由雲夢城西以下，東由黄陂城東以下，夏期俱通行小汽輪。

二、人爲方面之交通

1. 鐵路

（1）京漢鐵路

（壹）路線

由北京縱貫直隸、河南，由武勝關入省境，南走歷廣水、花園、孝感、灄口經諶家磯而入漢口，經大智、循禮等門而抵於玉帶門。隔江遥望可見梅子山、黑山間之龍燈隄，乃本路南端之第一站也。

（貳）略歷

建築發端起於清光緒二十二年。是年，津海關道盛宣懷因直鄂兩督保薦來京，覲見之始即陳述辦法，遂得派充鐵路督辦。同年設總公司於上海。二十三年，盛過鄂，與比利時公司議借英金四百五十萬磅，訂立合同，所有全路工程應用材料均由比公司主持。勘明幹路，由楚入豫，取道信陽，並酌定先設單軌，俟運輸發達、支路遍布、車輛增加，再行添築。由是南北兩路測量建設分段並舉，路工之成實基於此。

迨二十四年四月，蘆保蘆溝橋至保定。先成。二十六年中，經“拳匪”

之亂，稍受影響。是年秋冬，漢信及保正保定至正定。次第工竣。是年，決議軌道直達京師。三十年九月，鄭信竣工，全路中惟黄河一橋最稱險要。三十一年，橋工落成。橋長約三千零一十法尺，計華六里有奇，構造艱難，爲世界所罕有，亦爲世界有名工程之一。橋成而後，南北乃得飛渡，蓋是時距經始之期已九稔矣。

（叁）借債

京漢鐵路公債，A 項向英國倫敦菲色爾公司借英金四十五萬磅，B 項向横濱正金銀行借日金二百二十萬元，C 項向英國倫敦菲色爾公司、密德倫公司借英金十九萬四千四百磅。以上三項俱於民國九年償清，仍有整興實業借款及正金銀行借款尚未償清。兹志如下：

（甲）整興實業借款

（一）借款名稱：滙豐、滙理銀行借款。

（二）契約日：光緒三十四年九月十四日。一九零八年八月十八日。

（三）債權者：英國滙豐銀行、法國滙理銀行。

（四）用途：八成購回前項鐵路借款，二成振興實業。

（五）起債總額：英金五百萬磅。

（六）年利：前十五年五釐，以後四釐五。

（七）實收價格：九四。

（八）實收總額：英金四百七十萬磅。

（九）擔保品：浙江省房酒當契各捐、新舊鹽斤加價，江蘇省鹽税斤案加價及房捐，湖北省川淮鹽新舊加價及各烟酒糖税、田房契税，直隸省烟酒雜税及運庫均價、鹽斤新案加價等各種雜項收入，統計庫平銀四百二十五萬兩。

（十）年限：三十年。

（十一）本金償還期：由第十一年起，二十年間分二十期償還。

（十二）本金償還開始期：民國八年九月二十五日。

（十三）本金償還完了期：民國二十七年九月二十五日。

（十四）酬勞費：百分之二·五〇。

（乙）正金銀行借款

（一）名稱：宣統三年中國國家京漢鐵路五釐借款。一名整頓鐵路借款。

（二）契約日：宣統三年二月二十四日。一九一一年三月二十四日。

（三）債權者：橫濱正金銀行。

（四）用途：償還本路度支部官款及各路借款本利。

（五）起債總額：日金一千萬元。

（六）年利：五釐。

（七）實收價格：九五。

（八）實收總額：日金九百五十萬元。

（九）擔保：每年以度支部收入江蘇漕折庫平銀一百萬兩作抵，並以京漢鐵路借款進項爲償還本息之用。若有不敷，中國政府當將前項進款交銀行收執。

（十）年限：二十五年。

（十一）本金償還期：第十一年起分十五年平均償還。

（十二）本金償還開始期：民國十一年五月二十一日。

（十三）本金償還完了期：民國二十五年五月二十一日。

（十四）酬勞費：百分之二・五。

（2）粵漢川鐵路

（壹）路線

（A）川漢預定路線，自漢口接京漢路而西走漢川、應城，至臼口，渡漢水，經建陽而抵宜昌，遂循大江北岸而入四川，抵夔門至重慶，而終於成都。

（B）粵漢鐵路總車站，在武昌城北大江南岸之徐家棚，分站在城南之鮎魚套，鐵軌即自總站繞東城外而達於分站。南行經咸寧、蒲圻過羊樓峒入湖南，歷岳陽、長沙而抵於渌口。若再接築，須經衡陽、宜章而接廣東曲江，自曲江以南至番禺之線則早已通車。

（貳）略歷

清光緒二十四年正月，直督王文韶、鄂督張之洞、鐵路督辦大臣盛宣懷奏定粵漢鐵路共長二千餘里，由鄂、湘、粵三省紳商自行承辦。三月，駐美使臣伍廷芳與美合興公司訂立承修粵漢鐵路草合同，借英金四百萬磅，九折，年息五釐，由中國發給足數金元小票作押，允該公司有建築全路特權。

二十六年六月，鐵路督辦大臣盛宣懷與合興公司訂立續約，因前借四百萬磅預算不敷，改定借款爲美金四千萬元。

二十七年十二月，粵漢鐵路在粵開工，先修三水支路。

二十九年閏五月，川督錫良奏請建築川漢鐵路，由漢口至成都共長二千七百餘里，由川省官紳集款試辦。

三十年二月，鄂督張之洞以美合興公司私售株股於比、法二國，而公司亦暗易比人，是京漢路已與比人創辦於前，而粵漢路又由比人興辦於後，南北幹路歸於一手，後患堪虞，乃倡議廢約。九月，三水支線九十里工竣開車。十二月，川督錫良奏設川漢鐵路公司，定招股章程，實行開辦。

三十一年八月，鄂督張之洞與合興公司訂立購回粵漢鐵路合同，按購路全價美金六百七十五萬元。該公司已代中國售出之金元小票二百二十二萬二千元，照九折實數在總數内扣除，由中國另自購回。嗣因購路款巨期迫，猝難籌集，乃向香港政府借英金一百十萬磅，年息四釐半，十年分期攤還。乃將粵漢鐵路贖款全數交清，收回路權，由鄂、湘、粵三省官商籌辦。十月，鄂、湘、粵三省官紳議決分辦，即各籌各款，各修各路。按贖路借款英金一百一十萬磅及未贖回之金元小票二百二十二萬二千元連同利息議定按七分均攤，鄂一分，湘粵各三分。合興公司已築成之路及材料、地畝在某省者即由某省認價，仍鄂一、湘粵各三分派。此後築路籌款各省分辦，同時並舉。湘省路長，爲全路速成起見，議定將宜章以下至郴州邊境止，讓粵代修，廿五年後由湘照價購回。自此議定後，粵湘兩省即着手舉辦。

三十二年正月，鄂督張之洞奏定湖北境内川漢鐵路接修辦法。川漢鐵路議辦之始，川鄂兩省紳商均持畫境分修之説。惟鄂境宜昌以上至四川萬縣，山嶺峻險，鄂省時方議修粵漢鐵路，財力不充，且川省築路若不先將鄂省宜萬築成，接通江路，則材料轉運非常困難，亦無着手之處。因議定宜萬一段歸川省代修，將來由鄂贖回，照粵漢路粵省代修湘路辦法辦理。

宣統元年四月，張之洞向英、法、德三國借英金五百五十萬磅，訂草合同二十五條。兩路自商辦以來，或集款無多，或存款倒賬，益以意見參差，事多延擱，虚耗尤甚，非當日力争贖路時所可逆料。況路長費鉅，若無大宗借款，終難觀成，即各省紳董鑑於路事之糾葛延緩，頗有主張借款者。張之洞爲争廢美約購回自辦之倡議人，至是亦不得不更議借款。乃始向英國籌議粵漢借款，繼加入鄂境川漢由德借款，嗣復加入法國，終決議三國合借分用，借英金五百五十萬磅，九五扣，年息五釐，以湘鄂兩省釐金及鹽米捐數目作抵。至工程承辦權，則粵漢屬英、鄂境川漢屬德，而法不與焉。七月，美國加入借款，合共英金六百萬磅。美使照會外部，援前允許將來川漢借款先儘英美商借成案，要求加入借款。歷經磋議，增借款爲六百萬磅，兩湖、粵漢、鄂境川漢一半分撥美商。

三年四月，幹線收歸國有，定爲政策。計自開辦以來至本年止，鄂境川粵漢測勘後甫籌購地。湘境粵漢築成長株一段，通車計一百零二里。株渌段三十里購地將完，擇要興工。長岳段正籌購地。粵境連前美造之路，共成一百七十里通車，其由黄石站至黎峒二十一里，安軌尚未通車，黎峒至韶州二百二十九里内築基過半。川境所修宜歸段約二百九十里，計分十段，首二段鋪軌漸竣，餘在興築。

郵傳部大臣盛宣懷與英、美、法、德四國銀行訂立湖北、湖南兩省境内粵漢鐵路、湖北境内川漢鐵路借款正式合同。自草合同由張之洞簽定後，各省反對借款，糾紛莫定，延擱年餘。幹路既定國有，四國銀行復屢促實行，乃正式簽約。其借款用途：一爲購回前美國合興公司代大清政府所發售之金元債票，計美金二百二十二萬二千元，並應加價二分半及應付之息；一爲建造官鐵路幹線，由湖北武昌經湖南岳州、長沙至郴州境宜章縣接連廣東所造粵漢路爲止，名爲湖北、湖南兩省境内粵漢鐵路。又由湖北廣水京漢路線處起經過襄陽、荆門至宜昌約長一千二百里，並由宜昌至四川夔州府止，原定路線有荆門至漢陽支路，今截去以此抵補。名爲湖北省境川漢鐵路。並訂明由中國自聘英人一名爲粤漢路湘鄂線總工程司，德人一名爲川漢路廣宜線總工程司，美人一名爲宜夔線總工程司。至建造及管理一切之權全歸中政府獨自辦理。

五月，郵傳部奏定川粤漢鐵路收回詳細辦法。四省商辦時籌款辦法，粤省全係商股，川省以隨糧帶征之租股爲大宗，商股次之，另又有土藥、鹽、茶捐等項。湘省除商股外，有租股、米鹽雜捐、房租捐、員薪派捐等項。鄂省除商股外，有賑糶捐及川漢彩票捐等項。收回辦法擬盡數换給國家鐵路股票，仍照原定官利給息，妥定歸還年限，俾官辦之路仍與民同享其利。倘或願領資本，則分别商股與公捐及實用與虚耗，酌定分别發給現款及保利股票或無利股票三種。至造路辦法，粤漢則分武長、長郴、郴廣三大段，川漢則分廣宜、宜夔、夔成三大段，分别限期完工。

粤漢路商辦湘境長株段工竣開車。商辦湘路先築長沙至株州一段，俾與株萍路聯運輸。於元年七月開工，至是工竣開車，旋即設站售票，計路長一百零二里。

八月，鄂境粤漢、川漢路收歸國有，取銷商辦鐵路公司。自郵傳部奏定收回辦法後，經分查各省路股。其時，粤則收銀一千六百餘萬兩，用款相等，存銀無多。川收一千數百萬兩，用近千萬，存款則虧倒甚巨。湘收五百數十餘萬兩，用數相抵，尚有不敷。鄂境川粤漢由官錢局經理者共收一百十數萬元，用以辦路者約八十餘萬元。由公司招股九十餘萬元，用六萬餘元。鄂省開辦較遲，尚未開工，用項無多，收回較易。因議定照郵傳部奏案，除商股已用六萬餘元議還現銀外，餘則議給國家股票。官紳意見既同，乃撤銷商辦公司及協會，由官接收辦理。民國四年，由部另定辦法。官招八十餘萬元，内認股五十四萬餘元，部認每一元還七角三分八厘一毫，分期五年，照六釐息换給有期證券，餘由湖北官錢所湊還。其彩票股則换給元年六釐公債票。另有賑糶捐歸路用八十餘萬兩，折合銀元亦發給公債票。

民國元年，中央復定川粤漢幹路收歸國有政策。十一月，交通部接收四川川漢鐵路。川省路款，前以倒虧甚巨，不敷已多，軍興以來尤難籌集。川人議決路歸國有，公舉代表程德全等赴京與交通部議定合約七條，訂明所有宜萬一段工程材料及路産等均歸國有。此外由成都至萬縣，川漢全線亦照此辦理。但將來國家改定路線，除宜萬外，如此路有不作爲幹線者，得仍歸公司承辦。其公司現存之款提回自辦實業。至直接間接用於路工之款，股東原有主張換給國家鐵路股票者，但股東權利牽涉借款合同不便，乃訂明還股辦法。直接款分十年，間接款自接收後第十一年起，分五年攤還，年息六釐，均自部先給予定期期票。並訂明路欠債款分別歸還辦法，簽約後乃分別派員核算清理，預備接收。按此項票款至四年計算本息共合銀元二千九百二十五萬三千四百餘元，由部全數換給期票。

二年三月，交通部與四國銀行團續定實行借款合同，乃照約提款興工，設粤漢川鐵路督辦。四月，設川漢廣宜廣水至宜昌。路局於漢口。六月，交通部接收湖南粤漢鐵路。湘路當清季即議接收，未成。民國後湘人以路長款絀，對於國有亦不反對。譚人鳳、黄興任督辦時，湘路公司堅索現款，未克接收。至是由部請由湘公司舉代表陳文瑋等赴京申明部款支絀，股款須分年攤還緣由，因議定接收合約二十條。訂明湘境粤漢幹路及三佛支路，湘占七分之三，所有已成路線、未成路線一切産業權利均歸國有。股爲以商房租薪股爲甲項，分三年攤還。以米鹽股爲乙項，自接收三年後分十二年攤還，年息六釐，均先給與有期證券，按期還款。其餘應行事宜均經商定列入合約，簽定後乃分别派員清算帳目，接收路工。按乙項股款本息分期歸還辦法，民國五年續定展長至自民國五年起至二十八年止。統計甲、乙兩項共本九百十二萬餘元，息三百八十九萬餘元。八月，粤漢路湘鄂線武昌鮎魚套首站開工。

三年四月，規定川漢路廣宜、宜夔兩線路線改廣宜名漢宜。川漢路在鄂境者，原定始於廣水，與京漢路相接，取道襄陽、荆門以達宜昌。嗣經覆勘詳查，雖免與航路競争，而地勢較高、物産不豐，且道里綿長、工款較鉅。況以川漢大幹路之起點不宜與京漢廣水一小站相接，時軍商各界亦請改線。乃由督辦馮元鼎呈部，規定廣宜一線改由漢口起點，取道應城以達宜昌，約長七百里，較原線短三分之一。並擬定由安陸至襄陽老河口及由安陸經過建陽驛至沙市，將來築兩枝路，約共五百里，以符原借款合同所限廣宜段一千二百里之數。蓋襄歸老河口一帶商務繁盛，沙市爲通商巨埠，枝路築成，雖一時川路未通，亦可藉營業以資養路。至宜夔線仍先從宜昌至歸州一段着手，照商辦公司所定之線，經總工程司復測，以坡度太高、路線較長，改爲裁灣取直，計一百五十餘里，較原線幾短一半。其歸州自夔府經由巴東巫峽等處，勢雖險阻，商辦主張繞越。惟里程較長，擬即築通隧道以期路短工省，並因此段既經縮短，乃加展夔州至萬縣一段，以謀將來營業發展，並湊符借款合同宜夔路線所定之里數。自是川漢路漢宜、宜夔兩線遂照此規畫進行。

四年六月，督辦馮元鼎呈交通部，報告漢粵川全路預算工款情形，並預籌展修及續借款事宜。粵漢當接至廣州，川漢當築通成都，以國防論、以交通論、以營業論，均爲一定辦法，固不得限於借款合同所定路線，以宜章、夔州爲止也。惟其時粵境粵漢尚未收回，仍歸商辦，款源奇絀，告成無期。川境始有由商人自築成渝一段之議，繼由部聲明，此段將來如認爲幹路，則公司不得自築，亦尚未實行舉辦，則照借款合同定路線外兩路展修問題，國家當早籌及。因就合同所定路線，先行詳加預算。計湘鄂路約需八千萬元，漢宜約需六千一百萬元，宜夔工程尤難，計至萬縣止約需八千一百萬元，連同枝路並加入一切費用，兩路約共需英金二千八百萬磅。借款合同六百萬磅，本屬不敷，故訂明可續借四百萬磅。但非經此切實預估，亦不料本路投資竟需如此之鉅，況預擬展修之路尚未計入，則續借款一事既爲本路之急務。而成本既重，惟賴營業取償，展修川粵問題益難從緩。自報告提議後，經部與銀行團磋商續借款未成展線，因亦擱議。

十一月，督辦詹天佑呈定漢粵川路就款計工辦法。湘鄂線先儘修武長一段，漢宜線先修漢皂一段，宜夔線停工。兩路需款之鉅既如前所述。本年歐戰發生，續借款既更無望，即已借者亦提用較難，且料貴磅跌，虧損尤鉅。其時本路工程，湘鄂由武昌南至長沙一段購地過半，已開築土工橋基。漢宜初經購地。宜夔複測入川，全線本竣。而原借款六百萬磅，除收贖美國金元小票並借款扣折及歷年利息，又收贖湘川兩路實計工值由借款項下撥付者以及歷年三線提用之款開支外，僅餘存三百二十二萬餘磅，不敷至巨。倘仍分投兼顧，必至一無所成，因定暫時就款計工辦法。商經銀行團同意，以英、華①、美三國借款存項並營鄂湘線武昌至長沙一段，計二百二十六英里。漢宜則儘用德款，暫行先修漢口、皂市一段，計一百二十三公里，俾先通車。宜夔則俟覆測報竣，暫行停辦，以爲一時權宜之計。

十二月，漢宜線漢口首段興工，漢宜線測勘工程陸續告竣。漢應一段先行開工，自十四公里起至三十四公里分爲五段，同時並舉。

四月，漢宜線接修皂楊段工程，繼復決定展修老河口枝路，由楊家洚至安陸府。歐戰未已，料價日增，原定先修漢皂段通車辦法，深恐料貴款鉅且路線不長，難言營業。因決將漢皂擬購橋梁鐵軌之款移修由皂市展至楊家洚長四十二公里土石工程之用，即行購地開工。續因預算款尚有餘，更進謀枝路由楊家洚至安陸府四十五公里。展修辦法，先組織測量隊履勘枝路全線，至老河口止，以備進行。俾路基築成，俟時局稍定，料價減輕，路款籌增，即可安設軌道。俾枝幹聯絡，藉營業以謀補助。

六年二月，湘鄂線武蒲段工竣，計由武昌至蒲圻長八十英里。八月，中德宣戰，漢宜線辭退德籍總工程司及各洋員，借款之存在柏林德華銀行者不能提用。漢宜線所遺總工程司等職始由華員承替，嗣英、法、美三銀行團以借款合同團體關係，要求將總工程司及查帳員、洋帳員仍暫用他國洋員充當。十一月乃以宜夔美籍總工程司兼漢宜線總工程司，其查帳員、洋帳員二職由湘鄂英員兼充。至在德不能提用之款計英金二十四萬七千餘磅。九月，湘鄂線蒲岳段繼續工竣，計由武昌至岳州二百四十英里。交通部派員至漢口會議湘鄂線工程預算，並議決漢宜線停工，裁撤漢宜副局長及工程處。前定美、法、英三銀行存款專營湘鄂線，已

---

① 華，應爲“法”。

全力注重武長通車，惟以歐戰影響，料貴磅跌，超溢預算。至是結算通車以前應用工款所差甚鉅，因設法核減工款，先其所急，不敷之數由部籌撥，並與財政部商撥備還德國外債存款移濟工需，即以柏林德華存款劃抵。至漢宜線，漢皂段土石工程已完，皂楊段之土石工程尚未一律完工。老河口枝線全測將竣，德國存款不能提用，惟有將已完工者實行保管，未完工者勉力辦竣，未開工者在皂楊段内約四公里半係石山難工。即行停辦。枝線測量既竣，停止進行。

七年九月，湘鄂線武長全段接長株段通車，計自武昌至長沙接連長株共長二百五十八英里九五。

（叁）漢粵川鐵路借款

（一）名稱：中國政府一九一一年湖廣鐵路五釐遞還金鎊借款。

（二）契約日：宣統三年四月二十三日，一九一六[①]年五月二十一日。民國二年三月締結續約。

（三）債權者：德國德華銀行、法國東方匯理銀行、英國匯豐銀行、美國資本團。

（四）用途：（1）贖回前美國合興公司代售之債票。（2）由武昌經岳州、長沙至郴州宜章鐵路，及由廣水經襄陽、荊州、宜昌至四川夔州鐵路之建築費。（3）建設期内本借款利息。

（五）起債總額：六百萬磅。

（六）年利：五釐。

（七）實收價格：九五。

（八）實收總額：五百七十萬磅。

（九）擔保：湖南、湖北兩省百貨釐金，湖北川淮鹽局江防經費并用淮鹽新加二文捐、兩湖賑糶捐、鄂款湖南鹽道庫正釐等各釐捐，共計每年關平銀約五百二十萬兩。惟將來因修改海關税減免釐捐時，應由新增關税中代爲擔保。

---

① 一九一六，應爲“一九一一”。

（十）年限：四十年。

（十一）本金償還期：自第十一年起分三十年，六十期償還，但十年後，於六個月以前知照，可多償債本或全數償清，惟在十七年以内須另加二厘五之費。

（十二）本金償還開始期：民國十年六月三日。

（十三）本金償還完了期：民國四十年十二月三日。

（十四）酬勞費：百分之二・五。

（十五）特别條件：①借款未清以前，武昌至湖南宜章路線選派英人爲總工程司，湖北廣水至宜昌路線選派法人爲總工程司，宜昌至夔州路線選派美人爲總工程司。②工程費不敷時，銀行團以同一之條件應爲四百萬磅之第二次借款，且將來本路延長須仰外資時，銀行團有供給資金之優先權。③本路所需材料如係同一品質價格，銀行團有供給資金之優先權。

（3）大冶鐵路

自江岸之石灰窰起，西行至鐵山鋪止，長五十四里。有支線自得道灣至獅子山，長十五里。

沿革，光緒十九年五月開工，係張之洞因開採大冶鐵鑛，始行建設。至二十年十月，全路通車。有德人股分，迨二十九年，日人勢力又侵入其中。

（4）幣廠鐵路

自武昌大隄口至大朝街造幣廠，長十五里，光緒三十三年用國款建設。

2. 古昔驛路

（1）襄沙路，自河南新野縣入境，一百二十里達襄陽，百里達宜城縣，九十里麗陽司，六十里石橋司，六十里荆門縣，九十里建陽司，九十里江陵縣，十五里沙市，七十里孱陵司，六十里公安縣，八十里至湖南澧縣順林司，以下經澧縣達常德。此路由宜城分歧，東南趨鍾祥，沿漢水左岸達漢口。

（2）信漢線，與今京漢路線同，茲不贅。

（3）漢水線，即由漢口沿漢水而上，百八十里漢川，百九十里仙桃，五百三十里鍾祥，三百五十里樊城，一百八十里老河口，三百六十里鄖縣，二百八十里抵陜西白河，以下經洵陽、安康、紫陽、渭門、洋縣而抵南鄭。此係陸程，與前述水程有異。

3. 汽車路

分全局計畫及已成、預定三項述之，但已成及預定之路與全路計畫者容有不符，蓋開創之際議論紛紛，始爲理想而終底實際，故不免有倡議實行之參差不符也。讀者諒之。

（1）全路計畫

民國十二年五月十日，鄂省行政會議議決修築全省汽車道路計畫書。兹抽録其路線分佈表如下。

民國十二年五月十號，鄂省行政會議議決修築全省汽車道路計畫書，頗爲詳盡，試述於下，以爲關心路政者告焉。

（一）路局宜設立也。移兵築路，責任綦重，宜設總局，專司其事，擬定名曰湖北全省道路總局，即駐省城。設督辦一員，由督軍省長兼任，總辦由軍署參謀長兼任，會辦二員由省署政務廳長、湖北實業廳長分任，科長、科員若干員由軍政兩界遴員委派，另延用工程師、測繪員若干員先行測繪，一面即籌備建築事宜，尅日開工。各路酌設分局，派員駐局，就近督率指揮一切。

（一）路線宜確定也。路綫宜分國路、省路、縣路三級，略依前清驛道舊址修築。另致函陸軍測量局調取湖北軍用地圖二份，除去軍事符號，發交測繪員，並購置湖北郵路詳圖二份以便參證。現擬先行修築國路、省路，略分七路次第興修，特繪具圖表附加説明，俾測繪各員有所依據，其縣路一項歸各縣設紳商自行籌議。

（一）路兵宜編制也。築路工人毋庸招募，即以現役兵士改充。現在隸屬湖北各軍隊每師旅擬酌提兵士十分之二從事築路，仍支原餉，由各師旅按照撥出名額核算餉款，按月撥交本局發放，或即由督軍署軍需課照額撥交本局，以省周折。至組織之法，或即用原編制，或另訂新編制均可。惟每修一路應設分局一所，距省近者勿庸另設分局。下分設區長至多五人，區長之下分設段長，每區約分十段内外。段長直接指揮路兵，以二十人爲一組，遴一人爲之長，稟承段長指揮，率同本組路兵從事工作，每段之中路兵不過十組内外。惟路兵應另訂制服、佩帶襟章，以免與現役兵士混同，服裝各費即照撥交餉款辦法管理。路成之後各路兵可改充護路工人暨巡警各職。

以上三款，粗具大綱，未遑詳舉，以免會議時耗費時力。至路綫及築路之法，别具圖表，略加説明附後。

第一表之路别：第一路由武昌渡江，歷黄岡、蘄水諸縣出甕門、青苔等關入安徽霍山界，約四百六十里。第二路由武昌東南行，歷鄂城、大冶諸縣出蘄春入安徽宿松界，約五百五十里。第三路由武昌沿鐵路綫邊，歷咸寧、蒲圻諸縣入湖南臨湘界，約四百里。第三路支路由咸寧東南行，歷通山、陽新諸縣入江西瑞昌境，約三百五十里。第四路由漢陽西行，依川漢鐵路廢綫歷沔陽、潛江諸縣以達荆州，約五百五十里。第四路第一支路由荆州渡江，上溯宜都，歷五峰、鶴峰、宣恩諸縣入四川黔江界，約一千零五十里。第四路第二支路由荆州上溯宜昌，沿江北岸歷秭歸、巴東諸縣入四川巫山界，約七百九十里。第五路由漢口西兼北行，歷孝感、安陸諸縣以達襄陽，約八百一十里。第五路支路之一由襄陽西行，歷均、鄖陽諸縣入陝西西南界，約七百里。第五路支路之二由襄北行，入河南鄧縣界，約九十里。第六路由漢口北行，傍京漢鐵路線，出九里關入河南羅山界，約二百八十里。第七路由漢口北兼東行，歷黄安、麻城諸縣，出黄土關入河南光山界，約四百八十里。

第二表之類别：（一）寬度：擬一律定爲二丈，如遇山坡河道，宜加寬五尺，中間一丈二尺爲汽車、馬車往來之道，兩旁各留四尺爲人行暨騾馬之道，夾道種槐柳之屬，另種梧桐之類爲計算道里之用。（二）高度：擬至少爲五尺以上，如遇低下之處即應加高，以防水患。沿路應多留水洞，用磚石砌成，以便洩水。（三）路身：擬用石子墊路，約深二三尺，蓋黄土或細砂至厚不過寸許。以上三項係參照襄沙汽車路雷工程師原估辦法辦理。（四）護路養路之法，擬暫時通令各縣飭令沿途地保暨附近團堡負保管之責，路成之後或由公家自營汽車公司，或由私人經營，均可抽收路捐，以爲護路養路之用。

（2）已成之汽車路

（A）襄沙路，由襄陽至沙市，五百餘里，於民國十三年全路通車。更有二支路：（甲）爲荆沙路，係由荆門抵沙洋，長一百二十里。（乙）爲宜沙路，係由宜昌抵沙市，長二百餘里。

（B）襄花路，西由老河口至樊城，長一百八十里。更由樊城東經棗陽、隨縣、安陸而抵京漢路之花園站，長五百十里，於民國十四年全路通車。

（C）黄灄路，係由黄陂至灄口，長四十里，於民國十三年通車。

（D）漢宜線，由漢口至宜昌，此路經過新溝、雲夢、王家湖、應城、長江埠、皂市、天門、京山、楊家澤、沙洋、十里鋪、荆門、河溶等處，全線長八百二十里，今方在建築中，民國十五年内可全路通車。

（E）應城汽車路，亦稱應龍路，即由應城經東灣、潘家集至龍王集，約三十里，需費五萬元。每日可運石膏千餘抬，全年共運四千萬抬，並可運炭搭客，計全年收入可九萬元，支出不過三萬餘元，可剩五萬元。於民國十三年通車。

（3）預擬路線

即漢沙、漢口至沙洋。黄麻、黄岡至麻城。京廣、京山至廣水。金武、金口至武昌。新寶、新隄至寶塔。新沙、新隄至沙市。荆宜、江陵至宜昌。施宜、恩施至宜昌。陽宋陽邏至宋埠。是也。

4. 電線

湖北電線通豫、皖、贛、湘、川、陝各省。

（一）通豫者二：（甲）自夏口沿京漢線而北走，經廣水、鷄公山以達信陽、鄭州。（乙）自沙市、荆門、襄陽以達老河口，東北入河南達南陽，以至鄭縣。

（二）入陝者一：即由老河口西北經荆紫關以達龍駒寨，達長安。

（三）入贛者二：（甲）自夏口、黄岡、蘄春、武穴以達九江。（乙）自夏口經大冶、陽新以達九江。

（四）入皖者一：自武穴東北通宿松、太湖以達懷寧。

（五）入湘者二：（甲）自武昌、蒲圻以達岳陽、長沙。（乙）自沙市、公安南通澧縣，以達常德。

（六）入蜀者一：自夏口、沙市、宜昌沿江而西以達奉節，通重慶。

5. 郵政

十三年夏季水災以及北方軍事行動致使全省商業大受打擊，而郵務成績頗爲可觀，各項郵件均有增加。收寄本地投遞之郵件計共二百八十一萬二千七百件，較之上年之數目計增五十五萬七千七百件，此項增加大都係因各報館寄交本地分送之新聞紙甚多。此項新聞紙原先皆由各報館自用之送報人分送，是年經辦之民局包封，計共二萬九千七百件，内裝信函三十四萬七千三百封，計重三千五百零五公斤。而上年經辦之件數則係二萬九千四百件，内裝信函二十八萬五千六百封，計重三千六百六十八公斤。截至是年年底止，在郵局挂號之民局計共二十二家，收寄之包裹其件數計增四萬五千五百件，殊堪滿意。此項增加多由寄往廣州之綢緞包裹以及寄往萬縣及萬縣以上之各地洋貨包裹增多之故。是年雖因多數郵區暫停匯兑事務，而本區開發及兑付匯票之銀數較之上年之數目均各增加甚劇。其國際匯票開發之銀數共計六萬六千八百十六元，兑付者三萬八千二百十四元，而上年開發之數則爲六萬一千五百元，兑付之數三萬八千六百元。較要之局所計增代辦所十一所，次要局所則增村鎮信櫃三十六處，村鎮郵站二十五處。是年當津浦、隴海兩路車輛停駛之時，郵件均改由漢口交京漢火車運寄，是以漢口管理局本年經辦之郵件，其袋數之多爲歷來之冠。漢江小輪航綫業經展至岳家口，船班郵路之長度因而增多一百零五里。

（甲）十三年及十二年郵政局所比較表

（一）管理局一、二、三等郵局及郵務支局：十二年一四六，十三年同。

（二）郵寄代辦所：十二年五四五，十三年五五六。

（三）城邑村鎮信櫃及代售郵票處：十二年六六四，十三年七二五。

（乙）十三年及十二年收寄之各類郵件數目比較表

表 7-1

類別	十二年	十三年
（一）信函類	一四、二二六、二〇〇	一五、九九二、八〇〇
（二）明信片	一、六二二、一〇〇	一、七六三、一〇〇
（三）新聞紙	二、七二三、〇〇〇	三、七〇一、〇〇〇
（四）印刷物及書籍	一七六、七〇〇	一、二六四、九〇〇
（五）各類傳單	一二四、五〇〇	一八五、〇〇〇
（六）貿易契紙	一三、五〇〇	一六、五〇〇
（七）貨樣類	二〇、八〇〇	二三、六〇〇
總計	一九、九〇六、八〇〇	二二、九四六、九〇〇

第二節　鑛業

［地質附］

本省地質半屬冲積平原，蓋雲夢澤一帶爲太古之大湖部，厥後沈澱不已，今尚有若干之大湖遺跡在焉。西部山地大致可分爲二：（1）在大江以南者居武陵山脈之東，其地質以上部古生界爲最重要，而中生界地層亦復散見其間，蓋已漸傾而入於四川盆地，金屬鑛質則以銅爲最多，鋅、鉛次之。宜昌[①]以西地層崛起爲一穹形背斜，南沱附近黄陵片麻岩因以顯露，其上爲古生界厚層石灰岩，其間或有鉛、銅鑛，如興山是。

① 宜昌，其前疑脱“（2）”。

此項石灰岩成千餘米突之高原，大江自四川溢地衝奪而出，溝壁巉深，遂成三峽之險，自此以北，古代變質岩又盛，而竹山、房、鄖諸縣又自昔以産銅著稱，唯交通頗感不便耳。

一、鐵鑛

1. 大冶鐵礦

位置及地形

大冶鐵鑛在大冶縣西北約十五公里，當大江之南。自鑛地至江邊之石灰窰有鐵路長二十六公里，距漢口及漢陽約一百二十公里。大江下流多冲積平原，邱岡起伏其間，高自數十至數百公尺，大冶鐵山即此類邱岡之一。山坡多平緩，然在斷層區域則常有懸崖，高數百公尺，如自石灰窰至鑛地谷中之所見。

沿革

據美人李特氏謂，大冶之龍洞、大石門等處在明季曾開銅鑛，惟旋即閉歇，未著成效，此後鑛業日衰。迄光緒十六年，即一八九〇年，盛宣懷以獅子山鑛區售諸漢冶萍公司，於是該處遂成爲重要之鑛場矣。先是清政府向德國借款五百萬兩，爲開採大冶鐵鑛及建石灰窰至鑛場鐵路之用，應需機器皆購諸德國，至光緒十七年開始採鑛。張之洞氏復購象鼻山、尖山兒及光山諸鑛區，又聘德人爲工程師監修鐵路及機器廠。光緒二十二年，漢陽鋼鐵廠歸盛宣懷氏經理，獅子山鑛區遂復爲盛氏所有，盛氏並購鐵門檻、沙帽翅、龍洞、大石門、野鷄坪及金山諸區。省政府所留者僅象鼻山、尖山兒及光山三處，現仍由湖北官鑛局開採。其始大冶産額殊微，年僅四萬噸左右。及光緒二十五年，盛氏與日人立年給鑛石十萬噸及漢陽生鐵若干噸之合同後，産額遂增加甚速。迨革命軍興，漢陽鐵廠暫時停頓，惟大冶鑛場則仍工作無間，以供給日人之需要，輸出之鑛量已屢增加。迄民國二年十二月，漢冶萍公司與日人重訂合同，自立約日起，於四十年内，除前次合同規定外，公司應售與日本頭等鐵鑛一千五百萬噸，生鐵八百萬噸，綜合鑛石計三千萬噸左右。先是公司於宣統元年曾與西美鋼鐵公司立約，於十五年内每年輸給生鐵及鐵鑛三萬六千噸，如産額豐盈，並可達十萬噸。旋於宣統二年輸出鑛石約二萬四千噸，生鐵二萬噸，此後該約迄未履行。自民國二年與日人訂立售鑛合同後，公司爲增加産額計，乃於石灰窰東二公里袁家湖地方添建化鐵爐二座，同時鑛上又添購新式機械甚多。

象鼻山官鑛局，於民國九年春開始工作，是年産鑛石四萬五千六百六十七噸，皆售與揚子機器公司。該公司於漢口附近設化鐵爐，雙方訂約由官鑛局年輸鑛石自六萬噸至千萬噸。

論大冶各鐵鑛之面積，當以象鼻山、獅子山及得道灣一區爲最巨，延長在一公里以上，最寬處達一百二十公尺。其次爲大石門、野雞坪，延長六百公尺，寬一百八十公尺。再次爲鐵門坎，長四百公尺，最寬處達六十八公尺。鑛床傾斜極急，幾近直立，唯石灰岩有時甚平，如象鼻山。而鑛體則多近垂直，其背乎此例者，僅在野雞坪。鐵鑛之北部則見傾斜爲略平耳。

鑛量

大冶鐵鑛之鑛量曾經多數名家研究，最初爲上海鑛務局樂路氏於光緒三十一年測量漢冶萍公司所屬各鑛區，製爲詳圖，其所測算之結果頗爲精確。係專指可以露天法開採者而言，其量如左：

表 7-2

	長　公尺	寬　公尺	高　公尺	鑛量　噸
鐵門檻	四二三	四五	五三	三、四〇〇、〇〇〇
紗帽翅　上部	八二	二三		六〇、〇〇〇
紗帽翅　下部	一〇五	一六	八	五〇、〇〇〇
龍洞	二五三	三〇	二七—四六	九〇〇、〇〇〇
獅子山	五六七	四六	八七	八、〇〇〇、〇〇〇
大石門、野雞坪	六一五	三九	六七	五、五〇〇、〇〇〇
共計				一七、九一〇、〇〇〇

惟上計之數，尚應除去大冶歷年來已採之數及棄遺不用者。按大冶歷年所産共約八百五十萬噸，尚有開採時棄去之劣鑛，爲數若干，無從查核，前言之數不過由大冶碼頭運出之噸數耳。大冶鐵質以獅子山爲最佳，然其深部尚挾硫質甚富，開採時應行拋棄，其他各鑛可棄者更多。兹假定以百分之八十爲佳鑛，由是計之，則現在大冶足資利用之鑛量亦僅二千萬噸左右耳。

[附志象鼻山鐵鑛]

位置及交通

象鼻山在大冶縣治西北三十餘里，東行五十里即抵黄石港。以密邇漢冶萍公司諸鐵鑛，曾擬假漢冶萍公司鐵道以通轉運，嗣以交涉未妥，故自行修築鐵道。由象鼻山至黄石港上首之沈家營，長約五十里，專爲運輸鑛石而設，並兼售客貨各票。鑛石運至沈家營江干後，即裝船運送國外，甚爲便利。

沿革

大冶鐵鑛自經盛宣懷覓得後，湖廣總督張文襄公即從事開採，卒以官本不敷，不能奏效，遂於光緒二十二年交盛宣懷招商承辦，將鑛質稍劣者劃歸漢冶萍公司，其最富者如象鼻山、野雞坪、尖山等撥歸官有。雖漢冶萍公司屢索開採，卒爲官鑛局據案争回。嗣鄂政府加印官票六百萬串經營此鑛，實則築路購械、籌備開採，僅需二百萬元，遂於民國八年採運兩股正式開幕。

儲量及採掘

鑛量豐富，呈露山面，其儲量約二千七百三十餘萬噸，以每年開採三十萬噸計之，可開採七十年。其採掘工程依露天法，極形簡單，只用人工鑿孔，實以火藥轟然一聲，鑛石炸開，每次可得砂數噸。

組織及近況

本鑛直轄於湖北官鑛督辦署辦公處，設於沈家營。每月經費二萬元，成本每噸二元，售於日本及漢冶萍公司者每噸三元九角，在沈家營江干交貨。所惜者擁有豐富優美之鑛，每日出砂八百噸，不能設廠自鍊，徒以賤價出售於人，只敷數處開支耳。

2. 靈鄉鐵鑛

位置及交通

靈鄉鐵鑛在鄂城縣西南一百二十里，六十八公里。距大冶鐵路之下陸車站七十五里，金牛鎮二十五里，自金牛至鄂城有梁子湖可通小划。此鑛自經漢冶萍公司發現後，即領得大部鑛區，僅有一小部爲湖北官鑛局所有。

地質構造

靈鄉附近山形甚低，爲深受剥蝕之閃長岩所組成。其南高山及其東北五里許皆爲石灰岩，於閃長岩附近有薄層狀砂岩之露頭數處。

玆將靈鄉各區之鑛量計算如左。計算時所假定之垂直距離，在劉岱山、廣山、後吴山、神山及玉坪山等，皆取其自頂及底之總數。至若大小包山、雞子山、大魯山等則僅計至四週平原而止，其中惟雞子山鑛床最巨，故其實在之深度尚不止如假定之數。然無論如何，靈鄉鐵鑛之總鑛量當在五百萬噸與一千萬噸之間也。

表 7-3 靈鄉鐵鑛分析表 農商部工業試驗所化驗

	鐵%	矽養二%	燐%	硫%
劉岱山	五六·六七	一六·一二	〇·〇一六	〇·〇〇六
廣山	六〇·九二	七·一一	〇·〇二一	微量
神山	六三·七五	五·七九	〇·〇七〇	微量
玉坪山	六三·一一	七·八七	〇·〇二三	微量
大包山	六一·一〇	一〇·七三	〇·〇三三	〇·〇〇六
雞子山	六二·三四	八·九四	〇·〇二二	微量
大魯山	五六·六七	一五·六五	〇·〇三〇	〇·〇〇二
平均	六〇·六五	一〇·三一	〇·〇三一	

就化學成分而論，靈鄉鐵鑛可謂爲吾國最佳鐵鑛之一。因其含鐵甚高，含矽不多，而硫、燐皆極低，最宜用酸性之貝色麻法以熔煉之也。

3. 鄂城鐵鑛

鄂城鐵鑛在鄂城縣西門外揚子江南岸，西距漢口八十公里，南距大冶鐵鑛二十五公里。地形爲一冲積平原，低窪之區多積水成湖，小丘起伏，高約百公尺。此處江面寬約一公里半至二公里，水面最高與最低之差約爲十一至十二公尺。鐵鑛產於西、雷二山之北坡，西山鐵鑛緊靠江邊，雷山距江亦在一公里以内，故言交通實最便利。鄂城鐵鑛以赤鐵鑛爲大宗，稍含磁鐵。平均鐵分爲百分之五四・三，富於矽質，惟硫、燐皆極少。鑛量概算，減去劣鑛百分之三〇，則净存鑛量約一千零二十萬噸。以上節採《全國鐵鑛志》。

4. 宜都寫經寺鐵鑛

寫經寺在宜都縣境，附近有鑛山二處，一爲鑛坡山，一爲李家山，皆距寫經寺四五里。脈長二十餘里，質佳苗旺，遠過大冶、鄂城等鑛。唯運道不便，由枝江行三十餘里可以直達山麓，約計修築鐵路、購辦機械及開辦費需二百五十萬元之鉅，故開採甚屬不易。

二、銅鑛

1. 大新銅鑛

大新銅鑛分布廣遠，在大冶境内者有龍角山、天台山，在縣西南約三十里；在陽新境内者有歐陽山、劉許山、韓家山、牛首山，皆在縣西北五十里。白沙鋪附近，鑛床範圍幾及百餘里。分布既廣，與局部成鑛者不同。

大新銅鑛俱產於石灰岩與閃長岩之接觸帶。就其相互之關係而觀，則鑛質之源必出自閃長岩無疑，即所謂“接觸變質鑛”是也。閃長岩係一種火成岩，乃地心岩漿迸湧而出所成者，故體積廣厚，淵源深邃，而鑛質之爲量豐富，亦不難於此推見一班。

美國西部各省之重要銅鑛大多數屬接觸變質一類，即謂鑛床情形與大新銅鑛頗相類似。故就學理論，此鑛亦極有探勘之價值。

鑛床形狀雖不規則，然因其往往產於火成岩與石灰岩之接觸帶，故實地探勘尚易蹤跡。且在劉許山、牛首山等處接觸帶，岩石皆已變成一種石榴子岩，寬可八九公尺。鑛床生成既與變質作用有密切關係，今變質現象又若是顯者，則鑛之有望，不待言矣。

牛首山銅鑛現有開陽公司開採，成績甚佳，足作大新銅鑛堪以利用之一証。

綜上所述，大新銅鑛之有探勘價值，不待言矣。然從前官鑛局曾費七八十萬元而無一成效者，何耶？則曰，辦理不善，有以致之耳。方當草創之初，即敷設高綫鐵路及煉廠等，卒至資本不繼、工程中輟，而於鑛床真相仍未明瞭，豈不大可惜耶？

2. 竹山銅鑛

（A）鄧家台銅鑛，鄧家台在竹山縣城西百五十里之地。前清光緒間張文襄公督鄂，因造幣故，遂經官購買鄧家台，嗣以工程困難中止。民國二年，有五豐銅鑛公司出而承繼，資本金四十萬元。該地西北一帶萬山重叠，連接川陝，但自縣城至鄖縣有堵河舟航之利。其銅鑛屬自然銅，地殼爲片岩構成。純用人工鎚鑿或用火藥爆炸，所得鑛石以人力挑至縣城，舟運至漢，再行冶煉。

（B）陳家山，在竹山縣城西百三十五里，位於鄧家台之西南。由五盈銅鑛公司開採，資本金二十萬元。地殼亦屬片岩，鑛苗興旺，觸目皆是，鑛脈寬闊，厚達三尺。

（C）梁家壩銅鑛，在竹山西南百廿里，又位於陳家山之西南，鑛苗不旺。此外附近尚有顧家溝、鄭家山、劉家山三銅鑛。

3. 成豐銅鑛

鑛苗起於川界之羊蹄蓋，止於宣恩縣之大山坪，總計延長二百里左右。而其厚薄則大有變化，自一尺至三四尺不等。其儲量約五千萬噸，假定日採鑛石千噸，可採至一百四年。其品位最高之鑛石，每百斤能煉銅四十斤云。附近煤炭甚多，其炭山位置與銅鑛殆相並行，相隔不過六七里至二十餘里耳。

三、膏鹽鑛

應城膏鹽鑛

膏鹽一鑛在東南各省除湖北應城縣外，他處罕見。現在湖南湘潭縣城對河滴水埠亦已發現，開採甚著成效。應城鑛苗產地甚廣，自西至北縱約四十里，横自三里至十里不等，幾據應城全縣之半。其發源之處在北山之團山廟傍河一帶。相傳元明之間即有人在此開採，初亦專以石膏爲業，所出鹽石悉委諸溝壑，後因堆砌之處被雨浸水，渴者飲之怪其味鹹，然亦未甚注意。迨清咸豐年間，洪楊割據長江，淮鹽引道斷絶，居民取以和菜，始知其爲鹽。於是一唱百和，凡屬採膏者皆仿效之。至光緒中葉張之洞督兩湖時，始劃定天門、應城、應山三縣爲應鹽引地。

掘崗之法，在先採膏時代亦係斜入，俗名打狗崗。後因試驗有鹽，始改斜爲直，至膏鹽最厚之處，然後再開平巷取其膏而留其石，引水入崗，令其久泡，使鹽質盡出乃止，然後再取其水以熬鹽。各廠熬鹽烟筒林立，脚夫運煤運鹽，往來如織。

［節録湖南舒融蟠與廖廠經理陳子亭之問答］

問：崗口凡山形如品字，不知内容亦有分别否？

曰：有。以二口出膏鹽，一口出陽水。出膏鹽者，無論深至何處，須兩口齊下；出陽水者，即至陽水盡處而止。

問：何以謂之陽水？

曰：地之平面爲黄土，黄土之下爲砂石。此砂石之中即有浸水流出，是之謂陽水。若不避開，則水往下浸，工人不能入崗作事，故必另掘一口，專以之儲陽水之用。

問：崗口墮甑至何處爲止？

曰：至砂石盡處爲止。自砂石之下皆係鹽岩與石膏層積而成，極爲堅結，不須墮甑矣。

問：亦有四口者否？

曰：有。如北山一帶，陽水過多，至有開至五六口者。但出膏鹽之口則以二口爲率，其餘專爲陽水而設者也。

問：出膏鹽之口深至何處爲止？

曰：北山一帶以四五十丈爲率，西山一帶以七八十丈爲率。

問：直口之盡處係膏鹽發見之處？抑係膏鹽終止之處？

曰：非也。膏鹽發見，如北山一帶則在二十丈以内，西山一帶則在三十丈以外。惟其膏苗尚薄，鹽質不厚，不能作用，須穿過數層始得膏鹽正苗，再穿數層乃止，甚至有穿至十餘層者。以下鹽愈深愈鹹，膏亦愈厚，安有終止之時？

問：既無終止之時，何不用力直追，以窮其源？

曰：過深必須用機器上下，方能有濟，此處無大資本，何能有此力量？

問：直口既盡，必開平巷以取膏鹽，其平巷之情形如何？

曰：離直口之底四尺餘開一側口，約五尺高，如摺扇形，漸進漸寬，兩嵦同時並進，至一丈數尺遠相會爲止。此範圍之内，膏及鹽石均皆取出，架以頂板，安以閂木，俗名曰上臺。再由臺内取二尺許高之横口，其寬與臺等，依膏苗之所在，亦如摺扇形，横行斜下。自此以後，膏則起出，鹽則堆於嵦内，僅留四巷以備出入通風之用，俗名曰“開四門”。自開門之後，由一丈以至百數十丈，愈取愈遠，愈遠愈寬，一如開門之形，是則謂之“開平巷”。

問：平巷可能四面皆開否？

曰：不能。膏之苗路均係斜出，但依其斜勢一面取入，俗名曰“打下山”。若四面皆開，則嵦無憑藉，即有傾陷之虞。

問：泡鹽之法若何？

曰：將陽水灌入滿嵦，經過一夏一冬乃能成鹽，然後起熬。

問：水既熬完，可能再泡否？

曰：可泡至數次或數十次，惟其鹹度漸次遞減，不能先後一致耳。

問：灌水之後，其上層膏鹽亦能開採否？

曰：可。惟水不能滿峝，欲開何層，灌至何層爲止。水之上面，即用木板横欄其口，以便工人上下。

問：上處膏鹽業已取盡，可能再往下層開採否?

曰：不能。因以上皆空，若再往下層掘取，勢必驚動全峝，即有危險之虞。故掘峝貴深，必先留地步，以爲日後加開之用。

廖廠之外有陳廠、韓廠。韓廠係新造洋式，布置寬宏，陳設工整。有花園一所，堦級、花台、池邊、橋邊均係石膏所砌，望之如玉，鮮明可愛。應城各鹽廠此爲第一。查韓所開之峝共二十八處，熬鹽廠凡三處，司事工人以萬計。或此峝出膏，彼峝熬鹽，故其週年無日不出膏，亦無日不出鹽。聞熬鹽極旺之時，日可出十萬斤。宜其數年來，富至鉅萬，爲應城各峝之冠。

自元明至今，所開之峝合計不下百數十處，現在廢者已多，可就用者不過二三十處而已。此二三十處之中，膏峝與鹽峝又各居其一半。近來各峝主深慮數十百年之後無以爲繼，復將已廢之峝重行修整，稍有可圖之處即接續開辦，如韓誠菴所辦之二十八處，多有類此者。

又湖北應城、京山、鹽井坳、瓦窰溝與咸豐等處皆有石膏出産，而應城所産爲最盛。按漢口與孝感之間因有京漢鐵路聯絡，故交通甚便。計孝感與應城相距約一百里，漢口與應城相距約三百里，自應城乘舟沿漢水或富水行，即可達漢口。産生石膏之處在應城縣西北十里至十五里，延伸至四十里尚有石膏生産，惟所産較少耳。該處石膏多交互積叠於沙石層與緑色泥石片層中。該種鑛産由商民組成之公司開採，惟受政府監督，每年産鹽約值七十萬至八十萬元，所産石膏約值六十萬至七十萬元，每年石膏之運往漢口銷售者約有四十萬擔。設於應城縣内之應城石膏有限公司計有資本四十萬元，當民國六年九月在農商部註册云。

四、金鑛

龍角山金鑛

龍角山在大冶縣城南十里，峻拔凌空。其金鑛質佳苗旺，冠於全球。

民國以來試採五次，均因財力不充，旋辦旋停。歐戰前曾有中英和辦之議，由英資本團出款千二百萬元，中國以山作股，利益均分。業已簽立草約，復因歐戰中輟。嗣由陽新、蘄水、鄂城、大冶四邑富商發起，純粹商辦，暫定基金四百萬串，每股百串，分爲四千股。遂於民國六年七月開工，破土五丈即見鑛砂，由漢口怡商化鍊廠立約代煉。

五、煤鑛

武、嘉、蒲三縣煤田

湖北煤田當以在武昌、嘉魚、蒲圻三縣屬境者爲最佳。其分布北自武屬之仙人山，中經嘉屬各煤田，而南達蒲屬之孤竹橋一帶，延綿不下數百里。因地面爲浮土所掩，故露頭似甚散漫，然從構造上着想，實有互相連續之關係者也。查此項煤田之地質時代，據發現之植物化石而論，當屬侏羅紀下部。而此部煤系在南部往往含煤極豐，如萍鄉即爲最著之一例。又其地位俱在粵漢路之兩旁，近者衹三四里，遠者亦不過三四十里，且有水道，足以相濟。論煤質，則俱屬煙煤，工廠用之最爲適宜。據土法開採所及，已發現煤層有九層之多，雖厚薄不一，然確有堪採之煤，則無疑義。雖不能與我國北方大煤田相頡頏，然鄰近武漢需煤之地，實大有開採之價值。如武屬仙人山煤田，產煤極豐，獲利甚厚，其始僅有大成公司開採者，嗣已有四家公司立案。

六、石棉

南漳縣境傅家台產黄色石棉，鷄公山產藍色石棉，尹家集斗山坡產白色石棉。此外，黄安縣亦產石棉。

七、西境鑛產彙志

湖北西路鑛產向稱繁盛，總不外煤、鐵、銅、鉛、銻各項，若錳、若辰砂，僅見一二處。茲分類述有希望之鑛產地域如下：

煤鑛

宜都、長陽兩縣爲多。其煤質佳而交通便者，則以宜都西鄉之鄢家沱、白岩鋪、南鄉之横磧下鋪爲最，長陽縣則以清江兩岸之巴山、馬連、樟木壘、都鎮、灣廟沱各處之煤爲最。其在清江上游資坵兩岸之岩落子、天池口、清水溪、田家河等處多硬煤及無煙煤，交通雖有清江之便，而淺灘比較多。至若建始北鄉之石板山、獅子岩，恩施東鄉之三岔口、北門溝，利川西北鄉之齊岳山，咸豐西南鄉之楊峒、李家田，亦產煙煤、硬煤兩項，但交通隔絶，僅供附近城鄉之用。

鐵鑛

西路各縣均產鐵，而以赤鐵鑛、褐鐵鑛、黄土鐵礦爲最多。其以土法煉鐵最發達之處，則推長陽、五峰、咸豐、宣恩四縣所煉之鐵，僅供農具家屋之需。煉鐵之燃料以木炭爲大宗，因燃料供給之衰旺，此項煉爐因之轉徙無定，大抵均漸次移徙于深山老林中，殊無擴大之希望。

黄鐵鑛

五峰、建始、松滋三縣多產硫化鐵。此項鑛產僅供提煉硫磺之用，鐵質全數作廢，純係民採官收，專以配製火藥，於官鑛經營尚無密切之關係。兹述產磺較多之地域以資參考，如五峰縣水田子堡、漆樹溝，松滋縣峻極鄉之秀水濤，建始北鄉之磺廠坪、九股山、横槽，建始西南鄉之官店口，其最著者也。

銅鑛

建始、利川、咸豐、宣恩、鶴峰五縣多銅鑛，其尤著者以利川東鄉金子山一帶及南鄉革井溪。建始北鄉滿緑山銅廠坡，咸豐南鄉袁家溝，宣恩西南鄉人頭山、大山坪，鶴峰東南鄉九台山、唐家坡，或成分較多，或礦苗最旺，尚有探鑛價值。交通均難，但鶴峰、建始稍便，利川、咸豐次之，宣恩又次之。

鉛鑛

宜昌縣西鄉之石箄、宣恩縣南鄉之尖山坪、鶴峰縣東南鄉之平頂山均產鉛，礦苗旺質佳，就中以石箄交通爲便，頗有探鑛價值。若宣恩沙道坪、鶴峰姜家灣之鉛鑛，刻初露頭，交通困難，不足數也。

銻、錳、辰砂

鶴峰縣東南鄉銀坪台之銻、宜昌西鄉銅寶山之錳、宣恩東鄉永豐里砂廠之辰砂，爲西路各縣發現最少之鑛產。但銀坪台銻鑛苗旺質佳，交通較便，業經商民呈准開採。銅寶山錳鑛露頭頗大，尚有探鑛價值。而宣恩之辰砂並無鑛層可尋，由農民於降雨時掘取泥石就溪流淘洗得之，產量甚微，交通最難，不足數也。

第三節　四公司彙志

第一　漢冶萍公司

漢冶萍擅中國第一公司之譽，所產之鐵馳名於世，足爲華夏生色矣。然而進按其實，内債達四千餘萬元，外債欠日本者二千四百餘萬元，負債之額與公司財產等，匪僅此也。民國二年，兩次借入日本八幡製鐵所債款千五百萬元，而允於四十年内給與日本鑛石千五百萬噸，生鐵八百萬噸。民國六年，又允許日本九州製鋼公司，每月供給五千噸生鐵。夫大冶鐵鑛儲量不過二千萬噸，果爾，是移盡全鑛且不足供日本之需，又奚有發展之餘力，是中國第一公司之實際與前途可謂已在外人掌握中矣。苟推測其致此之由，不能不歸罪於當事者計畫之不完。熱誠之不至也，否則不當失敗之至於此極也。然則斯果無術以挽廻乎？是則視國人之能力何如耳！兹分志數種記載及論説於後，用供國人之參攷。

一、漢冶萍公司述略

（甲）漢陽鐵廠

（一）總述　（二）交通　（三）沿革　（四）設備　（五）財政　（六）成績

（乙）大冶鐵鑛

（丙）萍鄉煤鑛

二、漢冶萍公司大勢總論

三、附志今後整理之策

四、附志漢冶萍失敗史略

一、漢冶萍公司述略

［註］漢冶萍煤鐵廠礦有限公司所辦事業有三：（一）漢陽鋼鐵煉廠；（二）大冶鐵鑛及石灰窰；（三）萍鄉煤礦及燒焦廠是也。漢陽鐵廠於前清光緒十七年爲湖廣總督張之洞所創辦，嗣於光緒二十三年創辦大冶鐵鑛、光緒二十四年創辦萍鄉煤礦。事業日益發展，又於湖北陽新、湖南常寧開有錳鑛及鐵鑛。茲略述漢陽鐵廠及大冶鐵鑛、萍鄉煤鑛之内容。

（甲）漢陽鐵廠

（一）總述

漢陽鐵廠建於漢口之上游，爲中國大製造廠之一，廠地計一百二十英畝。嘗聞某美領事云，登高下矚，使人膽裂，斯奚翅美國製造之鄉耶？煙囱突起，矗立雲霄，屋脊縱横，密於鱗甲。化鐵爐之雄傑，碾軌牀之森列，汽聲隆隆，鎚聲丁丁，觸於眼簾轟於耳鼓者，是爲中國二十世紀之雄廠耶？觀夫此，即知研究西學之華人，其慘淡經營，才略不在西人下也。設廠之地，舊爲窪區潮溼之所侵，荆榛之所叢也。立廠以來，建築鞏固，變昔日之窪澤蕪莽爲中國生利之名場，曾幾何時，耳目一新，人傑地靈，豈虚語歟？追溯新廠之權輿，實由張之洞督粤時定購機器及移節鄂省，乃擇是地爲廠基。光緒二十四年間，京漢路線之工程正在忙碌，該廠承辦鋼軌及一切材料，製造合法。廠務之萌芽，自此始矣。

（二）交通

漢陽鐵廠位於大江北岸，東北越漢水爲漢口，東南過江爲武昌，輪舶往來極便。廠内設有化鐵爐三座，每日可出生鐵五百噸，每年可出十四萬噸生鐵。三分之一運於煉鋼廠，煉出鋼鐵以造鋼軌、鋼條、鋼板、鋼釘等及鐵道需用之物，其餘一份則作翻沙鐵之用或售鄰近地方，一分即三分之一。則輸於日、美各國。

（三）沿革

1. 官辦時期

漢陽鐵廠爲東亞空前之偉業，然溯其創立之艱危，局中人痛定思痛，雖今日效果已見，而猶談虎色變也。憶前清光緒十六年，張文襄公之洞。總督兩廣時即開始經營斯廠。蓋横睇中原，知非鐵路不足以致富强，非自造鐵軌不足以塞漏巵。於是鋭意精思，初擬建鐵廠於廣東，乃託駐英公使薛福成代詢設廠計劃，購置機爐。薛遂詢之英國機器廠名梯賽特者，廠主謂須將煤鐵寄廠化驗，並須將鑛量及距離地點詳細説明，方可計劃用何式鑪座以製煉。薛以其言電告張文襄公。文襄謂以中國之大，煤鐵佳礦何物弗備，是奚足慮哉？但照英國所有者購備之可也。迨機爐既定，文襄調任兩湖，繼其任者李瀚章不甚以開辦鐵廠爲然也，文襄遂議移建鐵廠於湖北。會盛宣懷所雇鑛師英人郭司敦於光緒二十年發現大冶鐵鑛，蜂巒迴環，觸目皆鐵，適值張文襄設廠漢口，天緣湊合，寶藏遂興，良非偶然也。文襄乃議擇地建廠，有議設爐於大冶者，文襄曰："大冶照料不便，若建廠於武漢，則吾猶及見鐵廠之烟突也。"久之，嗣擬設廠於武昌鮎魚套上之李家橋，卒因居民反對而止。乃得地於龜山之麓，襟江帶河，形勢雖便而地址狹小，水田鱗鱗，不得不出鉅資以建設之。復向各方探尋煤鑛，始覓得馬鞍山煤鑛，所費既已不貲。其實馬鞍山煤、灰、磺並重，决不宜於煉焦也。英國梯賽特廠初定機鑪時，以不得中國之煤鐵之性質，故照英國所用酸法配成大煉鋼爐即貝色麻爐。二座，每座容量八噸，另以鹼法製一小馬丁爐賸之，容量十噸。此外另有百噸化鐵爐兩座。機爐運載來華後，遂於漢陽設廠。以上所言各部統稱老廠。惟化鐵乏合宜之焦，不得已，購德國焦數千噸，鉅舶載來，寶若琳瑯，惟煉得生鐵不能合用，而鋼軌更無論矣。廠中共用洋員四十餘人，華員倍之。當南皮請款設廠時，謂得二百萬即可周轉，户部允之。乃款盡而鐵未出，百計羅掘。自光緒十六年起至二十二年止，共支出銀五百餘萬兩。據其他調查謂自光緒十七年創辦之日起至光緒二十二年止，鄂省計用銀一千一百二十餘萬兩，折半爲五百六十餘萬兩作爲創辦費。蓋廠基填土以及馬鞍山煤廠兩項已耗去不止百餘萬，官力不支，而户部又不認官本，於是有招商承辦之議，由盛氏總其事。

2. 官督商辦時期

光緒二十三年，官力不能繼續，乃奏派盛宣懷招商承辦。蓋大冶鐵鑛本係盛宣懷所覓得，而獻與張督者也。是時漢廠以外國焦價太昂，改用開平焦，每噸需銀十四兩，成本頗鉅，知非得廉焦不可，蓋製鐵成本之輕重全視焦價以爲衡。至光緒二十三年四月十一日盛氏接辦以後，乃四出搜羅煤鑛。二十四年，據德國鑛師報告，萍鄉之煤可合煉焦，驗之而信，遂勘定萍鄉煤鑛，借德款四百萬馬克以經營之，乃造鐵軌供京漢全路之用，藉以養煉鐵之工匠，惟各處洋員化驗，謂漢廠鋼軌含燐太多，萬不能用。蓋彼時漢廠係用酸性貝色麻鋼鑪製煉鋼軌之鋼，故燐質難於提去。彼時所招商股二百萬業已用盡，負債倍於股本，焦急無策，因派李惟格氏到廠籌劃補救之法。先是戊戌年即光緒二十四年。日本伊藤來漢議購鐵鑛，得預支日金三百萬元。至是命李出洋考察，遂攜大冶鑛石、萍鄉焦炭及鐵廠所製鋼軌暨一切配件，偕洋員彭脱、雷能二氏同赴歐美，由英倫鋼鐵會中之鋼鐵化學專家梭德氏將冶鑛萍煤化驗。據其報告，大冶鐵石及萍鄉焦炭並皆佳妙，鐵石含鐵百分之六十餘分，焦炭則與英産最上之品相伯仲。英國克利夫倫鐵石含鐵僅百分之二十餘至三十分，德國密乃忒石同是，而各國争購之，西班牙畢爾寶鐵石亦僅百分之五十分，故大冶之鐵實世界之巨擘也。而漢廠所鍊鋼軌含燐太多，殊非佳品，惟所攜來之鐵軌零件如魚尾板等則爲極佳之鋼。蓋製造此種零件之鋼係在鹼性之十噸小馬丁爐内煉成，故含燐極低。當英國梯賽特廠初定機爐時，以不得中國煤鐵性質，故兼造酸性暨鹼性鋼爐兩份以便擇用。大冶鐵鑛含燐在千分之一左右，製成生鐵含燐百分之〇・二五左右，若用酸性爐以煉鋼，則生鐵所含燐質難以除去，故鋼内含燐亦在百分之〇・二左右。惟造路軌之鋼則規定燐分須在百分之〇・〇八以下，俾免脆裂。大冶鐵鑛製造生鐵後欲再煉鋼，從燐分觀之，自宜用鹼性爐爲宜。李氏回華，建議購置新機改造新爐，即以日本預支礦價三百萬元作爲改良舊廠之用。於是遂擴充鋼廠，將原有之貝色麻煉鋼爐及十噸小馬丁爐拆去，易以三十噸鹼性馬丁煉鋼爐四座，一百五十噸大調和爐一座，而軋鋼廠、鋼軌廠、鋼板廠、車轆廠、竣貨廠均同時建設，又於機器修理廠、電機廠一方面從事擴充。光緒三十三年，新鋼廠全部告成，於是漢廠規模焕然一新，出貨增多而銷路亦暢矣。先是漢廠化鐵爐於官辦時代只有兩座且容量甚小，至是遂添建二百五十噸化鐵爐一座，於光緒末年始行告竣，又添建馬丁煉鋼爐二座。惟鐵廠自盛氏承辦後，悉本官商合辦制度，漢陽、萍鄉、大冶三處用人行政均歸湖廣總督節制，在此期内因擴充新廠需欵甚鉅，移借撥用，而經濟愈困矣。

3. 商辦時期

光緒三十四年二月，盛宣懷奏請合併公司，擴充股本，擬招足商股二千萬元，悉歸商辦，以後廠中每出生鐵一噸，抽銀一兩，期將官本數百萬陸續抽足還清，仍繼續照抽，以爲該商局報效之款。於是遂入商辦時期，以盛氏爲總經理，李維格氏爲協理，因呈部註册，遵照奏定商律辦理註册。後因登報招股，截至辛亥年連前共收股分銀元一千三百餘萬元，約合銀一千萬兩之譜，而漢冶萍三處一切建設用款已達三千二百餘萬兩之鉅，内有預收日本生鐵價六百餘萬元，礦石價二百餘萬元，預收郵傳部軌價二百萬兩，四川省軌價一百餘萬兩，又正金、道勝、匯豐各洋行借款，三井紗廠押款以及滬漢各莊號借欵約一千萬元。光復時，武漢爲用兵之地，而漢廠適當其衝，工作停頓，廠中機械建築等件爲砲火所摧折者亦頗不少。光復後，南京臨時政府曾議將漢冶萍公司收歸國有，惟艱於資財，事不果行。當由上海總公司派吴任之氏爲坐辦，協同員司赴漢廠收拾殘缺，再興工作。民國二年五月間，化鐵爐全部出鐵，是年秋間遂開始煉鋼，而冶鑛、萍鑛等處亦照舊工作矣。民國二年冬間，與日本製鐵所及横濱正金銀行訂立借欵日金一千五百萬元，除將前借正金銀行之欵償清外，以其餘者爲建造大冶新鋼鐵廠之用。此項借款係年息六釐，供給日本製鐵所礦石生鐵，以其價值陸續抵還，四十年爲止。自合同發生效力之日起四十年内，公司應售與日本製鐵所頭等鐵鑛一千五百萬噸，生鐵八百萬噸，其價值以製鐵所通告時所購入價值爲標準，與製鐵所商酌議定，並限制公司如欲由中國以外之資本家商借款項，必先儘正金銀行商借。民國四年春間，日本政府要求政府“二十一條”款内有“此後漢冶萍公司無日本資本家之同意不得收歸國有。倘該公司與日本資本家商定合辦時，應即照准。又不使該公司借用日本以外之外國資本”。所以防鉗漢冶萍公司者更周且密。

四年夏間，四號化鐵爐落成。六年春間，七號鍊鋼爐落成。惟五、六兩年因碼頭卸礦機，未能完竣，而焦炭産額又不足，故出鐵未能加增。六年夏間，復與日本合辦鋼廠，名九州安川製鋼公司，廠設日本九州，資本二千萬元，中、日各半，以日本之半爲設置一切之用，漢冶萍公司之半則以每月供給五千噸生鐵之價值作抵。民國六年冬季，南北兵争，湖南困於兵役，轉輸焦煤極爲困難，故民國七、八年來漢廠出鐵有限，而鋼廠工作又時時停頓。

先是民國三年十月，復遣委員吴健等出洋考察新廠計劃與製造鋼鐵之新法，原議於大冶新鋼鐵廠先建四百噸化鐵爐兩座，期於民國六年落成。惟歐戰之際，機爐未能如期運華。至八年冬間，始能稍稍畢事。十一年夏，第一爐開始煉鐵。

［附志組織二則］

㊀自革命後重理營業，公司辦事機關組織一變。昔以總協理直轄各部主持一切，今則有董事會以董事九人組織之，而一切管理權則授之於一總經理，佐以副經理，以理全公司事務。總公司現設在上海，惟董事會已議決將遷至漢口，俾近各廠鑛便於辦事。表列如下，惟廠鑛長以下辦理人名從略。

董事會：孫寶琦、會長。李經方、副會長。周金箴、盛思頤、楊綬卿、傅筱菴、張知笙、沈敦和、邢冕之、陶蘭泉、吴錦堂。

總公司：總經理夏偕復，副經理盛思頤，會計所所長凌潛夫，副所長金菊蕃、趙炳生，商務所所長倪錫純。

各廠鑛：漢陽鐵廠廠長吴健，大冶鐵廠廠長吴健、副廠長黄錫賡，大冶鐵鑛鑛長季冠三，萍鄉煤鑛鑛長李鏡澄。

㈡民國五年時，該廠内部分化鐵、製鐵、化驗、物料、稽核、總務、收支、商務、衛生、機器十股。各股設有股長、股員，均以留學東西洋之專門學士或富有經驗者充之。各股之上有駐廠坐辦總其成，所有全廠用人行政工程各事悉聽其指揮。兹將現任人員録之於下：

坐辦吴健，任之，上海。總務股長舒修太，楚生，長沙。化鐵股長嚴恩棫，治之，寶山。收支股長許恒，笠山，鎮江。製鋼股長盧成章，志學，寧波。商務股長潘國英，毓初，廣東。化驗股長坐辦兼充衛生股長舒厚仁，棟臣，浙江。物料股長羅國禎，佩衡，黄岡。機器股長李復九，澤民。稽核股長趙時驤，步郊，武昌。擴充工程監造處李昌祚。芸孫，浙江。化鐵、製鐵、機器各股均聘有西人兼理其事。

表 7-4　漢陽鐵廠組織統系表

<table>
<tr><td rowspan="11">上海總公司</td><td rowspan="11">坐辦處</td><td rowspan="11">工程科
文牘科
考核科
稽核科
學務科
交涉處</td><td rowspan="2">製造股</td><td>鋼廠</td><td>鍊鋼廠　軋鋼廠　鋼條廠　車轆廠　製釘廠　製磚廠</td></tr>
<tr><td>鐵廠</td><td>老化鐵爐　新化鐵爐</td></tr>
<tr><td>化驗股</td><td colspan="2">化分處　試驗處</td></tr>
<tr><td>物料股</td><td colspan="2"></td></tr>
<tr><td>稽核股</td><td colspan="2"></td></tr>
<tr><td>總務股</td><td colspan="2">庶務處　經租處　巡警處　地畝處　揀渣處</td></tr>
<tr><td>收支股</td><td colspan="2"></td></tr>
<tr><td>商務股</td><td colspan="2">採辦處　批發處　輪馭處　車務處　煤務處</td></tr>
<tr><td>衛生股</td><td colspan="2"></td></tr>
<tr><td rowspan="2">機器股</td><td>修理部</td><td>土木廠　木模廠　翻砂廠　修理廠　打鐵鍋爐廠　電機廠</td></tr>
<tr><td>擴充部</td><td>第四號化鐵爐　第七號鍊鋼爐　第一、二、三號碼頭全廠　水池電機廠</td></tr>
</table>

［註］以上二種組織皆其舊者，請再參考後《漢冶萍失敗史略》中之一組織表。

（四）設備

廠地

廠地在漢陽龜山之南，前臨襄河，左倚大江。當鐵廠初開辦時，曾於襄河沿岸購買地畝。該處地甚低下且多窪濕，多方填平，所費不貲。嗣後兵工廠亦在漢陽建廠，居廠之左，與廠毗連，而廠之右方臨江處又復街市縱橫，故鐵廠地點僅限於一隅，難以發展。於是有龜山開洞之策，將鐵廠發展於山之後面，然土人惑於風水，百計阻撓，而開築山洞所費亦當在一百萬元以上。統計漢廠全部現在所佔地畝面積約僅二方里有半。

化鐵爐

現有化鐵爐四座，計一百噸者兩座，習稱一、二號化鐵爐；即每爐每二十四小時能出生鐵一百噸。二百五十噸者兩座，習稱三、四號化鐵爐。第三號化鐵爐於前清宣統二年開爐，第四號化鐵爐於民國四年開爐，故式樣尚新，而設備亦完全。茲先述第四號化鐵爐之設備，第三號化鐵爐亦與之相仿。第四號化鐵爐係由德國 Diagler mashinen Bans Akt 公司所承造。

表 7-5

爐高	約二八公尺
爐灶高	二・二公尺
爐灶	高二・二五公尺
爐膛對徑	六・六公尺
爐底牆厚	二公尺
爐膛牆厚	○・七六五公尺
爐直身牆厚	○・七公尺至○・八五公尺
爐膛高即爐之最寬處	七・五公尺
爐直身高	一○八尺
爐灶對徑	三・五公尺
爐口對徑	四・七公尺
爐灶牆厚	一公尺
爐肚牆厚	○・九公尺

爐之容積，四百七十七立方尺。爐灶每平方公尺應出鑛量爲二十五噸至二十八噸。

爐腰角度，七十五度三十一分。送風管八個，每管對徑爲一百五十公厘。爐灶外面用水流冷之。爐膛用冷水箱去熱。爐之直身則用冷水狹箱去熱。爐灶暨爐膛均外圍以鋼板，爐之上部直身外面則以鋼箍束之，使甚堅固。上料則用升降機至爐頂，再用人工將原料傾入爐内。

第三、四兩號化鐵爐，所用之冷水，均由山邊之打水房吸水應用。該打水房有電力抽水機五座，爲環轉式，每座每分鐘可抽水十五方公尺。又汽力抽水機一座，每分鐘可抽水二十五方公尺。每抽水機三座可供給一座大化鐵爐之用，大約每大化鐵爐一座每分鐘自身所需之冷水不過十立方公尺耳。

新汽爐房，有蘭克休式汽爐十六座，又B&W爐汽八座，以供兩大化鐵煤所用之汽力。即打風機、升降机、抽水机所用之汽力也。每蘭克休式汽爐一座，其蒸發面積爲一百一十平方公尺。汽爐係用化鐵爐瓦斯燃燒，其汽壓約九十磅左右。另有加熱爐一座，熱汽經過該爐後，壓力可增至一百二十磅以上。第三、四號化鐵爐所用之打風機均係環轉式，共有三座。第二號環轉打風機爲英國潘生公司所造，最大速度每分鐘二千八百廻轉，平常速率二千四百廻轉，每分鐘可送風二萬八千立方尺，壓力每平方寸約十二磅左右。第三號環轉送風機爲英國勃郎保勿利公司所造，馬力爲一千一百二十四，速率每分鐘三千迴轉，送風量每分鐘一千立方公尺，壓力每平方寸爲六磅。

熱風爐，有四座，係高白式。高三十二·五公尺。牆高二十八公尺。熱風機對徑七公尺。每爐有蓄熱面積六千三百三十平方公尺。蓄熱房下風道〇·二公尺。

廠中所用鐵爐、石灰石均來自大冶，焦炭均來自萍鄉，錳鑛來自湖南常寧及耒陽。化鐵爐前有推礦場，用磚墻分别隔開，上有高架鐵道，鑛車即在上將鑛下傾。其焦炭則另推他處，均由小鑛車運至化鐵爐，用升降機送至爐頂。兹將大冶灰石及萍鄉焦炭平均化分表列後：

表 7-6　石灰石分析表

	大冶	大冶	獅子山	獅子山
矽養二	一・〇四	五・九六	〇・八八	三・二〇
鋁二養三 鐵二養三	〇・六四	一・〇四	〇・六四	一・六一
鈣養	五四・八九	五〇・五一	五五・〇二	五二・七六
鎂養	〇・一〇	〇・五二	〇・二二	〇・五一

表 7-7　萍鄉焦炭灰分析表

矽養二	五三・四〇
鋁二養三	二九・二六
鐵二養三	四・八六
鈣養	四・〇五
鎂鐵	二・一六
硫養三	一三・七三
燐二養五	一・三八
鉀二養	〇・八二
鈉二養	二・六五

表 7-8　萍鄉焦炭分析表

水分	五・〇〇至一〇・〇〇
揮發分	一・〇〇
固定炭素	八二・五〇至六二・九九
灰分	一一・五至一五・四五
硫	〇・五〇
燐	〇・〇六

表 7-9　萍鄉焦灰分析表

矽養二	五七・〇〇
鋁二養三	二六・五〇
鐵二養三	七・〇〇
鈣養	三・〇〇
鎂養	二・〇〇
阿而加里　即碱質	二・五〇

表 7-10　錳鑛分析表

	錳	鉄	矽養二
甲	四一・九一	五・八二	一二・〇四
乙	四四・八九	四・七四	一〇・〇〇

化鑛之法，係以鐵鑛、石灰石、焦炭三者按層傾入爐中，周而復始。大冶鐵鑛因含硫較多，故加錳鑛以提硫，使爐内保持其應有之熱度，此漢廠化鐵所以不得不需錳鑛。第三、四號爐每次上料分配量爲焦炭三噸半，分爲十車；鐵鑛五噸，石灰石一噸半，共分爲十車；錳鑛〇・二二〇噸爲一車。

第三、四號爐每二十四小時共出鐵八次，每三小時出鐵一次，放鐵前每一小時出渣一次。熱風爐每次有一座吸引冷風入蓄熱房，使冷風加熱再入化鐵爐，其餘三座則燃燒化鐵爐瓦斯，使蓄熱房吸收其熱。每熱風爐通冷風一小時後，即將舌門移轉放入化鐵爐，瓦斯燃燒歷三小時之久。至於供給化鐵爐之熱風，則以他熱風爐代之。漢廠向用第三、四號爐化煉翻砂鐵，其化出之鐵成色頗好。茲特將其平均化驗結果列後：

表 7-11

	漢陽一號翻砂鐵	漢陽二號翻砂鐵	漢陽三號翻砂鐵
矽	二・五至三〇	二・〇至二・五	一・五至二・〇
燐	〇・二五	〇・二五	〇・二五
硫	〇・〇四五	〇・〇四五	〇・〇四五
錳	〇・四〇至〇・六	〇・四至〇・六	〇・四至〇・六

漢陽之翻砂鐵含燐較高，頗合鑄鐵之用，故日本釜石製鐵所造鑄鐵管均攙用之，而日本其他翻砂廠或鐵工廠亦多購用，故漢陽生鐵在日本市價常較他種生鐵略高。

化鐵爐所出之瓦斯先經過清灰爐與洗灰器，俟將灰塵濾清後，以一部分瓦斯供熱風爐之用，其餘則用之於汽爐以代煤。因未設有瓦斯精洗器，故不能用於發動機以生動力也。

照漢廠化鐵成績考之，大概每煉生鐵一噸，需焦炭一・二至一・三噸。因萍焦含水分暨灰分較高，故焦亦較費也。又漢陽空氣冬燥夏濕，濕則化鐵之力減而需焦多，故每爐夏季出鐵較之冬季出鐵約只合九折。化鐵所用之冷水，其熱度夏間較高，故却熱之功效亦較低。漢廠向來化鐵爐所用之冷水均隨時取之於河，用後復流入於河。因該處取水甚便，故未建冷水塔，惟新化鐵爐用過之水則使之入冷水池循環周轉，可再用於化鐵爐。近來廠内復開闢清水池，佔地甚廣，使襄河所來之水與化鐵爐用過之熱水兩相混合，熱度低下，再用於化驗爐。惟此等設備試行後無甚便利，現已將該清水池拆去，以磚料移造房屋，然所費已不資矣。

老化鐵爐兩座於鐵政局創始時即已建設，故其年齡亦將歷三十餘載。初時該爐原定出鐵量每爐每日七十噸，緣彼時化鐵爐圖樣與現在新式者不同，佔容量多，而他部分應需之大小比例則不足相稱，厥後將熱風爐增高，使爐内吸入之熱風加增，該兩爐每日遂可各出鐵一百噸。該爐式樣雖舊，然經用已久，出鐵尚佳，並無若何阻滯，現尚擬將該爐改爲每座每日出鐵一百五十噸。茲將老化鐵爐即第一、二號化鐵爐。之情形列下。

容積，每座二四八立方公尺。高一八・一二五公尺。送風管四個。熱風爐四座，高白式。

爐灶外面不若第三、四號化鐵爐用鋼板包圍，惟只以鋼帶箝之，冷水則直接注流於爐灶火磚外面。此式頗簡，因爐灶之磚有耗薄時或他項危險，可隨時修補，無虞鋼板之阻礙。爐之他部所用冷水均經過冷水箱，其式與第三、四號相同。上料亦用升降機，惟兩爐相距極近，只升降機一副，一升一降，已足備用。老化鐵爐所用之冷水係另由打水房由襄河抽來，該抽水機係用汽力。老化鐵爐另設汽爐房，備有崗克休式汽爐二十座，較新化鐵爐之汽爐爲小。汽壓不過七十餘磅，另有 B&W 水管式汽爐三座，汽壓約一百磅左右。汽爐均用化鐵爐瓦斯爲燃料，惟每日間亦用煤少許耳。

兩座老化鐵爐之打風機，其常用者爲苛克雷式臥形打風機一座，每分鐘能送空氣八百立方公尺，不足時則另開立形打風機以資補助。立形打風機共有三座，每座每分鍾能送風二百立方公尺。該兩種打風機之壓力每平方寸約六磅，其原動力均爲汽力。

老化鐵爐化鐵時因熱度略低，故宜於製造馬丁生鐵備煉銅之用。每次上料分配量爲焦炭三噸二十基羅，分爲十車；鐵鑛四噸半，石灰石一噸半，共分爲十車；錳鑛〇・一三〇噸爲一車。

老化鐵爐每二十四小時出鐵六次，即每四小時出鐵一次，每隔二小時出渣一次。熱風爐之更換時間與新化鐵爐同。茲將所化之馬丁生鐵成分列後：矽，一・〇〇以下；硫，〇・〇四五；燐，〇・二五；錳，一・〇〇至〇・六〇。

新化鐵爐與老化鐵爐之比較

新化鐵爐所進之熱風，其熱度較高，約在百度表七百度至七百五十度。若老化鐵爐所進之熱風，則在百度表六百八十度至七百度左右。漢廠所用鐵鑛多係整塊，並無粉鑛，而焦炭之塊亦大，故各料在爐内頗易通風，而進爐之熱風無須用高壓力即可穿透鑛石焦炭以達爐頂。故老化鐵爐打風機所有壓力尚屬合用，惟新化鐵爐之環轉打風機，其壓力與大化鐵爐之化鐵量比較稍嫌不足，以致新化鐵爐出鐵有時不能達其預算應出之量。按美國化鐵爐多用碎鑛，其熱風壓力皆在十鐵磅左右。至於消費焦炭之量，老化鐵爐出生鐵一噸，需焦一・二五噸；新化鐵爐出鐵一噸，則需焦一・一五噸，故新化鐵爐費焦較省也。

化鐵股所用電力，均由電機廠之第二發電所供給。其第二發電所即在老化鐵爐旁，内有一百基羅瓦達直流電機三座，供電燈、抽水機、起重機一切之需用。

生鐵之成本

漢廠生鐵，因焦炭由萍鄉運來，成本既重，折耗又多，故生鐵成本因而加高。萍鄉煉焦，又不利用副產物，加以長途轉運，故焦炭之成本在漢陽每噸需銀九兩餘。即洋十三元。此猶指歐戰前之景況而言。若近年來，每噸焦炭成本需銀十三兩，即洋十七元。至於鑛石成本亦漸次加高。而漢廠一切機器修理費用又無形擴大，故生鐵每噸成本較前爲昂。兹特將漢廠從前暨近來每噸生鐵成本列表如下，以資參攷：

表 7-12

	民國四年之成本	民國九年之成本
焦炭	一一兩二〇	一五兩五〇
鐵鑛	一・六〇	三・二〇
石灰石	〇・六〇	一・二〇
薪水	〇・四〇	〇・四〇
工資	〇・五〇	〇・五〇
化鐵股自用雜費暨雜料等	〇・六〇	〇・九〇
汽爐用煤	一・二〇	二・四〇
通常用費機器股修理費、材料費、電費等均攤在内	三・一〇	六・〇〇
鐵捐	一・〇〇	一・〇〇
共計每噸生鐵成本	二〇兩二〇	三一兩一〇

以上所列之成本，均未包括利息及折耗，如再加入則爲數自更重矣。

煉鋼廠

漢廠煉鋼初用貝色麻爐，後因改用馬丁鋼爐，遂於鋼條廠北面另建煉鋼廠。現該鋼廠共有一百五十噸調和爐一座，鹼法馬丁鋼爐七座，每座出鋼量爲三十噸，舊式煤氣爐十四座，新式煤氣爐六座，又三十五噸電氣起重車兩部，五十噸電氣起重機兩部。調和爐係用以貯藏鎔融之生鐵，兼提清硫質混和鐵質，使其均勻也。蓋化鐵爐每次出鐵均按定鐘點，其鐵質往往不能一致，而煉鋼爐需用生鐵，其時刻則不能限定，故貯藏於調和爐以待之。復引煤氣入爐內燃燒，使鎔融之鐵能保持其相當熱度，而硫質可藉以減低，並可有時加入錳鑛或石灰石少許以提出他項雜質。茲將鎔鐵初入調和爐時，暨由調和爐取出後，其化分不同之處列表於後：

表 7-13

	入調和爐時之鎔鐵	由調和爐取出後之鎔鐵
燐	〇·二四二	〇·二二六
硫	〇·〇五五	〇·〇四五
錳	〇·六八	〇·六五

調和煤①係用煤氣燃燒。爐下有兩風房、兩火房，用迴蓄續熱法，俾入爐之瓦斯增高其熱度，其構造與馬丁鋼爐同。惟調和爐自身可以於平置時左右移轉，蓋鎔鐵係由爐前之進鐵門放入，而由爐後之出鐵門傾出。爐內所貯鎔鐵時有多寡，故爐身可隨意移轉，總期鎔鐵能就出鐵門流出。漢廠之調和爐或用與否，大約在出鐵較多時期即行開爐。其所需煤氣以所用煤量計之，大約每出鋼錠一噸，調和爐需煤八十公斤。

煉鋼爐共有七座，其容量均爲三十噸。各爐之圖樣，除第七號馬丁爐蓄熱房之位置有更變外，餘均一律。茲特將該三十噸馬丁爐之圖樣尺

① 煤，疑應爲“爐”。

寸列後。

爐長十五公尺。爐高距平台之高。四公尺半。爐灶長五・八公尺。爐灶寬三・二公尺。爐灶之底與爐頂相距二・二公尺。火頭路，風頭路。火房寬二・五公尺，長四・六公尺，高四公尺。風房寬三・二公尺，長四・六公尺，高四公尺。風、火房下空道高〇・九二公尺。

煉鋼爐分上、下兩層，上層爲爐身，下層爲風房及火房。漢廠煉鋼爐有兩風房暨兩火房，分左、右各一。各房均有耐火磚排列成格子式，以便收蓄鋼爐瓦斯之熱。火房之後面有風制爲吸入相當空氣暨改换空氣方向之用，其後復有火制，爲吸入煤氣暨改换煤氣方向之用。漢廠煉鋼係用煤氣，由煤氣爐發生，通入大煤氣管，再由火制入左邊火房，經過火井入火路射出爐内，同時空氣亦由風制吸入，通過左邊風房經風井入風路以達爐内。彼時空氣與煤氣既經過蓄熱房，其熱度已增高至一千度以上，二者在爐内化合燃燒所生之熱即供爐内鎔化鐵料或冶煉純鋼之用。燃燒後，其瓦斯遂從爐之右邊火路、風路經過右邊風房、火房之蓄熱磚，而磚即吸收瓦斯之熱，以爲下次加熱於空氣、煤氣之用，瓦斯出風、火房即由烟道以達烟突。如是者約十五分鐘後，再將風制、火制轉向，則煤氣及空氣由右邊傳入，吸收風房、火房格子磚之熱入爐燃燒，復由左邊風、火房通出以達烟突。此所謂迴環取熱法也。

煉鋼之法

漢廠煉鋼係用鹹性煉鋼法，緣生鐵含燐在百分之〇・二五左右，然加煉成純鋼，所含燐質照通常規則不得過百分之〇・〇六，故須用石灰石將生鐵内燐質提出，與石灰石化合成爲爐渣，而生鐵内矽質亦可與石灰石化合融和於爐渣内。凡用鹹性煉鋼法，爐内須多加石灰石，其爐渣因之遂爲鹹性。煉鋼所用原料爲生鐵廢鋼，並加錳鑛以酸化生鐵内炭素、矽素等質，又加石灰石，使鋼鐵内不潔之質與之混和，化合成爲爐渣。迨鋼煉成後，復加錳精、矽精以驅除鋼中所含養氣，並使鋼内錳素、炭素得其適宜之分量。於是將鎔鋼注入鋼模，並加鋁精少許，傾成鋼錠，送至軋鋼廠。茲將漢廠煉鋼廠原料分配量及上料先後次序列表於左：表内所稱軌鋼係指造鋼軌之鋼而言，其含炭須由百分之〇·四〇至百分之〇·六〇，含錳須由百分之〇·六〇至百分之〇·八〇。至於軟鋼，其含炭成分由百分之〇·一〇至百分之〇·四〇，視製造之鋼材而定。

表 7-14

冷料：廢鋼、鋼胚頭、廢鐵共十五噸，生鐵十五噸			熟料：費①鋼、廢鐵等十噸，融鎔生鐵二十噸	
鋼類／原料	軌鋼	軟鋼	軌鋼	軟鋼
小塊廢鋼	一噸半，匀置於爐底上	同上		
白石	一噸半至兩噸	二噸		二噸
鐵鑛	同上	二噸半	一噸	二噸半
廢鋼	十三噸半	同上	一噸半至兩噸	同上
冷生鐵	五噸	同上	十噸	
融鎔生鐵			二十噸，兩小時後加入	同上
冷生鐵	十噸，兩小時後加入	同上		
全化後加白石與鐵鑛	用適宜之量	同上	同上	同上
放鋼時加錳精	四百五十磅，半加爐內，半加鋼桶內	五百磅，半加爐內，半加鋼桶內	四百五十磅，半加爐內，半加鋼桶內	五百磅，半加爐內，半加鋼桶內
加矽精	一百四十磅，半加爐內，半加鋼桶內	一百八十磅，半加爐內，半加鋼桶內	一百四十磅，半加爐內，半加鋼桶內	一百八十磅，半加爐內，半加鋼桶內

① 費，應爲“廢”。

煉鋼時間

煉鋼時間由原料放入時起至放鋼時止，普通約八小時，然亦有逾十小時者。爐内原料全化後，爐工即以鐵瓢放入爐内取樣傾於鐵模，再將鋼樣浸入水中，冷後用錘將樣横繫破之，以察其結晶形式，由此可以定鋼内含炭之多寡與爐内之熱度。然後酌加石灰石、鐵鑛，俟調化後再行取樣。如是者數次，迨鋼成後即可配料放鋼矣。以下爲民國四年五月二十六日所取鋼樣之化驗結果：

表 7-15

	第一次樣	第二次樣	第三次樣	第四次樣	第五次樣
炭	一・〇六	〇・七六	〇・七二	〇・六四	〇・五二
矽	〇・〇七	〇・〇三	〇・〇三	〇・〇三	〇・〇七
錳	〇・一四	〇・一〇	〇・一一	〇・一六	〇・七一
燐	〇・〇六	〇・〇五四	〇・〇五四	〇・〇五四	〇・〇五〇
硫	〇・〇三六	〇・〇四〇	〇・〇三四	〇・〇二八	〇・〇六〇
時間	二・三二分	三・二五分	三・五〇分	四・二六分	五・一〇分

熱度

鎔鋼在鋼爐内，其熱度爲百度表一千七百度左右。其鎔爐流入鋼桶時之熱度，曾在漢廠實測如下：

民國四年二月十一日就六號爐實測。

初放鋼時所測熱度百度表一六四〇，再測熱度百度表一五四〇，放鋼將終時所測熱度百度表一五一〇。

至於鑄鋼錠時，其熱度亦同，實測如下：

表 7-16

鋼錠排數（每排鑄錠兩個）	第一排	第二排	第三排	第四排	第五排	第六排
熱度（按百度表計算）	一四四六	一四一七	一三九一	一三七八	一三六五	一三五五

鋼爐甎料

煉鋼爐所需磚料最爲重要，鋼爐能否經久全視於此。漢廠煉鋼係用鹼法，多加石灰石爲融劑，故其渣爲鹼性，築爐須用鹼性之磚，則渣與磚相接觸，始不生化合作用，而磚能經久。鹼性鋼爐，其爐底及底牆下半截均用鎂磚砌成，一取其含有鹼性，二取其融鎔之點甚高，往往在百度表一千八百度以上，三取其質地堅硬不易磨折。其爐牆上半截與爐頂以及他處所用之磚，因該處無鹼渣侵蝕，可以矽甎代之，矽磚之鎔融點亦甚高也。風房、火房之蓄熱磚則用上等耐火磚。漢廠自設鋼廠後，所用鎂磚暨矽磚均購自歐洲英、德兩國，爲價頗昂，而耐火磚則購自開灤，質地頗好。民國三年歐戰發生後，鎂磚、矽磚均無來源，廠中舊存者亦相率用盡。彼時能代鎂磚者，厥唯鉻磚。惟鉻磚係屬中性且含有鐵質，成分不一，其爲用迴不如鎂磚。日本於歐戰時即以鉻磚代鎂爐之用，惟所產鉻鑛成色不同，鉻磚融鎔點相差甚遠。漢廠雖曾試用，惟彼索價過奢，供給不足，乃試以白雲石磚代用。白雲石亦稱哆囉密。爲含有多量鎂質之石灰石。漢廠試用白雲石磚始於民國四年正月，試之數月，成績頗好。煉鋼次數實達一百爐以上始須大修理一次，其成績與用鉻磚同，然所省則過之，而供給又較易。矽甎向仰給於歐洲。歐戰發生後，遂力求上好原料，由本廠製磚廠研究自造矽甎，亦頗合用，並同時購買日本矽甎以補濟之。

煉鋼之成本

漢廠所煉鋼錠在民國四、五年間平均每噸成本可以約計如下：數目均以銀兩計算。

一、原料：生鐵、廢鋼、石灰石、鐵鑛等。二〇・八七。

二、配料：錳精、矽精、鋁精。〇・九四。

三、爐料：各種磚料。二・二一。

四、燃料：煤氣爐、火車、弔車所用之煤。五・一二。

五、雜料：〇・二八。

六、鋼錠模：〇・〇七。

七、薪工：〇・八〇。

八、攤公費：三・二一。

總共成本：三三・五〇兩。

除去軋鋼廠拉賸鋼頭作價：一・八〇。

實計成本銀：三一・七〇兩。

此係指民國四、五年情形言，現在當在五十餘兩以上矣。

鋼質

漢陽所煉鋼之錠，其成分頗爲純净，含養百分之〇・一一，含錳百分之〇・四五左右。下列之表係民國四年五月二十五日試驗漢廠所製鋼板之結果。

表 7-17　鋼板試驗表

	鋼板厚度	四分厚		三分厚		二分厚	
	煉鋼次數	二二八七	二三〇〇	二四二〇	一九四〇	二四三七	二四七六
灣曲試驗	於熱製後再行試驗	及格	及格	及格	及格	及格	及格
		及格	及格	及格	及格	及格	及格
化學試驗	炭	〇・一六	〇・一六	〇・一三	〇・一五	〇・一三	〇・一二
	矽	〇・〇五	〇・〇三	〇・〇六	〇・〇三	〇・〇五	〇・〇六
	錳	〇・五三	〇・四二	〇・四九	〇・四八	〇・四五	〇・四六
	燐	〇・〇四七	〇・〇五	〇・〇三九	〇・〇二九	〇・〇二九	〇・〇二九
	硫	〇・〇四五	〇・〇六	〇・〇四一	〇・〇五九	〇・〇五九	〇・〇四八
延力試驗	延伸後横面積	〇・九六	〇・八九	〇・七六	〇・七四	〇・四七	〇・四九
	每平方英寸所受之力　噸	二七・三七	二七・六五	二四・二二	二五・五九	三一・四三	三〇・〇八
	伸長度	二二・五	二五・五	二七	二九	一四	一六・五
	横面積縮小度	四五・八三	四四・八七	五〇・〇〇	五〇・〇〇	四四・六八	四〇・八二

（五）財政

1. 資本

（1）國有資本

盛宣懷承辦京漢鐵路時撥用九十一萬六千五百三十兩二錢七分八釐七毫，又萍鄉開煤鑛時奏明附入鐵路公司股份銀十五萬兩，又附入股尾規銀三千八百九十七兩。萍鄉入股後，鐵路公司應派得息股銀九萬兩以上，共計庫平銀一百十六萬兩，核作銀元一百七十四萬元，填給普通股票，存農商部，每年照章收息作爲部收入。

（2）省有資本

自光緒十七年創辦之日起截至二十二年交商承辦之日止，鄂省計用銀一千一百二十餘萬兩，折半爲五百六十餘萬兩作爲創辦股。先是張文襄公奏交商辦時，純以紓商力扶官廠爲主腦，故允以每出生鐵一噸，抽銀一兩還清官本之議。後以改爲純粹商辦，而鄂省監督之權無形取消，遂援公司章程將五百六十餘萬兩填給股票，歷年交涉，似可解決。

（3）商股

商股分三等，最新創始股本銀元三百萬元爲頭等優先股，加收推廣股本銀元七百萬爲二等優先股。另規定普通股額一千萬元，後未招足，約只二百萬元，故商股不過一千二百萬元。

合計國、省、商三大股本總數將近二千萬元，股息均係常年八釐，紅利作三十成開派，以一成五酬頭等優先股，以一成五酬二等優先股，以二十一成按優先普通股均派，惟頭、二等之特别酬金派至第十五年爲限。

2. 財産

（甲）外國總工程吕柏及鑛師賴敦估單之報告，光緒三十四年。漢陽鐵廠財産約值銀一千二百二十七萬兩，大冶鐵鑛産業約值銀一千一百三十萬兩，碼頭輪駁約值銀一百七十五萬兩，萍鄉煤鑛産業約值銀一千五百五十萬兩，四項共值銀四千零八十二萬兩，合洋五千八百三十一萬元。

（乙）該公司民國二年收支各欵，第六屆之帳單，則漢、冶兩處共值銀二千五百四十三萬六千八百六十七兩，萍鄉共值銀一千零八十一萬六千二百三十二兩，二項共除虧耗不計外，實值四千零九十六萬二千一百十五兩，合洋五千八百五十一萬餘元。

（丙）自光緒三十四年迄民國二年五年間，三處歷年必有添置。而所值相等，非洋員估值之高，即公司估置之低。然細繹帳單内有官局移交舊產及在鋼鐵焦石鑛物料二項，共列銀五百一十六萬三千七百九十八兩，而此二項中前項決不止二百七十八萬餘兩，洋員之估值或亦將此項照當時市值折合者歟？故以時價估計，公司財產總在六千萬元以上。

3. 債務

（甲）外債

（一）預收日本正金、興業銀行購買鑛石及生鐵定洋日金九百萬元，如不交貨即交還原銀。係光緒三十三年借入興業三百萬元、三井一百萬元、大倉二百萬元、正金三百萬元，共九百萬元。

（二）欠日本各銀行共日金一千五百餘萬元。

（三）欠義品銀行法金九百萬佛郎，合銀十四萬四千六百兩。

（四）欠道勝銀行十萬兩。

（五）欠禮和洋行銀十七萬二千六百十兩。

（三）（四）（五）三項共合計五十七萬九千餘元。截至民國四年三月止，合計外債共二千四百九十餘萬元，而日債佔二千四百三十餘萬元。

（乙）内債

（一）預收郵傳部即今交通部。及四川、廣東、湖南購鐵軌價銀三百二十五萬兩。

（二）共欠上海、漢口各錢莊及存款銀九百三十四萬七千四百零五兩，内債共一千七百九十九萬六千二百九十餘萬元。

内外債共洋四千二百八十九萬六千二百九十餘元。

（六）成績

漢陽鐵廠自改設新鋼爐後，各省鐵路所用鋼軌以及附屬各件争向漢廠訂購，幾有應接不暇之勢。上海等處機器廠、翻沙廠需用生鐵無論矣，日本及南洋各島與夫美國西濱太平洋各省亦無不在漢廠訂購生鐵。美國松木爲中東各國進口大宗，運木船隻回國，即以運輸生鐵，運費極省，以故陸續購運試用後，僉稱佳品。於是美商大麥洋行邀同美國施押杜省西方鍊鋼總理來華，訂二十年合同，每年專購生鐵數十萬噸。漢冶萍總經理暨董事會公同酌議，先以七年半爲期，每年定買馬丁生鐵至少三萬六千噸，多至七萬二千噸爲度。聞美鋼廠猶以爲未足，來電請益年限噸數，漢廠以不能供給，未允其請。與前“大冶鐵鑛”參看。萍煤已日出二千噸，以六成鍊焦，餘售煤，其銷數益日進不已。萍株鐵路已展至昭山，輪舶可常年通行，又添造大輪舶二十艘，悉用淺水小輪船拖帶焦煤，大半供給漢廠及鐵路自用，外銷僅十之三四。漢口各公司江輪近來專用萍煤，而外洋之海舶來漢者亦免繞道往日本門司等處裝煤回國。即此一端，萍煤之銷路暢旺，可想而知。美國西濱、日本等處均欲購用萍焦，此外漢口及長江下游原有之銷場不待言矣。廠沙土貨既多，則成本驟減，獲利愈厚。綜計該廠生意，戊申年四百餘萬兩，已較勝於前。己酉年增至六百餘萬兩，壬子年達八百萬兩。近數年來愈加擴充，出品愈多，應獲餘利亦日益增進。茲列十年來出鋼噸數表如左：

表 7-18　漢冶萍十年來出鋼噸數表　以噸爲單位

種類	民國元年	二年	三年	四年	五年	六年	七年	八年	九年	十年	總數
大鋼軌	一二四·二四六	二六、九九三·四一二	三四、七四六·一四三	二五、七八六·七六二	五、二八九·四六八	一二、九四七·三四一	一、〇三一·二九九		一五、五七八·二二六	二二、八七三·〇六七	一四六、三六〇·三二四①

① 一四六、三六〇·三二四，前面各分欄數據合計應爲“一四五、三六九·九六四”。

續表

種類	民國元年	二年	三年	四年	五年	六年	七年	八年	九年	十年	總數
小鋼軌	五·七〇二	六〇二·八五七	六七三·二七三	一、〇六一·七五二	二六五·九七六	二、三六〇·五六二	二一六·二九二	五三三·二一二	三一九·一五四	七八四·六九四	六、八二三·四七四
		四一一·一二五	六三二·一二七	一、九六四·九二七	二、八九二·一六六	五、〇二三·五一三	八、六五八·九五三	一、〇一七·二二三	一、三六〇·一八七	二六〇·七一五	二三、一三一·一三六①
鋼板		三六七·三四六									
角鋼		四三·〇六七	一、四五七·五一六	四、八九一·二二五	一三、四三四·二五一	五、四五四·六六七	八、〇六七·六五三		七、三二三·九八二	一、一五〇·七三〇	四二、一九〇·四三七②
工字鋼			三七五·五四三	一、五一七·一一一	二、三五六·六九一	二、九六六·九九〇	六四五·七六一		一、一三九·三三八		九、〇〇一·四三四

① 二三、一三一·一三六，前面各分欄數據合計應爲“二二、二二〇·九三六”。
② 四二、一九〇·四三七，前面各分欄數據合計應爲“四一、八二三·〇九一”。

續表

種類	民國元年	二年	三年	四年	五年	六年	七年	八年	九年	十年	總數
槽鋼			三〇二·八〇二	四九三·〇〇二	二、五八八·〇五八	四、三九七·七五六	六、七二二·九一〇		一、八一四·〇七八	九一九·三九六	一七、二四五·〇〇二①
扁鋼		三八二·五〇九	一八三·〇七二	八五八·二八六	五八〇·八二〇	五七五·六〇四	七·四八四	三六·八一三	五五七·七九一	五二一·九七七	三、七〇四·三五六
方鋼	四一·三八九	六一〇·五八八	三一四·九四八	一、〇八〇·三〇五	八五三·一二〇	二〇九·五七一	一·八八〇	二二五·七八六	九一〇·四八五	一、四六七·七八七	五、七一四·八五九②
圓鋼	四八·五九七	八四五·五二二	八二七·三六二	一、六二一·二九七	三、一八七·七三一	九二六·六五三	三三一·二六九	三五七·五〇七	二、〇一六·〇七一	二、三四二·七六三	一二、一〇五·八七二③

① 一七、二四五·〇〇二，前面各分欄數據合計應爲“一七、二三八·〇〇二”。
② 五、七一四·八五九，前面各分欄數據合計應爲“五、七一五·八五九”。
③ 一二、一〇五·八七二，前面各分欄數據合計應爲“一二、二〇五·七七二”。

續表

種類	民國元年	二年	三年	四年	五年	六年	七年	八年	九年	十年	總數
魚尾板	二二七·九九一	二、七〇一·四七六	三、八三八·三一九	二、〇二三·九六〇	七八·八四六	三二六·五九一	七·八九九	四五九·八九八	五五五·七六八	二、三八六·四一三	一二、六〇六·一六〇
魚鱗板				一〇·九五二							一〇七·九五二①
墊板			一四·三五六			二〇·九〇七				一六二·四八七	一九七·六五〇②
八角鋼					五·四九六			五·五一八			一一·〇一四
竹節鋼									一七·八三八	八九·六三四	一〇七·四七二

① 一〇七·九五二，疑應爲“一〇·九五二”。

② 一九七·六五〇，前面各分欄數據合計應爲“一九七·七五〇”。

續表

種類	民國元年	二年	三年	四年	五年	六年	七年	八年	九年	十年	總數
丁字鋼					二·四五四	八·三三三					一〇·七八七
鋼枕			六二·一四四		一七·九八八	三二·四四七					一一二·三五九①
彈簧鋼							五·四八二	六·五七〇		一三·二九四	二五·三四五②
	一、四三七·九二五	三二、九五七·九〇二	四三、四三二·八〇五	四一、四〇七·六七九	三一、五五二·一六五	三五、二五〇·九三五	二五、三九七·八四二	三、六四二·五二七	三一、五九二·九一八	三八、八七三·三五五	二七九、五四五·八五三③

（乙）大冶鐵廠

歷史

民國二年冬，漢冶萍公司與日本八幡製鐵所、橫濱正金銀行訂立借

① 一一二·三五九，前面各分欄數據合計應爲“一一二·五七九”。

② 二五·三四五，前面各分欄數據合計應爲“二五·三四六”。

③ 二七九、五四五·八五三，前面各分欄數據合計應爲“二八五、五四六·〇五三”。

款，計日金一千五百萬元。除還前欠外，以其餘爲建設大冶新廠之用。按照原擬計畫於民國三年興工，限五年底落成，六年即可出鐵，故原議自六年份起即可每年交付日本生鐵三十萬噸，以符借款合同所訂，四十年内售交八百萬噸生鐵之規定。乃以歐戰影響，定購機爐未能如期運到，延至民國九年始克興工。十一年夏，第一爐始開爐出鐵。新廠建設之工程，由高等顧問大島氏主任辦理。

廠地及用水

在石灰窰東約二公里袁家湖地方，在漢口下游二百八十里。廠基經填高，在低水面五十九尺，高水面十一尺以上。用水係由抽水機由揚子江抽入，經過澄水池後，再行抽至水塔以供各項需用。水塔圓池係以鋼板爲之，水塔之柱則由鐵筋洋灰製成。水塔之儲水量約逾十萬加倫。

化鐵爐

化鐵爐二座，距離約一百三十一英尺。爐灶對徑十五英尺半，高九英尺十寸。爐膛對徑爲二十二英尺，高十三英尺二寸。爐身由爐膛直立而上約六英尺，漸向上斜，以達爐頂，其二邊斜度每十二英寸爲八分之五英寸。爐高由爐底以達爐頂爲九十英尺。爐灶砌磚厚四十五英寸，爐膛砌磚厚二十七英寸。爐灶外皮係以鑄鋼品爲之，其内周則圍以冷水盒，與外邊鋼皮相綜合。送風管亦以熟鐵爲外皮，而爐膛外面則以鐵箍圍繞。爐之外面鋼皮則倚着於鐵柱之上，鐵柱之數凡六。爐有送風管十二，另有輔管十二，在爐膛外環之下。爐頂平台係由平地上，以□大銅柱支撑。兩爐平台之間有鋼橋相通，因泥蘭式上鑛車，可由此鑛頂移至他爐頂，以便彼此通用。一爐之上，礦機有損壞時，即可藉他爐上鑛機裝鑛。爐頂鐘之昇降可無庸藉機器之力，只就鑛石重力，即使鐘頂下降，而鑛即墜入爐内。

每化鐵爐有熱風爐三座，其内部爲三道式熱風爐，高一百英尺，對徑二十二英尺。燃燒後之瓦斯由爐頂昇出。此三座熱風爐之頂有一公共烟突，由熱風爐所發之瓦斯經二鐵管下行，經過二清灰爐、二迴環瓦斯塔、二洗净塔，然後再入熱風爐或汽爐，以供燃燒之用。

化鐵爐身各件皆用鋼鑄品爲之。其爐身外圍，平台及裝鑛橋、熱風爐之底、環清灰漏斗底均爲美國製造。其作爲熱風爐、清灰爐之鋼板外皮及瓦斯熱風管、迴環塔等均用漢陽鋼料在揚子機器公司或萍鄉機器廠製造，亦有少數在開灤製成者。至化鐵爐所用磚料，由爐底以達於爐膛二千尺，俱用美國烏特蘭火磚，再上達爐頂，則用開灤火磚。

汽爐共有五座，每座一千馬力，均係 B&W 式，可以燃煤或瓦斯。其燃瓦斯之口係 Bradshaw 式原動力，房内有 Fraser-Chalmers 旋轉送風機三座，附用 Worthington 凝汽器。其形係長方式，以鑄鐵爲外套。另有 Vickers 一五〇〇基羅瓦達發電機，電壓五千單位。

煉鐵原料：石灰石取於鄰山，焦炭出於萍鄉。萍鄉煤鑛每年出煤七十萬至九十萬噸，所出之焦僅可供漢陽之用。大冶鐵廠另築土法焦窰，以備運煤至大冶鍊焦供用。萍鄉至株州陸運一百二十里，株州至武昌水路八百里，武昌至大冶又二百八十里。大冶並已建洗煤廠一所，但尚未用。

（丙）萍鄉煤鑛

萍鄉煤礦在江西萍鄉安源鎮，去萍鄉城東南約五英里。安源爲株萍鐵路之終站，株萍在株州與粤漢鐵道接軌，由安源至株州約六十英里，由株州至長沙三十五英里，長沙至漢陽約二百八十英里。

現經開採者共兩鑛，每日總産額約在二千八百與三千噸之間。採得之煤大半煉焦，爲漢陽鐵廠之用，有餘則售之於各鐵道鐵廠。

鑛務局中備洗煤所二，甑形煉焦爐五列，土式爐數座，機器廠、翻砂廠各一，電力廠一，此外尚有化學實驗室、醫院等機關。洗煤所二，每日産量各不同，一五百噸，一約二千八百噸。甑形煉焦爐，土人呼爲洋爐，以始用者爲德國工程師也。爐共五列，第一列二十四爐，第二列三十爐，第三列六十爐，第四列八十八爐，第五列六十爐。諸爐每日平均總産額約三百噸。其中因修理停工者，日有數爐。現除煉焦而外，未從事收煉副産物。所出煤氣用以熱煉焦爐，其一部分之廢棄熱力則用之於汽鍋。

土式煉焦爐每日開煉之數不定，視可用之已洗煤量爲衡，其産量亦各不同，平均諸爐每日可出四百五十噸焦炭。

機器廠中設製器機數具，其他修理須用之機皆備。與此相連爲翻砂廠，中有緩冷爐數座。此機器廠不特供煤礦之用，株萍鐵道之機車亦在此修理。鑛務局現有電力所一，産量僅達六百三十啓羅瓦特。擴充計畫方在進行，將來擬添設産量一千五百啓羅電瓦特汽輪發電機兩座。鑛中疏通空氣，暖氣爐與廢汽風扇並用。現有爐四、風扇二，冬令得空而自然流通之助，暖氣爐可少用。鑛中運道幹路均設電線，用五噸至七噸運量之電機車載運鑛石。現在重要之抽水機皆用汽力爲主動，惟散各地之小抽水機則用偏壓空氣。將來擬添設離心抽水機兩具，若水差高度爲一百八十米，每一分鐘可抽水四五方米。

二、漢冶萍公司大勢總論

漢冶萍創立之初，計劃即未盡善。例如未知煤鐵鑛之所在而先建鐵廠，雖以幸運竟得冶、萍二鑛，而原料運集爲費已鉅，創建以後更受官場及社會辦事習慣之影響。而此類遠大事業在中國實爲創舉，實際困難原亦不能免也。其最爲困難者，厥爲因對日本債務所生之結果。日本經濟界不惜投以鉅貲者，其所希冀固在能利用公司財政之窮，而以賤價取得鐵鑛石及生鐵之供給，以濟其本國鐵鑛之窮。對於公司利息之厚薄有無，固所不問，且或從而故窘之焉。蓋如公司對於日本債務不能如期履行，則彼進而干涉管理，庶有辭也。此非苛詞。試觀民國四年五月，中日换文："中國政府承認日本資本家與漢冶萍公司有密切關係，如將來該公司與日本資本家商定合辦，可即允准。又不將該公司充公。又無日本資本家之同意，不將該公司歸爲國有。又不使該公司借用日本國以外之外國資本。"層層箝制，則用心所在，不言可喻矣。

然細查民國元年借款合同之意義，似日本方面之政策實以對於大冶鑛量攷察不確之技術報告爲基礎，否則對於大冶鐵廠投此鉅貲，殊爲難解。如果以大冶鐵鑛之全量，供給大冶鐵廠亦尚無不足，而實則大部分鑛石尚須供給日本八幡製鐵所之用。按照約定辦法，漢冶萍公司每自鍊一噸須出口二噸，然則可自鍊之鑛石僅三分之一耳。

漢、冶二廠合共鍊鐵能力爲每年五十萬噸，即至少每年需鐵鑛石九十萬噸。但照民國元年借款合同，又須於四十年内售予日本鑛石一千五百萬噸，生鐵八百萬噸。

按照《中國鐵鑛志》第一二八頁後之大冶鐵鑛儲量表，連同鑛權不屬公司之象鼻山在内，易於開採者共計不過二千萬噸。照近時探鑛結果，深鑛並無可望，即使有之，亦須極繁重之設備方能開採，成本必甚重矣。照元年借款合同，公司應供給日本之生鐵與鐵鑛二項，合計已共須鐵鑛石三千萬噸，極大冶鑛山所有，尚多不足，不足之數約略估計當在二千萬噸左右。雖漢冶萍公司對於鄂城之靈鄉及九江之城門山二鑛，尚有或種關係，將來能利用之以補大冶儲量之不足，然此二鑛儲量不甚多，質亦不佳，似亦未足盡恃也。

三、附志今後之整理

漢冶萍公司内部整理計劃案大致業已擬定，大意如下：本公司額定股本三千萬元，而實收一千七百餘萬元。廠鑛擴充資産增高，因而負有鉅額之内外長短期借款，每年應付利息約二百數十萬元。近三年來經濟非常困難而借息從未愆誤，故論者謂公司之營業不啻專爲債權者作嫁。假使負債一方，其大部分爲股本而不爲借款，雖當此鐵市疲滯、同業有輟耕者之時，我股東猶可年分四五釐之股息也。故公司經濟困難之主因，首爲股本不足，其根本救濟之策首爲招足股本。

其第二主因則爲製造設備之不完全，煉焦無副産爐之設，製鐵可有之副産亦未利用，以是成本不輕。預計公司此後製鐵之直接成本利息、折舊不計。爲每噸三十一元强，此成本之數字在東亞各地同業中殊無愧色。然使鐵市狀況永如今日，則此成本再加以間接成本，利息、折舊。其率以出貨多寡爲斷，現在之率每噸約二十九元弱。殊不足以自存，故公司所宜急起直追者爲減輕成本。製鐵成本之最重者爲焦，每鐵一噸須付焦價十六元二角五分，則首宜減輕焦之成本。依現在情形，從各方面竭力整頓，如欲於每噸焦上減去成本二元，已憂乎其難。唯有仿歐美、日本之式，增設副産爐，則每鐵一噸之用焦成本可減五元至六元，再加其他副産物之設備，又可減二元至三元。從整頓上再減去若干，則現計三十一元强之成本將來當可減爲二十二三元，故爲根本救濟之策。

次爲增加製造副産物之設備，招足股本，須俟股東之討論。增加製造副産物之設備須用資本約七百萬元，雖爲公司將來所必行之事，然需此鉅款，亦俟股東之討論。今應就公司現在情形立論，公司既與日本訂有契約，尚須緜亘三十八年之久，且負巨額之内外債，自當依據現在情形，至少須合三十八年而計劃之。本公司債款之大部分舉而投諸固定資産，故於此項須加舊折，以其一部分爲補償原有設備之需，一部分爲償還債款之基礎。自民國十二年以降，亘三十八年間之數字，對於所有之内外債務足以清償而有餘，而股東之股息亦大有希望在焉。

以上所言，係據現在以衡將來之三十八年前途，正有可觀。唯此三年中公司仍形非常之困難，一有不慎，傾覆即至，前途希望，悉成夢想。然則此目前困難之三年應作如何之計畫乎？兹擬列如下：

（1）須籌欵以爲周轉資本之需。公司須於最近二三年中出鐵四十萬噸方足以達前述之目的，故需款二百萬兩。以完全冶廠建築及三廠鑛擴充工程，又需款三百萬兩。故需一百八十萬兩充六個月周轉資本。公司資本投諸廠鑛，出貨極速，須於六個月後方能逐漸收回，故極少須有六個月周轉資金。現在所以常感困難者，即此周轉資金不足之故。如籌有六個月之周轉資金，則以後可以上半年六個月之收入備爲下半年六個月周轉之需，循環往復，即不至如今日之困難。

（2）減輕用費，減輕成本。輕減用費即所以減輕成本，然有時因輕減用費而成本加高者，亦有時因減輕成本而用費加高者。公司現正從此兩事上考求，俾收支差額不甚懸殊。此項減輕政策，舉凡整頓之事皆屬之。兹撮其大要如下：

（一）集權總事務所。

（二）精製預算而實行之。

（三）改良組織。

（四）增進員司工匠之功用。

（五）規定出貨之程格。

（六）精核工料。

（七）嚴杜弊端。

（八）推廣銷路。

（九）擬請日本製鐵所對所交鑛石、生鐵與以相當之價格。

（3）償還日本興業、正金銀行原本，擬請再展緩日本興業、正金銀行借款。照契約本年須開始還本，但公司正值困難，惟有商請兩銀行再行展緩從前所定償本之法。初期重而後期輕，公司財力亦難辦到，並擬商俟還本時分年攤還。至於國内之債務，亦唯有商請債權者展緩其期限。

（4）犧牲幾分之折舊以彌補不足。

依上四項所言辦法，如收支仍不相抵，衹可犧牲幾分之折舊以圖維持，迨至形勢轉移，再相機以填補之。欲行此四者，此時有無窮之艱難曲折在焉。而尤以第二項爲最難，必須股東與當事人同心戮力以赴之。將欲達此目的，首在能得人材。昔美國鋼鐵大王堪納奇曾有言曰："假使我之鋼廠成爲灰燼，但憑我之鋼廠所有之人材，我能於六個月内即可建設同式之鋼廠。"旨哉言乎！事業之廢興固不在資本，而在人材也。蓋必自董事以至司事、工匠，一人能盡一人之功用，然後百事可以並舉，而所費不致虚糜。其最不可者，爲位置冗員，以公司之款項，爲徇情濟貧之用，而曰區區薪費毋關於公司財産之大體，此則腹心之患也。

四、附志漢冶萍失敗史略

緒言

我國漢冶萍煤鐵廠礦公司當開辦時規模何等闊大，計畫何等宏深，今也如何經營失敗，勢瀕破産。竊思我國實業尚屬萌芽時代，該公司如果失敗，其影響於國家必非淺鮮。

夫鋼鐵之關係於國家至鉅且大，任人而知，不待余言。蓋機器爲實業之母，無鋼鐵即不能造機器；鐵路爲國家之脈，無鋼鐵即不能建鐵路。

小若針釘，大如輪舶，無一不賴鋼鐵以製成，誠猶水、火、菽、粟，不可一日或缺者也。明乎此，則漢冶萍與國家之關係，可想見矣。漢冶萍公司創自張文襄，成於盛杏蓀。彼二公才識之高、眼光之大，成績俱在，有目共見。顧今何如乎？就表面而言，祇大冶鐵礦暨漢陽鋼廠一部停止工作。然查其内容，則活本早已告罄，僅恃化鐵爐所出生鐵之代價暫維現狀，恐難永久。查該公司自開辦以來幾三十年，基金之鉅、産鐵之富、機爐之多、礦質之美，可與各國相頡頏，理宜盡量發展，俾補國計，奈何一再頓挫，漸蹈危境耶？

查日本近年之鋼鐵産額，日增一日，則知三島富强之所由來。而我國政府則日事相殘，非特無暇注力於其他之實業，即關係極鉅、成效卓著之漢冶萍亦漠然視之，不加保護，此實可爲長嘆息者也。

鋼鐵業與其他之實業不同，非有鉅資不能收效。而我國人士則眼光素淺，既無世界觀念，又無國家思想，對於鋼鐵事業，類皆以成本過鉅，鮮加注意，以致漢冶萍公司日即危殆而不能起。各國今日鋼鐵業之進步皆由比較競争而成，譬處走馬之場，一角勝則優劣立見。而漢冶萍則自以爲中國明星，未嘗因己劣以證人優，急起直追，奮發從事，與各國争衡也。

須知漢冶萍在今日，不僅一公司之關係，且係全國之關係。生當斯世，竟忍令該公司一蹶不振耶？茲不辭譾陋，敢將該公司種種之失敗暨歷年不振之事由著爲略史，望當局及政、商、工、學各界諸公勿以明日黄花視之。如能群策群力，出而維持，則亡羊補牢，猶未晚也。

盛宣懷之初計

民國二年，盛公杏蓀在上海董事會報告有甲、乙兩種計畫。

（A）甲種之計畫，係漢廠盡煉鋼，以應各路之求。其理由有四：

（一）售鋼利益較鐵爲厚。

（二）軌件起運，交通便利。

（三）鍊鋼爐、造軌機一切齊備，有連雞並棲之勢，無爐灶另起之煩。

（四）鐵汁未凝，即入鋼爐，節省煤氣、人工，減輕鋼貨成本。

(B) 乙種之計劃，係大冶鐵山另添造新式大化鐵爐，以供中外生鐵之求。其理由有三：

（一）鑛石近取，無輪駁轉運之費。

（二）萍鄉煤焦運冶較運漢衹多半日日程，並可帶鑛石回漢。

（三）萍礦成本已鉅，必漢冶煤焦盡向萍購，庶杜外焦之漏巵。

盛公以上兩種計劃固屬根本問題，惟處現今時勢，鋼貨滯銷，鋼廠停工，顧或者謂依此計劃，恐大冶新廠開爐之時，即漢廠全部停工之日。此即現該公司之死策，大背盛公之初計也。盛公曾任鐵路大臣，繼長郵部，固熟知中國鐵路方興未艾，盡漢廠造軌，猶恐供不足於求，況須製其他鋼貨以應他求乎？茲列鐵路比較表於左，俾知盛公之初計。

表 7-19　中國鐵路比較表

已成鐵路	百分之二十二	連國際及輕便鐵路在内
現築鐵路未成鐵路	百分之十一	連輕便鐵路在内
豫定鐵路	百分之六十七	

按鐵路除車輛、橋樑、車站、叉軌等不計外，僅以鋼軌及軌之附屬品而論，每一英里所需之鋼如下：

表 7-20

部定每碼八十五磅軌	一百三十三噸五七一
魚尾板	九噸一四〇
枕釘	四噸一四〇
螺釘	〇噸八〇一
共一百四十七噸六五二	

若依上比較表，精細按里計算，中國將來鐵路所需之鋼爲數頗鉅，

可知盛公之用意遠且深。至於國家多故，海宇不靖，豈盛公始料之所及？即就今日漢廠盡製鋼而論，雖各鐵路停工，勢難造軌，則不妨另製其他鋼貨，俾挹彼以注此。或恐受外貨排擠，銷路無多，亦不妨另設船塢以造船，車廠以造車，製造機器翻砂廠以造機器，俾鋼貨自有用途。顧不此之圖，冶廠甫落成，漢陽鋼廠即停工，擴充重床疊架之化鐵爐，此豈盛公之初計耶？噫！德無克氏子，克虜伯之名不著。美無堪納基，鋼鐵大王之稱無聞。我國同胞，幸注意焉。

收歸國有之不可能

漢冶萍公司當葉公揆初時代曾主國有，理有六端。兹舉其略於下：

一、漢廠創自張氏，冶礦係盛氏所得，萍礦則廠成始發現。冶礦自歸漢廠，乃以官力圈購左右諸山，又旁及鄂贛沿岸，非官力不辦。

三、民國雖建，省界難融，非以國家名義收歸統一，必至四分五裂，頓歸失敗。

五、他省鐵礦如利國驛、銅官山皆貨棄於地，若由國家興辦，則漢廠商力難以競争，不如一氣呵成，易收子母相生之效。

六、各處兵工廠所用鋼料全仰給於外洋，交戰時極危險。若以冶礦隸於國家勢力之下，以從事整頓，軍實不假外求。又盛公杏蓀亦曾在董事會論商辦有七不及於國有：一、他省續辦鐵廠必生競争；二、國家造鐵道、造艦、造炮必有官辦之廠；三、如本溪湖中日已合辦煤鐵鑛，開灤中英已合辦煤礦，福公司曾求辦豫鐵，三井又議買銅官山。若礦律公認，可爲遠慮；四、股東孳孳求必得之利，不能有遠大之見。若無官利，恐股票跌價，人多歛足。倘即以二千萬元爲止境，仍必債本多於基金；五、國家保借之債票利息不過五釐，公司債票恐須酌加；六、國有必無税捐，商辦要求免税免捐，能暫而不能久；七、省界甚嚴，有礦之地若非股東，必多不平之覬覦。

綜上葉、盛二説爲國家計、事權計擴充及税款計，誠莫國有若。第現今漢冶萍，則不足以語此，蓋欲歸國有，勢所不能，其故有四：

一、股東鑒於各鐵路收歸國有，血本無着，不肯附和。

二、民國未統一，政府非特無暇顧及實業，且省自爲政，四分五裂，亦無實力足以統馭。

三、國帑空虛，政府有意收回漢冶萍，必須借債。自與日本訂定“二十一條”條約後，對於該公司已失自由借款之權。

四、我國仇視日人，一旦該公司落於其手，恐釀成絶大風潮。

該公司既有右之四難點，則國有之説已成畫餅。此以有礦捐之争，而象礦落於他人之手，龍煙公司暨揚子廠亦各另起爐灶矣。昔張季老對漢冶萍曾發言，謂：“國家規永久之業，而用人惟賢，辦事務實，則雖國有而無弊害。”余當爲之轉語曰：“公司規永久之業，而用人惟賢，辦事務實，則雖商辦而無弊害。”東隅既失，桑榆非晚，亡羊補牢，吾不能無望於該公司焉。

添招新股之爲難

昔張文襄公鑒於官辦之船政製造局皆無成效也，故漢冶萍於光緒二十二年即奏改商辦。當時經盛公宣懷、李公維格悉心擘畫，致有今日，雖股款不足，擴充未能，然辦偌大之實業於民氣蔽塞之秋，亦足以自豪。利弊相因，爲政在人。該公司入民國以來，股本達一千三百餘萬元，欠款約二千餘萬，兩總共基金約四千萬元之數。負擔固鉅，當事人則不得不縝密籌維，以圖善後。倘營業一旦發達，以之還款，何款不清，以之招股，無股不集。奈盛公死而李氏乞休，運際歐戰，有大利而不知予求，可發展而不知擴充。在昔華商目光如豆，未見利益不肯冒險入股，宜矣。處茲商戰劇烈、民智大開之日，鋼鐵用途之廣，人盡知之，鋼鐵關係之鉅、獲利之厚，亦人皆知之。徒以該公司習氣太深，辦事不振，股票價格日漸跌落，一般商民望之蹙額。若不重行改組，信用全失，欲添招新股，難矣。

政變之影響

我國自戊戌以後，國家多故，漢冶萍公司受其影響，損失頗大。茲列表於下以証之：

表 7-21

年份	事由	漢冶萍所受之影響
宣統三年	武漢起義	八月起全部停工
民國元年	民國肇造	十一月重行出鐵
二年	二次革命	鋼廠自八月起停至十二月
三年	裁撤都省	
四年	雲南獨立	
五年	恢復共和	
六年	張勳復辟	
七年	南北抗衡	鋼廠自三月起停至七月
八年	議和未成	鋼廠自三月起停至十二月
九年	湘君遂張	
十年	鄂人自治	鋼廠於十二月停

閲上表知國内起一次争潮，該公司即受一次之影響。漢冶萍地處中國之中心，爲戰事所必争故也。然入民國以後未遭蹂躪，已屬幸事。若我中國長此不統一，影響於實業頗大，豈獨漢冶萍公司而已哉？

歐戰之影響

歐戰之際，國内暨日本所應用之各項鋼鐵悉由漢冶萍購買，即美國亦時來單定貨。斯時價則漲高三倍，貨則暢銷無礙。自局外人觀之，漢冶萍公司乘此機會，一則可以償清歷年之虧空，二則可以發展未來之事業，宜乎從此可以大有爲矣。誰意見不其然，反受其累，著者泚筆至此，不禁潸然心傷，爲該公司哭焉。兹詳揭其原因於左，俾我同胞悉知該公司辦事之糊塗焉。

一、囤積鋼鐵，不肯零售。

二、不鼓勵人工，趕行製造。

三、貨不講求，率由舊章。

四、員司之黠者從中漁利。

五、主任工師無膽識，凡定物尺寸近似而未經製過者，直覆以無貨，不肯費神着力。而購者因大宗貨物中有一種仍須由外洋，而該公司則失一大顧主矣。

六、購土鐵千餘噸，重化損失百餘萬。

七、乏世界眼光。歐戰停而鋼鐵湧至，斯時漢廠所屯積之貨，勢難驟行賤價出售，以招物議，即或減價，恐銷亦無多。

八、當時盈餘悉分紅利。

九、各鐵路公司自經歐戰後，借款無着，即現築者十有九停。

十、内容漸擴大，活本已罄，銷貨無多，不得不行一部分停工之死策。

總上十項觀之，即該公司丁巳年年終結帳盈餘達數百餘萬元，亦一無所益。假令當時經理得法，籌維有道，於歐戰未終之前即盈餘二三千萬，勢亦不難以之另圖發展。此數年内貨物别有銷路，自可躋歐美各廠而上之，何至反受其影響。噫！遇罕有之機會，有天然之大利，不知予取予求，何人謀之不臧，一至一[①]此邪？

擴充之不得其法

昔美國大鋼鐵家到京時，曾云："吾觀漢冶萍辦法，非大擴充不能獲利。"旨哉斯言！該公司前董事會長盛公杏蓀即本此意而有添辦鐵廠，收回利國驛、銅官山等礦之擬議。今盛公死矣，該公司於大冶鐵山亦已與日人合資添辦新廠矣。獨未嘗注意於冶化之基本，暨發展之要圖，與貫通脈絡之機關，勢必至原料時缺、銷路常滯、金融消息屢行停頓，如此擴充，寧云得法？該公司不擴充則已，苟欲擴允，於此三者須注意焉。玆詳舉於下，俾當事人陸續妥籌辦理。

（甲）關於冶化之基本，應擴充者有二：

一、化驗局。按以有限之礦區不能應無窮之用途。今漢冶萍所恃以爲化煉者，鐵礦僅大冶一山，煤則萍礦以外雖有鄱樂與永和，然能煉焦

---

① 一，應爲"於"。

而不能煉鋼。錳則僅有常耒、興國兩處，成分低而不能煉錳精。可不另覓新礦，即以此爲止境乎？且鎂、鉛各礦及鈣、銻、石灰、哆囉咪等石均與化煉上有連帶之關係，而銅、錫、鉛諸礦更當應用於各機器，可悉購諸外人而不事探採乎？查礦産遍地皆是，而湘、鄂、秦、晉爲尤美。苟設局化驗，不計工本，廣事招徠，則質美之礦，我可捷足先得。西人之在中國設化驗局即爲探察礦質，非營業也。

二、勘礦局。

（乙）關於發展之要圖，應擴充者有四：

一、船塢。

二、車廠。

三、製造機器翻砂廠。按中國近年民智日開，實業日興，所辦各種工廠有一日千里之勢。若漢冶萍兼營造機器，啓商民日新之機，人當踵門争購。製本輕利重之器，我可利市三倍。

四、廢物利用製造廠。按化煉場所剩餘之物均足利用，不宜等閑廢棄而不顧。即如漢陽鐵廠之砂渣用以製磚，建築上用之頗呈美觀，且甚堅固，今已成效卓著。至其他可以製顔料之物固多，而可以製苛爾太者亦有，若次貨鋼頭可擇製成件者更難計數。此宜設法設廠以製造者也。

（丙）關於貫通脈絡之機關，應擴充者有二：

一、鋼鐵銀行。

二、各省辦事處。

按辦事處，各省已有廠礦行局者可以不必另設，以節費用。

處今日而辦實業，有如盜與官兵打仗，惟向前一條乃是活路。苟該公司添辦一新廠，即自以爲擴充矣，盡擴充之能事矣，如今日之怪狀，豈計之得者？往者不可諫，來者猶可追。該公司倘從事革新，能與各界要人聯絡，另籌的欵，漸行有次序擴充，改漢冶萍爲中華鋼鐵公司，造成一大鋼鐵國，俾鋼鐵足以供應各種用途，既不仰仗外人，又可挽回利權，有利於國計者一。將來廠礦發達，野無游民，勞工日盛，富庶可期，有利於民生者二。我同胞豈可忽諸？

當局無商業之知識及經驗

處商戰之秋，商業之知識固不可欠缺，而經驗又不可不富足。著者少入學，壯作工，對於商業何嘗有知識及經驗之足云。茲第就鄙見所及者臚列八項，亦爲漢冶萍對症而發也。

一、廣告。處今日欲求貨品銷暢，惟鍥而不捨之直接披露是賴。固未可於廣告之術不研究，廣告之費過撙節。該公司則素未登載，閲新聞紙及雜志者咸知之，至户外廣告及揭招作用，更無論矣。爲節費乎？抑未研究乎？

二、出品陳列所。目的在以該公司貨物廣示於衆，而關於該應用之知識宜宣述無遺，以引起其購買之心。倘需費愈多、用力愈勤，其功效亦愈大。而漢廠雖陳列出品於招待所，然貨樣不全、裝璜欠美、排列無章、紀載太簡，如之何能引人入勝？

三、零售。營業須維繫顧主，萬不可以零星出售，手續繁多，而露傲慢怠忽之狀。該公司則盛氣相向，未嘗顧及顧主。

四、批發。此種貿易係製造家及大商人，雖日常業務較零售省，而價額則超出於零售之上，即物品有不能自製及價格稍貴者，亦必爲代購而賤售以廣招徠。該公司則僅恃日人爲大顧主，對於本國之各製造家及大商人，幾見其通融耶？

五、拍賣。凡銹爛之堆貨及揀出之次品，一時不克銷脱者，不拍賣非特關於利息，且礙及堆棧，故拍賣亦銷貨之一法。該公司則對於上項之貨色，仍回爐而不拍賣也。

六、承攬。現製造家及大商人購物常用投標法，擇其價廉而貨美者歸其承攬，故善營業者日事計算成本，到處探聽行情，宜承攬者乃以上品而投低標，故無往不利。該公司前雖攬有黄河橋橋料，餘則概未之聞，即各鐵路路軌亦時爲外人攬去。

七、代銷處。凡公司欲銷路暢而經濟又省，非托殷實商家代銷外埠不可。今在中國各埠之大洋行，即東西洋各國之代銷處也。彼報行情，我加運費，依銷場之多寡定酬金之豐薄。每售一物有一物之用金，人當樂爲我用也。該公司則未嘗計及於此，己未年未知何人建策，而設一分銷處於漢口之歆生路，徒糜鉅款而無補於實際。

八、寄送樣本。樣本者，兼具有廣告上之價值與心理上之權力，不僅制勝不寄送樣本之公司而吸收其生意而已，倘於品物下申説詳陳，俾閲者動而信服，信而購買，即寄送樣本之功效也。該公司則僅於民國四年寄送樣本一次，内容惟載可製造之尺寸並略其用途，圖則僅有三四頁，既少美術又乏詳解，已失廣告之價值，安能誘動人之心理？

總而言之，該公司當局實行守株之説，一旦機逢其會，儘可分紅，倘遭事故，非停工即借款，如何能望其營業之發達耶？凡屬商辦公司，每年營業發達，常有紅分，則爲其股東者莫不忻然慰，辦事者莫不油然興，以此增進實力自頗有效驗也，誰能詆之？惟漢冶萍目下雖真有盈餘，揆度情勢，萬難分紅。兹當□而伸論之。

公司丁巳之盈餘，適逢歐戰鋼鐵來源缺乏，運會輳合，出於偶然，非關股東與辦事人之力，此不宜分紅者一也。

負債纍纍，借款竟達二千萬兩以上，所有盈餘須彌補前虧，此不宜分紅者二也。

公司之盈餘須擴充未來之事業，否則非特新增之利不可期，即已成之功且或墜，此不宜分紅者三也。

有上三種阻礙之紅，公司只計目前、不顧日後，只圖自身、不顧大局，竟貿然分之。受傭於該公司之辦事人固不足責，獨怪董事先生股東大人竟肯通過於議會，其失策孰有甚於此耶？

組織之不完善

夫一機關有一機關之組織，組織雖各不同，要之欲妥籌完善，則人同此心，心同此理。惟組織法有難易，斯組織有完善與不完善之分。漢冶萍公司，一中國最早開辦之實業機關也。廠礦異途，内部複雜，法制難定，組織豈易？兹將該公司最注意亦即人所最注意之漢陽鐵廠，依現在之組織該廠入民國已改組二次。立統系表於左，舉一自可反三。

表 7-22　漢陽鐵廠組織統系表

<table>
<tr><td rowspan="4">上海總公司</td><td rowspan="4">漢陽鐵廠</td><td rowspan="3">廠長處</td><td rowspan="3">化鐵股
製鋼股
物料股
商務股
衛生股
事務股
稽核股
機器股
化驗股</td><td>採辦處
批發處
輪駁處
車務處
煤務處
鋼鐵處
經租處
廠巡處
庶務處
揀渣處
地畝處</td></tr>
<tr><td>煉鋼廠
軋鋼廠
鋼條廠
車轆廠
製釘廠
製磚廠</td></tr>
<tr><td>木模廠
翻砂廠
修理廠
打鐵鍋爐廠
電機處
土木處
渣磚廠</td></tr>
<tr><td colspan="3">會計處</td></tr>
</table>

觀右表而知，漢陽鐵廠除會計處獨立外，直隸於廠長之下者有九股，隸於股之下者則有二十四廠、處。其分門别類，意似詳盡矣，乃查内情混淆不堪，茲挈要而詳言之：

一、股、廠自爲政，有中央集權與地方分權之分。

二、員司工額無一定之標準。

三、薪水、工食不一律。

四、辦公時間長短參差。

五、工人無統一之機關。

六、工程計畫不相聯絡。

七、遇事多掣肘之苦。

八、接洽非常不便利。

九、手續上多重複。

十、管理頗困難。

按股、廠有大小之分，職務有重輕之別，工廠局部無一定組織，亦因之頗爲困難。今欲免以上各項之流弊，或如中央集權之行政機關各部署及省道縣分上、中、下或一、二、三三等，亦一法也。不然者，非重行改組不克臻於完善。茲拙擬改組之統系表如下：

表 7-23

<table>
<tr><td rowspan="5">上海總公司</td><td rowspan="5">漢陽鐵廠</td><td rowspan="5">廠　長</td><td colspan="2">治療所
收支科
文牘科
稽核科
庶務科
廠巡所</td></tr>
<tr><td rowspan="4">物料股
工程股
工務股
營業股</td><td>繪圖室
化驗室
試分室</td></tr>
<tr><td>製磚廠
製釘廠
車轆廠
軋鋼廠
煉鋼廠
化鐵廠
翻砂廠
機器廠
打鐵廠
土木廠
電機廠</td></tr>
<tr><td>採辦處
外料處
内料處
電料處
煤務處
揀渣處</td></tr>
<tr><td>批發處
零售處
輪駁處
車務處
鋼鐵處</td></tr>
</table>

依所擬之表，直轄於廠長者有四科、兩所、四股，隸於股之下者有十一處、十一廠、三室，則科、所、股、廠、室、處名稱概不混淆，似較現行之組織爲完善者，一也。其製造部分之十一廠，凡關於工程進行則商承於工程股，工務進行則商承於工務股，計畫藉可聯絡，工人亦有統率，似較現行之組織爲完善者，二也。各廠則設主任，一掌握廠務、管賬，二司理簿記。至管理及帮管與學生、工人之分配，則依場所而定，庶員司工額有一定之標準，似較現行之組織爲完善者，三也。工程、工務兩股之股長暨各主任與管理，悉以國内外專門學生，在廠有年、富有經驗者承充，更多聘冶化師、機器師之有閱歷者於工程股。因材器使，分門辦事，俾設計有所準酌，進行易於就緒，則遇事免掣肘之苦，接洽有非常之便，似較現行之組織爲完善者，四也。廠制一分，辦事細則訂定之後，則所謂薪水、工食也，辦公時間也，手續也，管理也，當不至若現行組織之不完善矣。

交涉失敗

漢冶萍近數年來，對外交涉，屢次失敗，亦一痛史也。夫一公司之外交無異於國際，苟當事人無遠大之眼光、活潑之手段、機敏之語言、深沉之毅力，大則喪權辱命，小則失地賠款，未有不僨事者也。春秋注重行人，列强慎選公使，豈無深意存於其間哉？今該公司董事會會長暨總經理皆吾國之老外交家也，緣兼差太多，無暇對外，一切交涉，悉委諸人。而該公司人員又素多官僚習氣，純以弱國視人，不知自身已屬於商業行爲，往往與人談判，有始無終。其失敗也，誰曰不宜？兹歷舉交涉之經過，俾知其所以失敗焉：

一、湖北鐵礦噸捐。鐵礦噸捐早有成議，遷延至今，積重難返。若不設法割清，徒以半股半現羈縻鄂人，或半就半推從事交涉，恐將來糾葛正多。

二、象鼻山鐵礦。查該山與冶礦毗連，而蘊藏之富、礦質之優又不相上下，祇因手續欠備，落於湖北官礦署之手。即今由廣仁堂名義出買礦砂，所訂合同尚無成義，誠可惜也。

三、永和公司。漢冶萍以六十餘萬元向永和公司購得與萍相連之煤礦，因割截無據，彼尚要索二十餘萬元，致所派該礦礦長不能視事。

四、鄱樂煤礦。鄱樂爲該公司所得之後，籌辦均已就緒，經贛省一部分之省議員從中作祟，迭遭兵匪蹂躪，至今交涉未了，一時尚難開工鑽脈。

五、漢陽兵工廠。漢陽鐵廠廠址四至，東臨大江，南阻大別，北限漢水，而西鄰兵工廠，非設法擴充則無餘地。今欲兵工廠遷移至黑山而不能，一失敗也。與兵工廠毗連之基地及廠屋反爲兵工廠所佔，二失敗也。歷年鋼鐵材料任其取用，概不付欵，三失敗也。雖商辦公司能力薄弱難以抵抗，亦當事人不善交涉，未嘗據理力争，致有此種怪象。

六、湘鄂炭運。連年湘鄂多故，每逢戰事發生，該公司炭道，水則輪駁，陸則火車，執役供差，裝兵運械。斯時之損失無論矣，至事已平，而炭將盡，政府不肯放行，致漢使廠屢行一部分之停工。此誰之過歟？

查漢冶萍公司失敗之交涉正多，兹不過舉其近而大者言之。至於與東洋交涉生鐵漲價一節則差强人意，亦未可淹没也。

屢行停工爲非計

自互市以來，外洋鋼鐵來源不絶，我國人士購買已久，漸成習慣。若不知有漢冶萍者聽其利權外溢而不問，即該公司亦不自知執鋼鐵業，罕與人争，屢行停工。國人無愛國心者固多，該公司豈一無愛公司者乎？查停工不外乎有下列之原由：一、國家擾攘，人工散亡；二、外國交戰，材料缺乏；三、基金不足，活本告罄；四、機爐損壞，暫難修復；五、銷路不暢，貨物堆積。以上五項原由，除第一項刼數勢難挽回外，第二、第三、第四三項均可設法也。至於第五項，則漢冶萍在今日之中國更無停工之必要。夫鋼鐵爲日用必需之品，以我國幅員之廣、人口之衆，與世界各國比較，豈該公司每年所出之十三萬噸之鐵，六萬噸之鋼（係極多數），足以供應耶？雖現築之鐵路不若各國之廣，現辦之工廠不若各國之多，用途較各國稍遜。要非該公司經營不善，何至受外貨排擠，當事人亦知停工之損失乎？兹詳言於下：

一、基本金之利息。

二、保存費及遣散費。

三、機爐之銹蝕及配件之盜拆。

四、材料之糟蹋及散失。

五、工具之難保存。

六、遣散之員司及工人有學問技能而富於經驗者，咸另謀他就，以後召集爲難。

七、聞風而股價跌落，日後重行開工，非出重息借債則款難籌。

八、一時無貨應付致失顧主，永室利源。

昔《中華實業叢報》載漢冶萍計停工一日，所耗在七千元以上。壬子以後，該公司雖未嘗全部停工，至漢陽之鋼廠則九年四停，而萍鄉之煤礦亦停不一停，多則經年，少則數月。試計合耗幾何，誠令人嘆息不置者也。

缺乏工程上之人才

漢冶萍在今日缺乏工程上之人才，亦一大問題也。蓋工廠所最注重者，厥惟工程之良否，則全視工程上之人才。而克當其選者須具左列各項：一、體質堅實；二、腦力充足；三、學問淵博；四、工程嫺熟；五、經驗宏深；六、應付靈變；七、識見遠大；八、計算精明；九、任事勇敢；十、服務公忠。今渡漢水之陽，過龜山之麓，駐足而參觀漢陽鐵廠，見夫金鏡革履、楚楚西裝操縱工程上一切者，該廠之工程人員也。率皆金玉其外，敗絮其中。試問具有右十項者乎？殆鳳之毛、麟之角耳。才難一歎，今古同悲，豈獨漢冶萍公司乎？昔者李一琴有見及此，曾開辦一鋼鐵學堂及選派留學，成效具在。今則並藝徒學校亦行取消矣。語云："十年樹人"，漢冶萍何足以語此？

工料虛糜

製造家之所注意者惟工與料，其設計與管理兩項宜如何審慎周詳，俾成本減輕，庶不負公司之委托。若漢冶萍公司工料擲諸虛牝者不知凡幾，可爲長太息矣。茲舉其大者、著者，分甲、乙、丙三項於下。

甲、關於設計者

一、漢陽鐵廠物料股所存之材料，計值銀約一百二十餘萬兩。查内有五分之二係當時工師設計所定之各種火磚及其他各項材料，尺寸不符，現難應用，置之棧角，概不顧問，等諸廢物。

二、大冶新廠建築非常華麗，聞一厕所用洋亦達數百元，其他虛糜可知。

三、漢廠之一、二號老化鐵爐停拆。

四、漢廠白鱔門内之大水池，建造爲時未久，因不合用，拆而重造。

五、漢廠建築從前均未留餘地，每遇擴充一處，必拆一建築物，如煉鋼廠擴充之七號煉鋼爐，電機處擴充之新電燈房皆是。

乙、關於管理者

一、機爐不靈，手續欠均，致每日所出之貨不能達一定之額。

二、成分不符，寸法不準，所出之壞貨超過百分之二十以上。

三、建造時不認真監督，機爐難以耐久。

四、各項材料任工人濫用與抛棄而不問。

五、建築物及工不時行檢查以保存。

六、時有不合法之更改。

丙、關於設計與管理者。

一、冶廠新建造之各種機座及水管、汽管等等檢驗均不合用，重行酌改。

二、乙卯春漲，將屆漢陽鐵廠之三碼頭，趕造不及成功。

三、漢陽之煉鋼廠，庚申年所煉之鋼硫高者達二千餘噸，雖輕硫生鐵不准多用，管理者亦難辭其咎。

水滴石穿，繩鋸木斷，漢冶萍當局亦味乎斯言，而懍履冰臨淵之戒否乎？

結論

二十世紀之世界，一鋼鐵之世界也。故覘人國者，每以鋼鐵産額之多寡定國家富强之等差。惟英倫發達最早，人稱爲先進國，近美與日斯業亦驟昌，而遂有稱霸全球之勢。普魯士以鋼著，瑞典以鐵名，洵哉今日之世界，一鋼鐵作用之世界。

我中國固一天然之大鐵國也。即就大冶一山而論，其礦質之優可與世界有名之瑞典礦鐵比倫。其蓄積之豐，每年出鐵噸數在百萬以上，取之可百年不竭已可概見，况其他鐵礦未經開採者各省皆有。此真鋼鐵大王所謂望而心篤者也。我中國固又一天然之大煤國也。據外國地質學家調查報告云，中國所産之煤可供全球數百年之用，其藴藏之富又可知矣。

嗟夫！有此天然煤、鐵，天之惠中國者至矣。在昔冶煉墨守舊法，一無進步，固不足怪。今漢冶萍具可大可久之業，而該公司既不努力奮與人争。我國民又不關心，任其失敗，坐令中華古國陷于萬刼不回之地位，日淪於貧弱。言念及此，愵焉憂之。

出品之不改良

處物競之世界，無往而不優勝劣敗，何况執鋼鐵業者乎？漢冶萍公司今在中國鋼鐵雖似爲專賣品，然一查海關每年鋼鐵進出口表，外洋行銷於中國者，實超過該公司數倍以上。雖洋商善於營業，要亦該公司出品不良，不受社會上歡迎，爲一大問題，敢擷要言之：

一、鋼與鐵冶煉不能達一定之化學成分。

二、化分試驗悉憑學生，難以準確。

三、鋼板與扁鋼有厚薄不勾與不平之弊。

四、大小鋼軌暨正三角鋼有不等邊及邊起線等弊。

五、鋼條有方不成方、圓不成圓者。

六、工字鋼及槽鋼非兩脚不相等，即重量過重，不合建築之用。

七、鑄錠烘鋼，模爐不浄，鋼件有夾假者。

八、成分不符，熱度過高，鋼件有裂紋者。

九、施工於鋸壓刮鑽未留心者。

十、成付不加髹漆，堆棧又無定所，鋼貨過久大都銹爛，不堪入目。

漢冶萍所出之貨品，雖不至如以上所言之過甚，然著者目不敢厚誣。蓋該公司有次貨可改爲上品者，向不行改製，亦自用與行銷者又不分等數，亦自取辱也。語有曰："工欲善其事，必先利其器。"該公司之機爐，宜從事改良者一也。又有曰："工師得大木，匠人斵而小之，以爲不勝其任。"該公司之工人，宜從事於改良者二也。漢冶萍當局如知人群進化天演之公例難逃，當思急起而直追。

不善用人

記前湘督譚組安贈某一聯，有句云："烈火非易救，全憑大衆一齊來。"今日之漢冶萍，誠非易救之烈火也。若不集群策出群力以從事，行將盡棄前功矣。中流澎湃，誰爲砥柱？大厦倒傾，誰爲支木？然十步之内，必有芳草；十室之邑，必有忠信，則全視該公司當局者用人何如耳。伊古以來，薰蕕不同臭，賢奸不並立。該公司若親君子遠小人，未有不發達者也。若親小人遠君子，未有不失敗者也。或有人問余曰，現漢冶萍之某廠長何如？余應之曰，宋襄郭公之流亞耳。該公司前經理季一琴、商務長王閣臣、代理漢陽鐵廠坐辦盧志學皆熱心任事，具有過人才略者也。今均屏而不用，其用人已可概見矣。

舊工人之須改造

漢冶萍，我國之大公司也。百工幾備，複雜冗繁，以言改造，固屬困難。倘再任其積習相沿，久則流弊所滋，勢必有不堪設思者。今舉之於下：

一、該公司之工人雖富於舊經驗，而對於新知識率皆扞格不入，是以萬難相與從事改善各項工程。

二、年久資深，尾大不掉，管理困難。

三、招朋引類，排斥異己，以固地位。

四、長此遷延，該公司永無體質强壯、資格高尚之工人。

五、每況愈下，將來工頭亦難入選。

六、多用敗類，易滋事端。

查東西洋各國所用之工人，均屬認真挑選，今則悉以學生補充，甚而專門學校之卒業生，亦須經過工人之階級，方克遞升至於工師。而漢冶萍公司則舊有之工人大半目不識丁，新來者又非舊工人之親戚即屬朋友，否則排斥不遺餘力。至現欲令學生與此種工人同工作，則羞與爲伍。此所以非特一無進步，而且日漸退化。著者從事漢廠有年，目擊其弊，故有改造之説。

顧處民彫物敝、生計艱難之日，我愛國志士莫不攘臂而起曰："辦實業！辦實業！非辦實業無以救中國!"獨鋼鐵一項，類皆罕言之。試問辦實業究以何者爲主中之主乎？或有人從旁詰余曰："子之所謂主中之主者，吾知爲鋼鐵矣。鋼鐵誠爲救中國之良藥，獨不可舍漢冶萍而另起爐灶乎?"余曰："否否。水有源，木有本。子不觀揚子廠新造化鐵爐開爐未久即停，龍烟公司籌辦經數年之久，尚未安設機爐乎?"若曰改造漢冶萍則可，至云另起爐灶，則記者期期以爲不可。倘有人出而改造漢冶萍，杜絶從前一切弊端，逐漸改良而擴充之，當有左列之七利：

一、安置工商學生可千百人。

二、操練工匠可數萬人。

三、養活苦力更不可計數。

四、使海陸軍有造船造砲械之資料。

五、開商民各種製造之門徑。

六、可使國外之鋼鐵器械不能輸入。

七、可使國内之鋼鐵器械日漸輸出。

噫！救亡興弱，今中國舍漢冶萍其孰爲大關鍵耶？凡我同胞咸具天職，倘協力同心，群向鋼鐵世界作動地驚天之事業，跂予望之。

表 7-24　漢冶萍公司出貨一覽表

礦	焦炭	鐵	鋼	磚
一、二號鐵礦	大焦	翻砂鐵	硬鋼	各種火磚、渣磚
錳礦	中焦	馬丁鐵	半硬鋼	鉻磚、各種釰磚
一、二、三號煤	小焦		軟鋼	哆囉咪磚、紅磚

表 7-25

<table>
<tr><td colspan="5">鋼之半成貨</td></tr>
<tr><td>大鋼錠</td><td>小鋼錠</td><td>扁鋼錠</td><td>方鋼胚</td><td>扁鋼胚</td></tr>
<tr><td colspan="5">鋼之已成貨</td></tr>
<tr><td colspan="2">種類</td><td>重量</td><td>尺寸　英尺</td><td>備註</td></tr>
<tr><td rowspan="12">鋼軌</td><td>中國普通用式</td><td>每碼八十五磅</td><td></td><td>即部定式</td></tr>
<tr><td>美國式</td><td>同上</td><td></td><td></td></tr>
<tr><td>比國式</td><td>每法尺三十七記羅七</td><td></td><td></td></tr>
<tr><td>美國式</td><td>每碼七十五磅</td><td></td><td></td></tr>
<tr><td>上海吳淞</td><td>每碼七十三磅</td><td></td><td></td></tr>
<tr><td>德國式</td><td>每法尺三十三記羅四</td><td></td><td></td></tr>
<tr><td>美國式</td><td>每碼六十磅</td><td></td><td></td></tr>
<tr><td>英國式</td><td>同上</td><td></td><td></td></tr>
<tr><td>小鋼軌</td><td>每法尺十六記羅五</td><td></td><td></td></tr>
<tr><td>又</td><td>每碼三十磅</td><td></td><td></td></tr>
<tr><td>又</td><td>每碼三十五磅</td><td></td><td></td></tr>
<tr><td>又</td><td>每法尺八記羅</td><td></td><td></td></tr>
<tr><td colspan="2">魚尾板</td><td></td><td></td><td>各式鋼軌均可配造</td></tr>
<tr><td colspan="2">螺釘</td><td></td><td></td><td>同上</td></tr>
<tr><td colspan="2">枕釘</td><td></td><td></td><td>同上</td></tr>
<tr><td colspan="2">鋼版</td><td></td><td>二分厚、四尺寬、八尺長至一寸厚、四尺寬、十六寸長</td><td>寬可製至六尺，長可製至二十四尺</td></tr>
<tr><td colspan="2">扁鋼</td><td></td><td>一寸寬、一分半厚至八寸寬、一寸厚</td><td></td></tr>
<tr><td colspan="2">八角鋼</td><td></td><td>半寸内徑、三十二分之七邊至一寸内徑、三十二分之十三邊</td><td></td></tr>
</table>

續表

種類	重量	尺寸　英尺	備註
圓鋼		二分半至四寸	
方鋼		二分半至四寸	
正三角鋼		一寸寬、一分半厚至六寸寬、五分厚	
不等邊三角鋼		二三寸寬、二分厚至三寸半六寸半寬、五分厚	
工字鋼		四寸高、三寸寬、半寸厚至十二寸高、六尺寬、三十二分之十三厚	
丁字鋼		三寸高、三寸寬、三分厚至□寸高、六寸寬、半寸厚	
槽鋼		六寸高、二寸半寬、二分半厚至十二寸高、四寸寬、半寸厚	
魚鱗板			
墊板			
竹節鋼			
鋼枕			
彈簧鋼			

五、附志漢冶萍公司民國十一、十二兩年之虧累

漢冶萍公司本年度股東會議報告帳略，計十一、十二兩年共虧六百六十餘萬元之鉅，故又有續借日債之舉。爰將該公司收支帳略，覔志於下。

本公司十一、十二兩年帳目即十五、十六兩屆收支盈虧，大要情形如下：

十一年度

一計煤、焦、鋼、鐵礦石價收入一千四百五十四萬九千六百二十五元六角八分，一計原值、即出貨成本。附值即運脚。並管理費、營業費等項共支出一千七百三十二萬三千七百二十六元六角，兩抵虧損二百七十七萬四千一百元九角二分。一計廠鑛所投資即廠鑛出貨成本。虧損二百二十七萬七千零三十八元七角。查該年度因漢廠鋼廠停工，而其廠本應付利息依然担負，故該廠所虧尤巨。一計廠鑛投資利息與借款往來利息相抵，項下盈餘一百四十萬四千七百十四元三角六分。一計匯兑項下虧損十四萬九千八百二十元零五分。一計滬棧碼頭收入各項與各項支出相抵，盈餘十六萬九千三百六十八元九角五分。以上通盤計算，十一年度即十五屆。計虧損三百六十六萬六千八百七十六元三角六分。查第十四屆貸借對照表後附説明書，聲明積存鋼貨市價跌落，存本過高，廠鑛所存物料查有盈損均須折輕存本，辛亥以前無着舊帳亟應支銷。該三項茲又更歷一載，除舊帳目仍舊外，其鋼貨、物料該年又經售出支用若干，其存數略有變動。本屆虧損之巨，鋼貨存本太高亦係原因之一，亟應折輕，不容再緩。查十一年底止，鋼貨積存三萬八千八百七噸有零，帳存原本五百七十三萬五百七十六元五角七分，現按噸作價七十四元有奇，應折去二百八十五萬六千四百六十九元九角一分。辛亥無着舊帳收銷五十一萬四千一百八十二元二角二分，佛甯門煤鐵勘鑛費收銷一萬七千七百十四元八角三分，四項共計四百二十二萬六千三百十六元七分，連前共虧七百八十九萬三千一百九十二元四角三分正。幸有各項準備金、公積金可以支銷，計開如下：一、歷年積餘項下，支銷二百四十六萬五千八百二十五元八角一分；一、營業準備金項下，支銷一百二十九萬六千四百五十一元二角四分；一、特别準備金項下，支一百四十二萬三千三百九十八元五角五分；一、提存折輕存貨項下，支銷四十八萬三千二百四十元七角七分；一、備抵舊帳項下，支銷五十一萬四千一百八十二元二角二分；一、提存特別公積項下，支銷一百七十一萬九十三元八角四分，共計合符前數。

十二年度

一、計煤、焦、鋼、鐵鑛石價收入一千二百九十萬七千六百六十二元六角八分。一、計原值、即出貨成本。附值即運脚。並管理費、營業等項共支出一千四百八十九萬八百九元一分，兩抵虧損一百九十八萬三千一百四十六元三角三分。一、計廠鑛所投資，即廠鑛出貨成本。虧損三百三十六萬七千八百五十元七角一分。查本年各處因時局關係出貨減少，漢廠鋼廠仍停，而利息、折舊照常担負，故虧損極大。一、計廠鑛所投資利息與借款往來利息相抵，項下盈餘二百十一萬八千三百七十八元四角五分。一、計匯兑項下盈餘五萬六千八百九十六元五角五分。一、計滬棧碼頭收入各項與各項支出相抵，盈餘二十二萬三千一百十二元一角八分。以上通盤計算，十二年度即十六屆。計虧損二百九十五萬二千六百九元八角六分。此項虧損均由營業準備金項下支銷三十七萬二千七十二元六角二分，提存特別公積項下支銷十一萬九千九百十六元九角，提存法定公積項下支銷二百四十六萬六百二十三元三角四分，共數合符前數。

該兩年營業帳面虧數雖巨，然折舊準備金項下增多二百六十六萬三千六百七十一元八角二分。若不計折舊，則十一年度僅虧二百四十一九千五百三十三元五角二分，十二年度虧一百五十三萬六千二百八十元八角八分。

第二　招商輪船公司

吾國無遠洋輪船，而國内江河及沿海亦輪帆寥落。航沿海及長江者，惟招商公司，共有船二三十艘。餘如寧紹公司及航沿海之圖長、順義、全安各公司，纔有船一二艘耳。故招商公司不可謂非我國偉大之事業。其經營始於上海、天津，而漢口特其支埠，然而營業之繁盛，較滬、津有過之無不及。於市面關係亦大，且爲航業前途之明星，故列於武昌實業之範圍而述之焉。

1. 招商輪船公司之歷史

清同治十年，盛宣懷條陳於直督李鴻章，其宗旨略以往來南北洋，見江海之上盡屬洋旗輪船，往來如織，慨然于民舶之利悉爲他人所奪，非自造華商輪船不能挽回，請設輪船招商局，招集華商股東百萬，小試其端。此爲華商之發軔，亦爲華商股份公司之嚆矢。並借領官本購置舊輪船數號，上海浦東、天津紫竹林碼頭兩處，先從津、滬辦起，舉唐廷樞、徐潤爲商董，管攬儎，朱其昂、朱其詔管運漕，盛則雙方會辦，調護其間。

於時有胡光鏞者，富名甲天下。李命盛往勸出而任此事，胡謂華輪必干洋商忌，海洋相遇必致碰沉，寧願捐數萬款，不願入股。盛謝之。蘇撫何璟復以輪船運船妨礙沙寧船，甚相阻撓。盛對以番船盛行，客貨無復爲航船裝載，故有破損而無新造，請釐定米數，先裝二成，帆船年少則輪船年增。其時資本甚薄，不成局面。洋商怡和、旗昌見招商局氣力甚薄，大跌水脚，肆力傾擠。丙子年，盛氏密謀於兩江沈督，借撥官款一百萬，又借集商款一百二十萬，將旗昌各輪船碼頭買回，即今之金利源及各口岸碼頭、棧房也。于是碼頭地勢皆阨要領，並有新舊輪船二十餘艘，局勢大振。戊寅，盛辭船局開辦電報。癸未，徐潤挪移虧空，直督以假公濟私據實參撤，復檄盛到局清釐整頓。甲申，中法搆衅，馬建忠電稟北洋，將全局碼頭輪船售與旗昌洋行。初因慮爲法擄，假售换旗，乃該洋商以馬建忠已立賣契，交過現銀五十萬，餘交期票不能贖。直督奉廷旨申飭，即奏派盛宣懷督辦，再行買回。其時積久官款及華洋商款三百餘萬兩，乃向匯豐銀行抵借三十萬磅。又添招商股，另舉嚴瀠、唐德熙、陳猷等爲商董。另訂用人、理財章程二十條，實行無懈。斯時，怡和、太古見招商氣象一新，遂與招商局董訂齊價合同。此後歲有餘利，得將借欠官欵及華洋各債一律還清，並酌提報效開辦北洋大學、南洋公學。中國之有學堂自此始，其中培養學生以數百計，其爲有用之才蓋亦不少。癸卯，盛以喪暫歸，北洋督辦派楊士琦到滬接收。民國初建，有所謂新公司者議改組招商局，國人相驚以洋股，鳴鼓而攻之。既又有證其非洋股者，于是招商之董事進而與協議，久而後決，新公司之議始寢。

2. 營業之發達

招商局創辦之始，基本僅一百萬兩。戊戌之際，少增至四百萬兩。

甲申以後，則營業發達，歲多餘利。計除各項開支外，實在還清官欵銀一百七十萬餘兩，報効銀九十一萬二千兩，洋商各欠款銀一百七十九萬五千兩，磅虧二十七萬六千餘兩；股商利息及還款利息並董司事獎賞花紅銀六百餘萬兩，股商公積添入本局股東銀二百萬兩，公積入通商銀行股本銀八十萬兩；湖北鐵廠股本銀二十七萬四千兩，萍鄉煤礦股本銀十六萬四千兩，鐵廠萍礦存款四十六萬九千餘兩；船棧添本一百八十五萬兩，備添船棧公積銀八十六萬兩。其他碼頭棧房、輪船、地産共值銀六七百萬兩，以及積存公積銀不下二三千萬兩之數，可謂一本十利矣。

3. 産業之價值

（一）上海碼頭、棧房之價值：

（甲）金利源碼頭值銀二百八十萬一千八百四十七兩。

（乙）中區棧值銀八十八萬三千八百四十五兩。

（丙）北棧值銀一百八十五萬一千四百八兩。

（已）東棧值銀三百十六萬八千四百兩。

（戌）楊家渡碼頭值銀七十四萬九百兩。

（二）沿江沿海各口岸碼頭棧房之價值：共值銀三百七十一萬二千三十五兩。

（三）房屋地基：

（甲）在上海各租界者共值銀二百六十九萬三百七十三兩。

（乙）在沿江沿海各埠者共值銀九十一萬四百七十七兩。

（四）輪船：輪船二十八艘。航海者十九艘：安平、愛仁、致遠、廣大、廣濟、飛鯨、廣利、海晏、廣大、新裕、已沉。公平、新濟、新豐、太順、新昌、圖南、新康、過順、新銘、同華等是，共值銀三四百萬兩。航長江者九艘：江天、江通、江孚、江永、江裕、快利、江新、江華、固陵等是，共值銀一百數十萬兩。此外各埠躉船若蕪湖、孟買、南京、永清、厦門、鎮東、安慶、日新、九江、更自士、鎮江、海定、汕頭、利運、漢口、豐順、文嫩、富兒加等船，共值銀一二十萬兩。至若拖駁船、小輪船約二三十艘，共值銀約三四十萬兩。

第三　揚子機器公司鐵廠

該公司自一九一九年至一九二〇年在漢口附近建一化鐵爐，於一九二〇年六月二十五日開爐。鑛石取給於大冶之象鼻山，爲湖北官鑛局所開。焦炭取給於河南安陽縣之六河溝煤鑛，距漢口七百二十公里。現在辦理該廠者即爲六河溝煤鑛公司。

化鐵爐每日能出生鐵一百噸。除化鐵爐外，熱風爐、清灰爐以及一切附件均由美國貝林馬蕭計劃，由揚子機器公司自行製造。支爐之鐵柱凡六，送風管亦有六個。送風管上有爐膛板一圍，但外圍不用鋼板。爐頂雙鐘式，上鑛車一，以二起重機運動之。機有十二英寸高壓圓柱。清灰爐有一離心迴環塔，以清洗瓦斯。於未至汽爐之前，汽爐有四，每一爐有一千五百平方英尺之熱面及一百五十磅之汽壓。全廠所用之水取自一蓄水池，容量八萬加倫。所出生鐵之成分列下，數以百分率計：

表 7-26

	高矽鐵	第一號	第二號	第三號
矽	三以上	二·五至三	二至二·五	一·五至二
硫	最多〇·〇三	最多〇·〇三	〇·〇五	〇·〇五
燐	〇·〇五至〇·一〇	〇·〇五至〇·一〇	〇·〇五至〇·一〇	〇·〇五至〇·一〇
錳	〇·五至〇·七	〇·五至〇·七	一·〇〇	一·〇〇
炭　全炭	四	四	四	四

第四　楚興公司

張文襄創辦湖北實業各工局廠，原不止紗、麻、絲、布四局。其能收最大效果者，一漢陽鐵廠，一紗、麻、絲、布四局耳。民國元年十二月，楚興公司發起人劉偉、蔣沛霖、毛樹棠、劉顔生、羅麟閣、朱祥甫、詹叔珂、李壽菴、馬春泉、楊蒲伯、歐陽惠昌、周星堂等十二人具票承租，擬招股一百三十萬兩，先收六成，合實收七十八萬兩。查四局光緒年間始租於應昌公司，資本八十萬。清督瑞澂於宣統三年捏故將應昌公司斥退，改租大維公司，聞係南通張嗇菴主持，開辦甫旬，即值起義停擱，後經議會提議經年，未能表決。蜀人劉偉獨力承認十萬兩爲之提倡，始有成説，議定四局每年租金十一萬兩。民國二年陰曆正月開工起，十年爲期，租金按陽曆計算，押租二十五萬兩。此項押租由鄂政府撥還應昌公司官欠之款。此項押租每年在租金項下扣還銀四萬兩，六年外扣清。紗、布兩項在武漢本地出售，概免税厘。如轉運他埠，在江漢關祇完一正税，沿途概免税釐。牌匾仍存湖北官局名義。此條件合同之大概也。聞應昌公司舊股尚有四十三萬兩附入。而實在新股，聞實收到二十七萬兩，爲優先股。開辦之前三年，新股分利率比舊股分加二成，譬如新股得利三兩，舊股只分利一兩，三年以後新舊股俱享同等待遇矣。四局中經理以及在事各員每年紅利提二成爲酬報金。八年，因開夜工，加提一成紅利爲酬報金，現在已成三成酬勞矣。此股本息金支配之大概也。試將每年贏餘列表於左：

民國三年贏餘：四十五萬兩。

四年贏餘：四十五萬兩。

五年贏餘：四十五萬兩。

六年贏餘：六十萬兩。六年夏季結賬起，新舊股得享平等權利。

七年贏餘：四十五萬兩。

八年贏餘：二百萬兩。增加酬勞一成爲三成。

歷年公積：共存一百四十萬兩。此項公積金即係麻局、絲局之贏餘，楚義公司運煤營業之利息。

觀以上利息資本新舊股共七十萬兩，六年之間獲利五百八十萬兩，誠足偉矣。

楚義公司附屬於楚興公司，爲運煤以供四局燃料之用，無一定基金。

先運開灤煤鑛之煤，現運臨城煤鑛之煤。四局需要所餘，出賣他廠，亦徐榮庭計算之精密者也。

第四節　農業

一、總述

1. 地勢

本省西、北、東三面山嶽盤結，由中部而南則開爲大平原，江、漢交會於其間，中多湖沼，土質稱沃。綜計全省面積，水居什四，山居什三，耕地僅居什三、四耳。

2. 氣候

春、夏、冬三時温和，夏日酷暑，其最高温度在華氏一百一十度之間，而晝夜温度無變。夏季雨量甚多，有水災之患，蓋以長江汎濫，漢水亦爲心腹之虞，漬水又長數百里，交會並注之故也。自十二月至正月必降雪，風霜最少。施、鶴一帶瘴癘殊甚。

3. 土質

半屬冲積平原，地質輕鬆，土物繁衍。東北山地多磽瘠，餘則概稱沃壤，凡温帶及半熱帶高山植物均宜。

4. 農産

稻、麥

普通作物以稻、麥爲大宗。西北部産，類皆稻、麥。東南於連作二毛稻者，如江夏、武昌等處是也。而年年仰給湖南、江西之米輒數十萬擔，蓋以武漢三鎮客商麕集，固不無影響。究其根本問題，則以可耕之地未盡闢，山澤之利未盡啓，游民未盡歸農，尤以水旱偏災，爲害尤甚。

麻

湖北農産物以麻爲最盛，産於武昌、江夏、黄安諸縣，而武穴一鎮已闢爲麻業總市場。據麻業公會統計，民國六年實入麻價達一千三百餘萬元之鉅額。省垣麻布局以貯麻織布，精美儼如輕羅。

茶

湖北所産之茶以羊樓峒在蒲圻縣境，離縣治三十里。爲最佳，茶市山場亦以羊樓峒爲最盛。他如蒲圻縣之羊樓司，崇陽縣之崇山、大沙坪、小沙坪、白霓橋，通山縣之通山、楊樹林，咸寧縣之伯墩，嘉魚縣之島口，興國縣之龍港以及宜都、鶴峰、長陽等縣爲著名産地。茶之種類，一青茶，一紅茶，一墨茶。類以地名名之，如羊樓峒茶、崇陽茶、通山茶等名稱皆是。此外有米茶、花香茶、毛紅茶、紅茶磚、即米磚，又名花香磚。緑茶磚、即青茶磚，又名老茶磚。小京茶磚，極細茶末所製最上品之茶磚。每年輸出總額五百餘萬元。漢口英商設有茶棧，俄國設有茶磚廠，華商亦在橋口設有茶磚廠。

煙

均縣爲著名産煙之地，其煙味醇厚不亞於關東煙，其餘他縣亦間有之。每年全省煙葉輸出價額達百萬元以上。

森林

湖北西北多山，施南、鄖陽等屬亦間有天然林，類多松柏，其餘童童濯濯，舉目皆是。

畜産

水牛、黄牛、豚、驢、騾、馬、鵝、鴨、雞、鴿、蜂等，産地亦多。

水産

嘉魚、沔陽、荆門、武昌、江夏、天門諸屬，産最旺，普通魚類皆有。若樊口之鯿、鮎魚套之鮎魚均著名。

蠶絲

蠶絲業江夏一帶最盛，尤以天門、沔陽諸縣爲最。柞蠶亦盛，省垣繅絲局多利用之。每年輸出額亦在五、六百萬元之譜。近來各屬之設桑園購蠶種者日見增多。

果樹

桃、杏、李、梨、栗子、棗、梅、山楂、核桃、葡萄、柿等皆有之，惟桃林頗有可觀。

蔬菜

山東白菜、小白菜、青菜、菠菜、油菜、芹、韮、葱、薑、莧、黄瓜、香瓜、西瓜、東瓜、絲瓜、苦爪、菜瓜、萵苣、葫蘆、紅蘿蔔、豇豆、扁豆等皆有之。武昌洪山附近之紫菜苔爲名産。前清曾有督湖廣者以船載洪山附近園土歸而作紫菜苔者，初産略同，久則變種，仍非洪山之土，不宜也。

次[①]外若棉産於涢水沿岸，尤以雲夢、應城、天門等地爲佳。染料靛藍、蓼藍、萵藍、紅花凍緑樹類，涢水沿岸産額甚鉅。近來因人造顔料之壓制，將漸歸消滅之境。藥材則桔梗、茯苓亦名産地。花草普通種類亦復不少。

兹録民國十年湖北實業廳據各縣調查報告全年産出總額表如下：

表 7-27

類别	作物畝數	收穫量
粳米	一六、六九〇、四二三　畝	三〇、三五三、四一六　石
糯米	二、〇四五、七二九	四、〇三一、五七五
大麥	六、六八三、四一三	八、六一〇、七五七
小麥	七、七七七、四九〇	九三六、〇五三
大豆	一、八八九、〇九八	一、六三五、七五九
小豆	一、二九九、九七二	一、五〇四、三三八
玉黍	一、三八三、三四六	二、一四一、九八六
高粱	一、九六〇、八二〇	二、三八〇、一二六
大麻	〇、一五四、四六一	一四、一〇六、七〇三
棉花	三、二九一、七二八	二八九、二五六、六五三
煙葉	三一〇、六三一	二四、一八七、一三二

① 次，應爲“此”。

表 7-28

類别	數量	價額
白絲	三三三、一六二　斤	一六、七七五、五二三　角
黄絲	八四五、六二六	四九、五六五、五八四
豆油	一二、三八一、〇〇六	一九、七五八、四六〇
芝麻油	三二、二三三、五九二	三二、六一二、一八〇
黄酒	一〇、一五〇、七九五	八、五三四、八六〇
燒酒	三三七、〇五一、三四九	二三〇、四七六、八九〇

按湖北每歲所産之米，不足以供湖北人民之食，向來仰給湘蜀，兼資贛皖。雖有運販來鄂，米價亦昂。一受水災，斗米千錢，民不聊生，甚至有價無米，而菱葉草根求不可得，瑣尾流離，不堪言狀。此其故在農業未興耳。若欲振興湖北之農業，試即全省境内可以添改之處，約略言之。自江陵、松滋以下江南一帶，非山即湖，冬時水落，寥寥大野，皆爲淤陸。夏時水漲，江湖相連，瀰漫無涯。若能沿江補修舊有之隄，留一二大澤以容洪水，不盡與水争地，而後江水無泛濫之虞，斯隄内乃可闢土殖穀矣。江北天門、潛江、漢川、沔陽等地，皆一望平原，湖澤亦多，雖有隄防，不甚堅固，一經潰決，則田舍俱没。若能於已有之隄修繕完固，又疏浚河道，俾水低於田，而江、漢兩水不克横流，復按其地勢，廣開溝渠，消受雨水，以備灌溉之資，是向所淹没者可以悉成良田。武昌一帶稻田無多，因東南山脈綿亘，雨水流於平地成爲湖澤，如梁子湖其最著者，連接數縣，港岔甚多，直徑百五十里，面積之廣大可想。考其湖水出入之口，僅樊山一處，樊口築隄建閘，則肥美之田，何止萬頃。清彭剛直公建議於前，趙制軍提議於後，以爲今後滄海變爲桑田矣。卒以少數人倡“以鄰爲壑”之説，而事寢。觀省城東湖之武泰隄閘、沙湖之武豐岡堤内添出稻田無數，堤外未聞病鄰，何獨於梁子湖以築堤爲慮？彼黄蓋、斧頭兩湖均宜築隄，或酌留一湖以消納漲水。此湖北稻田之所當添者也。黄岡、安陸、襄陽及荆門等縣，山湖與平壤相參

錯，稻田較多，然民情惰逸，塘堰廢修，雨澤偶爾愆期則收成頓減，故向擁肥沃之田，不獲豐穰之慶。鄖、宜、施、鶴，山多田少，偶有腴地，多種烟草、雜糧，若使廣浚堰塘，以瀦溪水，復於山間平處梯田栽植，亦頗宜稻。此湖北稻田之所當改者也。至若砂礫混雜之地，土壤不甚肥沃，不宜種稻者勸使種菽，費工不多，用肥亦少。又栗、黍、高粱、苞穀、洋芋、甘藷等，山地均適其生育，日食所資，可以當稻。唯屢種則土膏易竭，數歲須遷，居民憚於勤勢①，荒廢頗多，非力爲勸導，難期興盛。此可以補填稻田之不足者也。如是，則稻田多而産米自應增加，再輔之以農業，講求種植之方，又何至專仰鄰省之米，以爲供給哉？此段係無爲王汝通所論。

二、分述

1. 苧麻

苧麻爲吾國出産之大宗，産額以湘、鄂、蜀、贛四省爲多，四省之中尤以鄂省爲最。此外雖間有産出者，然廣東則尚不敷其一省之需，他省亦出口甚少。湖北苧麻産額，其主要之區計分八縣：一曰陽新，二曰大冶，三曰咸寧，四曰通山，五曰蒲圻，六曰嘉魚，七曰武昌，八曰廣濟。八縣之中以陽新、大冶及廣濟所産者稱爲白麻，概集於廣濟下游之武穴，年額約三十萬梱。每梱計六十四斤七兩。其大部分均由九江裝運。咸寧、通山、蒲圻、嘉魚、武昌等縣所産者則爲毛把，全部又集於漢口，其數雖比上數之白麻爲少，然每年加入湖南所産者約亦不下四十萬梱。按湖南省苧麻之主産地爲平江、瀏陽、沅江等縣，平江産者又謂平江麻。江西苧麻之主産地爲萬載、宜黄、上高、崇仁、樂安、瑞昌等縣。

漢口所用之苧麻有線麻、又名絲麻。毛把、近麻、青麻、白麻等之區别。其調製之法，如白麻用火力則呈乾燥，青麻色青，不用火力則呈乾燥緑色，毛把與白麻亦相同。惟線麻則纖維粗梗，光澤短少，毛把則反。是故漢口之所銷者以毛把爲最多，武穴之所銷者以白麻爲最多。

---

① 勢，疑應爲“勞”。

至漢口之輸出者，則又均係青麻。除咸寧産額之外，四川綏定所産者亦屬之，然每年不過一萬梱。並有陝西所産之斤麻，亦由漢口輸出。以上爲湖北苧麻之産額地及輸出之總數。

2. 棉

中國棉産最盛者首推江蘇，次爲直隸，再次即爲湖北。蓋湖北位居中部，有長江、漢水貫穿其間，頗得水利之便，且地勢平坦，土地肥沃，於棉之生長最爲適宜。民國八年，共産子棉一百二十三萬擔。九年以來，春旱秋雨迭爲災害，然全省産額猶得一百五十七萬餘擔之多，較之八年竟增加三十四萬擔。棉田以黄岡縣之新洲，及隨縣之唐縣鎮爲最多，棉花品質亦以新洲所産爲最優。棉花市場以漢口爲中心，蓋漢口適當京漢鐵路及長江之衝，水陸交通均稱便利，且爲長江上游之第一商埠，以致各處棉花皆集散於該處。玆將各縣生産情形分述於下：

（一）應山縣。應山境内多山，地勢較高，棉産皆在廣水一帶。九年棉田共計一萬九千畝，然六月間因遭旱災收量大減。棉種爲黑子細絨，色澤潔白，纖維長約六分。銷路以漢口爲最多，輸出於他處者間亦有之。該處棉産雖不甚多，而棉花市場頗爲繁盛，蓋因近臨京漢鐵路。棗陽一帶之棉産皆集中於此處，然後移輸於漢口。

（二）隨縣。隨縣在應山之西，亦係産棉素著之區。其棉山皆在所屬之唐縣鎮，該處土質頗佳，最宜種棉。棉種爲毛籽細絨，品質與廣水相同，大半輸出於漢口。

（三）棗陽縣。棉質與唐縣鎮相同，銷路以漢口爲最多，年約三萬餘包。每包八十斤。

（四）樊城。樊城爲襄陽道屬棉産素著之區，土地半係沙質，壤土最宜植棉。棉種有毛籽粗絨、黑籽細絨兩種。該縣之棉花市場亦頗繁盛，棉質潔白，纖維甚長，此棉大半銷於漢口。

（五）陽邏。黄岡之棉産多在陽邏一帶。其棉質稍粗，略呈黄色，棉種係黑子，爲本地土種。其運出之處以漢口爲最多。

（六）鄂城縣。鄂城在揚子江之沿岸，亦頗宜棉。其中棉産最富者爲葛店，共計棉田十八萬畝，産棉五萬六千擔，棉質與陽邏相同，所産之棉多輸出於漢口。

（七）新洲。新洲屬於黄岡縣，爲湖北省産棉最富之區，九年植棉面積一百五十萬畝。棉種雖爲本地土種，品質尚佳，纖維長達八九分，色亦潔白，在長江上游之棉花當以此種爲最優。輸出亦多在漢口，年約二十萬擔内外。

（八）陽新縣。陽新九年棉田共計六萬畝。該縣之棉田多近臨江湖，故夏季雖遭旱災，因利用湖水之灌溉，受害甚少。大半輸出於漢口。

（九）龍坪及武穴。武穴位於長江之沿岸，距龍坪三十餘里，皆爲廣濟縣屬。土質均宜植棉，産棉惟纖維稍粗，品質不良，所産之棉多輸出於漢口。

（十）黄石港。黄石港屬於大冶縣，土質宜棉，且東北濱江、西南臨湖，頗得灌溉之利，惟棉質之粗劣不減於武穴所産之棉。除本地需要之外，多輸出於漢口。

（十一）沙市。沙市爲江陵縣屬。棉種有黑子、白子兩種，而纖維則白色以外尚有黄色者。該處近臨長江，交通便利，外國棉商多赴該處收買。其所産之棉大約五分之三輸出於漢口，五分之二運輸於四川。

（十二）涴市。涴市棉種除粗絨棉之外，尚有美國所産之棉，以銷於漢口者爲最多，其次即輸於四川。

（十三）江口及董市。江口及董市皆係産棉之區，且同爲枝江縣屬，在沙市之西方，位於揚子江之上游。土地多含沙質，頗宜植棉，所産之棉多輸出於四川。

（十四）陡湖堤。陡湖堤屬於公安縣，九年産棉四萬九千擔。其棉花之輸出以漢口爲最多，共計三萬餘擔。

（十五）新場及藕池。新場、藕池皆爲石首縣屬，棉産最富之區，新場在石首之西，藕池在石首之東北。棉種有黑子、白子兩種，纖維長約八分。

（十六）監利縣。監利縣在荊南道屬，棉産最富，共産六萬五千擔。棉種以黑子棉爲最多，纖維長約八分。所産之棉率皆運銷於漢口，共約五萬三千擔。

（十七）宋埠。宋埠爲麻城縣屬。棉種亦分黑子、白子兩種，纖維長約六七分，産棉亦多銷於漢口。

（十八）蔡甸。蔡甸在漢陽之西，棉産甚富。其棉質雖甚潔白，而纖維較粗，大部分皆輸出於漢口。

（十九）仙桃鎮。仙桃鎮屬於漢陽，九年植棉面積共十五萬畝，産棉四萬擔。棉花品質與蔡甸相同，所産之棉多爲日商收買。

（二十）老河口。老河口爲光化縣屬，地勢高亢，土質多沙，故該處在光化縣中爲棉産最富之區。該處所産之棉纖維細長，色澤純白，品質最爲優良，銷路以漢口居其大半。

茲將一千九百二十年度民國九年。湖北産棉調查表揭録於左：

表 7-29

湖北省屬	種棉地畝數		所産棉花石數		兩年比較增減石數
	一九一九年	一九二〇年	一九一九年	一九二〇年	
陽邏	……	七一、〇〇〇	……	二五、〇〇〇	……
葛店	……	一八〇、〇〇〇	……	五六、〇〇〇	……
新洲	……	一、五〇〇、〇〇〇	六〇〇、〇〇〇	三五〇、〇〇〇	減二五〇、〇〇〇
宋埠	……	八〇、〇〇〇	一一、〇〇〇	一五、〇〇〇	增四、〇〇〇
倉子埠	……	五、〇〇〇	……	五〇〇	……
黄洲	……	一〇、〇〇〇	……	一、〇〇〇	……
蘄春	……	六〇、〇〇〇	……	一五、〇〇〇	……

續表

湖北省屬	種棉地畝數		所産棉花石數		兩年比較增減石數
	一九一九年	一九二〇年	一九一九年	一九二〇年	
武穴及龍坪	……	一五七、七〇〇	二二、〇〇〇	二四、〇〇〇	增二、〇〇〇
武昌	……	……	六〇、五〇〇	四一、五〇〇	……①
黄石港	……	七五、〇〇〇	一四、〇〇〇	一五、〇〇〇	增一、〇〇〇
沙市	……	八五、〇〇〇	一六、〇〇〇	一七、〇〇〇	增一、〇〇〇
黄岡	……	……	二四、〇〇〇	……	……
涴市	……	九〇、〇〇〇	……	一八、〇〇〇	……
江口及董市	……	一三三、〇〇〇	一八、〇〇〇	二四、〇〇〇	增六、〇〇〇
新場	……	一六六、六〇〇	三六、〇〇〇	三〇、〇〇〇	減五、七〇〇②
陡湖堤	……	一三三、〇〇〇	一八、〇〇〇	二四、〇〇〇	增六、〇〇〇
監利	……	三六一、〇〇〇	四九、〇〇〇	六五、〇〇〇	增一六、〇〇〇
廣水	一八、〇〇〇	一九、〇〇〇	一、五〇〇	一、七〇〇	增二〇〇
唐縣鎮	……	一、三〇〇、〇〇〇	……	四〇〇、〇〇〇	……

① 此處應爲“減一九、〇〇〇”。

② 減五、七〇〇，應爲“減六、〇〇〇”。

續表

湖北省屬	種棉地畝數		所產棉花石數		兩年比較增減石數
	一九一九年	一九二〇年	一九一九年	一九二〇年	
棗陽	一八〇、〇〇〇	二二〇、〇〇〇	三六、〇〇〇	七〇、〇〇〇	增三四、〇〇〇
樊城	六〇〇、〇〇〇	七〇〇、〇〇〇	一三〇、〇〇〇	二〇〇、〇〇〇	增七〇、〇〇〇
老河口	三八〇、〇〇〇	四〇〇、〇〇〇	七七、〇〇〇	九三、〇〇〇	增一六、〇〇〇
仙桃鎮	一四〇、〇〇〇	一五〇、〇〇〇	四五、〇〇〇	四〇、〇〇〇	增三、〇〇〇①
蔡甸	一六〇、〇〇〇	二四〇、〇〇〇	二四、〇〇〇	七〇、〇〇〇	增六、〇〇〇②
總數	一、四七八、〇〇〇	六、二六九、七〇〇③	一、二三一、〇〇〇④	一、五八〇、〇〇〇⑤	減四六、五〇〇⑥

3. 蠶絲業

(A) 產地及產額

鄂省隨處皆見養蠶，但究非江浙兩省之比，尚無輸出餘力，僅足供該處之需要。其中養蠶稍微可觀者，爲左列各處：

沔陽、天門、沙市、河溶、安陸、江口、松滋、宜都、宜昌、襄陽、樊城、老河口、羅田、麻城、蘄水、黄州、當陽、荆州、鄖陽、德安。

---

① 增三、〇〇〇，應爲“減五、〇〇〇”。
② 增六、〇〇〇，應爲“增四六、〇〇〇”。
③ 六、二六九、七〇〇，前面各分欄數據合計應爲“六、一三六、三〇〇”。
④ 一、二三一、〇〇〇，前面各分欄數據合計應爲“一、一八二、〇〇〇”。
⑤ 一、五八〇、〇〇〇，前面各分欄數據合計應爲“一、五九五、七〇〇”。
⑥ 減四六、五〇〇，前面各分欄數據合計應爲“減七七、八〇〇”。

天門方面，養蠶者佔全户數之七成。兹據可靠之材料，表示湖北養蠶户數比例如左：

仙桃鎮地方

以天門縣爲中心，三十里内總户數一萬四五千户中，養蠶户數約居七成。

沔陽縣下養蠶户數約佔七成。

漢川縣下養蠶户數約三、四成。

分水嘴，各户養蠶。

以通海口爲中心三十里内總户數二萬中，養蠶户數約四成。

彭家場，養蠶户數約七成。

以岳家口爲中心二十五里以内總户數五十餘户中，養蠶户數約八成。

以麻洋潭爲中心十五里以内，養蠶户數約九成。

羅田平湖地方

以平湖爲中心二十五里以内一萬零七百户中，養蠶户數約八成。

勝家堡附近養蠶户數約全户數之七成左右。

河溶地方

江口總户數二千六百户中，養蠶户數約三成。

鄂省産繭額，各人推算不同，但可視爲十萬擔左右。其根據如左：

（甲）漢水上流及下流地方三百萬斤，黄州府屬二百萬斤，此外二百萬斤，合計約繭額一千萬斤。

（乙）田二河、仙桃鎮、彭家場等主要養蠶地方産繭額約四萬五千擔。

（丙）又田二河、仙桃鎮、彭家場等聚散之生絲約七千擔，如每生絲一斤須生繭十斤，則生繭量約達七萬擔。

此外，並綜合各種材料，該省産額推定爲十萬擔，當無大差。

（B）繭之交易

兹録民國六年一九一七年。鄂省繭乾燥場及購入機械製絲原料之繭量如左：

表 7-30

産地	灶數	購繭額
漢口	二	八一六　斤
武昌	一〇	四二、四五三
新溝	一六	二三、〇九九
分水嘴	四四	一四一、七三四
脈旺嘴	三四	二四一、七三五
仙桃鎮	四〇	八八、四八三
麻洋潭	五二	一五七、九〇〇
彭市河	六四	一二一、五五三
岳家口	四八	一四二、六五七
天門	二〇	二二、〇〇〇
乾子驛	六二	五九、七三七
田二河	二八	一九、八三四
彭家場	一二	三二、一八八
通海口	二四	三〇、六三七
簰洲	—	—
江口	—	一二、三六八
河溶	五六	三四、九三八
平湖	六	九、二六二
岳家堡	一二	八五、九一三
木樨河	一〇	—
合計	六〇〇①	一、二六七、三〇七

4. 煙

均縣爲著名産煙之地，其煙味醇厚，不亞於關東。全省每年約産二十餘萬捆，運銷漢口者三萬捆，由伊藤、三井、三菱等行，英美煙公司直接向均縣購辦者約五萬捆。此外，黄岡、武昌亦皆産煙葉，居均縣之次。

① 六〇〇，前面各分欄數據合計應爲“五四〇”。

5. 漆業

湖北產漆地在鄖陽、施南、利川、建始四縣。又考漢行所銷之漆係來自四川、貴州、平利縣屬陝西漢中道。三處。每年銷大桶二千，小桶三十，值銀二十萬兩。以銷於日本者爲大宗，每年約二十萬兩。

6. 芝麻

湖北全省產額豐年約五六十萬擔，歉年約二三十萬擔，銷場漢口一埠約二十萬石。輸出外洋，沿漢水一帶若襄陽、樊城、老河口等處，外洋俱設分莊直接購運，洋商、浙寧商亦每由河南直接購辦，由漢口轉運輸出。

7. 豆類

黄豆盛產於漢水流域，如襄陽府一帶及沙洋、嘉魚、潛江等處皆產之。豐年約產一百二十萬石左右，歉年約產六十萬石左右，由漢口一埠輸出外洋者約四五十萬石。蠶豆豐年約產六十萬石，歉年約產三十萬石，由漢口一埠輸出外洋者每年約二十萬石。

8. 桐油

本省襄陽、老河口、荆州一帶並安陸、應山皆產之，合之四川、貴州、湖南所產者並集散於漢口。

9. 毛皮業

由漢口輸出黄牛皮，年約十五六萬擔，水牛皮、羊皮皆三四萬擔。此等皮之產地並不限於湖北，來自秦、豫、川、滇、黔、贛等省者不少。

10. 猪鬃

由漢口輸出黑鬃值銀二百二十萬兩，白鬃值銀五十萬兩。產地在湖北者多係來自荆、宜、安陸、德安等處，連漢口者約佔十分之六七，由河南運漢口者約占十分之三四。其輸出之地以英、法、美、比、德國爲最多。製蛋種類有黄白合製、黄白分製兩種，製蛋用途分軍用、食用、製造用三種。

11. 森林

湖北西北巴山山脈中有巴山老林，施南山有天然林。五峰縣山勢綿延，林木所在皆是，如松、柏、橡、栗、楊、柳、椿、杉等木均天然滋生，若漆、茶、桐木、果實皆屬人力栽培。陽新縣西南各山產茶甚豐，然松、柏、杉、楮亦殊多，純屬天然植物。羅田縣山多田少，民以種植栗、桐、松、桑爲恒業，每年所出桐油、茯苓、黄絲、板栗等類均以萬計。縣署後鳳山上有農林試驗場，植桑桐、柏、枇杷、香椿等樹，面積二十餘畝。麻城縣東北多山，天然林産頗多，如松、榆等類，只供薪炭。近河地方，桃果爲出産大宗。房縣峰巒層疊，除城關一隅之地，鮮有平原，所産林木以花梨、松、柏、杉、榆、桐、漆、栗、竹居多，因輸出不便，僅供本地之用，惟花梨副産之黑白木耳爲輸出大宗。他如桐油、漆液、竹紙皆爲輸出之品，每年所獲大有可觀。保康全境皆山，植林以栗、松、柏、杉及花梨、竹、桐等樹居多，唯交通不便，良材等於朽木。其出産以竹造紙，該縣境有紙廠數百家，而木耳、桐油次之。咸寧縣屬黄石橋、萬年山、袁家鋪、馬鞍山、馬橋、曾家浦、柏墩等處及通山縣屬夏鋪市、横石潭、寶石湖及九宫山下東港、西港等處皆以産松、杉著名。

［附志國有林五區］

崇陽縣，桐茶山面積約縱五十丈，横九十丈，共計二十一畝有奇，砂土微紅色，石多土少，宜栽桐茶，距縣七十五里。

通山縣，竹寶山面積縱横約五十丈，石土參半，産生竹木。小溪嶺面積縱横約二十餘丈，土質堅實，産松、杉。

黄安縣，柏蓬山面積約百六十畝，土色赤紅，産松、竹及沙木，距縣城四十六里。

南漳縣，大峰山面積縱横約五十餘丈，院家坪面積縱横約二十餘丈，土質膏腴，産青樹及椿、樟，俱在縣北三十里。

江陵縣，梳子溪、林泉關二處面積九十丈，横八十丈，純係厚土無石，産赤樟、桃樹、扁柏、洋槐等類，在縣西六十里。

第五節　工商業

一、集中漢口之茶葉概況

［註］漢口茶葉出口價值達一千七百四十萬兩，佔輸出品第一位。棉

花價值達一千四百八十萬，居第二位。茶葉爲吾國輸出大宗，於國際貿易上挽回權利不少。近年日就衰落，一蹶幾難復振，談商業者無不惄然憂之。重以歐戰，影響所及，大有一落千丈之勢。漢口商會就各方面調查並及種種救濟之法至爲詳盡，撮而記之，備考鏡焉。

1. 製造及收售之機關

表 7-31　甲、製造者

號名＼廠名		興商茶磚有限公司
地點		硚口
資本		二十五萬兩
製茶機器		壓茶磚機器共四副
機器原製地		英國
製茶種類		米磚茶用花香製，青磚茶用老茶製
製茶法		用機器製
每百斤生葉能製造乾茶若干		花香百斤能製米磚五十五塊，每塊三十兩。老茶百斤能製青磚五十塊，每塊三十二兩
每日之製茶量		每副機器每日約出八千塊
每年之製茶量		以生意多寡爲衡，最多約八萬箱，每箱八十塊
每年製茶日數		以生意多寡爲衡，只夏伏日停工
工人數目	男	男工約一千名
	女	
工人工資	男	每人每日工資五百文
	女	
茶價		市價未定
銷售地		俄國、張家口、東三省
新舊製法之比較		舊用人力，新用機器，新法較優
每年開工、停工日期		未定
備考		

表 7-32 乙、收售者

地點		茶號或茶莊	資本額	借入資本	自集資本	借入之店號	借息若干	幾月還本	還本之方法	備考
安化	後五都前四鄉	六年分十八餘家，八年分二十餘家	最多二萬兩，其次一萬或數千兩	至製子茶時始借入，其數不等。八年分借用者少	頭茶時多係自集	錢莊，茶棧	一分五釐至二分	向來茶售出時還本	銷借券或匯劃	
桃源	烏雲街外溪	六年分七家，八年分三家	,,	,,	,,	,,	,,	,,	,,	上列情形紅茶商至八年分均形減少，除平江、長壽因製法較佳，七年之茶又早已銷罄，故製者加多外，其餘均有減無加，而尤以湖北各處爲最，即以資本而論，八年年①亦形減少，蓋因頭茶未銷，而子茶多未製之故耳
平江	西南鄉	六年分三十餘家，八年分五十餘家	,,	,,	,,	,,	,,	,,	,,	
同前	長壽東南鄉	六年分二十餘家，八年分五十餘家	,,	,,	,,	,,	,,	,,	,,	
瀏陽	四鄉	六年分十八家，八年分十二家	,,	,,	,,	,,	,,	,,	,,	
長沙	高橋四鄉	六年分二十餘家，八年分十家	,,	,,	,,	,,	,,	,,	,,	
醴陵	東南鄉	六年分三家，八年分七家	,,	,,	,,	,,	,,	,,	,,	

① 年，疑應爲“分”。

續表

地點		茶號或茶莊	資本額	借入資本	自集資本	借入之店號	借息若干	幾月還本	還本之方法	備考
湘潭	東南鄉	六年分十家，八年分六家	,,	,,	,,	,,	,,	,,	,,	
湘陰	東南鄉	六年分十家，八年分六家	,,	,,	,,	,,	,,	,,	,,	
寧鄉	東鄉	六年分六家，八年分二家	,,	,,	,,	,,	,,	,,	,,	
臨湘	聶家市集市	六年分三十餘家，八年分十餘家	,,	,,	,,	,,	,,	,,	,,	
同前	羊樓司集市	六年分二十餘家，八年分八家	,,	,,	,,	,,	,,	,,	,,	
同前 以上皆湖南屬	雲溪東南鄉	六年分十餘家，八年分六家	,,	,,	,,	,,	,,	,,	,,	
宜都	鶴峰各山	六年分十餘家，八年分七家	,,	,,	,,	,,	,,	,,	,,	

續表

地點		茶號或茶莊	資本額	借入資本	自集資本	借入之店號	借息若干	幾月還本	還本之方法	備考
通山	一二三都、四六都	六年分二十餘家，八年分六家	,,	,,	,,	,,	,,	,,	,,	
同前	陽芳嶺五都	六年分十二家，八年分一家	,,	,,	,,	,,	,,	,,	,,	
崇陽	四鄉	六年分十家，八年分二家	,,	,,	,,	,,	,,	,,	,,	
同前	大沙坪金堂大源、小沙坪福嶺坑	六年分二十餘家，八年分二家	,,	,,	,,	,,	,,	,,	,,	
蒲圻	羊樓峒茶户集市	六年分三十餘家，八年分七家	,,	,,	,,	,,	,,	,,	,,	
咸寧 以上皆湖北屬	柏墩東西鄉	六年分十家，八年分一家	,,	,,	,,	,,	,,	,,	,,	

續表

地點		茶號或茶莊	資本額	借入資本	自集資本	借入之店號	借息若干	幾月還本	還本之方法	備考
安徽祁門	城西南鄉	六年分百餘家，八年分六十餘家	最多一萬兩，其次數千兩	每年有借用者，有不借用者，八年分借用者少	,,	,,	一分二釐五，一分五釐	,,	,,	
江西寧州	八鄉區	六年分六十餘家，八年分二十餘家	,,	,,	,,	,,	,,	,,	,,	
説明	茶莊指在商埠所設之辦茶商店，茶號指在山裡所設之購茶兼製茶店號									

上列各處茶莊數目，均係就漢口、山裏合而計之。漢口有一辦茶商店，山裏即有購茶及製茶店，未可分列。至表内别分六、八兩年莊號家數，以期互相對照，藉可知其盛衰耳。

2. 栽培法

表 7-33

產地	種類	播種		施肥			距離		除草		中耕		病蟲害		備考
		時期	方法	種類	每畝數	時間	行間	株間	時間	回數	時期	回數	種類	防除法	
桃源烏雲街外溪	紅茶子	春分前	泥土挖鬆將仔種下	糞類肥料	無定	春發時，秋耕時	三尺	二尺	春秋	二回	春秋	二回	黑蟲式蠶，無大害	無法	上列情形其栽培最合法者厥惟祁、寧。因該處茶樹距離較遠，枝幹亦高，而施肥、除草、中耕

續表

產地	種類	播種		施肥			距離		除草		中耕		病蟲害		備考
		時期	方法	種類	每畝數量	時間	行間	株間	時間	回數	時期	回數	種類	防除法	
安化 後五都 前四鄉	,,	,,		,,			,,		,,		,,		,,		又皆以時，故茶味香濃，其他亦能隨地制宜。惟湖南安化則向不除草，因其地質肥厚，有以致之，如能及時改良，猶可媲美祁、寧。至若湖南、北等處茶樹各隨地葱發，祁、寧茶樹多高幹長枝，此又地氣爲之，而情形各有不同耳。茲附録之
平江 西南鄉	,,	,,		,,			,,		,,		,,		,,		
長壽 東南鄉	,,	,,		,,			,,		,,		,,		,,		
瀏陽 四鄉	,,	,,		,,			,,		,,		,,		,,		
高橋 四鄉	,,	,,		,,			,,		,,		,,		,,		
聶家市 茶集市	,,	,,		,,			,,		,,		,,		,,		
羊樓司 茶集市	,,	,,		,,			,,		,,		,,		,,		
雲溪 東南鄉	,,	,,		,,			,,		,,		,,		,,		
醴陵 東南鄉	,,	,,		,,			,,		,,		,,		,,		
湘潭 東南鄉	,,	,,		,,			,,		,,		,,		,,		
湘陰 東南鄉	,,	,,		,,			,,		,,		,,		,,		
寧鄉 東鄉 以上皆 湖南屬	,,	,,		,,			,,		,,		,,		,,		

續表

產地	種類	播種		施肥			距離		除草		中耕		病蟲害		備考
		時期	方法	種類	每畝數量	時間	行間	株間	時間	回數	時期	回數	種類	防除法	
宜都 鶴峰 各山鄉	,,	,,		,,			,,		,,		,,		,,		
湘鄂贛界 羊樓峒 集市	,,	,,		,,			,,		,,		,,		,,		
大沙坪 金堂 大源 小沙坪 福嶺坑	,,	,,		,,			,,		,,		,,		,,		
通山 一二三都 六四都 陽芳嶺 五都	,,	,,		,,			,,		,,		,,		,,		
崇陽 各都	,,	,,		,,			,,		,,		,,		,,		
咸寧 伯墩 東南鄉 以上皆湖北屬	,,	,,		,,			,,		,,		,,		,,		
安徽 祁門三鄉	,,	,,		,,			八尺	三尺	,,		,,		,,		
江西 寧州八鄉	,,	,,		,,							,,		,,		

3. 採摘法

表 7-34

<table>
<tr><th colspan="2">產地</th><th>每年採茶次數</th><th>每年採茶日期</th><th>每次每畝採葉量</th><th>每次採茶若干日</th><th>每次生葉價格</th><th>每次生葉佳劣</th><th>採茶方法</th><th>備考</th></tr>
<tr><td>湖南安化</td><td></td><td>四次</td><td>頭茶穀雨，子茶立夏，荷花茶六月，白露茶八月</td><td>無從計算</td><td>頭莊[①]十天至半月，子茶十天，三四茶十天</td><td>頭茶最高，子茶減半，三四次茶同子茶</td><td>頭茶最佳，子茶次之，三四次茶較劣</td><td>男女工用手採</td><td rowspan="10">上列情形惟兩湖交通便利，每因銷場暢旺，其茶葉竟有採至四次者，寧、祁則否。因保全茶樹根本，爲來春盛發計，均以採至兩次爲率。至兩湖每畝採葉量無從計算者，係因茶樹行株距離不一，非若祁、寧行株齊整，易於計算。其採茶之日期不一者，則因高山與平地之分判。此採茶大概情形也。再，江西寧州當係義寧州之簡稱，因相沿已久，故仍其舊，合併聲明</td></tr>
<tr><td>湖南桃源</td><td></td><td>,,</td><td>,,</td><td>,,</td><td>,,</td><td>,,</td><td>,,</td><td>,,</td></tr>
<tr><td>湖南平江</td><td></td><td>,,</td><td>,,</td><td>,,</td><td>,,</td><td>,,</td><td>,,</td><td>,,</td></tr>
<tr><td>同前</td><td>長壽</td><td>,,</td><td>,,</td><td>,,</td><td>,,</td><td>,,</td><td>,,</td><td>,,</td></tr>
<tr><td>湖南瀏陽</td><td></td><td>,,</td><td>,,</td><td>,,</td><td>,,</td><td>,,</td><td>,,</td><td>,,</td></tr>
<tr><td>湖南醴陵</td><td></td><td>,,</td><td>,,</td><td>,,</td><td>,,</td><td>,,</td><td>,,</td><td>,,</td></tr>
<tr><td>湖南湘潭</td><td></td><td>,,</td><td>,,</td><td>,,</td><td>,,</td><td>,,</td><td>,,</td><td>,,</td></tr>
<tr><td>湖南湘陰</td><td></td><td>,,</td><td>,,</td><td>,,</td><td>,,</td><td>,,</td><td>,,</td><td>,,</td></tr>
<tr><td>湖南寧鄉</td><td></td><td>,,</td><td>,,</td><td>,,</td><td>,,</td><td>,,</td><td>,,</td><td>,,</td></tr>
</table>

① 莊，疑應爲“茶”。

續表

産地		每年採茶次數	每年採茶日期	每次每畝採葉量	每次採茶若干日	每次生葉價格	每次生葉佳劣	採茶方法	備考
湖南臨湘	聶家市	,,	,,	,,	,,	,,	,,	,,	
同前	羊樓司	,,	,,	,,	,,	,,	,,	,,	
同前	雲溪	,,	,,	,,	,,	,,	,,	,,	
湖南長沙	高橋	,,	,,	,,	,,	,,	,,	,,	
湖北宜都		,,	,,	,,	,,	,,	,,	,,	
湖北蒲圻	羊樓峒	,,	,,	,,	,,	,,	,,	,,	
湖北崇陽		,,	,,	,,	,,	,,	,,	,,	
同前	大沙坪	,,	,,	,,	,,	,,	,,	,,	
湖北通山		,,	,,	,,	,,	,,	,,	,,	
同前	陽芳嶺	,,	,,	,,	,,	,,	,,	,,	
湖北咸寧		,,	,,	,,	,,	,,	,,	,,	
安徽祁門		二次	頭茶穀雨，子茶立夏	二百四十斤	頭茶十天至半月，子茶十天	頭茶最高，子茶減半	頭茶最佳，子茶次之	,,	
江西寧州		,,	,,	,,	,,	,,	,,	,,	

4. 製茶成本

表 7-35

產地、年分、毛茶價	運費	税釐	工廠費	工資	薪津	茶箱裝潢費	洋行佣費	備考
安化，六年分每斤銀三錢三分，八年分每斤銀一錢五分	每擔計兩箱，水力二錢四分，起力一錢	地方税銀六分，每擔正税洋一元四角三分	包工性質，向未設廠	包工製成，每斤二十文	每一茶莊五百兩至一千兩	每箱合銀九錢	洋行茶棧繙譯每百兩各扣一兩	上列情形，凡茶商入山辦茶，向例不購生葉，只購毛葉，約三斤可製成紅茶一斤。上列價目即係三斤合一斤之價本，每百斤之成本若干，可以照價推計所有兩湖寧祁製茶各費以及運輸、售出等費。合而計之，大約湖南之聶家市、羊樓司、雲溪，湖北除宜都外之羊樓峒各處，每兩箱合百斤，約費銀九兩，其餘如湖南安化等處，因運道較遠，每百斤需費銀十兩。湖北宜都亦因山路崎嶇，每百斤需費銀十五兩。至安徽祁門、江西寧州，則因輸運費鉅，每百斤須銀十七兩。此八年分製茶各處成本之大略也
桃源，六年分每斤銀二錢八分，八年分每斤銀一錢	,,	,,	,,	,,	,,	,,	,,	
平江，六年分每斤銀三錢，八年分每斤銀一錢八分	每擔計兩箱，水力二錢，起力一錢	地方税按售價每串扣二十文，每擔正税洋一元三角五分	,,	,,	,,	,,	,,	
長壽，六年分每斤銀三錢三分，八年分每斤銀二錢	每擔計兩箱，水力二錢四分，起力一錢	,,	,,	,,	,,	,,	,,	

續表

產地、年分、毛茶價	運費	税釐	工廠費	工資	薪津	茶箱裝潢費	洋行佣費	備考
瀏陽，六年分每斤銀三錢八分，八年分每斤銀一錢五分	,,	,,	,,	,,	,,	,,	,,	
高橋，六年分每斤銀二錢八分，八年分每斤銀一錢五分	,,	,,	,,	,,	,,	,,	,,	
聶家市，六年分每斤銀三錢，八年分每斤銀九分	每擔計兩箱，水力一錢八分，起力一錢	地方税按售價每串扣三十文，每擔正税洋一元三角	,,	,,	,,	,,	,,	
羊樓，六年分每斤銀三錢，八年分每斤銀九分	,,	,,	,,	,,	,,	,,	,,	
雲溪，六年分每斤銀二錢八分，八年分每斤銀八分	,,	,,	,,	,,	,,	,,	,,	

續表

産地、年分、毛茶價	運費	税釐	工廠費	工資	薪津	茶箱裝潢費	洋行佣費	備考
醴陵，六年分每斤銀三錢，八年分每斤銀一錢二分	每擔計兩箱，水力二錢，起力一錢	地方税按售價每串扣二十文，每擔正税洋一元三角五分	,,	,,	,,	,,	,,	
湘南，六年分每斤二錢，八年分每斤銀九分	,,	,,	,,	,,	,,	,,	,,	
湘陰，六年分每斤二錢，八年分每斤銀九分	,,	,,	,,	,,	,,	,,	,,	
寧鄉，六年分每斤銀二錢，八年分每斤銀九分以上皆湖南屬	,,	,,	,,	,,	,,	,,	,,	
宜都，六年分每斤銀四錢二分，八年分每斤銀二錢八分	每擔計兩箱，水力四錢，起力一錢	地方税按售價每串扣三十文，每擔正税銀一兩五錢	,,	,,	,,	每箱合銀一兩	,,	

續表

產地、年分、毛茶價	運費	稅釐	工廠費	工資	薪津	茶箱裝潢費	洋行佣費	備考
羊樓峒，六年分每斤銀三錢三分，八年分每斤銀一錢三分	每擔計兩箱，水力二錢四分，起力一錢	,,	,,	,,	,,	每箱合銀八錢	,,	
大沙坪，六年分每斤銀三錢三分，八年分每斤銀一錢三分	,,	,,	,,	,,	,,	,,	,,	
通山，六年分每斤銀三錢，八年分每斤銀九分	,,	,,	,,	,,	,,	,,	,,	
崇陽陽芳嶺，六年分每斤銀三錢，八年分每斤銀九分	,,	,,	,,	,,	,,	,,	,,	
咸寧，六年分每斤銀三錢，八年分每斤銀九分　以上皆湖北屬	每擔計兩箱，水力二錢，起力一錢	,,	,,	,,	,,	,,	,,	

續表

產地、年分、毛茶價	運費	税釐	工廠費	工資	薪津	茶箱裝潢費	洋行佣費	備考
安徽祁門,六年分每斤銀三錢,八年分每斤銀一錢七分	每擔計兩箱,水力輸運一兩七錢,起力一錢	每擔地方税一錢,常關税三錢,正税三兩五錢	,,	包工製成每擔計銀一兩七錢	每一茶莊四百兩	每箱合銀一兩一錢	,,	
江西寧州,六年分每斤銀三錢,八年分每斤銀二錢	,,	,,	,,	,,	,,	,,	,,	

5. 運輸情狀

表 7-36

地名		運輸方法	至最近水口或鐵道車站,每箱每里運費	至國内通商口岸每箱運費	近年運費增減概況	交通狀況	備考
安化		裝民船直運漢口	最近水口不一,其費無從查列,並未由車站裝運	以兩箱合計,自一錢八分至二錢四分	比前稍增	水道便利	上列運輸情形僅能查其大概,若參□製茶成本表,即可知其詳細矣
桃源		,,	,,	,,	,,	,,	
平江		,,	,,	,,	,,	,,	
,,	長壽	,,	,,	,,	,,	,,	
瀏陽		,,	,,	,,	,,	,,	
長沙	高橋	,,	,,	,,	,,	,,	
醴陵		,,	,,	,,	,,	,,	
湘潭		,,	,,	,,	,,	,,	

續表

地名		運輸方法	至最近水口或鐵道車站,每箱每里運費	至國内通商口岸每箱運費	近年運費增減概況	交通狀況	備考
湘陰		,,	,,	,,	,,	,,	
寧鄉		,,	,,	,,	,,	,,	
臨湘	聶家市	,,	,,	,,	,,	,,	
,,	羊樓司	,,	,,	,,	,,	,,	
以上皆湖南屬	雲溪	,,	,,	,,	,,	,,	
宜都		山路夫運,水路民船	,,	以兩箱合計,自四錢至五錢	,,	旱運不便	
通山		裝民船直連漢口	,,	以兩箱合計,自一錢八分至四錢二分	,,	水道便利	
,,	陽芳鎮	,,	,,	,,	,,	,,	
崇陽		,,	,,	,,	,,	,,	
,,	大沙坪	,,	,,	,,	,,	,,	
蒲圻	羊樓司	,,	,,	,,	,,	,,	
咸寧 以上皆湖北屬		,,	,,	,,	,,	,,	
安徽祁門		山路夫運,水路民船及輪船	,,	以兩箱合計,自一兩六錢至一兩七錢	,,	民船輪運過載頗難	
江西寧州		,,	,,	,,	,,	,,	

6. 歐戰影響

表 7-37

<table>
<tr><th rowspan="2">產茶地點</th><th colspan="2">產額</th><th colspan="2">需要</th><th colspan="2">需要</th><th colspan="2">價格</th><th rowspan="2">備考</th></tr>
<tr><th>戰前</th><th>戰後</th><th>國别</th><th>戰前</th><th>國别</th><th>戰後</th><th>戰前</th><th>戰後</th></tr>
<tr><td rowspan="4">湖南產茶各處詳前表</td><td rowspan="4">多至七十萬箱，少至五十萬箱</td><td rowspan="4">八年分十四萬箱</td><td>英</td><td>占十之二</td><td>英</td><td>占十之七</td><td rowspan="4">高至五十兩，低至二十餘兩</td><td rowspan="4">高至二十餘兩，低至十餘兩</td><td rowspan="7">綜觀上列情形，戰前恃俄國爲銷場，其茶箱及價格尚無大懸殊。民國四、五年間銷場甚旺，故六年分茶莊最多，山價亦因之陡漲。不意俄國内變發生，完全停辦，遂致茶商一落千丈。八年分箱數，兩湖減至五分之一，寧州減至三分之一，祁門減至半數，而價格較諸四、五年間亦均減至過半矣。至各國需要情形，戰前除俄國外，英、美所銷衹十之三，戰後日本亦略爲運銷。按七年分在我國所購之茶，大都恃其兵力保護轉銷中俄邊界。本年因受金融影響，購之者則絶無僅有矣。其大概情形如此</td></tr>
<tr><td>美</td><td>占十之二</td><td>美</td><td>占十之三</td></tr>
<tr><td rowspan="2">俄</td><td rowspan="2">占十之八</td><td>日</td><td>占十之三</td></tr>
<tr><td>俄</td><td>無</td></tr>
<tr><td>湖南①產茶各處詳前表</td><td>湖北與產額共計</td><td>八年分二萬箱</td><td></td><td></td><td></td><td></td><td>高至三十餘兩，低至十餘兩。宜都一處高至八十兩</td><td>高至二十餘兩，低至十兩以上。宜都一處低至四十一兩②</td></tr>
<tr><td>安徽祁門</td><td>多至十三萬箱，少至十萬箱</td><td>八年分七萬二千箱</td><td></td><td></td><td></td><td></td><td>高至九十餘兩，低至三十餘兩</td><td>高至四十餘兩，低至二十餘兩</td></tr>
<tr><td>江西寧州</td><td>多至七萬箱，少至五萬餘箱</td><td>八年分二萬二千箱</td><td></td><td></td><td></td><td></td><td>高至四十餘兩</td><td>低至二十餘兩</td></tr>
</table>

① 南，應爲“北”。

② 宜都一處低至四十一兩，此句疑有誤。

7. 補救意見

茶葉不振，原因複雜。據兩湖祁寧各地茶商意見，則以我國紅茶向來全恃俄商銷售，俄國内争一日不平，即我國茶業難望起色，此爲近時衰落之最大原因。至於華茶運歐，向無直接貿易，以致訂貨議價權不我操，徒仰外人之鼻息，種種挾制隨之以生，此亦茶葉不發達之所由來也。

抑又聞諸老於茶業者言，華茶因外商在華購茶運歐，向有合堆攙雜之弊，信用漸薄。例如第一年華茶八成攙印度或日本茶二成，因其價廉費減可以牟利。次年攙三七成，再次年則攙四六成，以次加減，遂致華茶既年見其劣，而銷額亦年形其短。欲杜此弊，須由華商直接運銷歐美，使彼嗜華茶之西人確能辨别真僞，或有挽回權利之一日。否則，華茶名義雖存，實際已非，其影響於茶業者更不知伊於胡底？此亦不可不注意之一端也。

歷年茶葉之盈虧實際頗難調查，因各地茶商向無專營者。例如茶莊一家今年辦茶者失利，明年或由他人頂牌貿易，或竟收歇不辦，蓋産茶之處雖有定所，而茶莊及辦茶者向無一定。大概論之，民國以來元、二、三年茶商無大盈虧，四、五兩年稍獲贏利，六年大受虧折，至七、八年間所製之茶多半未售，其受虧更無從計及。若長此以往，恐此業將無人過問矣。

茶業受創既深，而救濟之説以興。在各地茶商之意見，有以爲救濟之法，應從内外兩方求之者。在外則（一）須政府力能保護華商直接運茶銷俄，（二）有直接運歐美之華輪及各國平等税。在内則（一）宜考求栽培及改良製造方法，並採茶次數不能過度，（二）免税至茶商恢復常度爲止。此種主張能否辦到，須視政府之毅力及國民協助之心如何耳。

據以上爲八年以前之情狀，至九年度則情形更壞。僅就上海一地出口論之，數凡二十萬一千九百五十三擔，價值七百十一萬八千四百八十六兩，比之八年度出口額三十四萬四千七百二十一擔，價一千二百十九萬六千五百二十七兩，額數驟減。聞其原因，係輸出美國之數雖略增加，而素銷華茶之美、俄兩大市場則大受擊挫。因俄國内亂未已，勢難運往，而倫敦等處所有華茶皆屯積在棧，未能發售，其市價且在原產地以下，至普通之品更無人過問。又因印度、爪哇等茶競争極烈，華茶無可抗衡。現在印度、爪哇等茶其供給既超過於世界之需要，而栽培及採製法又能依科學方法爲之，甚爲顧客所歡迎，非華茶所能望其項背，則我國整頓茶業之策尤爲刻不容緩矣。

二、漢口油業情形及製油法改良策

［註］民國十年，勸辦實業專使總公所調查出口總額達二千萬元以上。

1. 總論

查吾國之植物油市，以漢口爲最發達，蓋因漢口接近於中部各省產油之地點，且交通甚便，航路有江漢朝宗之河流，陸路有京粤兩線鐵路。湖南、湖北、四川、河南及揚子江一帶皆能與漢口直接交易，故各地之油產多聚積於漢口，而支配分銷各國，漢口誠可謂各國油市之中心也。

2. 調查漢口植物油出口商業之進步

查漢口海關貿易册，於一千九百零四年植物油及製油原料輸出之總貿易額衹一千一百餘萬元，而十四年後於一千九百十八年出口之總貿易竟加二倍，增至二千餘萬元，漢口植物油業之進步可以想見。漢口油產之中，以桐油及皮油發達最早，於一千九百零四年桐油之輸出者已過於二百萬元，皮油之輸出者亦值一百三十餘萬之多。若製油原料之中，以豆類及芝麻子輸出最多，於一千九百零四年豆類輸出額值五百二十萬元，芝麻子輸出者亦過一百七十萬元之多。迨數年後，豆油及棉子油工業日漸發達，芝麻油及茶油之商業亦有進步。按海關年報漢口油業之進步如何，分述如左：

表 7-38　製油原料及油類輸出之總數目

貨品	總貿易數目		
油類	一千九百零四年	一千九百十三年	一千九百十八年
桐油	二百三十一萬餘元	四百六十七萬餘元	九百二十九萬餘元
皮油	一百三十九萬餘元	一百九十一萬餘元	三百六十八萬餘元
豆油	五萬餘元	五萬餘元	五十九萬餘元
芝麻油	二十六萬餘元	一萬餘元	二十八萬餘元
茶油	十二萬餘元	五萬餘元	十四萬餘元
原料	一千九百零四年	一千九百十三年	一千九百十八年
大豆	五百十九萬餘元	二百八十四萬餘元	二百三十六萬餘元
菜子	十三萬餘元	二千餘元	四十一萬餘元
芝麻子	一百七十五萬餘元	六百零七萬餘元	七十六萬餘元
花生	十四萬餘元	三十八萬餘元	四十八萬餘元
豆餅	三十萬餘元	三百十一萬餘元	一百九十九萬餘元
種子餅	八萬餘元	十五萬餘元	三十萬餘元

照以上數目，漢口各油類之總貿易於五年之短期間一千九百十三年至一千九百十八年。竟加二至十倍，其商業之發達可以想見。歐戰之時，因交通不便，故油類之輸出稍受影響。自歐戰告終，油業之貿易遂恢復原狀，日益發達矣。

3. 調查製油工廠之報告

漢口之油廠可分爲二種，一以榨油爲營業，如漢陽之豆油廠及漢口之棉子油廠，其他以精製土産之油爲貿易，如英商之怡和澄油廠及美商之其來澄油廠。此外尚有小油行數十處，皆爲内地商人所辦。榨油廠之較巨者大略如下表：

表 7-39

廠名	設立地點	榨油種類	每日最大產量	機器台數	備考
天盛公司	漢陽	豆油	豆油十九萬斤，豆餅三千五百片	螺旋壓榨機二百具	華商所辦
永昌元	漢陽	豆油	豆油一萬七千斤，豆餅三千餘片	螺旋壓榨機一百八十具	華商所辦
福和	漢陽	豆油	豆油一萬一千斤，豆餅二千餘片	螺旋壓榨機一百二十具	華商所辦
順豐	漢陽	豆油	豆油一萬一千斤，豆餅二千餘片	螺旋壓榨機一百二十具	華商所辦
日華油廠	漢口日租界	棉子油			該廠係漢口日商棉行數家所合辦，並另設有精製棉子油廠及豆油廠各一處。漢口舊有日商所設日信油廠一所，近日停辦，將機器併於該廠合辦矣

（一）怡和澄油廠係英商怡和洋行所辦，以精製桐油爲業。廠内可分爲四部，一收油部，二精製部，三存油部，四製桶部。該廠收買土油辦法有二，一由本行派員赴各産地收買，二在漢口小油行内收買，但每次收買之土油須由技師試驗其油質之優劣是否合用，然後可購。查此行所用試驗法係歐美油業公會規定之熱試法。其試驗之次序：盛油百瓩於對徑六英寸之金屬盤内，速熱至五百四十度。由常温度熱至此温度時，費時不得過四分鐘。達此温度後，油須於七分半鐘内完全凝結成固體。所成之固體用刀切開，須色灰而不粘，否則此油必爲售主所拒絶。觀以上所述，可知外人對於吾桐油之購入，其檢查甚精密也。查土製之油多用

竹簍裝之，因吾國内地製油法不良，所製之油有泥土各物混雜其中，裝運之時雜物沉澱於簍底，故怡和收油之時將簍上之清油放入鐵桶内，簍底之油脚送回售主。其精製次序：先將土油放入桶内，須用蒸氣熱其油。冬時油凍結，則須熱六七時之久，至完全融化。其桶内之蒸氣管並無小孔，蒸氣不能入油内，只用蒸氣熱力以融化凍結之油。故於春夏二季天氣温暖，油不結成實體，不須用蒸氣，只放油於桶内使之停滯數日，令泥土雜物沉澱於底，將上面之清明油由鐵管流出，查驗之以定油質之優劣。經用抽油機，將油抽入鐵製之高圓桶。該廠有此等之鐵桶三個，其中之二可存油五百噸，一可存三百噸，尚有小鐵桶一個，用之以製别種油。其製桶部有機器三具：一成桶機，一割鐵機，一成鐵圈機。其製桶之次序：先將鋸成之木板用手合之以成桶形，次置之於成桶機，收鐵圈安在桶外，木桶製成後，須放熱膠入桶内以閉木上所有之小孔，免有漏油之危險。此部每日可出桶四百個，共有工人一百五十餘名，所用多係粗工，故工價較賤。查怡和洋行開辦多年，資本充足，對於出口商業，因歐美各重要之商埠各有分行，且裝運自有輪船，故該油廠之營業甚發達。每年輸出桐油有十萬擔，木油有三四萬擔之巨。

（二）美商其來澄油（Gilloapil&Sons），此廠之營業及其辦法類似怡和油廠，開辦不久，而其貿易爲漢口油行之最大，每年輸出油約有二十餘萬擔之巨。該廠亦可分爲收油、精製油、存油三部。有裝油鐵桶十個，一可裝油五百噸，一可裝三百噸，一可裝二百噸，其餘之七可裝油一百噸。現又製桶一個，高二十九尺，徑四十尺，能裝油一千噸，值銀數百元。該廠自租輪船，派員赴産地收買桐油，運至漢口，再從事於精製。其美國之總行自有鐵路油車數十輛，裝運甚便。近欲購大桶輪船（Tank Steamer），專運油至美。若此事能成，運費大可減省，營業必極發達也。

（三）漢口尚有英、法、義、日各商所設澄油廠四處，精製之機器及其用法與怡和及其來兩行大體相同。至於吾國之油行，雖有數十處之多，每年貿易尚不及怡和及其來二廠營業之巨。桐油之出口利權多操於外人之手，甚可痛也。

（四）德商已停工之油廠。德商之油廠均因歐戰停工，其中以美最時油廠開辦最早，設在特別區内。該廠可分爲二部，一精製油部，二清潔種子部。其精製油部仍未開工，而清潔種子部已爲元豐堆棧所租辦。該廠有精製油桶二個，每桶可裝油十五噸，及精製植物脂桶二個，每桶可裝脂五噸。其所有鐵桶因久未修理，故四處起銹，桶内之蒸氣鐵管因受冬季之寒氣而破開者甚多。有製木桶之機器三具，已遷至存貨房内，故未受損壞。該廠之清潔種子部有風箱八個，每日能清潔種子二百噸。其清潔之法：先將種子放入箱内之細鐵篩籠後，用機器震動篩籠以篩去泥土及雜物，再用風扇吹去泥土，種子由箱底流出，用布袋裝之，即出售於外商。按美最時油廠之地點，因近接碼頭，裝運便利，有昂貴之價值。至於該廠之精製機器，因建造已有多年，且歐戰停工久未修理，跌價過半矣。此外尚有德商精製油廠三處，一爲禪送，一爲禮和，一爲瑞記，均未開工。

漢口本地之小油行

漢口有小油行數十處，皆爲吾國人所辦。此等油行實係小販，派員赴各産地收買土油，賣於外商或分銷各省。查土油可分爲二等，優者色淡，劣者重濁。優等之油多售於洋行，劣者多銷於各省。土産之油運至漢口者，用竹簍或小木桶裝之。因製造不良，故桶滓沉澱於桶底者甚多。油商先將上面之清油分出，桶底之油滓置之於鐵鍋用火蒸之，使油化出後，終置於油滓壓桶内，將油壓出。所餘之油滓每擔值銀約五元，土油每擔有油滓十斤之多，内地製造舊法之不良，可想見也。

4. 調查漢口油行營業之情形

漢口油業之商家約分三種，一爲製油之代表，管理該廠收買原料及出售油産之事業；二爲外商澄油廠及出口公司之代表，赴各産地收買土油及種子運至漢口，再從事於精細之製造，然後輸出於各國；三爲小販，分赴各地購買土油及原料，賣於外商或分銷各省。

製油原料及油類之量數以擔計之。查吾國油業商家，對於油類及産油原料之性質極不注意，其貨常有泥土及雜質甚多，以故油廠及出口公司須將收買之貨設法精製之，然後可用。近數年來，各洋行訂立交易之條款，按物產之優劣定貨價之標準，以免有失利之弊。查大豆、芝麻子及菜子之輸出於外洋者，不准有三釐以上之雜質，而吾國農家出售之物產常有一分多之雜質，故外出口公司不得不設法清浄之。洋行之收買芝麻子、菜子及大豆者，按貨物之清浄以定價值，而收買花生者則按其仁之大小以定貨價之高下。至洋商收買土油，則多用歐美油業公會所規定油類標准檢定法檢定之，以評優劣、定貨價焉。

5. 裝辦油産出口費用

土油之運至漢口者用竹簍或小木桶裝之，而油之輸出於外國者須用木鼓裝之，以防洩漏，以故公司之辦油出口者不得不立堆棧，將收買之油改裝於木鼓，然後又運至外洋。今將裝辦油産出口之各費用録之於下，以備參考：

一、精製土油之工費：每擔費銀一錢。

二、木鼓之費用：每擔費銀一兩四錢。

三、轉裝及刷字工費：每擔費銀一錢。

四、出口關税：每擔費銀三錢。

五、堆棧存油費：油價百分之〇五。1/2%。

油保險費：油價百分之〇五。1/2%。

資本之利息：油價百分之一。1%。

照上數，如桐油之價值每擔十三兩，則裝辦桐油出口者，每擔須用十五兩一錢六分，運費不在其内。

辦油出口之運費

漢口至上海，於一千九百十七年，每擔運費六錢五分，扣除延期折價百分之二十。於一千九百十八年，每擔運費仍爲六錢五分，而加即時折值百分之十。

上海至美國太平洋岸之商埠，於一千九百十八年，每噸之運費美金二十三至三十五元，無折價，每擔之運費約一兩一錢至一兩七錢五分。

上海至歐洲，走美洲路。於一千九百十八年，每噸之運費共美金六十三元半，無折價，每擔之運費約三兩二錢。上海至歐洲，直路。於一千九百十八年，每噸之運費美金四十八元半，延期折價百分之十，每擔之運費約二兩四錢。

照以上一千九百十八年之運價，桐油之運至美國者，每擔需費用共銀十七兩二錢，每磅之費用共約美金一角四分。$0.14 Gold。桐油之運至歐洲者，每擔需費用共銀十八兩，每磅之費用約美金一角五分。查一千九百十八年美國出售桐油之市價，每磅值美金二角至二角二。如此假定，其桐油在美國照此價出售，則每磅桐油美商能得利約半角，$0.05 Gold，美國內地運費不在內。此商業誠不可謂利薄也。

6. 調查油類之出産及内地製油舊法與其改良之必要

（一）桐油

查桐油樹爲罌子桐，生長甚速，高二丈許，無須特别培植。樹之生活期頗短，五月間開花淡紅色，有時紅褐色，内含種子三四粒，榨之即得桐油，桐果含油量爲百分之二十六。其主要産地，在四川爲秀山、涪陵、彭水、綦江、梁山、墊江、萬縣等，湖北爲鄖陽、宜昌、老河口等，湖南爲常德、寶慶、辰州、洪江、澧州、靖州、永順等，貴州爲銅仁、松桃等，廣西爲桂江各屬，國外如日本、安南等處亦有之。十餘年前，美國農部曾在吾國專門調查桐油之出産，並攜種子回國試種，其西南一帶均可種之。數年前，南方富羅那達州省出産之桐果榨得之油品質與吾國之桐油比較，不相上下。惟美國人工太貴，廢地甚少，故種桐頗不合算，難與吾國争利也。

製造法。查舊法製造甚爲簡單，先放桐子於圓石槽中，以牛馬或騾挽大石碾磨之，繼取已磨碎之粉末置添鍋中炙之，復用鐵器與草壓成圓形餅狀，終置於壓榨器中。壓榨器充滿油餅後開始壓榨，未幾，褐色之油流入桶中，油氣甚腥烈，微熱之，用粗布濾過之，即出售於市。自桐子取得油量爲百分之四十，照上做法出額既少，油質亦不净，油色褐黑不净，桶底沉澱油滓亦多，以至油量大受損失。調查員前在美親自用機器改良製造，逐加試驗。其法先用脱壳機以去桐果之核，所得之核爲桐果量百分之五十二；次以磨軸磨碎桐核使成餅狀；又次用蒸氣熱油餅至攝氏二十八度時，即放入水壓機中，用三百五十氣壓以榨油分，可得油量僅爲百分之四十三；再將前次壓榨之殘滓粉碎之，再置於三百五十氣壓之，水壓器中溫度升至攝氏六十五度時可得殘油百分之十零七，合之得油總量爲百分之五十三零七。較之舊法增加油量爲百分之三十三有零，以歲計之，產額可增無數。以上爲桐油之製造新法，然則改良舊日之製造法，當如何？曰：我國之桐油製造家對於所用之原料極不注意，其桐果常有泥土及雜貨，以故出油不良，且壓榨溫度過高，故榨出之油作暗棕色。壓榨宜用一定之溫度，可分二次壓之。桐核不可置於鍋内炙之，宜放入木桶中。油底由小木枝編成，用蒸氣熱之壓榨。可用舊日之器具，而衹就上之製造新法，仿其次數而行之，油質自美，改良實易。

（二）皮油

皮油爲吾國之特產，得自烏柏樹，高二丈許，夏日開花黄白色，秋季實熱轉褐黑色，中含子，子内有細胞三個，半圓形上覆以白色之質，即皮油也。其主要產地在四川之東南部、湖北之西、湖南之西北、貴州、廣西及安徽、浙江之交界處。

製造法。皮油之製法甚爲簡陋，實熟後晒於日中，實乾而裂，取出三個半圓形之細胞，將胞上之脂煮沸；次用竹絲網刮下之，再加熱將脂溶化，其所含之不浄固體使之沉底，將面上之液脂傾於筐中或圓形之模中凝結成固體，即爲市上所售出之脂，即名皮油。其子内所含之油另行壓榨，所出之油曰子油。亦有連實脂同榨者，是爲市上所售出之木油，又名毛油。以上之三種油脂，吾國人士用之以製臘燭。近數年來，皮油之銷行於外國者與年增加。聞榨後之渣，農家用之爲煙葉田之肥料。烏[1]柏樹之皮可以製藥，樹葉可以爲黑色染料。查漢口出售之皮油所含雜質甚多，吾國之製造家於溶油之時宜大加注意，應先濾去其内之污物，置管濾口之下濾底之上，使油由此管流出。皮油溶化時内中所含之雜質及水分各自浮沉，故宜令其清明之油，適在濾口之下瀘底之上，均由管

① 烏，疑應爲“烏。”

流出，其沉下或浮上之雜質及水分不得攙雜其内。清明之皮油由管流出後，可再用細麻袋濾過數次，則油質自美，其改良固甚易行也。

（三）芝麻油

芝麻油之種類不一，有黑皮、白皮油别，出油以黑皮芝麻爲最多。芝麻莖長至四五尺，夏月開花紅白色，秋季實熟，内含種子數粒，榨之即得芝麻油。芝麻含油量約百分之五十，其主要之産地爲河南、湖北二省近於京漢鐵路一帶地及南方各省。

内地榨芝麻油之法，先將芝麻用細竹篩篩去土沙，入鍋内炒之。炒時以鐵𢁙頻頻翻攪，火太過則出油少而味高，火不及則出油多而味薄，炒至發紅色則適中矣。炒成以石磨研之，磨後與沸水調和，俗名對漿。攙水時先以一二瓢爲度，以木棍攪之使稠，然後再添水攪之，如是數時，時用瓢添水。油將出時，只添水一小茶碗，再以木棍慢攪至漿軟爲止。添水過度則水、漿、油不能分開，而油無從出，添水太少則出油亦少。加水適宜，再用長柄葫蘆拍之，拍三鐘許，則油完全出矣。若拍一鐘時，而油太多，可稍取出再拍，然不可取净，如取净則油不能再出。拍完後其餘漿汁晒乾，可用爲農家肥料。以上之製法曰小磨香油，每百斤芝麻能出産約三十斤。内地出産之芝麻油尚有一種曰大槽油。其製法，將芝麻用鍋蒸熟置於油槽，加以木棒打之而油出，名曰大槽油，此法出油多而味薄。以上爲趙璜君調查所得。查内地製芝麻油之土法與外國之製造法大不相同，所出之油亦大有分别，故外商不收買土産之芝麻油也。按外國之製造法其榨油之次序，先將芝麻磨碎，其壓榨分二三次行之。第一次冷壓，所得之油極云優良，可作調味之用。第二將前次壓榨之殘滓粉碎之，熱至攝氏三十度時即放入壓機壓再榨之，所得之油亦可供食。第三次將壓榨之殘滓再粉碎之，熱至攝氏五十度，所得之油色深黄，可用做製造肥皂。以上照壓榨三次可得之油爲芝麻百分之四十至四十五，殘滓尚含油百分之八至十，可以飼畜。若吾國之油家欲輸出芝麻油於外國，非從事改良不可，其製法宜照以上所述分次壓榨之法，仿而行之可也。

（四）茶油

内地茶油之製造法如何，漢口商界未有能言之者，不能妄下論斷。

調查員已請油業家注意考查内地製法，詳細報告，以備討論。

7. 吾國油業之希望

近數年來世界之需求植物油産日增一日，能應此種需要者，惟中國是賴。無如吾國之油業商人貪圖小利，往往任意以有害之劣品摻入油内，在彼方以爲可以多得利，而不知於吾國出口油業之前途有極大之關係。吾國之商界因團體薄弱、資本短乏，故不能與外國争利。至挽救之策，惟有聯絡油類製造家及油業商人謀團體上之結合，設法改良内地之製造及出口之商業；並須謀資本上之結合，設立新廠專製優良之品，以供本地及海外之用；並開辦公司專運油出口以挽國外貿易之利權，然後可望吾國油業之發達也。

三、湖北五紗廠調查表

表 7-40

廠名	廠所在地	事務所或批發所地址	資本	公債金	職員		
					董事長	總經理	廠長
楚安公司　湖北紡織官局	武昌文昌門外						
漢口第一紗廠	武昌武勝門外	上海天津路長鑫里	三〇〇萬元		程棟臣	李紫雲	徐鳳傳
裕華紡織公司	武昌武勝門外	漢口生成里，上海望平街	一五六萬兩		徐榮廷	張松樵	張松樵
震寰紗廠	武昌武勝門外	漢口後花樓輔德里	一二〇萬兩		劉子敬	劉季五 劉逸行	熊修士
申新第四紗廠	漢口宗關	上海江西路五十八號，漢口揚子街新德里六號	五〇〇萬兩			榮宗敬	榮月泉

續表

錠子	已開	九〇、〇〇〇	四四、〇八〇	三〇、〇〇〇	二〇、七三六	一五、〇〇〇	一九九、八一六
	未開		四四、〇八〇		四、〇〇〇		四八、〇八〇
布機	已開	七〇〇	五〇〇	三〇〇			一、五〇〇
	未開						
原動力			五、〇〇〇	汽一、八〇〇	七五〇	汽	七、五五〇
工人		五、一〇〇	四、五〇〇	二、六〇〇	一、五〇〇	一、二〇〇	一四、九〇〇
用花		一二〇、〇〇〇	一一〇、六二四		五、六〇〇	三一、〇〇〇	二六七、二二四
出紗		二四、〇〇〇	三三、四〇一		一八、〇〇〇	九、〇〇〇	八四、四〇一
商標	紗	黄鶴樓	獅球、飛艇	天壇、雙雞、萬年青、賽馬	福禄	人鐘、四平蓮	
	布	九星	五福、丹鳳	天壇、雙雞、萬年青、賽馬			

附　　录

白眉初《中華民國省區全志》自序

民命託於大地，國力憑於領土。十六億之人生勞於營業，數十國之政策終於殖民。總之，人事千端，文化萬態，往者五千載，來者億萬年，蓋未有不以畇畇禹甸、膴膴周原爲之根基者也。我國貧弱昭著於世，然終不失爲堂堂大邦者，亦賴有此縱横萬里之幅幀，占世界十二分之一之壤土耳。五族不興，興將奚據？億民不奮，奮將奚憑？寧非恃此三千五百萬方里之版宇也耶。統觀全境，山脈四系西翕東張，若扇形之三角；水道三十六幹紛綸輻射，若半徑之接於圓周；沙漠、邱陵、平原、低谷散佈其間，農、桑、漁、鹽、牧、獵、林、鑛瀰漫其際。致富之所憑，圖强之所資，我中華民國萬世無疆之業，庸非依賴此千八百餘縣、三十省區之疆域也哉？雖然大業貴治，鴻圖貴展，唯治與展造端於知。士遊於途，師教於校，皆期知國境全狀，以備利用。然欲盡廣土衆民、殊方遐俗周知無遺，抑亦難矣！何則？自羲皇肇治中原，周秦化及江域，六朝、南宋拓盡嶺海，元明迄清滿蒙回藏畢入版圖，於是寒熱異帶，山海異狀，东西異産，南北異族。竪亥不能計其程，輶軒不能採其俗。其爲之國民者不能周知國境，固屬主人之慚。然苟欲周知國境，取山川、都邑、政教、民俗、交通、實業極紛紜奇詭不可究詰之狀況，而搜之務盡，考之綦詳，其道奚自？或曰括地有篇，一統有志，水經山目往籍具存，寧不足以供其考察乎？曰欲知今日國境者固不能盡恃乎往籍也。蓋今日國境較之古昔有三特性：曰幅幀大，曰世局變，曰思潮新。往古國境莫大於元，然羈縻者半，荒曠者半，疎綱闊目，鈎稽尚易。今則東起延琿，西及帕原，南極瓊厓，北臻庫恰，縣邑密佈，閭里殷闐，縝密繁瑣，徧志殊艱，此志國境之難點一。剷帝政之局，開民治之規，制度紛更，地名變易，學校存廢，實業興革，月異歲殊，驚心炫目。今欲一一掇拾，符合現勢，此志國境之難點二。往昔地志所載，鄉賢名宦、節婦烈女累牘連篇，意在傳世。今成學科，壁壘一變，用補常識，注重民生，獨以氣候、地勢、交通、實業爲要目，此志國境之難點三。且夫一大國家擁有豐腴廣遠之土壤，苟不欲其晦盲否塞，長此終古，而思有以發揮光大之，則必自具體調查始。果爾，則幅幀雖大，搜輯愈完；世局雖變，考覈愈確；思潮雖新，取徑愈精。夫然後始足縮全國今形於一部地方志之中，用供一國人把卷流連，而興其聞雞起舞，匹夫有責之決心。此則余所爲馨香祝禱，日日盼民國有最新地志之出現也。余忝任北京師範大學地理教授，搜尋材料有年，慮其散佚，勉付鉛石。非敢云發表著作，蓋畏前功盡棄，罔克有終耳。倘荷海内大雅繩愆糾繆，時惠箴言，尤所切切歡迎者也。是爲序。

編者謹識　時民國十三年六月二十六日

白眉初《中華民國省區全志》緒論二

中國地志之分部法，昔皆析爲黃河、大江、珠江三流域，及關東、西域、外藩三部，共爲六章，以分述之，今試覆按，恐不免定義不確之譏。何則？所謂黃河流域者，係指京、直、魯、豫、晉、秦、隴七省區而言。然太行山脉以東之山西，合之京兆、直隸，並察區小部，胥屬沽域。甘、陝、豫三省之南部，胥屬江域。河南之東南大部及山東之西南大部，胥屬淮域。山東半島之部，胥屬海岸諸水流域。除以上之各流域外，黃河流域殆僅占七省區面積之半數以上而已，然却溢出七省區之外，而爲河源河套，占青海、綏區之大部焉。是黃河流域之名，既駁雜不純，而又未嘗賅括以盡也。所謂大江流域者，係指四川、兩湖及贛、皖、蘇、浙七省而言。然蘇皖北部，半屬淮域；皖南一部及全浙，胥屬浙、甬、靈、甌流域；湘贛南端微侵珠域。然大江却北溢其量於甘、陝、豫三省之南境，南溢其量於滇北及黔省之大部。是大江流域之名，既駁雜不純，而又未嘗賅括以盡也。所謂珠江流域者，係指雲貴、两廣、福建而言。然滇境被大江、富良江、瀾沧江、怒江占其大部，黔境被大江占其大部，廣東被廉江、韓江占其小部，福建全省則純屬閩、晉、漳、汀等江流域，而杳無珠江之迹。然却南端侵入越南，北亦微侵湘贛，是珠江流域之名，亦駁雜不純，而又未嘗賅括以盡也。若夫關東爲俗名，與函谷關東相混淆；西域爲古名，亦未能盡括古西域之地帶；外藩之名，復随帝制以俱消；更益以五特别區之增置，則昔日之分部法已不能適用於今兹矣。本志分部法，胥按中國山脉分之。蓋地上自然分隔綫以山脉爲最明顯，兩山脉間，必成流域；一流域中，其物産風俗必相髣髴。故合全國觀之，其物産不等，風俗不齊，實釐然以數條山脉爲分劃綫，以此分編，斯全國省區之排列，纍纍一貫，可稍免駁雜不純之譏，蓋不啻爲地理本體之天然分解也。兹即按山脉分部法，揭三十省區之名於下，以立全書之綱。

第一卷　陰山拱衛部
第一編　京兆特别區域
第二編　直隸省
第二卷　陰山部
第一編　綏遠特别區域
第二編　察哈爾特别區域
第三編　熱河特别區域
第三卷　長白山部
第一編　奉天省
第二編　吉林省
第三編　黑龍江省
第四編　山東省
第四卷　陰山北嶺部
第一編　河南省
第二編　山西省
第三編　陝西省
第四編　甘肅省
第五編　甘肅省附屬之部二西套蒙古及青海
第五卷　北嶺南嶺部

黄膺白先生《京直綏察熱五省區志》序

地理一門在一國教育上占最重要之地位。蓋土地、人民、主權三者爲搆成國之三大要素，而土地實居其首。因必有土地而後人民可以生息，主權可以行使也。故國民而不首先認識本國之國土者，實未完成“國民”二字之資格。吾嘗謂國史爲國民共同之家譜，國土爲國民共同之田園。

有共同之家譜决不能無團聚之天性，有共同之田園自然生共通之利害。天性切而利害同，於是全國民之意志方能統一，全國民之動作方能一致，其關係於一國之盛衰者至深且鉅。不寧唯是，吾人曠觀世界，但覺五洲雖大，立國雖多，然或則地位偏北，欲求一不凍港而不可得；或則散在各洲，統御與國防均甚困難；甚或幅員狹小，形同貓額，有不及我國之三五縣者；大陸包圍宛如籠鳥，無一條之入海孔道者。此外大山巔之首都，沙漠中之王國，半年晝半年夜之城市，常年冬常年夏之邦土，不一而足。求有如我國之地居温帶，百産俱富，形勢團結，統治便利，黄河、長江、珠江三大流域横貫東西，且西北高山、東南大海天然形勝，無美不備者，渾圓球上能有幾國得與我比肩者哉？故一讀本國地理而愛護此土之心，固油然以生。再讀外國地理與本國地理相比較，而愛護此土之心更牢乎其不可拔。此則凡治斯學者所共有之直覺，非過甚之詞。然則地理一門在一國教育上謂爲占最重要之地位，誰曰不宜？白君眉初以地學專家充當國立北京師範大學校史地研究科主任，研究於斯既極精深，經驗亦甚宏富。甲子春予自教部卸職後，承范静生校長之約，在該研究科擔任講演戰後世界地理，因得與白君時相切磋。近出其《中華民國省區全志》之第一册，即《京直綏察熱五省區志》見示，覺其收集廣而取材精，體制新而條理晰，不獨可爲學校教科之惟一善本，而講其各章中所列之各地對外關係與最近之交通狀態、産業情況各節，尤不失爲政治社會各方面之一絕好參考書。予既得先覩之快，爰樂而爲之序。

中華民國十三年六月黄膺白謹識

李佳白先生《滿洲三省志》序文

晚近以來，各國聞人如英、如法、如德、如前此之帝俄及最近美人之少數，皆研究中國歷史、文學、倫理、教育、地理之學，比較華人，饒有興趣。先聖先賢之經籍多由外人譯爲各國語言。西方學者之敬禮聖賢，遠邁乎今日中國學生之上。中國文藝貴重之品，現今薈萃於東京、倫敦、巴黎、柏林、紐約之博物館者，比較北京爲多。英、日兩國人士尤聚精薈神，以研討中國各地之狀況，中國地理書籍之爲官用者猶陸續出版。凡此就一方面言之，皆爲華人對於本國真正國粹退化之徵。

師範大學教授白眉初君近著《中華省區全志》一書，三十省區分集出版，誠屬空前之盛業，予聞之不禁欣慰而許其有特殊評論之價值。第一集京兆、直隸及北部三特別區各篇業已出版。第二集東三省一篇由師範大學校長范源濂君之審定，不日竣事，行將出版，乃不知予不文，囑爲序以弁篇首。

夫日、俄未經注目於滿洲之先，予對此東北廣袤之區幾曾爲文，以促華人之注意，但予文亦猶其他外人之言論，不收效果。今既有此種著述，且又出自中國學者之手。第二集尤詳於三省之財富及一切狀況，則將來政府當局或可因之奮起，以保留三省爲中華領土之完甌，不致裂爲獨立之區域，或爲列强所占有，亦未可知。論者謂中國天然富源之發達，其中堅原在西北、東北各廣袤區域，人口既已稀少，發達亦甚有限，誠確論也。白君對於此種重要學術之研究，平昔搜集統計材料及他項事實甚豐，行文簡練而有文彩。一般學者固易了解，且已脱離昔時文學之羈絆，舉舊日詞章腐習一掃而空。兼之白君爲師範大學地理部長，經驗與地位胥足以爲研究之助。此後各集將次第公諸當世，其尤難能可貴者，即多數華人對於此種精核及富有文學興味之研究，並將研習摘取而利用之矣。

李佳白序

白眉初《滿洲三省志》自序

吾輯滿洲三省志既畢，不禁悠然遐想而起無窮之望焉。蓋滿洲者一東方之新大陸，而蓄有未來待展之光榮歷史之墟也。今請就其歷史地理略推論之。自殷之箕子封於朝鮮，其領地在今遼東與大同江之間，是爲滿洲古史之第一頁。是後北滿有肅慎、扶餘、挹婁，南滿有高勾麗、百濟、新羅。北滿三國，唯肅慎興自虞夏，餘起漢代，約皆至兩晋而絕。南滿三國皆出扶餘，胥創業於前漢，後歷魏晋迄於唐初，凡七八百年間，互相争奪。未幾，百濟、高勾麗亡於唐高宗之世，唯新羅獨存。以後王建、李成桂相繼纂位爲高麗國王，遂漸縮入半島，而與滿洲脱離。唐武后時，高勾麗舊將大祚榮收其餘衆建渤海國，置上京於龍泉，今吉林寧安。設南京於南海，今奉天海城。實合南北滿而統一之，延二百年而滅於遼。以上數國興廢皆限於滿洲，而未嘗伸其勢力於中國本部。至遼起黄龍，金起肅慎，清起長白，皆肇跡於滿洲，而稱帝號於中國。其結果一致習染中原文弱，而自消磨其雄武之風。胥鋭意於本部之文化，反舉白水黑山縱横數千里發祥之地委棄不顧，盡淪爲蕪穢榛莽之墟。總之，中古以前之滿洲，傳國相沿，除游弋射獵而外，尚就古史知其曾教稼興農，删萊闢土，而未必極盛。其繼也，遼金清以驍勇善射之資進取中原，反致南北滿洲退步而入荒洪太古之世。興安、完達、老嶺、長白、龍岡、千山之脈蜿蜒數千里，雖古爲林區，至是乃益入於陰森幽鬱之境。而松遼平原延袤數百千里，一任野牲蕃息，腐草蒙茸。極於距今七十餘年前，猶不啻古世荒陬，而已爲新大陸之開幕。或謂古曾有史，奚謂新陸？初不知美洲上古亦未必果無政治邦家。西班牙之冒險家科爾士初赴新陸，至墨西哥目覩其文物光華，卒蹂躪之而遺迹無存，是足證也。滿洲古史斷續雜奇，而豐草長林依然荒古。迨咸同以後洪楊劫起，滿洲禁弛，山東、直隸之民乃陸續達遼瀋，趨興京，逾長春，入呼蘭。五十年來一變荒烟蔓草之區，爲村落都邑之盛。農夫相望於野，商賈麕集於市。漢族所至畎畝雲連，水注鱗萃，方興未已，較之數十年前，荒治懸殊。而農業之厚，森林之豐，漁獵之繁，珠參之貴，鑛産之饒，商務之殷，俱足稱亞洲唯一物華天寶之地。今方當斬棘披荆之始，經野畫井之初，謂爲東方之新大陸，非虚語也。然而吾所希望者，尚不在乎此也。以闢静荒凉之境，殖勤儉强健之民，養之以物産之富，而勵之以氣候之寒，斯其民生計遂而體質堅，適於用武，亦宜於修文。策之以日、俄之威，而化之以太平洋上嶄新澎湃之潮流。百年而後，徧南北滿而鷄犬桑麻，實業勃興，輪軌飆馳，學校林立。吾知禮樂彬彬之俗與同袍敵愾之風，必極盛於黑龍、鴨緑兩江之間矣。蓋歷史地理與民族俱新復寄託於交通文化之樞，鍛鍊以山地高寒之境，更加以百年醖釀，斷未有不開發特殊之文明者也。此吾所爲悠然遐想而有無窮之望焉。編輯既竟，爰志所感是爲序。

編者自識　十三年八月中秋

熊秉三先生《魯豫晋三省志》序

直隸爲國家首都所在，北負長城。魯、豫、晋環東、西、南之三面，若人身。然直省爲元氣，魯、晋其臂膂，豫則其胸部也。自鐵道既興，京漢、津浦兩綫皆發端直隸，貫魯、豫，而爲南北之兩經。其聯絡兩經綫間如隴海、如正太、如滄石，則又貫魯、豫、晋而爲東西之三緯。是故魯、豫、晋安而直隸安，直隸安而首都鞏。海内雖亂，行政之中樞不摇，有豪傑興，擁河朔之士馬，因鐵道之便利，號召中原猶反手也。近時地理之書雖多，無合魯、豫、晋而汾爲一編者。白君眉初有見於此，特輯魯豫晋三省地志。其關於三省共同之點，若外人之交涉，若社會之狀况，若地勢之搆成，皆本科學方法與世界眼光博稽實寫。對於交通、實業尤爲三致意焉。其關於三省特殊之點，若山東之對外問題，山西之煤鐵礦産，以其影響於今日之國防民生者至宏且劇，尤不恤殫力搜輯，予讀者以明確之考鏡。君之用心亦可謂勤矣。竊謂地理之學與歷史有密切之關。顧氏有言曰，中國自古群雄角逐，起西北者足以制東南，起東南者不足制西北。河洛海岱間實爲囊括宇内，歷代策源之舊地。民國以來海内紛崩，此興彼仆莫不高揭統一之標幟，卒之空言號召相紿相市，其政令終不能出國門之一步，何者？捨近圖遠，近者失，遠亦終難倖得也。然則當今之時誠使有人焉，讀眉初是編，本其力所能爲，先合青齊，次聯三晋，次結汴洛，群三省之才良，任三省之庶政，内息民力，外備寇侵，我不犯人，人亦不得而犯我。行之數年，政平民樂，四隣取法，放諸東海，放諸西海，統一之效不期致而自致。華盛頓締造北美之業，今亦又何難復覩於亞洲乎？頃白君以是編付手民，屬爲弁首之言。余佩君識，因爲書其盛想如此云。

鄧芝園先生《魯豫晋三省志》序文

白眉初先生出近著《魯豫晋省區志》示余，且囑爲序。先生精於地學，著作等身，且與余多年共事，自不必由余爲之標榜。惟魯、豫、晋三省，爲余近日視察講學每歲必至之地。今讀是書，於各地之山川、風土、習俗、文物，宛若重遊。竊惟人賴地而生，地因人而靈。山河、城郭、氣候、天産較不易變者也。而交通、實業、教育、風俗則隨人事而轉移者也。故文化發達之邦，其人文地理每月異而歲不同，志地者筆甫輟而景已非，板方易而迹又陳，恒苦精確之匪易。今是書所志與余所目睹者幾無出入，是固先生調查考核之功，顧非亦因三省變化之緩耶？自今以後海内好遊之士，挾是書以作三省指南者，若感不能盡信書之點日多，則三省文物之進步，其庶幾乎？

民國十四年季春月之十日閩侯鄧萃英志

高曙青先生《魯豫晋三省志》序文

吾友白眉初以所著《中華民國省區全志》第三册告成，問序於余。余不文，安能爲君序？但君既以此問，而余又爲深識是書之切於時用，遂不得已於言焉。今之傳遍中國，三尺童子皆知者，孫中山先生之三民主義、五權憲法也。民國成立逾十四稔，勤勤懇懇著明至今，始信此項主義记諸空言者亟宜見诸實事。實行伊始當求至備之資料以立統计，眉初之省區全志诚爲從事建设重要之基礎也。不見其關於地勢、氣候、風俗之分晰乎？民族之區别寓焉。不見其關於縣邑村鎮、山脈海流、商埠都會之燦陳乎？民權之觀察存焉。不見其關於車船郵電、農工商業、輸入輸出之调查乎？民生之苦樂瞭焉。眉初此著雖不爲三民主義而作，而竟爲實施三民主義切要之書，當出眉初所不及料也。根據此書以相措理，可以知人民性質之所近，政教範围之所及，物産丰塞之所區，定其先後緩急之序。故余對於全書告成，不禁计日待之。因識數言以告讀者，並以質諸眉初。

中華民國十四年一月高鲁識於北京

翁詠霓先生《秦隴羌蜀四省區志》序

白眉初先生竭十年心力著中華民國地理志，已成總論一部，分志三册。搜討之勤，收羅之富，並世無兩，讀其書者亦既共見之矣。民國十四年冬，復以第四册秦、隴、羌、蜀之地理志竣功見告。秦、隴、蜀省以及毗連之西蒙、青海、川邊諸地在全國版圖約居中心，自古爲中國文化上極重要之區域。其在地理上之關係，則秦嶺山脈横貫中樞，南北二方釐然各異。在北者如蒙古之沙漠，青海之草地，秦、隴之黄土高原，此皆自成一格。言地理者所首應研究者也。在南則紅色盆地著稱天府，横断山脈界劃東西，数中国富藏者既當手屈一指，言亞洲構造者輒復視爲關鍵。而況自來東西民族之交通，南北人種之競逐，皆以是地爲門户，爲樞紐。燉煌、樓蘭，昔既發其秘藏；漢、回、蒙、藏，今正見其融化。學者考古証今，於此皆當特爲留意。其地既爲不可不知之地，即其書應爲不可不讀之書。一卷坐對，萬里卧游，先睹爲快者，當必不乏其人矣。昔者余亦嘗渡六盤之嶺，登賀蘭之巔，泛舟於黄河之津，飲馬於彈筝之峽，驗隴西之地動，溯崆峒之涇源，西餞玉門之遠客，東望函谷之烽烟。回首前游，宛猶昨日。撫讀兹编，彌切追思。惜乎海通以來，商務集於沿海，交通限以輪軌。國人耳目局於東方，雍涼要區日就荒棄。川蜀天府歲鬭雞蟲，遠塞邊疆更少置問。惟見外人之游歷探勘者後先繼武，成績斐然。奥雷斯呑氏已成甘新五十萬分一之精圖，東京地學會已作四川二十萬分一之地質，斯文海定氏青海環游，葛雷哥利氏雪山遠測，費世納氏詳測甘邊，禄方濟氏周歷西蜀。報告記載，圖説燦然。而國人之言學者則方囿心於門户水火之見，埋頭於錙銖得失之争。騖空言而忽實事，蔽近利而忘遠圖。安得使其多讀此類地理書，以山川之美豁其心胸，以學術之真澄其志慮。直將以此造就樸學之才，引起壽世之作，夫豈徒以資尋鄉問土已哉！

民國十五年一月十三日鄞縣翁文灝序

陳援菴先生《秦隴羌蜀四省區志》序

白眉初先生精研地學垂二十年，發憤纂輯民國地志以餉於世。其總論之部曾以民國九年付印，其省區全志第一册敘京兆、熱、察、綏五省區，第二册敘奉、吉、黑三省，第三册敘魯、豫、晋三省，均於民國十三四年先後出版，大博世人之稱譽。其第四册《秦隴羌蜀四省區志》又將付印，屬爲之序。夫秦自昔爲全國首都，聲華所聚。隴爲中西交通孔道，西域人陸路至者，必先至甘涼，故敦煌疇昔之盛猶海岸廣州也。蜀地物産豐饒，天險可守。即套蒙、青海號稱荒瘠，然西夏建國垂二百年，吐谷渾有國見於史者亦百六十年。苻氏、姚氏、乞伏氏之於秦，沮渠氏之於涼，所譯經論至千二百餘卷。西夏李氏獨創文字。蜀王氏、孟氏文物亦盛，雕版九經、諸史、《文選》及石經等均出於蜀。而李昭儀、花蕊夫人之屬，且以巾幗蜚聲詞壇。由此觀之，秦、隴、羌、蜀在歷史上皆有獨立之可能，其成績並不劣，要在乎人爲耳。邇者中原多故，分裂之勢已成，一時無復統一之望。謀國者與其力征經營，縱横捭闔以求兼併，毋寧畫疆而治，竭力發展其所守之地，以與民休息。上焉者如近代歐洲之小國；次焉者如苻氏、姚氏之於秦，張氏、李氏之於隴；下焉者亦不失爲李成，爲孟蜀，爲吐谷渾。彼漢唐統一之朝，人類思想之貢獻於社會者，未必絕勝於戰國、南北朝。吾人何爲皇皇然慕統一之名，而不於地方一一注意也。白君此書即注意於地方之發展，故於各省區之物産、交通、風俗特詳，善用之則磽瘠可變膏腴，不善用之則都市亦成墟墓。讀是篇者，試即今日之秦隴而回想秦涼譯經之盛，西夏建國之長，則可以蘧然興矣。

中華民國十五年四月新會陳垣敘
時北京已無政府十有八日也

編後記

國有史，方有志，家有譜。地方志作爲某一歷史時期某一區域内自然、政治、經濟、文化、社會的系統性總結文獻，對於研治歷史與地理均是極爲重要的基礎性資料。近代中國的方志編纂事業在内憂外患、積貧積弱的時代背景下面臨着更爲困難和複雜的局面，因而像《中華民國省區全志》這種大型志書的編撰出版尤爲難能可貴。

本書是《中華民國省區全志》第五編《鄂湘贛三省志》中的湖北部分。由于種種原因，時至今日這套叢書的實體書現存數量已經屈指可數，這給學者的利用與查閲均帶來不便，因此有必要對此書進行點校整理，以饗讀者。本次整理以 1927 年 6 月北京師範大學史地系的初版爲底本。

本書共分七章。第一章總説，全面介紹了湖北全省的道縣綱目、沿革、疆域、地勢、氣候、與外國之關係等情況，並單列一節“武昌起義與民國成立”着重强調湖北作爲中國史上國體變更之開幕地的特殊性。此外，還附録添設了黎元洪小傳。第二、三、四章介紹湖北主要商埠、省會以及各縣邑的沿革、地勢、氣候、交通、物産、商業、風俗、人口、古蹟名勝等各類情況。第五章主要介紹湖北的山脈水系狀況。第六章概述湖北的政治組織、財政調查、教育調查、種族宗教、性俗等社會狀況。第七章分交通、礦業、四公司匯志、農業、工商業五個方面詳細描述了湖北的實業發展狀況。

從上述各章節内容中，我們可以看到本書一個較爲突出的特點是作者非常注重實時與實地的調查，並將其整理成大量的圖表數字，如《漢口氣象表》（光緒三十一年）、《上海漢口間航程表》、《漢口主要土貨年産額一覽表》、《武漢三鎮工廠表》、各商埠的《海關出入總額表》、《湖北全省公署一覽表》、《湖北省學校一覽表》、《湖北省歲出歲入預算表》（民國八年)、《海關收入數目表》、《漢陽鐵廠組織統系表》、《大冶灰石及萍鄉焦炭平均化分表》以及京漢鐵路、粵漢川鐵路借款情况等等。這些圖表一方面可以增加志書作爲資料性文獻的豐富性與閲讀的便利性，另一方面也充分體現了作者在現實背景下對湖北自然地理與經濟發展的關注。

爲了更加全面把握和理解作者以及時人對於民族憂患的現實關懷，本書增加了《中華民國省區全志》前四編《京直綏察熱五省區志》《滿洲三省志》《魯豫晋三省志》《秦隴羌蜀四省區志》的九篇序文以及全志緒論二作爲附録。其中翁文灝在《秦隴羌蜀四省區志》序文中云："惜乎海通以來，商務集於沿海，交通限以輪軌。國人耳目局於東方，雍涼要區日就荒棄。川蜀天府歲鬪雞蟲，遠塞邊疆更少置問。惟見外人之游歷探勘者後先繼武，成績斐然。奥雷斯吞氏已成甘新五十萬分一之精圖，東京地學會已作四川二十萬分一之地質，斯文海定氏青海環游，葛雷哥利氏雪山遠測，費世納氏詳測甘邊，禄方濟氏周歷西蜀。報告記載，圖説燦然。而國人之言學者則方囿心於門户水火之見，埋頭於錙銖得失之争。騖空言而忽實事，蔽近利而忘遠圖。安得使其多讀此類地理書，以山川之美豁其心胸，以學術之真澄其志慮。直將以此造就樸學之才，引起壽世之作，夫豈徒以資尋鄉問土已哉!"這些近代地理學者因各國列强不斷對中國展開的調查勘測，深切感受到了民族危機，所以以自身之所長挽救時局是時代賦予他們最重要的課題。因而在本書中，我們既可以看到作者對湖北自然地理經濟發展的極大贊美，同時也在不斷地向國人揭露現實危機，培養國家認同以激發民眾的愛國情懷與鬥争精神。

由此可見，近代地理學著作一方面既體現出了更爲科學的地理學知识，同時也飽含了更爲濃厚的人文情懷。《中華民國省區全志・湖北省志》作爲民國時期湖北地區最具代表性的省志文獻，具有豐富的資料性與鮮明的歷史時代特徵，有着重要的史料價值。

整理者